의료분야
판례백선

● ● ●

한국의료변호사협회

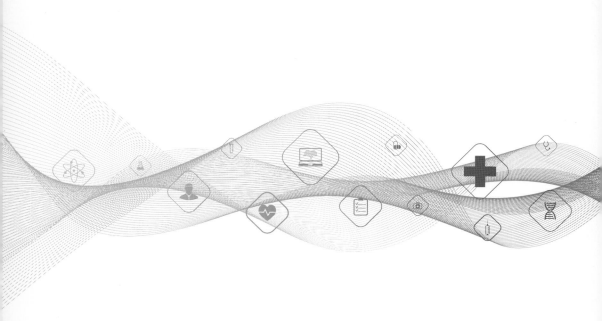

박영사

한국의료변호사협회(의변)에서 의료분야 판례백선을 발간하게 되어 감개무량합니다. 우리 의변은 2008. 7. 14. 창립총회를 통해 '의료문제를 생각하는 변호사모임'으로 출발하여 국내 유일의 의료전문 변호사단체로 활발한 활동을 이어왔으며 2023. 2. 1. 총회를 통해 '한국의료변호사협회'로 조직을 확대·변경하고 그 역량을 강화하였습니다. 의변에서는 2010년부터 그 전해에 선고된 의료분야 판결 중 10대 판례를 선정하여 회원들에게 발표하기 시작하였고, 2011년부터는 대한의료법학회 학회지인 『의료법학』에 논문으로 기고를 하였습니다. 판결문 확보가 어려운 상태에서 첫해에는 의변 회원들을 통해 판결문을 수집하였고, 논문을 기고하기 시작한 2011년부터는 법원 도서관에서 '손해배상(의)이라는 사건명으로 검색한 판결 중 주로 대법원과 고등법원에서 선고된 판결들과 언론 등에 보도된 판결 중 의료와 관련된 민사·형사·행정소송 관련 판결들을 찾아 학술적으로나 실무적으로 의미가 있다고 판단되는 판결을 선정한 후 의변 판례팀의 토의를 거쳐 분석하였습니다. 의변 판례팀은 매년 1월부터 3월까지 4~5회의 회의를 통해 발표 대상 판결을 선정하고 분석하여 발표문을 작성하였고, 그 후 5월까지 논문으로 정리하여 학술지 『의료법학』에 기고하였습니다.

매년 발표하고 논문을 기고한 결과물이 10년을 넘어서면서부터 이를 통합하여 단행본으로 만들어 정리하는 것이 큰 의미가 있겠다는 생각에 의변 판례팀 1기를 중심으로 판례집을 준비하기 시작한 것이 벌써 3년이 되어갑니다. 의변에서 검토하였던 수많은 판결들 중 100개를 분야별로 선정하는 것이 쉽지 않았고, 세간의 이목을 받았던 판결들 중 일부는 선정기준에 들지 않아 누락된 것들도 있어서 일부 보강을 하였습니다. 이 책에

수록된 판결 중에는 그 판결 자체로도 논문 한 편이 나올 수 있을 만큼 중요하고 복잡한 판결들도 있습니다. 가능하면 독자들이 접근하기 쉽게 시작하자는 생각으로 작업을 하였지만, 시간과 지면의 한계로 인해 판결들의 의미와 깊이가 충분히 전달되기 어려운 점은 아쉽습니다. 보다 깊이 있는 검토와 연구를 위해서는 『의료법학』에 기재된 논문과 관련 판결, 주석 등을 찾아보시기를 권유드리고, 이 책은 의료분야의 다양한 판결들을 찾아보고 연구하는 출발점으로 삼아주시기 바랍니다.

이 책이 나오기까지 바쁘신 와중에도 애정을 가지고 작업해 주신 한국의료변호사협회 정혜승 학술위원회 위원장님, 박노민 학술위원회 부위원장님, 박태신 전북대학교 법학전문대학원 교수님, 이동필 법무법인 의성 대표변호사님, 이정선 법률사무소 건우 대표변호사님과 신속하게 진행해 주신 박영사 김한유 과장님, 윤혜경 대리님께 깊은 감사의 인사를 드립니다. 이 책이 의료분야에 종사하거나 관심이 있는 모든 분들께 도움이 되기를 바랍니다.

한국의료변호사협회 초대 회장

유 현 정

　　의학과 법학의 학제간적 분야에 관심을 가지고 함께 공부한 학우들이 또 하나의 저작물을 발간하였습니다. 법조계와 의료계 종사자들이 참여하는 대한의료법학회의 월례 학술대회 발표와 한국의료변호사협회에서 논의를 바탕으로 의료 판결들 중에서 중요한 의미를 가지는 것들을 엄선하여 의료분야 판례 백선을 발간하였습니다. 개인적으로 1989년 의과대학을 졸업하고 법과대학으로 편입하여 공부를 시작하였던 시절 기억이 아직 생생합니다. 1998년 법과대학을 졸업하고 병원에 다시 근무하면서 medicolegal forum 이라는 모임에서 이윤성, 이숭덕 교수님과 법조인 몇 분 모시고 한 달에 한 번 판례 공부를 하던 시절이 있었습니다. 한데, 이제는 몇 번의 강산이 변하는 시간이 흘렀고, 의료 판결도 이제는 엄선할 정도로 그 숫자가 늘어난 것입니다. 다들 열심히 노력한 결과 척박한 토지가 이제는 조금 비옥하게 된 것 같습니다.

　　이 책은 민사, 형사, 행정 및 기타 사건 순서로 엮어서 보기 쉽게 목차 배열을 하였고, 목차 주제를 세분한 다음 내용에 따라 해당 판례를 엄선하여 모았기 때문에, 필요한 부분을 찾아서 공부하기가 편할 것 같습니다.

　　가장 최신의 내용까지 포함하여 현재까지 정리된 판결례라서, 의료 사고 등 문제에 직면하신 분들이나 현직 법조인 모두에게 유용한 도구가 될 것 같습니다.

　　바쁘신 와중에 발간을 완성한 저자들의 노력에 감사하며, 차후에 보강 증보하여 그 동안의 학문적 연구 업적들이 더 많이 포함될 수 있도록 노력해달라는 부탁의 말씀을 올립니다.

대한의료법학회 제11대, 제12대 회장

울산의대 **김장한** 교수

박노민

　이번에 한국의료변호사협회(의변)에서 의료법 주석서에 이어 의료판례집을 발간하게 되어 진심으로 기쁘고 뿌듯합니다.

　의변이 매년 선고된 의료분야 판결들을 입수하여 분석하고, 중요한 판결들을 선정하여 정리하는 쉽지 않은 작업을 10년 이상 이어온 데 대하여 큰 자부심을 느낍니다. 그렇게 쌓아 온 결과물을 이번에 한번에 모아 쟁점별로 새롭게 분류하고 서술을 가다듬어 하나의 책으로 펴내게 되었습니다. 그동안 주요 의료판결 분석작업에 참여한 모든 의변 판례팀 회원분들께 감사드리며, 특히 이번에 판례집이 발간될 수 있도록 많이 애써주신 의변의 유현정 회장님께 감사드립니다.

　이 책은 손해배상(의) 사건, 의료법 및 보건관계법령, 의료 형사 및 행정 사건까지 다양한 의료관련 주요 판결들을 망라하고 있습니다. 이 책이 의료법을 공부하는 분들과 실무자들에게 많은 도움이 되기를 기대합니다.

박태신

　지난 10여 년간 매해 의료사건을 주로 담당하고 관심 있는 변호사님들과 함께 의료와 관련된 판결을 선정하고 토론을 거쳐 정리한 판결들을 소개하여왔습니다. 그리고 이제 그와 같이 정리했던 내용을 주제별로 다시 정리, 보완하여 한 권의 책으로 펴내게 되었습니다. 원고를 정리하면서 동료 변호사님들과 함께했던 그 시간들이 매우 소중한 순간들이었다는 것을 다시 한번 느꼈습니다. 소중한 시간을 함께 해주신 동료 변호사님들과 이 책의 출간에 도움을 주신 분들께 감사드리면서 이 책이 의료관련 판결에 관심이 있는 모든 분들께 도움이 되기를 바랍니다.

유현정

　한국의료변호사협회에서 지난 15년 동안 한 해도 거르지 않고 그 전해에 선고되었던 판결들을 모아 검토하고 그중 주요 판결을 선정하여 분석하고 발표한 결과들을 이렇게 책으로 엮게 되어 너무나 기쁩니다. 판례를 선정하고 분석하고 토론하는 과정이 쉽지만은 않았지만, 매 순간순간이 정말 즐겁고 뜻깊은 시간이었습니다. 함께해 주신 판례팀 변호사님들께 진심으로 감사드리고, 이 책이 의료분야에 관심이 있는 분들께 도움이 되기를 바랍니다.

이동필

　여러 집필 변호사님의 노고에다 유현정 변호사님의 추진력으로 의료분야 판례백선이 출간됨을 기쁘게 생각합니다. 그동안 축적되어 온 의료판례의 깊은 뜻을 제대로 이해하였는지 걱정도 되고, 담지 못한 의미 있는 의료판례도 있겠지만, 의료분야 판례백선이 의료분쟁 이해에 조금이나마 도움이 되면 좋겠습니다.

이정선

　2011년부터 참여한 의료판례 분석작업이 의료분야 판례백선으로 결실을 맺어 너무도 기쁘고 그동안 같이해 주신 유현정, 서영현, 이동필, 박태신, 정혜승, 박노민 변호사님과 2021년부터 제2기로 새로 참여하신 이정민, 조우선 변호사님께 감사드립니다. 지금은 다른 영역에서 일을 하고 있지만 훌륭한 변호사님들과 작업을 함께 하면서 배운 많은 지식과 경험이 내 삶의 밑천이 되었다는 점을 잊은 적이 없습니다. 의료분야 판례백선이 의료 관련 업무를 수행하는 변호사님은 물론 관련 있는 모든 분들에게 큰 도움이 되기를 바라며, 이번 의료분야 판례백선 발간작업에 참여하게 해 주고, 모든 작업을 지휘하여 준 유현정 변호사님의 희생과 헌신에 감사드립니다.

정혜승

　한국의료변호사협회 유현정 회장님 및 여러 변호사님들의 노고 덕분에 이 책이 세상에 나올 수 있게 되었습니다. 매 주요 의료 판례를 선정하는 과정에서 판례의 검색과 수집 과정에서 어려움을 겪기는 하였으나 앞으로도 이 작업이 유지되어 대한민국 의료관련 판례의 흐름을 연구하는 데 도움이 되었으면 합니다.

    이 책에 소개된 판결들은 2011년부터 2024년까지 대한의료법학회의 학술지 '의료법학'에 기재한 논문에서 다루어진 판결 중 의미가 있다고 생각되는 대표적인 판결을 분야별로 선정한 것입니다. 그러므로 2010년 이전에 선고된 중요 판결들은 서술범위에 포함되지 않았음을 유의하시기 바랍니다.

    이 책은 가능하면 독자들이 접근하기 쉽도록 서술하는 과정에서 시간과 지면의 한계로 인해 판결들의 깊이가 충분히 전달되기 어려운 면이 있으므로, 보다 깊이 있는 검토와 연구를 위해서는 『의료법학』에 기재된 논문과 관련 판결, 주석 등을 찾아보시기를 권유드립니다.

    하나의 사건은 제1심, 제2심(항소심), 제3심(상고심), 제4심(파기환송심), 제5심(재상고심)에 이르기까지 심급에 따라 여러개의 사건번호를 가질 수 있습니다. 이에 여러 심급 중 가장 주요한 판단이 이루어진 판결을 선정하였고, 확인 가능한 원심, 파기환송심, 상고심 판결번호들은 각주로 기재하였습니다. 파기환송 후 강제조정이나 화해권고로 종결된 사건들은 판결이 선고되지 않으므로, 확정 여부가 확인되지 않는 판결들이 있다는 점을 고려하여 법리를 위주로 보시면 좋겠습니다.

    손해배상액은 환자의 나이, 소득, 책임비율 등에 따라 크게 달라지므로, 구체적 손해배상액은 기재하지 않는 것을 원칙으로 하였습니다. 다만 위자료의 다과나 책임비율 등을 표시할 필요가 있을 때에는 예외적으로 표시하였습니다.

서술방식은 가급적 이해하기 쉽도록 일관성을 유지하기 위해 노력하였습니다. 구체적으로는 '2. 법원의 판단' 부분 서술에서, 주어를 '대상 판결은'으로 표기하였고, 심급별 판단을 소개하는 경우에는 대상 판결이 항소심 판결인 경우 '제1심 판결은~, 대상 판결은~'으로, 대상 판결이 상고심 판결인 경우 '제1심 판결은~, 제2심 판결은~, 대법원은~'으로 표기하였습니다.

다수당사자의 표시는 원고1, 원고2 또는 원고A, 원고B, A대학병원, B 대학병원, 甲, 乙 등으로 사건에 따라 이해하기 편한 방법으로 기술하였습니다.

경우에 따라 판결문의 내용을 원용하여 기술하면서 이해를 돕기 위해 판결문에는 없는 '①, ②, ③'과 같은 번호를 삽입하였습니다.

대상 판결이 원심 판결을 인용한 경우에는 인용하였다는 기재 없이 내용을 기술하였습니다.

편집자 유현정

—⎍ᨏ⎍— 차 례

의료민사사건

의료형사 및 행정사건

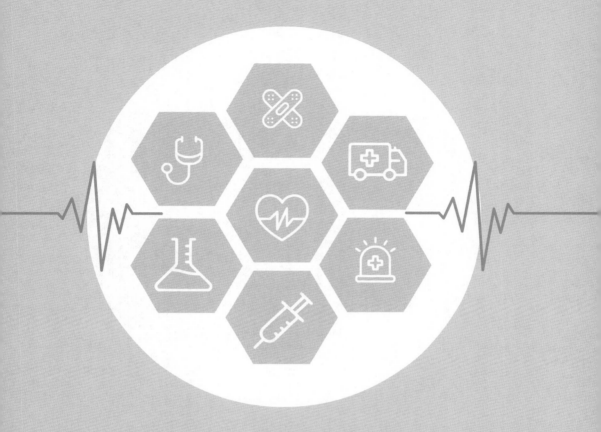

의료민사사건

제1장

진료계약의 당사자와
진료비 부담 범위

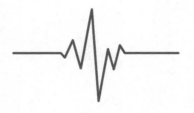

의료분야 판례백선

001. 기관 간 환자 이송 시 의료계약의 당사자 및 치료비 부담의 범위

- 대법원 2015. 8. 27. 선고 2012다118396 판결[1]

1. 사실관계

A병원을 운영하고 있는 원고는 2008. 7.경 C사회복지법인과 C사회복지법인이 운영하는 요양원에서 응급환자가 발생할 경우 A병원으로 후송하여 진료를 받도록 하고 A병원에서 당해 환자를 진료하여 입원치료가 필요 없으면 요양원으로 후송하기로 하는 업무협약을 체결하였다. B환자는 만 90세의 고령으로 의사소통능력이 없었고, 2006년 발병한 뇌졸중에 의해 오른면 반신마비 등으로 일상생활에 타인의 도움이 필요한 상태로 2008. 8.경 며느리에 의해 요양원에 입소하게 되었는데, 2008. 9.경 요양원의 요양보호사가 B환자를 휠체어에 태워 이동하다 B환자의 오른면 팔윗부분이 식판에 부딪히는 사고를 내어 오른면 상박골이 골절되었다(이하 '이 사건 골절'이라 함). C사회복지법인은 B환자를 인근 개인정형외과에 입원시켜 진료를 받게 하였으나 전신상태가 악화되자 2008. 10. 7. 소속 직원으로 하여금 A병원으로 이송하여 입원시키게 하였다. A병원 의료진은 B환자에 대하여 이 사건 골절 외에도 오른면 정강이에 봉와직염 의심소견, 빈혈 등으로 진단하였으며, 입원에 필요한 절차는 C사회복지법인 소속 직원이 처리하였다. B환자는 A병원 중환자실, 요양병동에서 치료를 받던 중 2010. 5. 8. 폐렴으로 사망하였다. 한편, C사회복지법인은 보험회사

---

1) 제1심 부산지방법원 2011. 9. 8. 선고 2010가단96535 판결, 제2심 부산지방법원 2012. 11. 9. 선고 2011나18267 판결, 파기환송심 부산지방법원 2015. 12. 9. 선고 2015나11974 판결.

와 영업배상책임보험을 체결하고 있어 원고가 보험회사에 B환자 진료에 소요된 비용을 청구하였는데, 보험회사는 B환자에 대한 골절과 상당인과 관계가 있는 치료기간을 2008. 10. 7.부터 2009. 2. 6.까지로 결정한 다음 그 기간까지의 보험금 합계 941만여 원을 원고에게 지급하였다. 이에 원고는 C사회복지법인을 B환자의 아들과 공동피고로 하여, 원고와 의료계약을 체결한 당사자로서 또는 B환자에 대한 치료비 채무의 연대보증인으로서 2009. 2. 7.부터 B환자가 사망한 2010. 5. 8.까지의 치료비 1,769만여 원 및 2008. 10. 7.부터 2009. 2. 6.까지의 간병비 307만여 원을 합한 2,077만여 원을 지급할 채무가 있음을 주장하며 치료비청구의 소를 제기하였다.

2. 법원의 판단

원심 법원은 원고와 B환자를 위한 의료계약을 체결한 계약상대방은 B환자가 아닌 피고 C사회복지법인이나, 피고 C사회복지법인은 B환자의 이 사건 골절치료에 대해서만 의료계약을 체결하였고 2009. 2. 7.부터 2010. 5. 8.까지의 진료는 골절이 아닌 기존장애에 대한 치료에 불과하므로 위 기간 동안의 진료비용 1,769만여 원을 지급할 의무가 없다고 하였고, 이 사건 업무협약을 체결하면서 간병비를 피고 복지법인에 청구하지 않기로 하였다는 점을 들어 원고가 청구하는 간병비 역시 지급할 의무가 없다고 판단하였다.

이에 대하여 대법원은 ① 피고 C사회복지법인 요양보호사의 과실로 B환자에게 이 사건 골절이 발생되었으므로 피고 C사회복지법인이 진료비를 부담해야 할 상황이었던 점, ② 피고 C사회복지법인은 B환자를 인근 정형외과의원에 입원시켰으나 전신상태가 악화되어 정형외과적 처치와 함께 B환자의 전신에 대한 보존적 치료를 위하여 소속 직원으로 하여금 A병원 중환자실로 입원치료를 받도록 한 것으로 보이는 점, ③ 당시 B환자는 의사무능력자여서 피고 C사회복지법인 소속 직원이 입원치료에 필요한 절차를 처리하였는데 그 과정에서 원고에게 B환자의 골절치료로 한정하여 진료를 위탁하였다고 볼 만한 증거가 없는 점, ④ A병원도 입원초기부터 B환자의 전신에 대한 보존적 치료를 하였고 피고 C사회복지법인도 보험회사와 체결한 영업배상책임보험으로 B환자가 A병원에서 진료를 받는 과정에서 발생한 비용을 부담할 의사가 있었던 것으로 보이는 점 등을 근거로 원고와의 사이에 의료계약을 체결한 당사자는 B환자가 아닌 피고 C사회복지법인임을 확인하였다.

그리고 의료계약에 따른 진료의 범위와 관련하여 그 의료계약 체결 당시에는 개괄적이고 추상적이다가, 이후 질병의 확인, 환자의 상태와 자연적 변화, 진료행위에 의한 신체반응 등에 따라 구체화되므로 B환자가 A병원에 입원하게 된 경위, 과정, 치료경과 등을 종합하여 볼 때, 원고와 피고 C사회복지법인 사이에 체결된 의료계약에 따른 B환자의 진료범위는 이 사건 골절에 대한 치료로 한정되는 것이 아니라 이 사건 골절에 대한 치료를 위하여 필요한 전신에 대한 보존적 치료에 해당하는 기존장애에 대한 치료도 포함된다고 판단하였다. 아울러 간병비 부분도 원고가 피고 C사회복지법인에 진료비용을 청구하는 통고서 내용 해석과 아울러 B환자처럼 장기간 입원한 환자의 경우 간병비의 액수가 환자의 진료에 소요된 비용 중 상당한 액수를 차지하고 있는 상황에서 장기간 입원한 환자에게 발생한 간병비도 원고가 피고 C사회복지법인에 청구하지 않기로 약정하였다고 보는 것은 다른 근거가 없는 이상 합리적인 판단으로 보기 어려운 점 등을 근거로 원고가 피고 C사회복지법인에 B환자의 장기입원 과정에 발생한 간병비를 청구하지 않기로 약정하였다고 단정하기 어렵다고 판시하여 원심판결을 파기환송하였다.

3. 판결의 의의

계약관계에서 계약에 따른 채무 부담자가 누구인지를 특정하기 위해서는 계약의 당사자가 누구인지를 판단해야 한다. 일반적인 의료계약에서 의료인 측은 적정한 의료서비스를 제공할 채무를 부담하고 환자 측은 진료비를 지급할 채무를 부담하게 되는데,[2] 환자가 정상적인 판단능력을 가진 성인이라면 당연히 의료계약의 한쪽 당사자는 환자 본인일 것이나, 만일 환자가 의식불명 상태이거나 치매 등으로 정상적인 판단능력이 불가능한 상태에서 진료가 의뢰되었다면 진료비 지급 채무를 부담할 의료계약 당사자가 누구인지를 특정하는 것이 어렵게 된다. 예를 들어 미성년자 또는 심신미약 환자를 보호자가 병원으로 데리고 온 경우, 진료비 채무를 부담할 의료계약 당사자를 환자로 볼 것인지, 보호자가 제3자(환자)를 위한 계약 체결을 한 것으로 볼 것인지도 논의 대상이며, 특히나 의식불명 환자를 병원으로 데리고 온 동행 당사자가 이웃 사람이거나 행인처럼 환자 본인과 아무 관련도 없고 환자 본인을 위해 어떠한 채무를 부담할 의사도 없이 단지 선의로 병원으로 데리고 온 것뿐이라면 의료계약이 성립한 것으로 볼 것인지, 그렇다면 의료계약의 당사자가 누구인지를 특정하기가 상당히 곤란해진다.

결국은 환자와 동행인과의 관계, 환자와 동행하게 된 경위, 의료계약에 따른 진료비 부담 의사, 의료계약 상대방(병원) 측의 인식 등을 종합적으로

---

2) 우리나라의 건강보험제도에서는 모든 의료기관이 국민건강보험공단과 강제로 계약을 맺고 요양기관으로 지정되며(당연지정제), 환자 진료를 할 때는 일부 비급여 진료를 제외하고는 정부에서 정한 일률적인 요양급여 기준을 엄격히 따라야 하고 진료비용 역시 법령에 정해진 내용에 따라 환자에게 일부 비용(= 환자 본인부담금)을 받고 나머지는 국민건강보험공단이 지급하게 되는데, 이러한 특수한 제도를 고려하지 않고 순수 의료인(의료기관)-환자 사이의 사적 의료계약임을 전제로 하고, 환자 본인부담금 부분만 대상으로 논의한다. 이하 같다.

판단해야 하는데, 대상 판결은 환자가 아닌 제3자가 의료인에게 의식불명 또는 의사무능력 상태에 있는 환자의 진료를 의뢰한 경우 진료 의뢰자와 환자의 관계, 진료를 의뢰하게 된 경위, 진료 의뢰자에게 환자의 진료로 인한 비용을 부담할 의사가 있었는지 여부, 환자의 의식상태, 환자의 치료 과정 등 제반 사정을 종합적으로 고찰하여 진료 의뢰자와 의료인 사이에 환자의 진료를 위한 의료계약이 성립하였는지를 판단하여야 함을 확인하였고, 아울러 의료계약에서 채무부담의 범위(진료의 범위)도 특정하였다. 대상 판결과 같은 사례에서 환자의 가족도 환자에 대한 진료비를 부담할 책임이 인정될 수 있을 것인데,[3] C사회복지법인 소속 요양보호사의 과실로 인해 발생한 진료비는 원칙적으로 C사회복지법인의 책임이고, 과실에 의해 발생한 상해 및 합병증과 사망에 대한 위자료까지 부담해야 할 가능성이 있으므로 C사회복지법인이 환자의 골절 발생 이후의 진료비를 B환자 가족에게 구상하기는 쉽지 않아 보인다. 대상 판결은 의사무능력자인 환자에 대하여 요양기관이 의료기관에 진료를 의뢰할 때 의료계약의 당사자와 의료계약의 범위에 관하여 발생할 수 있는 분쟁의 해결지침이 될 수 있고, 아울러 진료비용을 둘러싼 갈등으로 환자의 이송 진료에 차질이 발생하는 사고를 방지하는 역할을 할 수 있을 것으로 생각된다.

---

3) 환자 가족(직계혈족, 배우자, 생계를 같이하는 친족)은 환자에 대한 부양의무자로서 환자 진료에 지출된 진료비를 부담할 책임이 있고, 또한 요양기관에 환자를 입원시키거나 요양원에 환자를 입소시킬 경우 환자의 보호자는 병원진료비 등에 대해 연대채무자 내지 보증인으로서 채무를 부담하는 계약서를 작성하는 것이 일반적이다.

002. 무의미한 연명치료중단에서 의료계약의 당사자 및 진료비 부담의 범위

- 서울서부지방법원 2015. 1. 23. 선고 2014나2536 판결[4]

1. 사실관계

K환자가 원고 병원에 입원하여 폐암 여부 확인을 위해 기관지내시경을 이용한 조직검사를 받던 중 출혈이 발생하여 저산소성 뇌손상으로 지속적 식물인간상태에 빠지게 되자 K환자의 자녀들은 원고 병원을 상대로 연명치료장치 제거 등을 구하는 소송을 제기하였는데(이른바 '무의미한 연명치료중단' 사건), 제1심 법원은 2008. 11. 28. 인공호흡기를 제거하라는 판결을 선고하면서 청구의 성질상 가집행선고를 붙이지 않았고, 이 판결은 2008. 12. 4. 원고 병원에 송달되었다.[5] 원고 병원이 불복하여 항소를 하였으나 2009. 2. 10. 기각되었고 판결의 성질상 확정을 기다려야 한다는 이유로 가집행선고를 붙이지 않았으며,[6] 이에 대해 원고 병원이 다시 상고하였으나 2009. 5. 21. 상고기각 되어 제1심 연명치료중단 판결이 그대로 확정되었다.[7] 위 판결 확정에 따라 원고 병원 의료진이 2009. 6. 23.경 인공호흡기를 떼었고, K환자는 그로부터 6개월 18일이 지난 2010. 1. 10. 사망하였다. K환자의 유가족들은 진료개시일부터 환자가 사망한 2010. 1. 10.까지의 진료비 8,700여만 원 중 8,690여만 원을 납부하지 않았다. 그러자 원고 병원이 환자 유가족들을 상대로 진료비청구 소송을 제기하였다.

---

4) 제1심 서울서부지방법원 2014. 3. 26. 선고 2011가단62048 판결. 대상 판결은 환자 측이 상고하였으나 기각되어 확정되었다(대법원 2016. 1. 28. 선고 2015다9769 판결).
5) 서울서부지방법원 2008. 11. 28. 선고 2008가합6977 판결.
6) 서울고등법원 2009. 2. 10. 선고 2008나116869 판결.
7) 대법원 2009. 5. 21. 선고 2009다17417 전원합의체판결.

2. 법원의 판단

제1심 판결은 환자와 원고 병원 사이의 의료계약은 환자의 진료 중단 의사가 추정된다는 법원의 판단이 이루어진 연명치료중단 사건의 제1심 판결이 원고에게 송달된 2008. 12. 4. 해지된 것으로 보아야 하고, 연명치료중단 판결에 가집행선고가 붙어있지 않았다고 하여 이와 달리 볼 것이 아니며, 아울러 'K환자가 회복 불가능한 사망의 단계에 이르렀는지 여부'와 'K환자가 사전의료지시 없이 그러한 단계에 진입한 경우 연명치료중단에 관한 환자의 의사를 추정할 수 있는지 여부'는 법원의 판단을 거쳐 인정할 수 있는 것이므로, K환자 측이 연명치료중단을 구하는 소를 제기하는 즉시 의료인과 환자 사이의 의료계약이 해지된다는 K환자 측 주장도 타당하지 않다고 판시하며 2008. 12. 4. 이후의 진료비는 환자가 부담하지 않는다고 판단하였다.

이에 대하여 대상 판결은 K환자의 유가족들이 원고 병원과 의료계약을 체결하였다고 인정할 증거가 없으므로 K환자 유가족들이 의료계약을 해지할 수 있음을 전제로 한 주장은 배척한다고 전제한 다음, K환자의 경우 회복 불가능한 사망의 단계에 진입하였고 K환자에게 연명치료를 중단하고자 하는 의사도 있었을 것으로 추정된다는 것이 연명치료중단 사건에서의 판단이었던 점, 연명치료중단 사건의 제1심 법원은 청구의 성질상 가집행선고를 붙이지 아니하였고 그 항소심 법원은 판결의 성질상 확정을 기다려 집행함이 상당하다는 이유로 가집행선고를 붙이지 않았던 점을 근거로 K환자의 의료계약 해지의사표시의 효력발생 시기는 K환자가 회복 불가능한 사망의 단계에 진입하였는지 여부와 연명치료 중단에 대한 K환자의 추정적 의사를 인정할 수 있는지 여부에 관한 판결이 확정된 때, 즉 대법원 판결이 선고된 때인 2009. 5. 21.이라고 보는 것이 타당하다고 판시하고, 아울러 K환자의 연명치료중단 의사는 인공호흡기를 제거하여 자연스러운 죽음을 맞이하고자 하는 의사로 해석되므로 원고 병원이 중단해야할 진료행위는 인공호흡기 부착에 한정될 뿐이며 그 이외에 연명에 필요한 최소한의 생명유지를 위한 진료(인공영양공급, 수액공급, 항생제 투여 등)와 병실사용에 관한 부분은 의료계약이 유지된다고 보는 것이 타당하다고 판단하였다. 이에 따라 대상 판결은 K환자 측이 미납한 2010. 1. 10.까지의 진료비 8,690여만 원 중 원고 병원의 진료과정에 선택진료의 해지가 명백한 기간 동안의 선택진료비 49여만 원을 제외한 나머지 8,840여만 원을 원고 병원에 지급하라고 판결하였다.

3. 판결의 의의

대상 판결은 특히 환자 본인이 정상적인 판단능력이 있는 상태에서 계약 당사자로서 의료계약을 체결하였다가 환자의 사전의료지시가 없는 상태에서 의료사고로 사실상의 뇌사상태로 의사무능력자가 되었고 환자 보호자가 환자의 추정적 의사를 토대로 무의미한 연명치료중단을 요구하고 병원 측이 이를 다투면서 계속 진료할 경우, 의료계약의 당사자로서 의료계약 해지권을 갖는 자는 환자 보호자가 아닌 환자 본인임을 확인하였고, 환자의 추정적 의사에 따른 의료계약의 해지 시점을 언제로 볼 것인지 여부에 관한 최초 판결로 보인다. 아울러 의료계약의 해지 범위에 대해서도 무의미한 연명장치에 한정하고 존엄한 죽음을 맞이하기 위한 필수적이고도 최소한의 생명 유지를 위한 진료는 의료계약 해지 범위에 포함되지 않음을 명시하였다. 대상 판결은 의료계약의 당사자 특정, 의료계약에 따른 권리행사자, 추정적 의사에 따른 의료계약 해지에서의 해지 범위에 관하여 법리에 맞는 타당한 판결로 생각된다. 갈수록 노령인구가 늘어가고 환자들의 자기결정권이 강조되는 사회현상과 맞물려 향후 연명치료중단 관련 사

건은 더욱 늘어날 전망인데, 이와 같은 상황에서 대상 판결은 향후 유사
사건이나 환자의 연명의료결정에 관한 법률의 시행과정에서 발생할 수 있
는 진료비 분쟁의 해결지침으로서 역할을 할 수 있을 것으로 예상된다.

003. 의료과실로 인한 후유증 등에 대한 진료비 청구를 부정한 사례
- 대법원 2019. 4. 3. 선고 2015다64551 판결[8]

1. 사실관계

원고 병원 의료진은 2009. 6. 2. 조직검사를 시행하지 아니한 채 폐암 진단 하에 망인에게 폐 우하엽과 우중엽을 절제하는 수술을 시행하였는데 (이하 '이 사건 수술'이라 한다), 망인은 수술 직후 발생한 폐렴으로 중환자실 치료에도 불구하고 사지마비, 신부전증, 뇌병변 장애 등을 앓다가 2013. 12. 31. 원고 병원에서 흡인성 폐렴으로 사망하였다. 그러나 망인은 폐암이 아닌 폐결절이었고, 유족이 원고 병원을 상대로 제기한 손해배상청구사건 에서 의료진의 오진 과실 등에 대한 손해배상책임이 인정되었으며, 다만 원고 병원의 책임범위가 30%로 제한되어 확정되었다. 이에 원고 병원에 서는 원고 병원의 책임범위를 제외한 부분의 진료비를 청구하는 소를 제 기하였다.

2. 법원의 판단

원심 판결은 이 사건 진료비채권 중 이 사건 수술로 인한 망인의 손해에 대한 원고의 책임비율을 초과하는 부분에 대한 진료비를 청구할 수 있다고 판단하여 원고 병원의 청구를 인용하였다. 그러나 대법원은 원고의 치료행

---

8) 제1심 서울중앙지방법원 2014. 11. 27. 선고 2012가단127145 판결, 제2심 서울중앙지방 법원 2015. 9. 16. 선고 2014나68937 판결, 파기환송심 서울중앙지방법원 2019. 10. 10. 선고 2019나20138 판결(원고패).

위는 진료채무의 본지에 따른 것이 되지 못하거나 손해전보의 일환으로 행하여진 것에 불과하다고 봄이 상당하고, 따라서 비록 이 사건 수술로 인한 망인의 손해에 대한 원고의 책임범위가 30%로 제한된다고 하더라도, 원고는 피고들에 대하여 이 사건 진료비 채권 중 위와 같은 원고의 책임비율을 초과하는 진료비를 청구할 수 없다 하여 원심 판결을 파기하였다.

3. 판결의 의의

의료과실로 인하여 발생한 치료비는 진료채무의 본지에 따른 것이 되지 못하거나 손해전보의 일환으로 행하여진 것에 불과하다고 보아 진료비의 청구를 부정하고, 이는 의사의 손해배상책임을 제한하는 경우에도 마찬가지라는 것이 우리 대법원의 일관된 판시이고,[9] 대상 판결은 그 연장선에 있다. 그러나 이와 같은 결론은 환자가 의료과실로 인한 상해에 대하여 다른 병원으로 전원하여 치료를 받는 경우에는 치료비에 대한 책임제한이 적용되는 데 반해, 의료사고가 발생한 병원에서 지속적인 치료를 받는 경우에는 진료비에 대한 책임제한이 전혀 적용되지 않는다는 점에서 형평에 반하고, 환자가 의료사고 발생 후 치료를 받는 의료기관이 어디인지에 따라 책임범위가 현격하게 차이가 날 수 있는 점,[10] 우리나라 손해배상제도는 발생한 손해의 공평한 분담이라는 이념 아래 징벌적 손해배상 제도를 도입하지 않고 있음에도 대상 판결과 같은 결론은 의료과실을 범한 의료인에게 징벌적 손해배상책임을 인정하는 것과 유사한 결과가 되어 우리나라 손해배상제도의 체계에 반할뿐만 아니라, 의료의 선의성과 의료의 불확실성, 예측불가능

---

9) 대법원 2015. 11. 27. 선고 2011다28939 판결, 대법원 2018. 4. 26. 선고 2017다288115 판결 등.
10) 이동필 외, "2018년 주요 의료판결 분석", 의료법학(제20권 제1호), 2019, 247면.

성에 비추어 의료인에게 과도한 책임을 부담시키는 것은 자칫 방어적 진료
나 어려운 환자는 기피하는 경향을 부추길 수 있어 오히려 환자들의 진료받
을 권리를 위축시킬 수 있는 점 등에 비추어 재고의 여지가 있다.[11]

---

[11] 이에 대하여 '책임제한'의 법리는 가해병원에 손해배상액의 전액을 배상하게 함이 심
히 공평의 원칙에 반하는 예외적인 경우에 가능한 것으로, 치료비 청구에 대하여 책임
제한으로써 감액할 수 없다는 견해로는 장재형, "의료과오소송에서 치료비 청구와 '책
임제한'법리의 재검토", 서울법학(제26권 제2호), 서울시립대학교 법학연구소, 2018,
477-480면 참조.

004. 장기 입원환자 퇴거 및 진료비 청구 사례
- 서울고등법원 2021. 12. 3. 선고 2019나2053700(본소),
  2021나2021065(반소) 판결[12]

1. 사실관계

원고는 피고 대학병원(이하 '피고 병원'이라 한다)에서 경추의 척수증 및 후종인대 골화증 진단을 받고 2015. 11. 23. 척추 후궁절제술 및 나사못 삽입술을(1차 수술), 같은 달 27. 후궁성형술, 분절 나사못 고정술 및 자가골 이식술을(2차 수술) 받았다. 각 수술의 결과는 양호하였다. 2차 수술 후 원고는 기관내 튜브가 삽입된 상태로 인공호흡기의 도움과 자가호흡을 하였고 중환자실에 입원하였다. 원고의 주치의는 2015. 11. 28. 12:35경 기관지 튜브를 빼기 위하여 테스트를 하고 발관을 하였는데, 기관지 튜브가 제거되자 원고는 후두부종에 의한 기도폐쇄로 호흡을 할 수 없었고, 의료진의 응급조치로 목숨을 구했지만, 저산소성 뇌손상으로 의식이 없는 식물상태에 이르게 되었다.

이에 대하여 제1심 판결은 인공호흡기 발관 및 응급조치 과정의 과실을 부정하였고, 발관 후 후두부종을 포함한 기도수축에 의한 호흡곤란과 저산소성 뇌손상과 같은 위험성에 대한 설명의무 위반을 인정하였다.[13] 이에

---

12) 제1심 서울동부지방법원 2019. 10. 31. 선고 2016가합105693 판결. 대상 판결은 당사자 쌍방이 상고하였으나 심리불속행 기각으로 확정되었다(대법원 2022. 4. 14. 선고 2021다311197(본소), 2021다311203(반소)판결).

13) 제1심 판결은 의료과실을 부정하고 설명의무 위반에 대한 위자료로 총 8,000만원을 인정하였다. 이에 원고와 피고 쌍방이 항소하였고, 대상 판결은 의료과실을 부정한 원심의 판단을 유지하면서 설명의무 위반에 대한 위자료를 2,000만원만 인정하였고, 병원 측의 병실 퇴거와 진료비 청구를 인용하였으며, 기지급한 간병비에 대한 부당이득

당사자 쌍방이 항소하였는데, 피고는 항소심에서 병실 퇴거와 진료비 청구, 기지급한 간병비에 대한 부당이득반환청구를 반소로 제기하였다.

피고는 항소심에서, 피고 병원은 중증질환에 대하여 난이도가 높은 의료행위를 전문적으로 하는 상급종합병원인데, 원고는 2016. 3. 6.부터 현재까지 활력징후가 안정되어 5년 넘게 동일한 내용의 단순 보존적 치료만 받고 있을 뿐 상급종합병원에서만 가능한 급성기 치료를 받아야 하는 상태가 아니어서 피고 병원에서 계속 입원치료를 받을 필요가 없으므로, 피고로서는 의료법 제15조 제1항이 정한 '진료요청을 거부할 수 있는 정당한 사유'가 있다고 주장하며 원고와 체결한 입원진료계약을 민법 제689조에 따라 해지하고 원고에게 병실에서 퇴거할 것을 청구하였다.

2. 법원의 판단

대상 판결은 의료과실을 부정한 원심의 판단을 유지하면서 병원 측의 병실 퇴거청구를 인용하였다. 대상 판결은 퇴거청구에 대해 자기결정권 및 신뢰관계를 기초로 하는 진료계약의 본질에 비추어 강제진료를 받아야 하는 등의 특별한 사정이 없는 한 환자는 자유로이 진료계약을 해지할 수 있으나, 의료인은 환자의 생명과 신체의 건강이라는 기본권을 보호해야 할 특수성이 있어 진료의무가 강제될 필요가 있고, 의료법 제15조 제1항도 '의료인은 진료 요청을 받으면 정당한 사유 없이 거부하지 못한다'고 규정하고 있는 사정을 감안하면, 환자와 입원진료 계약을 체결한 의사 측은 정당한 사유가 있어야 입원진료 계약을 해지하고 환자에게 퇴원을 요구할 수 있다고 전제한 다음, ① 상급종합병원은 중증질환에 대한 질 높은 의료서비스 제공과 의료전달체계의 확립을 통한 의료자원의 효율적 활용을 목

반환청구는 기각하였다.

적으로 하고 있고, ② 상급종합병원의 입원치료는 사회적으로 매우 한정된 의료자원으로서 이와 같은 목적에 부합하도록 공공복리를 위하여 보다 효율적으로 활용되고 배분되어야 할 필요가 있으며, ③ 이러한 측면에서 볼 때 상급종합병원의 경우 입원진료 계약을 해지하여 환자에게 퇴원을 요구할 수 있는 정당한 사유가 있는지 판단할 때에는, '그 환자가 계속 치료를 받을 필요가 있는지'가 아니라 '그 환자에게 상급종합병원 수준의 입원치료가 계속 필요한지'가 기준이 되어야 할 것이라 판시하고, 원고의 경우 피고 병원과 같은 상급종합병원에서 입원치료를 받을 필요가 없고 만성기 유지치료를 담당하는 요양병원 등에서 치료를 받을 수 있는 상태라고 인정하여 피고의 병실 퇴거청구를 인용하였다.

3. 판결의 의의

의료기관의 환자에 대한 퇴거청구는 입원진료 계약을 의료기관에서 해지하겠다는 의사표시이다. 의료계약이 전형계약에 포함되어있지 않은 우리 법제상 우리 법원은 의료계약에 관하여 위임에 관한 규정을 적용하고 있다(대법원 2014. 6. 26. 선고 2009도14407 판결 등). 위임계약은 쌍방 당사자가 자유롭게 해지할 수 있는데(민법 제689조 제1항), 대상 판결에서 설시한 바와 같이 의료인은 환자의 생명과 신체의 건강이라는 기본권을 보호해야 할 특수성이 있어 진료의무가 강제될 필요가 있고, 의료법 제15조 제1항도 '의료인은 진료 요청을 받으면 정당한 사유 없이 거부하지 못한다'고 규정하고 있으므로, 의료인의 해지권은 '정당한 사유'가 있어야만 행사할 수 있는 제한적인 것이다.

의료기관의 환자에 대한 퇴거청구에 관하여 기존 판결의 주류는 상급종합병원 수준의 입원치료가 필요하지 않다는 사유는 의료계약을 해지할 수 있는 정당한 사유가 아니라고 판시하여 왔다. 그러나 대상 판결은 '상급종합병원의 입원치료는 사회적으로 매우 한정된 의료자원으로서 이와 같은 목적에 부합하도록 공공복리를 위하여 보다 효율적으로 활용되고 배분되어야 할 필요'를 근거로 하여 상급종합병원에서는 상급종합병원 수준의 입원치료가 필요하지 않은 환자에게 퇴거청구를 할 수 있다고 명시적으로 판결하였다. 즉 생명과 신체를 다루는 의료행위의 특수성에 따라 '진료거부 금지의무'를 둠으로써 계약해지의 자유가 일정 부분 제한된 '사인간 계약관계'에 법원이 '공공복리'를 이유로 '진료거부 금지의무'를 제한한 결과를 초래하였다. 우리 법에서 '진료거부 금지의무'를 둔 취지는 의료행위가 생명과 신체를 다루는 것이기 때문인데, 진료거부 금지의무가 공공복리에 의해 면제될 수 있는 성질의 것인지 의문이다. 진료행위는 환자의 생명, 신체에 매우 중대한 영향을 미치므로, 의료법 제15조 제1항이 정하고 있는 진료를 거부할 수 있는 정당한 사유는 넓게 인정할 것이 아니라 시설이나 인력, 전문지식 또는 경험 부족 등으로 진료가 불가능한 경우, 환자의 협력의무 위반, 환자 또는 보호자의 의료인에 대한 모욕죄, 명예훼손죄, 폭행죄, 업무방해죄에 해당하는 행위, 의료인으로서 양심과 전문지식에 반하는 치료방법을 요구하는 경우 등 의료인과 환자의 신뢰관계를 깨는 제한적인 경우에 예외적으로 인정해야 한다는 점에 비추어 보더라도 '공공복리'만으로는 진료를 거부할 수 있는 정당한 사유라고 보기는 어려울 것이다.[14)]

이에 대하여 생명과 신체를 다루는 의료행위의 특수성에 따라 '진료거부 금지의무'를 둠으로써 계약해지의 자유가 일정 부분 제한된 '사인간 계약관계'에 공익과의 조화를 위해 진료거부 금지의무 한계를 판시한 것으

---

14) 이동필 외 5, "2018년 주요 의료판결 분석", 의료법학(제20권 제1호), 2019. 246면 이하; 이재경, "보건의료관련 법률의 진료거부금지에 관한 규정이 의료계약에서 계약의 자유를 제한하는지에 관하여", 의료법학(제22권 제2호), 2021. 101면 이하 각 참조.

로 의미가 있다는 견해도 있다. 우리나라는 언제든지 1차, 2차 의료기관에서도 다른 나라에 비해 수준 높은 전문의의 진료를 받을 수 있으므로 요양병원 의료수준의 보존적 치료를 받을 환자가 상급종합병원에 계속 입원할 필요가 없고, 선진국들의 의료시스템과 달리 우리나라는 환자들의 의료기관 선택권이 사실상 무제한 인정되고 있어 경증의 환자들이 상급의료기관으로 몰려 불필요한 의료자원 낭비는 물론 중증질환 진료에 차질이 초래될 우려가 크다는 것이다.15) 이 사건은 대법원에 상고되었으나 실체심리가 이루어지지 않은 채 심리불속행 기각되었다. 향후 대법원에서 이에 관한 명시적인 판단이 이루어져야 할 것이다.

4. 참고 판결

청주지방법원 2018. 6. 15. 선고 2017나15103(본소), 2017나15110(반소) 판결은 출산 후 식물상태가 되어 해당 병원 중환자실에 계속 입원중인 환자에 대한 의료과실을 인정한 판결이 확정된 후 병원에서 퇴거청구를 구한 사건에서, 의료계약은 민법상 위임계약이므로 민법 제689조에 따라 언제든지 해지할 수 있는 것이 원칙이기는 하나, 의료법 제15조제1항에 따라 의료인은 정당한 사유가 없으면 진료나 조산을 거부하지 못하므로, 정당한 사유가 있어야 의료계약을 해지할 수 있다고 전제한 다음, 의료법 제3조제3항에 따라 보건복지부고시가 정한 "상급종합병원의 표준업무에 해당하지 않는다거나 일반 병원이나 종합병원에서도 진료가 가능하다는 사유는 정당한 의료계약의 해지사유가 될 수 없"고, 의료급여기관의 진료범위를 정하고 있는 의료급여법 시행규칙 제16조제4호는 의료법 제15조제1항의 진료거부 금지의무를 면제하는 규정이 아니므로 "3차 의료급여기관의 진료

---

15) 이 판례집을 서술하는 과정에서 저자들의 의견이 나뉘었다.

범위에 해당하지 않는다는 사유 또한 정당한 의료계약의 해지사유가 될 수 없다"고 하면서 원고는 의료계약을 해지할 수 없다고 판시하였다.

서울중앙지방법원 2009. 1. 14. 선고 2007가합59573 판결은 3차 의료기관인 대학병원이 뇌수술을 받은 후 발생한 뇌출혈 합병증으로 의식저하 및 좌측반신마비장애를 입고 병원을 상대로 의료과실을 주장하며 손해배상청구의 소를 진행중이던 환자를 상대로 '입원치료가 종결되어 의료계약 해지를 통보하였으므로 퇴거할 의무가 있거나, 그렇지 않더라도 진료비 미지급으로 인한 불법점유'라고 주장하면서 퇴거를 구한 사건에서, "그 상태가 반드시 3차 의료기관에서 치료를 받아야 할 정도는 아니라고 하더라도 현재 피고가 받고 있는 객담제거, 소변관리, 욕창방지, 물리치료 등과 같은 진료는 환자의 증상을 개선시키기 위한 것인 동시에 현상유지 또는 증상의 악화 방지를 위한 것임을 알 수 있고, 위와 같은 치료를 받기 위해 통원하는 것이 불편함을 끼치는 경우에 해당하여 입원의 필요성 역시 있다"고 하면서 의료법 제15조제1항의 진료를 거부할 수 있는 정당한 사유를 부정하였다. 또한, 환자가 대학병원을 상대로 의료과실을 주장하면서 손해배상을 구하는 소송을 진행하고 있고, 환자가 위 소송에서 일부라도 승소하면 상계할 수 있으므로 진료비 미지급 사실만으로 불법점유라 할 수 없고, 불법점유라고 하여 퇴거를 명하면 상계기회를 박탈하므로 부당하다고 판시하여 대학병원의 청구를 배척하였다.

제 2 장

과실 및 인과관계 판단

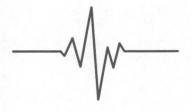

의료분야 판례백선

제1절 들어가며

종래 대법원은 의료과오 사건에서 과실과 인과관계에 관한 환자 측의 증명책임을 완화하는 2가지 법리를 제시했다. 하나는 일반인의 상식에 바탕을 둔 의료상의 과실을 증명한 경우 인과관계를 추정해 주는 것이고,[1] 다른 하나는 간접사실에 의하여 과실 및 인과관계를 동시에 추정하는 것이다.[2] 그러나 상당수의 의료과오 사건에서는 환자 측의 증명책임을 완화하는 법리를 별도로 설시하지 않고 여러 가지 간접사실들을 나열한 다음 그에 따라 과실과 인과관계를 판단하기도 하였다. 대법원은 이 중 일반인의 상식에 바탕을 둔 의료상의 과실을 증명한 경우 인과관계를 추정해 주는 법리를 정비하여 환자 측이 의료행위 당시 임상의학 분야에서 실천되고 있는 의료수준에서 통상의 의료인에게 요구되는 주의의무의 위반, 즉 진료상 과실로 평가되는 행위의 존재를 증명하고, 그 과실이 환자 측의 손해를 발생시킬 개연성이 있다는 점을 증명한 경우에는, 진료상 과실과 손

---

1) 대법원 1995 2. 10. 선고 93다52402 판결. 이 사건은 다한증 환자가 증상치료를 위해 대학병원에서 제1,2흉추 안면에서 손으로 가는 교감신경절제술을 시행 받은 후 경련이 일어나고 뇌경색이 발생하여 사망한 사건으로, 의료행위상 과실은 환자 측이 밝혀야 하나 의료의 과정에 대하여 전문가인 의사가 아닌 보통인으로서는 도무지 밝혀낼 수 없는 특수성이 있어서 환자 측이 인과관계를 의학적으로 완벽하게 증명하는 것은 극히 어려우므로 일반인의 상식에 바탕을 둔 의료상의 과실 행위를 증명하고 그 결과와 사이에 일련의 의료행위 외에 다른 원인이 개재될 수 없다는 점을 밝히면 의료행위를 한 측이 의료상의 과실로 인한 결과가 아니라는 점을 증명하여야 한다는 법리를 최초로 설시하였다. 또한 이 판결은 과실상계 여부와 그 비율 결정은 사실심 전권사항이라는 점 및 설명의무의 기본법리를 확인하였다.
2) 대법원 2000. 7. 7. 선고 99다66328 판결. 이 사건은 심방중격결손 수술 중 대동맥박리가 발생하여 사망한 사건으로, 수술 도중 환자에게 사망의 원인이 된 증상이 발생한 경우, 의료행위의 특수성에 비추어 그 증상 발생에 관하여 의료상의 과실 이외에 다른 원인이 있다고 보기 어려운 여러 간접사실들을 입증함으로써 그와 같은 증상이 의료상의 과실에 기한 것이라고 추정하는 것도 가능하다고 판시하였다. 구체적 판단에 관해서는 이 책 009번 판결의 '4. 관련 판결' 참조.

해 사이의 인과관계를 추정하여 인과관계 증명책임을 완화하는 것이 타당하다고 판시하였다(대법원 2023. 8. 31. 선고 2022다219427 판결).

제2장에서는 2010년부터 2023년까지 선고된 의료과오 사건들을 수술 및 시술 관련 사건, 감염 사건, 의료과실이 경합된 사건, 오진 사건, 약제 사고 사건, 낙상사고 사건으로 분류하여 서술하였다. 그리고 의료과오 사건에서 과실판단의 주요한 근거가 되는 의무기록을 사후 수정한 사건과 소위 수인한도를 넘어설 만큼 불성실하게 진료를 한 경우에 관한 판단 사례, 그리고 인과관계의 판단기준을 변경한 사례를 차례로 다루었다.

005. 뇌동맥류 파열에 따른 뇌지주막하출혈 수술 후 뇌혈관연축 발생사건

- 대법원 2020. 2. 6. 선고 2017다6726 판결[3]

1. 사실관계

원고는 2011. 4. 29. 식사 도중 두통과 구토 증세로 피고 병원으로 후송되어 뇌일반CT 및 뇌혈관조영CT 촬영결과를 토대로 '뇌동맥류 파열에 따른 자발성 지주막하 출혈'을 진단받은 후 뇌동맥류 결찰술(1차 수술)을 받았다. 피고 병원 의료진은 뇌혈관연축[4] 등 합병증 관리를 위해 원고를 중

---

3) 제1심 창원지방법원 마산지원 2014. 8. 29. 선고 2011가단11019 판결, 제2심 창원지방법원 2017. 2. 2. 선고 2014나10476 판결, 파기환송심 창원지방법원 2022. 6. 9. 선고 2020나586 판결(원고일부승).

4) 뇌혈관연축은 뇌동맥류 파열에 따른 뇌지주막하출혈의 흔한 합병증으로 출혈 이후에 주변 혈관들의 수축으로 인해 뇌에 산소와 영양공급이 적절히 이루어지지 않아 허혈(부분적 빈혈상태)성 장애를 일으키는 것을 말한다. 이를 예방하고 진단하는 방법은 통상 수액 주입량과 대소변 배출량을 기록하여 주입량이 배출량보다 많은 상태를 유지하고, 칼슘길항제를 사용하면서 수술 시 지주막하 혈종을 제거하고, 환자의 상태를 주의 깊게 관찰하며 뇌혈관연축이 의심될 때 혈액검사, 뇌혈류 초음파검사(뇌혈류 속도가 올라가는 것을 보고 추측할 수 있음), 뇌일반CT 촬영(혈관이 좁아져 피가 잘 흐르지 않기 때문에 뇌경색의 형상인 저음영의 형태가 나타남) 등을 시행하여 가능성을 확인하고 뇌혈관조영CT, 뇌혈관조영MRI, 카테터를 뇌혈관에 직접 넣어 촬영하는 뇌혈관조영검사 등을 통해 확진하는 것이 일반적이다. 뇌혈관조영 CT, 뇌혈관조영 MRI, 카테터를 뇌혈관에 직접 넣어 촬영하는 뇌혈관조영검사상 뇌혈관이 좁아진 것이 관찰될 때 방사선학적 뇌혈관연축이라 하고, 방사선학적 뇌혈관연축과 함께 국소마비, 언어장애, 의식저하 등이 나타나고 다른 원인으로 설명할 수 없어 지연적 허혈성 신경학

환자실에 있게 하면서 혈관확장을 위한 칼슘길항제인 니모디핀을 2011. 4. 30.부터 2011. 5. 12.까지, 3H 요법으로 혈압상승제인 도파민을 2011. 5. 8.부터 같은 달 15.까지, 혈장증량제인 펜타스판 또는 알부민을 2011. 4. 30.부터 2011. 5. 2.까지 및 2011. 5. 6.부터 같은 달 15.까지 각 매일 투여하였고, 대소변 배출량보다 수액 주입량이 많은 상태를 유지하면서 주기적으로 혈액검사를 시행하였으며, 2011. 5. 2.부터 같은 달 12.까지 수차례 뇌혈류초음파를 시행하였다. 원고는 2011. 5. 13. 1차 수술 후 처음으로 뇌일반CT와 뇌혈관조영CT를 촬영한 결과 당시 뇌일반CT에서는 우측 전두엽과 측두엽, 앞 뇌량 부위에서 저음영이 관찰되었고, 뇌혈관조영CT에서는 양면 전대뇌동맥, 중대뇌동맥의 각 근위부 혈관이 좁아진 모습이 관찰되었다. 의료진은 2011. 5. 13. 원고를 일반병실로 옮길 것을 고려하고, 다음 날인 14. 원고 보호자에게 일반병실로 전실, 보행연습, 재활치료 등에 관해 설명한 후 일반병실로 옮겼다. 원고는 2011. 5. 15. 11:30경 양안이 확장된 상태로 자극을 주어도 인상만 찡그릴 뿐 대답을 하지 못하였고, 사지가 뻣

적 장애로 판단될 때 임상적 뇌혈관연축이라 한다. 뇌동맥류 파열에 따른 뇌지주막하출혈 후 2/3의 환자에게 방사선학적 뇌혈관연축이 발생하며, 1/3(방사선학적 뇌혈관연축 환자의 절반)의 환자에게 임상적 뇌혈관연축이 발생한다. 임상적 뇌혈관연축은 통상 뇌동맥류 파열에 따른 뇌지주막하출혈로부터 3~10일 경과 후 가장 많이 발생하고, 12일경과 이후로는 개선되며, 17일 경과 이후에는 잘 발생하지 않으나 3일 경과 전 또는 14일 경과 후 발생하기도 한다. 그중 14일 경과 후 발생한 임상적 뇌혈관연축을 지연된 뇌혈관연축이라 한다. 임상적 뇌혈관연축의 치료방법은 일차적으로 ① 혈관을 확장시키는 칼슘길항제를 정맥주사하는 방법, ② 혈압을 올리고(Hypertension), 순환하는 피의 양을 증가시키며(Hypervolemia), 혈액을 묽게 만드는(Hemodilution) 이른바3H 요법(Triple-H therapy)이 있다. 칼슘길항제로는 니모디핀 등이 쓰이고, 혈압상승제로는 도파민 등이 쓰이며, 혈액에서 적혈구, 백혈구, 혈소판을 제외한 액상 부분인 혈장을 증가시켜 순환하는 피의 양을 증가시키고, 혈액을 묽게 만드는 약제로는 펜타스판 또는 알부민이 있다. 건강보험심사평가원은 뇌동맥류 파열에 따른 뇌지주막하출혈의경우 출혈로부터 14일 이내에 사용된 니모디핀에만 건강보험 적용을 인정하고, 그 후에 사용된 니모디핀은 별도의 심사를 거쳐 인정 여부를 결정한다(위 대상 판결 이유 2. 바. 관련 의학지식).

뻣하게 굳고 전신에 힘을 주는 등 이상증세를 보였다. 피고 병원 소속 전공의는 비강 내 흡입을 시작하였으나 원고는 같은 날 12:02경 혼수상태에 빠졌고, 14:05경에도 마찬가지였다. 의료진은 2011. 5. 15.에도 포도당 투여를 제외하고는 치료방법에 특별한 변화를 주지 않다가 2011. 5. 16. 07:40경 뇌일반CT를 촬영한 결과 뇌 양반구에서 다수의 저음영이 관찰되자 같은 날 08:15경 중환자실로 옮기고 그 무렵부터 12:00경까지 두개감압술과 경막성형술(2차 수술)을 하였다. 의료진은 3H요법을 계속하면서 2011. 5. 13.부터 중단했던 니모디핀을 같은 달 16.부터 다시 투여하기 시작했으나 원고는 여전히 혼수상태로 식물인간 상태이다.

2. 법원의 판단

원심 판결은 피고가 2011. 5. 13. 방사선학적 뇌혈관연축을 확인하였지만 임상적 뇌혈관연축은 아니었고, 원고가 2011. 5. 15. 이상증세를 보일 당시 혈당이 54로 저혈당이었으므로, 저혈당증을 원인에서 배제하고 바로 임상적 뇌혈관연축으로 진단하기는 어려웠을 것으로 보이고, 다음 날인 16. 뇌일반CT 결과 저음영이 커진 것을 보고 임상적 뇌혈관연축으로 진단한 것이므로 뇌혈관연축을 진단하지 못한 과실이 있다고 하기 어렵고, 방사선학적 뇌혈관연축이 있어도 주의 깊은 관찰이 보장되면 일반병실로 옮기는 것이 가능하며 칼슘길항제인 니모디핀을 2011. 5. 12.까지만 투여하고 같은 달 16.부터 다시 투여한 것은 건강보험심사평가원에서 인정하는 투여기간이 원칙적으로 출혈 발생일로부터 14일이며 출혈 후 임상적 뇌혈관연축 빈발 기간도 이와 일치하는 점, 피고 병원은 출혈 후 14일간 니모디핀을 투여하였고 임상적 뇌혈관연축으로 확진된 후 다시 투여하였으며 그 밖에 3H요법과 수액 투여는 출혈 후에도 꾸준히 진행한 점을 고려하면

투여중단에 과실이 없다고 판시하였다. 그리고 이어 가정적으로 피고의 과실이 인정된다고 하더라도 뇌동맥류 파열에 따른 뇌지주막하출혈이나 그에 따른 뇌혈관연축은 일반적으로 예후가 나쁘고, 피고 병원은 의학상식에 따른 통상적인 조치를 하였으며, 지연된 뇌혈관연축이 드물게 발생하므로, 인과관계를 인정하기에 부족하다고 판시하였다.

이에 대해 대법원은 임상적 뇌혈관연축은 방사선학적 뇌혈관연축 환자의 절반에게서 진단되고, 뇌동맥류 파열에 따른 뇌지주막하출혈로부터 14일 경과 후 진단되므로, 피고 병원 의료진이 방사선학적 뇌혈관연축 상태를 확인한 이상 기존보다 더 강화된 조치를 취하거나 적어도 기존 조치를 유지하면서 임상적 뇌혈관연축의 발생 여부를 주의 깊게 관찰하였어야 하는데, 2011. 5. 13.부터 오히려 기존에 투여하던 니모디핀의 투여를 중단하고 2011. 5. 14. 원고를 중환자실에서 일반병실로 옮긴 것은 과실이라고 하였다. 또한 건강보험심사평가원에서 인정하는 니모디핀의 투여기간이 원칙적으로 출혈일로부터 14일이고, 출혈 후 임상적 뇌혈관연축이 대부분 위 기간 내에 발생한다는 점만으로는 그 투여 중단이 정당화될 수 없다고 하였다. 그리고 피고는 원고의 방사선학적 뇌혈관연축을 확인한 상황에서 2011. 5. 15. 이상증세가 나타났으므로, 임상적 뇌혈관연축으로 진단하고 필요한 조치를 취했어야 하고, 만약 저혈당증 등 다른 원인을 배제할 수 없어 임상적 뇌혈관연축으로 진단하기 어려웠다면 명확한 진단을 위해 즉시 뇌일반CT 촬영이라도 했어야 하는데, 이상증세를 보인 상태에서 치료방법에 특별한 변화를 주지 않고 다음 날이 되어서야 뇌일반CT를 찍고 임상적 뇌혈관연축으로 진단한 것은 즉시 필요한 조치를 취하지 않은 과실이라고 판시하였다. 이어 "이러한 의료상 과실과 현재 원고의 상태 사이에 일련의 의료행위 외에 개재될 만한 다른 원인이 없었으므로 의료상 과실과 현재 원고의 상태 사이의 인과관계도 추정된다."고 판시하였다.

3. 판결의 의의

원심 판결이 칼슘길항제 니모디핀 투여가 뇌동맥류 파열에 따른 지주막하출혈의 합병증인 뇌혈관연축을 예방 및 치료방법의 하나이기는 하지만, 건강보험심사평가원에서 인정하는 투여기간이 원칙적으로 출혈 발생일로부터 14일이며 출혈 후 임상적 뇌혈관연축 빈발 기간도 이와 일치한다는 점에 주목했다면, 대법원은 임상적 뇌혈관연축은 방사선학적 뇌혈관연축 환자의 절반에게서 진단되고, 14일이 경과된 후에도 지연된 임상적 뇌혈관연축이 발생할 수 있으므로, 피고 병원 의료진이 방사선학적 뇌혈관연축 상태를 확인한 이상 기존보다 더 강화된 조치를 취하거나 적어도 기존 조치를 유지하면서 임상적 뇌혈관연축의 발생 여부를 주의 깊게 관찰했어야 한다는 점에 주목한 것으로 보인다. 또한 대법원은 원심 판결과 달리 건강보험심사평가원에서 인정하는 니모디핀의 투여기간이 원칙적으로 출혈일로부터 14일이라는 점은 과실판단에 영향을 미치지 못한다고 보고 있는데, 이는 보험급여대상인지 여부와 의료진의 과실유무 판단이 일치하지 않는다는 기존의 태도와 크게 다르지 않다고 판단된다.[5] 더구나 위 사례에서는 출혈로부터 14일 이후에 니모디핀이 사용되었더라도 모두 급여대상에서 제외되는 것이 아니라 별도의 심사를 거쳐 인정 여부를 결정되므로, 위와 같은 사유가 과실을 부정하는 논거로서 기능하기는 어려워 보인다.

대상 판결은 동일한 사실관계에 대하여 어떻게 주장하고 증명하느냐에 따라 과실과 인과관계 판단이 달라질 수 있는지를 보여주는 판결이다.

---

5) 대법원 2003. 1. 24. 선고 2002다3822 판결은 "그 당시 우리나라에서는 임신성 당뇨 선별검사에 관하여 학회 차원에서 정해진 지침(가이드라인)이 없었고, 의료보험의 급여대상이 아니어서 일부 의료기관에 따라 부분적으로 시행되었다고 하여 달리 볼 수는 없다."고 판시하였다.

006. 청신경초종수술 후 뇌출혈 발생 사건

- 서울고등법원 2013. 9. 5. 선고 2012나64613(본소),
  2012나64620(반소) 판결[6]

1. 사실관계

원고는 2006. 12. 20. 피고 병원에 내원하여 종합건강검진을 받았는데, 당시 촬영한 뇌MRI 영상에 좌측 소뇌-교뇌각 뇌수조 부위에서 약 1.6cm× 1.7cm 크기의 종괴가 관찰되었음에도 피고 병원은 정상소견으로 통지하였다. 원고는 그 후 좌측 귀의 난청 증상이 심해져 2009. 3. 13.경 피고 병원 이비인후과에서 측두골 부위 MRI 검사 결과 좌측 소뇌-교뇌각 뇌수조 부위에서 2.1cm×2.1cm×2.7cm 크기의 종괴가 확인되었고, 청신경초종(聽神經鞘腫, acoustic neuroma) 진단이 내려졌다.

원고는 2009. 3. 25. 09:00경부터 같은 날 16:55까지 피고 병원 의료진으로부터 청신경초종 제거수술을 받았다. 수술 전 피고 병원 의료진은 피고 병원 응급의학과 교수였던 원고의 딸에게 주로 설명을 하였을 뿐 원고에게 수술동의서를 받지 않았다. 피고 병원 의료진은 수술 직후인 17:15경 원고가 혈압 155/90 mmHg로 반혼수상태에 빠지자 원고에게 혈압강하제를 투여하고 17:35경 응급으로 뇌 CT 촬영을 시행하여 좌측 뇌교와 중소뇌각을 중심으로 약 3.8cm×2.6cm×2.1cm 정도 크기의 혈종이 발견되고, 뇌교(pons) 부분에서 출혈이 관찰되자 18:30경 원고에게 응급수술을 시행하여 혈종을 완전히 제거하였다.

---

6) 제1심 서울남부지방법원 2012. 7. 17. 선고 2010가합5190(본소), 2011가합6879(반소) 판결. 대상 판결은 당사자 쌍방이 상고하였으나, 심리불속행 기각으로 확정되었다(대법원 2014. 1. 16. 선고 2013다77300 판결).

원고는 뇌교부 출혈에 따른 뇌손상으로 인한 사지마비 증세로 독립적 보행, 일상생활의 동작 등이 불가능하고 스스로 식사나 배변 활동을 할 수 없으며 말하기가 어눌하여 앞으로도 계속적인 재활치료가 필요한 상태가 되었다.

2. 법원의 판단

제1심 판결은 2006년 피고 병원에서 촬영한 MRI에 좌측 소뇌교각부의 종양이 관찰됨에도 이에 대한 판독을 소홀히 하여 종괴를 발견하지 못한 진단 상 과실 및 손해 사이의 인과관계와 설명의무 위반을 인정하고 피고 병원의 책임을 30%로 제한하였다.

대상 판결은 진단상 과실과 설명의무 위반을 인정하였으나, 제1심 판결과는 달리 2006년경과 2009. 3. 13.경 종양 크기에 비추어 2006년에도 수술적 치료방법이 우선적으로 고려되었을 것으로 판단되는 점, 무엇보다 이 사건 수술 후 원고에게 주로 출혈이 발생한 뇌교부위는 청신경초종이 자리잡은 수술부위와는 해부학적으로 직접 관련이 없고 오히려 구조상 자발성 뇌출혈이 호발하는 부위여서 출혈의 원인이 원고에게 내재된 기왕력에 기인하였을 가능성을 배제할 수 없는 점, 이 사건 수술시행 과정에서 피고 병원 의료진의 의료상 과실을 찾기 어려운 점 등에 비추어 진단상 과실과 원고의 뇌출혈 사이에 인과관계를 부정하였다.

다만, 위와 같은 진단상 과실로 인하여 원고가 청신경초종을 조기에 발견하여 그 진행 상태에 비추어 보다 적절한 치료를 받을 수 있는 기회를 상실한 데 대한 정신적 고통을 인정하고 2006년 MRI 진단상 과실 및 이 사건 수술에 대한 설명의무 위반에 따른 위자료로 1심 판결보다 10,000,000원이 증액된 30,000,000원을 인정하였다.

3. 판결의 의의

　의료사고 발생 시 손해배상 책임을 인정하기 위해서는 의료행위상 과실 및 당해 과실과 발생한 손해 사이에 인과관계가 인정되어야 한다. 이 사건에서 제1심과 항소심은 과실 판단에 있어서 동일한 결론을 내렸으나, 인과관계 판단은 반대로 하였다. 제1심 판결에서는 출혈 발생 부위가 이 사건 수술 부위를 포함하여 청신경초종이 있었던 부위에 인접하여 있는 뇌교 부분이고, 특히 뇌교부의 출혈양상이 이 사건 수술 부위에 치우쳐 있음을 근거로 피고 병원의 진단상 과실로 인하여 원고의 청신경초종이 커짐에 따라 주변조직 및 혈관과의 유착 정도가 더욱 심해진 것인 이상 피고 병원의 진단상 과실과 원고의 뇌출혈 사이에는 인과관계가 있다고 판단한 데 반해, 항소심에서는 오히려 출혈이 발생한 뇌교부위가 수술부위와 해부학적으로 직접 관련이 없고 자발성 뇌출혈이 호발하는 부위라는 이유로 제1심 판결을 취소하고 진단 상 과실과 이 사건 수술 후 발생한 원고의 뇌출혈 사이에 상당인과관계를 부정하였다.

　의료행위는 고도의 전문적 지식을 필요로 하는 분야로, 전문가가 아닌 일반인으로서는 의료행위 과정에 주의의무 위반이 있는지 여부나 그 주의의무 위반과 손해발생 사이에 인과관계가 있는지 여부를 밝혀내기 극히 어려운 특수성이 있으므로, 우리 법원은 일정한 요건을 충족한 경우 과실과 인과관계를 추정함으로써 환자 측의 증명 부담을 완화하여 주고 있다. 의료소송 판결에서 통상적으로 과실이 추정되면 인과관계를 함께 추정하거나 인과관계에 대한 자세한 설시 없이 손해배상 책임을 인정하고 있는데 반하여 대상 판결은 과실과 인과관계를 구분하여 설시하고, 특히 과실을 인정하였음에도 불구하고 인과관계를 부정함으로써 피고 병원의 진료상 과실에 따른 손해배상 책임을 부정하였다.

의료과실로 인한 손해배상 책임 여부의 법리적 판단을 위해서는 과실과 인과관계를 명확히 구분하여 판단하여야 할 것이나, 각 판단에 있어 지나치게 엄격한 증명을 요구할 경우 증명부담 완화의 취지, 즉 일정한 요건 하에 과실과 인과관계를 추정하여 환자 측의 증명부담을 완화함으로써 의료사고 발생 시 피해자를 보호한다는 취지가 몰각될 수 있음은 주의해야 한다. 대상 판결의 1심에서는 출혈부위가 이 사건 수술부위와 가깝다는 이유로 인과관계가 인정된 데 반하여 항소심에서는 보다 세밀한 해부학적 근거에 따라 인과관계가 부정되었는바, 판결의 논리적 구성에 어떠한 문제를 제기하기는 어려우나 의료소송에 있어 의료기관의 책임을 상당히 제한하는 현실에서 피해자에 대한 권리구제의 범위가 더욱 좁아질 우려가 있음은 부정하기 어려운 것으로 보인다.

007. 악관절 강직증 수술 도중 의료기구가 부러진 사건

- 서울중앙지방법원 2014. 2. 14. 선고 2011가합96951 판결[7]

1. 사실관계

원고(69세, 여자)는 양면 악관절 강직증으로 피고 병원 치과에 입원하여 수술을 받았는데, 시술의사가 원고의 유착된 오른면 하악과두를 두개골에서 분리하는 과정에서 연조직을 분리시키는 기구인 프리어(freer)를 사용하다 프리어 앞부분이 3㎝ 정도 파손되어 원고의 체내에 떨어졌다. 그 과정에 오른면 하악과두 부분에 출혈이 발생하여 시술의사는 거즈로 압박지혈을 한 후 왼면 하악과두에 대한 수술을 완료하고 다시 오른면 하악과두에 대한 수술을 하면서 X-ray를 동원하여 떨어진 프리어 파편을 찾았으나 찾지 못하고 수술을 종료하였다. 이후 원고의 의식이 회복되지 않자 같은 날 뇌 CT 검사를 실시한 결과 프리어 파편이 원고의 오른면 전두엽에 위치하고 오른면 뇌출혈, 뇌부종이 발생되어 신경외과에서 오른면 두개골 절제술 및 혈종제거술을 실시하였으며 이후 수술부위에 염증이 발생하여 뇌수술 12일 후 광범위 오른면 뇌조직 절제술을 시행하였고 그 과정에 프리어 파편도 함께 제거하였다. 이로 인해 원고는 뇌손상에 따른 사지 부전마비, 저작 및 개구장애, 안면마비 등이 발생하였다.

---

7) 대상 판결은 당사자 쌍방이 항소하지 아니하여 확정되었다. 이 사건의 집도의가 업무상 과실치상죄로 기소되어 진행된 형사사건 제1심 서울중앙지방법원 2013. 6. 27. 선고 2011고단7512 판결, 제2심 서울중앙지방법원 2013. 11. 7. 선고 2013노2280 판결, 제3심 대법원 2014. 5. 29. 선고 2013도14079 판결(파기환송), 파기환송심 서울중앙지방법원 2014. 7. 18. 선고 2014노1930 판결(검사항소 기각).

2. 법원의 판단

프리어는 길이 약 25㎝, 폭 약 3~5㎜, 두께 약 3㎜로 잇몸이나 뼈 주변을 감싸고 있는 얇은 막을 박리할 때 사용하는 수술기구로서 10~15㎏ 이상 견딜 수 있고 얇고 연한 막을 박리하다 부러지는 것은 불가능한데, 시술의사가 하악과두와 측두골 사이 골유착이 된 부분에 프리어를 끼워 지렛대 원리로 박리하려다 프리어가 부러진 것은 프리어에 과도한 힘을 가한 것이며, 프리어가 부러졌음에도 파편을 곧바로 찾지 않고 거즈로 압박지혈을 함으로써 프리어 파편이 두개강 내까지 밀려들어 가게 하였고, 프리어 파편을 찾지 못하였음에도 곧바로 신경외과 의사에게 도움을 요청하지 않고 수술부위를 봉합한 과실을 인정하였다.

3. 판결의 의의

외과수술에 사용되는 모든 의료기기는 인체에 무해하고 수술기구의 경우 상당히 강한 압력과 충격에도 견딜 수 있는 안정성이 확보되어야 한다. 하지만 강한 힘을 견디는 수술기구라고 하더라도 오랜 기간 사용하고 소독 시 고열에 장시간 노출되는 경우 피로파절이 발생할 수 있다. 따라서 각 수술기구의 용도에 맞게 알맞은 힘으로 사용되어야 한다. 이 사건에서 골막 등 연조직을 박리하는 수술기구인 프리어를 악관절 유착을 분리하려고 지렛대로 사용하여 결국 프리어가 부러지는 사고가 발생한 것에 책임을 인정한 것은 수술기구를 합당한 용도로 사용하지 않은 점을 그로 인해 발생한 사고에 대해 과실을 추정하는 근거로 사용한 것이다.

다만 관련 형사사건에서 대법원은 같은 사실관계(프리어를 악관절 유착 분리용도로 사용한 것)에 대하여 무죄 취지로 파기환송 하였는데,[8] 그 논거로 "프리어는 통상 10~15kg의 하중에도 견디는데 오랜 기간 사용한 경우 피로골절 등으로 부러질 수 있고 해당 프리어는 2일 전에도 정상적으로 사용한 것이며 프리어가 파절된 정확한 원인이나 피고인이 실제 과도한 힘을 준 것인지 등에 대한 증거가 부족하다"는 점을 들고 있다. 이는 형사소송에 있어 엄격한 증명이 있어야 피고인에게 유죄를 선고할 수 있다는 원칙에 따른 판결로 생각되며 민사소송에서는 달리 판단할 필요가 있다.

한편 대상 판결에서 법원은 프리어가 부러졌음에도 파편을 바로 찾지 않고 지혈을 위해 거즈로 출혈부위를 누름으로써 파편이 두개강 안으로 밀려들어 가게 한 점도 과실로 인정하였는데, 이 부분은 의학적으로 이해되기 어렵다. 수술부위는 악관절로서 해부학적으로 두개골 바깥면에 위치하고 있어 파절된 절편을 사람이 아무리 세게 누른다고 하더라도 그 절편이 단단한 두개골을 뚫고 뇌 속으로 파고들어 간다는 것은 불가능하기 때문이다. 대상 판결은 프리어를 용도대로 사용하지 않고 과도한 힘을 준 과실, 파절된 프리어 조각을 바로 찾지 않고 거즈로 압박하여 프리어가 두개강 내 뇌심부까지 밀려들어가게 한 과실, 프리어 파편을 찾지 못하였음에도 신경외과 의사에게 협진을 요청하지 않은 과실 등을 인정하면서 프리어가 전두엽 뇌 실질 내로 들어가 염증을 일으킴으로써 발생된 후유장해 전체에 대해 손해배상책임을 인정하였는데, 설사 프리어를 원래 용도대로 사용하지 않음으로써 파절을 일으키고 그 파편이 분실된 과정에 과실을 추정하더라도, 그 추정된 과실과 관련한 손해배상의 범위가 일반적인 의학지식에 비추어 예견(또는 발생) 불가능한 영역에 이른 경우, 즉 프리어 파편이 단단

---

8) 관련 형사사건의 제1심에서는 프리어에 과도한 힘을 주어 프리어가 부러지게 한 과실은 인정하지 않고 나머지 과실을 인정하여 벌금 1,000만원을 선고하였는데(서울중앙지방법원 2013. 6. 27. 선고 2011고단7512 판결), 항소심에서는 프리어 조작에 대한 과실까지 인정하여 금고 8월, 집행유예 2년을 선고하였다(서울중앙지방법원 2013. 11. 7. 선고 2013노2280 판결). 이에 대하여 대법원은 프리어 조작 과실 부분에 대하여 무죄의 취지로 파기환송하였다(대법원 2014. 5. 29. 선고 2013도14079 판결).

한 두개골을 뚫고 전두엽 뇌 실질까지 파고들어 가서 발생된 손해까지 확대인정 되어서는 곤란하다고 생각된다. 대상 판결은 피고가 거즈로 압박한 힘으로는 파절된 파편이 두개골을 뚫고 들어가기 어렵다는 점을 주장하였으나 이 주장에 대한 배척설시 없이 과실을 인정하였고 원·피고 모두 항소하지 않아 그대로 확정 되었는데, 의학적으로 예견이 어려운 사실에 대한 주장이므로 보다 깊이 있는 심리·판단이 되었어야 한다고 생각된다. 참고로 대상 판결에서 원고가 농지를 소유하고 의료사고 전까지 농사를 짓고 있었다는 점이 밝혀지자 법원은 농업인구 고령화 추세를 감안하여 만 72세까지의 일실소득을 인정하였다.

4. 참고 판결

대법원 1999. 12. 10. 선고 99도3711 판결은, 요추 척추후궁절제 수술 도중에 수술용 메스가 부러지자 담당의사가 부러진 메스조각(3×5㎜)을 찾아 제거하기 위한 최선의 노력을 다하였으나 찾지 못하여 부러진 메스조각을 그대로 둔 채 수술부위를 봉합한 사건에서, "피고인이 피해자에 대하여 시행한 수술은 1회용 제품인 메스를 사용하여 척추에 붙어 있는 후종인대의 일부도 제거해야 하기 때문에 딱딱한 척추체에 메스 끝이 부러지는 일이 흔히 있을 수 있는데 그 경우 통상 쉽게 발견되어 제거할 수 있으나 쉽게 발견되지 않는 경우에는 수술과정에서 무리하게 제거하려고 하면 메스가 이동하여 신경이나 혈관계통에 부가적인 손상을 줄 수 있기 때문에 일단 부러진 메스조각을 그대로 둔 채 수술부위를 봉합하였다가 나중에 엑스레이촬영 등을 통하여 메스의 정확한 위치와 이동상황 그로 인한 위험성 등을 종합적으로 고려하여 재수술을 통하여 제거하거나 그대로 두는 경우도 있는 사실, 피고인은 수술도중에 메스가 부러지자 부러진 메스조각을 찾아 제거하기 위한 최선의 노력을 다하였으나 찾지 못하자 부러진 메스조각을 계속 찾는데 따른 위험성을 고려한 의학적 판단에 따라 일단 수술부위를 봉합한 뒤 메스조각의 위치와 이동추이를 보아 재수술을 통한 제거방법을 택하기로 하여 부러진 메스조각을 그대로 둔 채 수술부위를 봉합한 사실을 알 수 있는바, 위와 같이 피해자가 받은 수술과정에서 수술부위의 상태 등에 따라 수술용 메스가 부러지는 일이 발생할 수 있는 점에 비추어 그것이 특별히 피고인의 과실로 인하여 발생한 것이라고 볼 수는 없고, 또 부러진 메스조각을 그대로 둔 채 수술부위를 봉합한 것도 피고인이 수술용 메스가 부러진 사실을 모른 채 수술부위를 봉합한 경우와는 달리 위와 같이 무리하게 제거하는 경우의 위험성을 고려한 의학적 판단에 따른 것이고, 그와 같은 판단이 일반적인 의학 수준에서 합당한 판단이라고 보이는 점에 비추어 피고인에게 어떠한 과실이 있다고는 볼 수 없다."고 판단하였다.

008. 경추 신경차단술 후 중증 뇌손상 발생사건

- 서울고등법원 2015. 3. 12. 선고 서울고등법원 2014나24350 판결[9)

1. 사실관계

원고는 양측 상지 통증을 동반한 경추부 통증을 주된 증상으로 1차 의료기관인 피고 의원에 내원하여 경흉추부 신경뿌리병증 진단 하에 주사바늘 위치를 확인할 수 있는 방사선 장비 없이 저항소실법에 의한 경추 경막외 차단술을 시행받았다. 원고는 신경차단술 후 1~2분이 지나 호흡정지 상태에 빠졌고, 기본 생명유지술에도 불구하고 심장무수축 상태였으며, 119 구급대에 의하여 서울대병원 응급실에 도착하여 혈액순환은 회복되었으나 여전히 혼수상태로 전반적인 중증의 뇌손상을 입어 식물인간 상태이다.

2. 법원의 판단

대상 판결은 피고가 시술에 앞서 평소 약물 투약 내역을 확인하고 혈액검사 등을 함으로써 출혈 위험이 있는지 여부 및 혈역학적 징후 변화에 영향을 주는 약물의 복용 여부를 확인하고, 시술 전에 MRI 검사를 통해 환자의 척추 부위 해부학적 정보를 정확히 파악하거나 시술을 시행하면서 영상장비 또는 조영제를 사용하여 경막 외 공간에 정확히 약제가 퍼지는 지를 확인함으로써 안전하게 진행하며, 이 사건 시술 전, 중, 후 전반에 걸

---

9) 제1심 서울중앙지방법원 2014. 4. 22. 선고 2013가합30276 판결. 대상 판결은 상고되었으나, 심리불속행 기각으로 확정되었다(대법원 2015. 7. 9. 선고 2015다24416 판결).

쳐 환자의 혈압, 맥박 등 활력징후 및 산소포화도를 지속적으로 감시하여야 함에도 이러한 조치를 취하지 않은 점, 이 사건 시술 직후 호흡정지 및 심정지가 발생한 점, 이는 이 사건 시술에 사용된 약제가 척수강 또는 혈관으로 잘못 투여되었을 때 나타나는 증상에 해당하는 점 등을 종합하여, 피고에게 원고에 대한 경과관찰을 소홀히 한 상태에서 이 사건 시술을 시행하던 중 주사기를 잘못 조작하여 혈관 내지 척수강 내로 직접 이 사건 약제를 주사하는 등의 과실이 있었다고 인정하였다. 또한 피고가 응급의료에 관한 법률 상 응급장비 설치의무 대상자가 아니어서 호흡정지가 발생하자 즉시 기본 생명유지술 시행과 함께 응급 구조신고를 하여 상급 병원으로 신속히 전원하였으므로 응급처치상 주의의무 위반이 없었다고 주장하였으나, 피고로서는 원고에게서 호흡정지 증상 등이 나타날 것을 대비하여 미리 그에 대비한 응급장비 및 약물(에피네프린 등)을 준비하고, 실제로 원고에게서 호흡정지 증상 등이 나타난 때 후두마스크 삽입, 산소공급장치를 통한 산소공급, 에피네프린 투여 등 적절한 응급처치를 하여야 함에도 불구하고, 그에 대한 준비 부족으로 위와 같은 응급처치를 제대로 하지 않은 과실이 있다고 인정하였다.

3. 판결의 의의

대상 판결은 경막 외 신경차단술에 사용되는 약물은 혈관에 투여되었을 때 전신 독성반응 위험 및 일시적인 전신마비, 호흡곤란이 올 수 있으므로, 시술시 특히 주의해야 하고, 이 사건 시술이 이루어진 경추 부위는 다른 부위에 비해 시술이 어려우므로 시술 전·중·후 환자의 상태를 세심하게 관찰하여 신경손상이나 독성 반응의 가능성 여부를 지속적으로 살피고 합병증 발생에 대처할 준비가 되어 있는 상태에서 시술을 해야 함에도 불구하고 이 사건 시술이 그와 같은 조치 없이 만연히 이루어진 데 대하여 시술상 과실을 인정하였는바, 최근 들어 빈번하게 이루어지는 경막 외 신경차단술 시행과정에서의 주의의무를 구체적으로 제시하였다. 또한 대상 판결은 응급의료에 관한 법률상 응급장비 설치가 의무화되어 있지 않은 의료기관이라도 예견 가능한 합병증 발생에 대비하여 응급장비 및 응급약물을 구비해야 할 주의의무를 인정하였는바, 최소한의 응급의료체계에 관한 규율이 주가 되는 응급의료에 관한 법률이 각 의료인의 응급상황 발생 시 응급처치에 관한 주의의무를 규정하는 기준이 되지는 아니함을 확인한 데 의의가 있다.

009. 척추측만증 수술 후 하지마비 발생사건
- 대법원 2011. 7. 14. 선고 2009다54638 판결[10])

1. 사실관계

원고는 3세 때 선천성 척추측만증이 발견되어 진료를 받아오다 2004. 11. 8. 피고 병원에 수술을 받기 위해 입원하였는데, 당시 척추측만각은 66도였고 근력과 감각은 정상이었다. 피고 병원 의료진은 2004. 11. 12. 척추측만증을 교정하기 위한 1차 수술을 시행하였는데, 1차 수술 직후 원고의 양 하지 근력과 감각이 완전히 상실되는 증상이 나타났다. 피고 병원 의료진은 원고의 양 하지 근력과 감각이 상실된 원인을 찾기 위해 2004. 11. 13. 2차 수술을 시행하였으나 1차 수술 부위에서 활동성 혈종이나 척수의 압박손상은 관찰되지 않았고, 2차 수술 후에도 원고의 양 하지 근력과 감각이 정상으로 돌아오지 않자 재차 수술 부위를 확인하기 위해 2004. 11. 15. 3차 수술을 시행하였으나 수술 부위에 척수나 신경을 압박할 만한 혈종이나 활동성출혈을 발견하지 못하였다. 그 후 원고의 양 하지 근력과 감각이 일부 회복되었으나, 이 사건 원심 변론종결 당시 원고에게 영구적인 양 하지 부전마비, 대소변 장애가 남아 있고 보행이 불가능하며 침상 이동 능력도 저하된 상태여서, 여명기간 동안 휠체어와 1일 성인 12시간의 개호가 필요한 상태에 이르게 되었다. 원고 측이 수술과정에서의 척수손상 등의 의료과실을 주장한데 대하여 피고 병원 측은 1차 수술과정에서

---

10) 제1심 서울중앙지방법원 2007. 10. 23. 선고 2005가합87758 판결, 제2심 서울고등법원 2009. 6. 18. 선고 2007나114712 판결, 파기환송심에서 서울고등법원은 '피고는 원고에서 2억 9천만 원을 지급하라'는 결정을 하였다(서울고등법원 2011. 11. 1.자 2011나55247 결정).

SSEP 검사11)를 시행하였고, 검사결과 아무런 이상 소견이 없었으므로 수술과정 등에 과실이 없다고 주장하였다.

2. 법원의 판단

　대상 판결은 원고에 대한 1차 수술 부위와 양 하지 마비장애의 신경부위가 일치하기 때문에 1차 수술과정에서 양 하지 마비장애가 발생하였다고 볼 수 있는바, 척추측만증 교정술 후에 나타날 수 있는 하반신 마비의 원인으로는, 수술 중 고정기기나 수술기구에 의한 직접적인 신경손상, 과도한 교정(신경견인)에 의한 신경손상, 이식골편이나 부정확한 위치에 삽입된 고정기기에 인한 신경압박, 혈종에 의한 신경압박, 부종에 의한 신경압박, 대량 출혈로 인한 척수의 허혈성 손상, 그 외 원인을 정확하게 알 수 없는 경우 등이 있는데, 이 사건에서 1차 수술 후 시행된 검사 등에서 이식골편 또는 고정기기가 부정확한 위치로 삽입된 소견이 발견되었다거나 수술 중 과도한 출혈이 있었다는 소견은 보이지 아니하고, 나아가 2차, 3차 수술에서도 신경을 압박할 만한 혈종이나 부종이 발견되지 아니한 사실을 알 수 있다고 설시한 다음, "비록 척추측만증 교정술 과정에서 원인을 정확하게 알 수 없는 합병증으로 양 하지 마비장애가 발생할 수 있는 가능성이 없는 것은 아니지만, 원고의 양 하지 마비장애는 1차 수술 직후

---

11) SSEP(SomatoSensory Evoked Potentials)검사는 체성감각유발전위검사로, 특히 척추 수술을 할 때 환자의 머리나 목 부위에 한면 전극을 부착하고 환자의 다리에 나머지 전극을 부착하여 미약한 전류를 흘려 척수의 전위를 모니터를 통하여 관찰하는데, 수술 도중 척수에 자극을 가하거나 척수에 손상이 발생되는 경우 척수 전위에 이상소견이 나타나므로 척수에 과도한 자극이나 손상이 발생되는지 여부를 확인할 수 있다. 다만 이 검사는 위양성(僞陽性) 또는 위음성(僞陰性)이 나타날 가능성이 비교적 높다고 알려져 있다.

에 나타난 것으로서 1차 수술 외에는 다른 원인이 게재하였을 가능성이 없고, 그 발생 부위가 1차 수술 부위와 일치하며, 원고는 1차 수술 전에 양 하지의 근력과 감각이 정상이었고 당장의 신경학적 증상을 치료하기 위한 수술이 아니어서 1차 수술을 전후하여 양 하지 마비장애를 초래하기 쉬운 내적 요인을 가진 신체 상태에 있었다고 보기 어려운 점 등을 종합하여 보면, 1차 수술 직후에 원고에게 발생한 양 하지 마비장애는 결국 척추측만증 교정술 후에 나타날 수 있는 하반신 마비의 원인 중에서 수술 중 고정기기나 수술기구에 의한 직접적인 신경손상이나 과도한 교정(신경견인)에 의한 신경손상에 의하여 초래된 것으로 추정할 수 있는 개연성이 충분하다고 할 것이다. 나아가 피고 병원이 SSEP 검사 결과를 제출하지 못하는 사유에 대한 설명이 쉽게 납득할 수 없을 뿐 아니라, SSEP 검사의 불완전성에 비추어 보면, 피고 병원의 주장과 같이 1차 수술 중에 시행한 SSEP 검사에서 특별한 이상 소견이 없었다고 하더라도 그러한 사정만으로 1차 수술 중 고정기기나 수술기구에 의한 직접적인 신경손상이나 과도한 교정(신경견인)에 의한 신경손상이 없었다고 단정하거나 피고 병원 의료진의 과실을 추정할 수 있는 개연성이 충분하지 않다고 볼 수는 없다. 그런데도 원심이 인용한 제1심 판결이, 피고 병원 의료진이 SSEP 검사 등 과도한 교정(신경견인)을 피하기 위한 조치를 하였음에도 하반신 마비 등이 발생하게 된 점 등에 비추어 피고 병원 의료진의 어떤 과실로 인하여 원고에게 나쁜 결과가 발생하였다고 추정할 수 없다고 본 것은, 의료소송에서의 과실의 입증에 관한 법리를 오해하여 판단을 그르친 것이라 할 것이다."라 하여 손해배상책임을 인정하였다.

3. 판결의 의의

간접사실에 의한 과실과 인과관계 추정에 있어서 수술과 나쁜 결과 사이의 시간적 근접성과 부위의 연관성이 있고 타 원인의 개재가능성이 없다는 점만으로 과실과 인과관계를 추정하는 것은 과실로 인한 결과 발생은 추정할 수 있는 정도의 개연성이 담보되지 않는 사정들을 가지고 막연하게 중한 결과에서 과실과 인과관계를 추정함으로써 결과적으로 의사에게 무과실의 증명책임을 지우는 것이므로 타당하지 않다. 대상 판결은 의료상 과실 외에는 다른 원인이 있다고 보기 어려운 여러 가지 간접사실들이 충분히 주장·입증되어 과실과 인과관계가 추정되었다는 점에서 간접사실에 의한 과실 및 인과관계 추정 법리에 충실한 판결이라고 생각된다. 나아가 피고 측에서 수술 도중 SSEP 검사를 실시하여 신경손상 여부를 모니터링하였고 그 검사에서 이상 소견이 없었으므로 신경손상이 없었다는 주장에 대해서도, 피고 측이 SSEP검사 데이터가 손상되는 사건이 발생하였다며 자료를 제출하지 못하였고, SSEP 검사 자체가 위양성(僞陽性), 위음성(僞陰性)이 많은 불완전한 검사라는 점에서 설사 SSEP검사 결과가 정상이었다고 하더라도 과실추정을 번복하지 못한다고 판시하여 과실이 추정되는 경우 그 추정을 번복하기 위해서는 더 확실한 개연성이 있는 반증을 제시해야 한다는 점을 명확히 한 점에 의의가 있다.

4. 관련 판결

대법원 2000. 7. 7. 선고 99다66328 판결은, 심방중격결손 수술 중 대동맥박리가 발생하여 사망한 사건에서, 망인의 사망을 초래한 대동맥박리는 이 사건 심방중격결손 수술을 위한 캐뉼라 삽관 직후에 나타난 것으로서 이 사건 수술 이외에는 다른 원인이 개재하였을 가능성이 없고, 그 발생 부위 또한 이 사건 캐뉼라 삽관과 연관하여 볼 수 있는 부위로 보이고, 위 망인에게 이 사건 수술 전후를 통하여 대동맥박리를 초래할 만한 특별한 질환이나 증상이 관찰되지 아니하였으며, 한편으로는 대동맥에 캐뉼라를 삽입하는 과정에서 대동맥내막에 대한 직접적인 열상이나 기계적인 압박 등 부적절한 시술로도 대동맥박리가 나타날 수 있는데다가, 비록 심장수술 과정에서의 잘못 이외의 합병증으로 대동맥박리가 발생할 수 있는 확률도 0.16% 있지만 그와 같이 예외적으로 발생하는 경우도 주로 고혈압 등 혈관질환을 보유하고 있는 환자들에게서 나타난 것이라는 사정 하에서라면, 위 망인에게 발생한 이 사건 대동맥박리는 결국 대동맥박리가 일어날 수 있는 원인 중에서 캐뉼라를 삽입하는 과정에서 대동맥내막을 손상시키는 등 부적절한 캐뉼라 삽관에 의하여 초래된 것이라고 추정할 수밖에 없다고 할 것이라고 판시하였다.

010. 척추수술 후 마미증후군 발생사건

  - 서울고등법원 2015. 3. 12. 선고 2012나75958 판결[12]

1. 사실관계

원고는 1년여 전부터 요통, 하지 방사통, 좌하지 통증 등 증세로 치료를 받았으나 호전되지 아니하여 2007. 10. 1. 피고 병원에서 제4~5번 요추 추간판 제거술을 시행받았다. 원고는 수술 전 하지 근력, 감각, 방광·항문기능에 이상이 없었으나, 수술 직후 좌하지 감각 무딤 증상이 발생하였고, 수술 후 3일째 배변·배뇨장애가 확인되었으며, MRI 촬영 결과 이 사건 수술로 인한 결손이 제4~5번 요추 사이 좌측면에 관찰되고, 제4~5번 요추간 디스크가 후방 중심으로 탈출되어 있으며, 디스크 조각이 제5번 요추 부위에 잔존하여 신경을 압박하고 있는 소견이 확인되었다. 피고 병원 의료진은 정밀검사 및 감압술의 시행 등 보다 적극적인 대처를 하지 아니하고 약물치료와 재활치료와 같은 보존적 치료만을 시행하였고, 원고는 10월 하순경부터 엉덩이 부위에 힘이 안 들어가고 회음부 감각이 무뎌지기 시작했으며 배뇨시 또는 힘줄 때 대변이 배출되는 변실금 증세가 발생하였고, 마미증후군으로 인한 불완전 하지마비, 신경인성 방광·대변 기능마비, 좌측 하 요부와 천추부의 신경병증(Lt lower lumber and Sacral poly-radiculopathy), 통증 등 장애가 남게 되었다.

---

12) 제1심 서울남부지방법원 2012. 8. 28. 선고 2010가합26999 판결. 대상 판결은 당사자 쌍방이 상고하지 아니하여 확정되었다.

2. 법원의 판단

대상 판결은 전신마취에 의한 수술은 진단·투약·간호 등 다른 의료행위보다 그 밀행성이 강하여 수술에 직접 참여한 의료진 이외에는 수술상 어떠한 과실이 있었음을 입증하는 것은 더욱 어려우므로, 그 증상 발생에 관하여 의료상의 과실 이외에 다른 원인이 있다고 보기 어려운 간접사실들을 입증함으로써 의료상의 과실을 추인할 수 있다고 전제한 다음, 마미증후군의 원인으로는 일반적으로 척추 골절, 악성 종양의 전이, 화농성 척추염, 척추관 협착증, 추간판 탈출증 등이 거론되며, 의인성으로 발생하는 경우로서 척추수술 과정에서의 신경 손상, 수술 후 혈종으로 인한 신경압박이나 부종, 수술 후 출혈, 신경 종창 등을 들 수 있는데, 이 사건 수술로 인하여 수술 전 발견된 큰 크기의 추간판 탈출은 제거되어 그로 인한 신경압박은 없어지거나 적어도 낮아진 것으로 볼 수 있고, 원고에게 수술 전에는 없던 마미증후군의 증세가 수술 직후 발생한 사실로 미루어 보아 원고의 기왕증인 추간판 탈출증이 현재 나타난 마미증후군의 원인이라고 가정하기는 어려운 점 등에 비추어 볼 때, 이 사건 수술 후 원고에게 나타난 마미증후군 증세는 피고 병원 의료진이 이 사건 수술을 시행하는 과정에서 주의를 게을리하여 직접 마미신경근을 일부 손상시켰거나 또는 직접 손상에 이르지는 않았다 하더라도 수술 도중 신경근을 과도하게 압박하거나 무리하게 견인함으로써 초래된 것이라고 추정할 수밖에 없다 하여 수술과정에서 신경손상을 유발한 과실과 인과관계를 추정하였다.

3. 판결의 의의

의료소송에서 수술과정에서의 주의의무 위반을 증명하는 것은 매우 어렵다. 환자는 마취된 상태로 의식이 없고, 환자 측에서는 접근할 수 없는 수술실에서 의료행위가 이루어지기 때문이다. 대상 판결은 척추수술과정에서 과실을 인정한 판결로, 의료행위 후 나쁜 결과 발생에 관하여 의료상의 과실 이외에 다른 원인이 있다고 보기 어려운 간접사실들을 입증함으로써 의료상의 과실을 추인할 수 있다는 법리에 따라 다양한 간접사실을 설시한 다음 수술과정에서 신경을 손상시킨 과실을 추정하였다. 대상 판결은 수술상 과실을 추정하기 위한 간접사실로 수술 전 그와 같은 이상이 없었던 사실, 수술 후 마미증후군의 대표적인 증상이 발생한 사실, 수술 후 MRI 검사 결과 잔존 디스크 조각에 의한 신경압박소견이 확인된 사실, 수술과정에서 신경근이 손상되지 않도록 주의해야 할 의무, 수술부위와 신경손상부위의 위치적 관계, 수술 후 신경전도·근전도검사 결과 수술부위 관련 신경근병증이 확인된 사실, 의무기록상 의료진도 수술과정에서 신경 손상의 가능성을 염두에 둔 것으로 보이는 점 등을 들어 척추수술과정에서의 주의의무 위반을 추정하기 위해 환자 측에서 증명해야 하는 간접사실들에는 어떤 것들이 있는지를 알 수 있게 한다. 또한 대상 판결은 척추수술 후 발생한 마미증후군의 원인으로 척추 골절, 악성 종양의 전이, 화농성 척추염, 척추관 협착증, 추간판 탈출증 등 환자의 기저질환 내지 상태와 척추수술 과정에서의 신경 손상, 수술 후 혈종으로 인한 신경압박이나 부종, 수술 후 출혈, 신경 종창 등 의인성 원인을 대별한 다음, 이 사건과 관계없는 원인들을 배제하고 환자의 추간판 탈출증의 기왕증과 척추수술과정에서의 신경 손상이 남게 되자 마미증후군의 발생 원인에서 환자의 기왕증을 배제하는 논리적 추론의 과정을 보여주고 있다.

011. 인공디스크 치환술 후 사정장애와 역행성 사정 발생사건

- 대법원 2019. 2. 14. 선고 2017다203763 판결[13)

1. 사실관계

원고는 추간판 절제술과 인공디스크 치환술(이하 '이 사건 수술'이라 한다)을 받은 후 '사정장애와 역행성 사정'이 영구적으로 계속될 가능성이 높다는 진단을 받았고 그에 따라 정서문제와 수면장애 등 일상생활 적응력이 떨어진 상태로 '적응장애' 진단을 받았다. 원고는 피고가 이 사건 수술 도중 최선의 주의의무를 위반하여 원고의 상하복교감신경총을 손상시켜 원고에게 발기부전, 남성불임증, 사정장애 및 역행성 사정, 적응장애 등의 후유증이 남게 하였으므로, 피고는 진료계약의 당사자 또는 불법행위자 본인으로서 원고가 입은 손해를 배상할 책임이 있다고 주장하였다.

2. 법원의 판단

원심 판결은 ① 원고는 이 사건 수술 당시 35세의 젊은 남성으로 이 사건 수술 이전에 역행성 사정의 원인이 될 기왕력이 없었고, ② 피고는 전방 경유술에서 신경손상을 예방하기 위해 사용이 권장되는 무딘 박리기라고 보기 어려운 수술용 클립을 사용하여 이 사건 수술 중 박리 또는 지혈 시 원고의 신경을 손상시켰을 가능성을 배제할 수 없어 신경손상 예방을

---

13) 제1심 인천지방법원 2016. 3. 29. 선고 2014가합7052 판결, 제2심 서울고등법원 2016. 12. 8. 선고 2016나2021634 판결.

위한 조치를 다하였다고 보기 어려운 점, ③ 피고가 전방 경유술을 선택한 것이 의사의 합리적 재량 범위 내에 있다고 하더라도 전방 경유술이 후방 경유술과는 달리 역행성 사정을 유발할 수 있는 신경손상의 위험을 내포하고 있으므로 피고로서는 더 신중히 수술을 했어야 하는 점, ④ 원고에게 전방 경유술시 불가피한 합병증의 발생 원인이 되는 비정상적인 신경분포 등을 인정할 증거가 없는 점, ⑤ 역행성 사정이 이 사건 수술 후 발생할 수 있는 합병증 중의 하나이지만 그 발생빈도가 1984년 약 0.42%, 1995년 약 5.9%에 불과할 정도로 상당히 낮고, 특히 역행성 사정이 발생한 환자라도 약 3~5% 정도에서만 영구장애로 남는 점을 감안하면, 원고의 영구적 역행성 사정장애를 이 사건 수술에서 통상적으로 발생할 수 있는 합병증으로 단정하기는 어렵다고 하면서 피고에게 수술과정상 과실을 인정하였다.[14]

이에 대해 대법원은 ① 피고가 의사에게 인정되는 합리적 재량의 범위 내에 있는 전방 경유술을 택한 것에 주의의무 위반을 인정할 수 없고, ② 수술용 클립은 지혈을 위한 도구일 뿐이므로 피고가 이를 박리에 사용하였다고 보기 어려우며, 그 밖에 원심이 든 사정은 피고의 주의의무 위반을 인정할 만한 사유로 보기 어렵다고 하였다. 또한 ③ 제1심의 진료기록감정 촉탁 결과 등에 비추어 원고의 상하복교감신경총 손상은 전방 경유술 중 박리 과정에서 불가피하게 발생하는 손상이라거나 그로 인한 역행성 사정 등의 장해는 일반적으로 인정되는 합병증으로 볼 여지가 있으므로 그것만으로 피고의 의료상 과실을 추정할 수는 없다고 판시하였다. 이어서 "원심으로서는 수술 과정에서 상하복교감신경총 손상과 그로 인하여 영구적인 역행성 사정 등을 초래하는 원인으로 어떤 것이 있는지, 신경손상을 예방하기 위하여 피고에게 요구되는 주의의무의 구체적인 내용은 무엇인지, 피

---

14) 서울고등법원 2016. 12. 8. 선고 2016나2021634 판결.

고가 그러한 주의의무를 준수하지 않은 것인지, 손상된 신경의 위치나 크기에 비추어 육안으로 이를 확인할 수 있는지, 피고가 주의의무를 준수하였다면 신경손상을 예방할 수 있는지 등을 살펴, 신경손상과 그로 인한 역행성 사정 등의 결과가 이 사건 수술 과정에서 일반적으로 인정되는 합병증의 범위를 벗어나 피고의 의료상 과실을 추정할 수 있는지를 판단했어야 한다."고 판시하였다.

3. 판결의 의의

대법원은 그간 "의료행위에 의하여 후유장해가 발생한 경우, 그 후유장해가 당시 의료수준에서 최선의 조치를 다하는 때에도 당해 의료행위 과정의 합병증으로 나타날 수 있는 것이거나 또는 그 합병증으로 인하여 2차적으로 발생할 수 있는 것이라면, 의료행위의 내용이나 시술 과정, 합병증의 발생 부위, 정도 및 당시의 의료수준과 담당 의료진의 숙련도 등을 종합하여 볼 때 그 증상이 일반적으로 인정되는 합병증의 범위를 벗어났다고 볼 수 있는 사정이 없는 한, 그 후유장해가 발생하였다는 사실만으로 의료행위 과정에 과실이 있었다고 추정할 수 없다"고 판시하였다.15) 대상판결은 일반적으로 인정되는 합병증의 범위를 벗어났다고 볼 수 없는 한 합병증 또는 그로 인한 후유증이 발생했다는 사실만으로 수술 등 의료행위 과정에서의 과실을 추정할 수는 없다는 기존 태도를 전제로 판단하고 있다.

결국 손해배상을 구하는 원고로서는 수술 등으로 발생한 합병증이나 후유증이 일반적으로 인정되는 범위를 벗어났다는 점을 증명해야 하는데,

---

15) 대법원 2008. 3. 27. 선고 2007다76290 판결, 대법원 2015. 10. 15. 선고 2015다21295 판결 등.

일반적으로 인정되는 합병증의 범위가 어떠한지에 관한 기준이 모호한 문제가 있다. 이는 원심 판결이 역행성 사정이 "수술 후 합병증으로서의 발생빈도가 1984년 약 0.42%, 1995년 약 5.9%에 불과할 정도로 상당히 낮고, 특히 역행성 사정이 발생한 환자라도 약 3~5% 정도에서만 영구장애로 남는 점"을 들면서 영구적 역행성 사정장애를 수술에서 통상적으로 발생할 수 있는 합병증으로 단정할 수 없다고 판시한 반면, 대상 판결은 이와 달리 "제1심의 진료기록감정촉탁 결과 등에 비추어 원고의 상하복교감신경총 손상은 전방경유술 중 박리 과정에서 불가피하게 발생하는 손상이라거나 그로 인한 역행성 사정 등의 장해는 일반적으로 인정되는 합병증으로 볼 여지가 있다"고 판시한 데서도 알 수 있다. 또한 아래 참고 판결(서울고등법원 2019. 12. 12. 선고 2017나2042645 판결)에서 후종인대 골화증 수술에서 뇌척수액 누출, 경막손상 발생가능성은 4.6~32%인 점을 들어 "뇌척수액 유출은 후종인대 골화증의 전방감압술 중 발생할 수 있는 일반적인 수술합병증으로"라고 판시한 점에 비추어 보아도 어느 정도의 발생가능성을 일반적인 합병증으로 인정할 수 있을지에 대한 구체적인 기준 정립이 필요할 것으로 보인다.

4. 참고 판결

원고는 2013. 9. 23. 경추 4, 5번 척추체 제거술 및 경추 3-6번 전방감압술(이하 '이 사건 수술'이라 한다) 도중 뇌척수액이 누출되면서 척수부종이 발생하였고, 이 사건 수술 종료 후 마취에서 깨어났으나 자가호흡능력이 저하되어 회복되지 않았다. 원고는 같은 날 기도삽관 및 인공호흡기를 유지한 채 J병원 응급실로 이송되어 스테로이드 주사 등 입원치료를 받다가 같은 해 10. 1. K병원, 다음 날 L병원으로 각 이송되어 '척수손상후유증'

진단을 받고 중환자실에서 인공호흡기를 유치한 채 입원치료중이며, 사지마비로 독자보행이 불가능한 상태이다. 이에 원고는 3개 이상의 척추체에서 질환이 발생했으므로 경막손상 가능성이 적은 후방감압술을 시행했어야 하고(수술방식 선택상 과실), 전방감압술을 시행하면서 원고의 상태를 살피지 않고 무리하게 수술을 강행한 결과 원고의 경막을 손상시켜 뇌척수액이 누출되게 만들었다고(수술 시행상 과실) 주장하였다.

이에 대해 서울고등법원은 수술방식 선택상 과실 유무에 대해 피고가 전방감압술을 선택한 것은 합리적인 범위 내에 있다고 보았고, 수술시행상 과실 유무에 대해 "뇌척수액 유출은 후종인대 골화증의 전방감압술 중 발생할 수 있는 일반적인 수술합병증으로,16) 원고와 같이 골화된 후종인대와 경막이 심하게 유착되어있는 경우 후종인대 제거시 경막이 같이 제거되면서 뇌척수액 유출이 발생할 수 있으므로, 수술과정에서 경막이 손상되고 뇌척수액이 유출된 것만으로 의료행위 과정에 과실이 있었다고 단정할 수 없다"고 판시하였다(서울고등법원 2019. 12. 12. 선고 2017나2042645 판결)17)

---

16) 후종인대 골화증 수술에서 뇌척수액 누출, 경막손상 발생가능성은 4.6~32%이다.
17) 대상 판결은 당사자 모두 상고하지 않아 확정되었다.

012. 폐쇄성 기관흡인을 하는 과정에서 기관삽관 튜브가 탈락한 사건

－ 대법원 2023. 10. 12. 선고 2021다213316 판결[18]

1. 사실관계

환아는 2016. 1. 7.경 급성 세관지염으로 피고 병원의 응급실에 내원하였다. 의료진은 환아를 급성 세관지염으로 진단, 약물치료를 하기로 하여 환아를 퇴원시켰다. 환아는 다음날 2016. 1. 8. 오전 폐렴, 청색증으로 인한 호흡곤란으로 타 병원을 거쳐 피고 병원의 응급실에 다시 내원하였는데, 당시 환아의 양면 폐에서는 수포음이 청진되었고, 인두 부위에서 아데노바이러스와 호흡기세포융합 바이러스가 검출되었다. 환아는 응급실 내원 후 약 1시간이 지난 시점에 전신 청색증을 보이고 맥박이 촉진되지 않았다. 이에 의료진이 심장마사지와 기관내삽관을 시행하였고, 이후 환아의 심박수 182회/분, 말초 산소포화도 100%로 회복되자, 의료진은 환아를 소아청소년 집중치료실로 전실한 후 인공호흡기를 제거하고 고농도 산소를 공급하였으나, 이후 환아에게 다시 무호흡 증상이 발생하여 다시 기관내삽관을 하였다. 이후 2016. 1. 11.경 환아의 호흡수가 불안정해지자 피고 병원 의료진은 다시 기관내삽관을 시행하다가 호흡이 안정되자 기계호흡의 정도를 감소시켰는데, 21:20경 5년 경력의 간호사가 환아의 가래를 제거하기 위하여 인공호흡기를 유지한 상태에서 폐쇄형 기관흡입을 하던 중 기관삽관 튜브가 탈락하였고, 환아의 말초 산소포화도가 95%에서 64%로 급격하게 떨어졌다. 이후 의료진이 앰부백을 통한 앰부배깅과 심폐소생술 등을 시행하였으나 환아는 사망하였다.

---

18) 제1심 광주지방법원 2019. 8. 30. 선고 2016가합59374 판결, 제2심 광주고등법원 2021. 1. 13. 선고 2019나24215 판결.

2. 법원의 판단

제1심 판결은 당시 환아의 세기관지염과 폐렴의 경우 주기적인 분비물 제거가 필수적이므로 기관삽관은 반드시 필요했고, 환아에게 시행한 폐쇄식 기관흡입법은 인공호흡기를 떼지 않고 흡인을 하므로 흡인 과정에서 산소공급이 중단되지 않기 때문에 흡인 전에 환자에게 다량의 산소를 공급하여 과산소화 상태를 만들지 않았다 하더라도 이를 과실로 보기도 어렵다고 보았다. 그리고 신생아의 기관삽관은 기도가 짧아서 길이를 맞추기 어려워 난이도가 매우 높은 술기일 뿐 아니라, 신생아용 튜브는 성인과는 달리 고정장치가 없이 반창고로만 유지해야 하므로 튜브 위치가 쉽게 바뀔 수 있다고 보았다. 이에 기관흡인 과정에서 튜브가 빠졌다는 사정만으로 이를 의료진의 과실로 보기는 어렵다고 보아 원고의 청구를 모두 기각하였다.

원심 판결은 제1심 판결과는 달리 기관흡인을 전후하여 튜브가 빠졌음에도 튜브를 제때 기도에 다시 삽관하지 못해서 적절한 산소공급이 이루어지지 않아 망아가 저산소증으로 인한 사망에 이른 이상 피고에게 과실이 존재한다고 보았다. 원심 판결은 산소포화도가 급격하게 떨어지는 원인으로는 기관삽관 튜브가 빠지는 경우가 있는데, 영아는 기도가 매우 짧아서 삽관 시 길이를 맞추기 어렵고 해부학적인 구조상 조금만 움직여도 튜브의 위치가 바뀌기 쉽고, 성인과는 달리 커프(cuff)라는 고정장치 없이 반창고로만 고정하므로 쉽게 헐거워질 수 있어 기관흡인을 하는 경우 기도삽관 튜브가 빠져서 산소공급이 차단되는 사고가 발생할 가능성이 매우 높다고 보았다. 이에 영아에 대해서 기도삽관과 기관흡인을 하는 의료진은 이와 같은 영아의 특성을 잘 알고 충분한 깊이의 기도삽관과 그 위치의 표시를 잘 유지하고 기관흡입시에는 그 기도삽관의 길이를 확인하여 튜브가 빠지지 않게 잘 붙잡은 상태에서 기관흡인기를 조심스럽게 조작해야 한다고 보았다. 따라서 피고 병원 의료진이 환아에 대해서 기도삽관 및 기관흡인을 함에 있어서 당초 충분한 깊이로 삽관하고 그 위치를 표시한 것을 잘 유지하지 못했고, 기관흡인시나 산소포화도 하락 후의 앰부배깅 등의 산소공급 과정에서 기도삽관된 이 사건 튜브가 빠지게 하였으며 빠진 튜브를 제때 다시 삽관하지 못하여 환아에게 적절한 산소공급을 하지 못한 의료상의 과실을 인정하고, 책임을 60%로 제한하였다.

이에 대해 대법원은 의료진에게 기관흡인상의 과실이 있다고 보기 어렵다고 보아 항소심 판결을 파기환송하였다. 감정결과 환아는 이 사건 기관흡인을 하기 전에 이미 심한 모세기관지염으로 인하여 말초기관지의 염증, 고유량의 산소, 기계호흡 등에 의한 폐포벽의 손상에 의하여 폐에 기종성 변화가 이미 진행되었고, 이로써 가슴막에 공기집이 형성되어 있던 상태에서 이 사건 기관흡인으로 인하여 공기집이 터져 기흉으로 악화되었을 가능성이 있다고 보았다. 이와 같은 이유로 이 사건 기관흡인 당시 튜브의 발관이 있었다고 하더라도 이러한 사정이 망아의 산소포화도 저하에 원인이 되었다고 단정할 수 없을 뿐만 아니라 앞서 본 것처럼 망아의 폐 상태의 악화 등에 따른 기흉이 원인이 되었을 가능성도 배제할 수 없다고 보았다. 또한 이 사건 기관흡인 당시 튜브가 빠지는 상황이 벌어졌더라도 이러한 상황이 피고 보조참가인이나 피고 병원의 다른 의료진의 주의의무 위반에 따른 것이라고 곧바로 단정할 수도 없다고 보았다. 망아와 같이 생후 37일이 되는 영아의 경우, 튜브 자체에 고정장치가 없어 반창고를 입 주변에 부착하는 방법 외에는 없어 발관을 완벽하게 방지하기 어려웠고, 당시 삽관된 튜브의 길이는 10cm 정도로 지나치게 얕게 삽관한 것으로 보이지는 않으며, 실제로 망아는 이 사건 기관흡인 전까지도 10:30 기관 내 삽관 시 삽관된 튜브로 별다른 문제없이 기계호흡을 유지하고 있었기에 피고 병원 의료진이 튜브가 기도에서 빠지지 않도록 적절한 주의의무를 다하였다고 판단하였다.

3. 판결의 의의

이 사건에서 망아에게 이루어진 의료행위 중 업무상 과실 여부가 문제가 된 부분은 '폐쇄성 흡인', 즉 인공호흡기를 한 환자에게서 이를 분리하지 않고 지속적인 산소공급을 하면서 이물질을 흡인하는 술기이다. 생후 37일이 된 영아의 경우 튜브 자체를 신체에 완전하게 고정하기 어려워 입 주면에 반창고를 부착하는 방법 외에는 튜브의 탈락을 방지할 장치가 없다. 이 상황에서 폐쇄성 흡인 이후 환아의 산소포화도가 저하되기는 하였으나 그 원인이 튜브 탈락에 있는지도 명확히 판명되지 않았다. 오히려 환아가 이 사건 전에 가지고 있던 질병인 모세기관지염에 의하여 이미 기흉 등이 발생해 있었기 때문에, 폐쇄성 흡인 과정에서의 튜브 탈락이 환아의 산소포화도 저하를 유발한 유일한 원인이라고 보기는 어렵다고 본 것이다. 이에 대상 판결은 환아의 폐쇄성 흡인 중 발생한 튜브 탈락과 관련하여 의료진의 과실을 인정하지 않았다. 전체적인 사실관계를 종합하여 비록 폐쇄성 흡인 과정에서 튜브가 탈락되었더라도 환아의 기저상태에 비추어 과실과 인과관계를 인정하지 않은 판결로 보인다.

013. 분만시 태아저산소증으로 인한 뇌성마비의 판단기준
- 대법원 2010. 1. 14. 선고 2009다59558 판결[19]

1. 사실관계

원고1은 임신 39주 3일째 되던 이 사건 당일 11:30경 원고2의 출산을 위하여 피고 병원에 입원하였고, 피고 병원 의사는 같은 날 21:00경 원고2 에게 지속성 태아심박동감소 소견이 있다는 이유로 제왕절개술을 시행하여 22:02경 원고2를 분만하였는데, 원고2는 진한 태변착색에 탯줄이 2회 감겨 있었고, 아프가점수가 1분 5점(소화아동병원 사실조회 결과 3점), 5분 6점, 움직임이 부족한 등 상태가 좋지 못하였고, 뇌성마비 상태가 되었다.

2. 법원의 판단

대상 판결은 뇌성마비는 대부분의 경우 그 원인을 밝혀내기 어렵고 분만 중의 원인은 6-8%에 불과하다고 할지라도 뇌성마비의 가능한 원인 중 하나가 될 수 있는 분만 도중 발생한 저산소성-허혈성 뇌손상을 표상하는 간접사실들이 인정되는 반면 선천적 또는 후천적인 다른 요인의 존재를 추인하게 할 만한 사정은 발견되지 않는다면, 뇌성마비가 분만 중 저산소성-허혈성 뇌손상으로 인하여 발생하였다고 추정함이 상당하다고 설시한 다음, 원심판결 이유 및 기록에 의하면, ① 원고2가 출생 당시 제대동맥의 수소이온농도(pH)가 7.00 미만이었을 것으로 보이는 점, ② 원고2는 임신

---

19) 제1심 서울중앙지방법원 2008. 4. 23. 선고 2006가합69139 판결, 제2심 서울고등법원 2009. 7. 9. 선고 2008나47949 판결.

39주 3일째 되던 2003. 11. 25. 22:02경 태어난 후 그 다음날 11:30경 실시된 신경초음파검사에서 뇌부종이 보였고, 2003. 12. 3. 실시된 뇌 컴퓨터단층촬영(CT) 검사상 광범위한 뇌허혈의증이 있었으며, 2003. 12. 5. 세브란스병원에서 실시된 뇌 컴퓨터단층촬영(CT) 검사와 두부 자기공명영상(MRI) 검사에서도 저산소성 허혈 뇌병변 등의 소견이 보인다는 이유로 중등도의 뇌질환에 해당하는 저산소성 뇌손상, 신생아경기, 질식 및 태아가사 등을 진단받은 점, ③ 원고2는 2003. 11. 26.부터 2003. 12. 4.까지 계속하여 경기, 즉 경련의 신경학적 후유증을 보였고, 그 후로도 경직성 사지마비 및 인지기능과 발달기능 장애 등을 보이고 있는 점, ④ 원고2가 이 사건 당일 20:00경까지 태아심박동수가 정상적이었으나, 같은 날 21:00경 태아심박동수를 검사한 결과 21:03경까지 1분에 50~70회를 보이고, 그 후 21:20경까지 정상적 태아심박동수 보다 낮은 심박동수를 보이는 등 지속성 심장박동수감소 소견을 보였던 점, ⑤ 원고2가 제왕절개술로 출생했을 당시 진한 태변착색이 있었으며, 부족한 움직임을 보이는 등 상태가 좋지 않았고, 소화아동병원에서는 위 원고에 대한 1분 아프가 점수가 3점으로 측정된 것으로 기재하고 있는 점, ⑥ 한편 원고1, 2에 대한 산전진찰에서 아무런 이상증세가 없었고, 출산 전후를 통하여 달리 뇌성마비의 원인이 될 만한 모체 또는 태아의 감염이나 유전질환 등 다른 이상이 있었음을 인정할 자료가 없는 점 등에 비추어, 피고가 이 사건 의료사고가 전혀 다른 원인으로 말미암을 것이라는 증명을 하지 아니하는 이상, 원고2는 이 사건 당일 21:00경 이전부터 태아심박동수가 정상적인 수치 아래로 떨어진 상태에서 태아곤란증으로 인한 저산소성 뇌손상으로 뇌성마비 증세가 초래된 것으로 추정함이 상당하고, 그 당시 피고 병원 소속 의료진이 최소한 30분마다 태아심박동 검사를 하면서 산모와 태아의 상태를 주의 깊게 관찰하였더라면 태아곤란증의 이상 징후를 좀 더 일찍 발견하여 필요한 조치를 취함으로써 저산소성 뇌손상의 진행을 저지할 수 있었을 것으로 추정될 뿐, 이아 달리 30분마다 태아심박동 검사를 하였더라도 태아곤란증을 발견할 수 없었다거나 만약 이를 발견하였더라도 저산소성 뇌손상이라는 결과를 피할 수 없었다는 점에 대한 증명이 부족하다 하여, 원고2의 뇌성마비로 인한 이 사건 장해가 피고 병원 소속 의료진이 분만 과정에서 태아관찰상 과실로 원고2의 태아곤란증을 뒤늦게 발견함으로 인하여 발생한 것으로 보았다.

3. 판결의 의의

원심 판결은, 산부인과 사건에서 통상적으로 분만시의 태아저산소증으로 인한 뇌성마비의 판단기준으로 적용하고 있는 1991년 미국 산부인과학회 위원회가 제시한 '① 제대동맥혈내 ph< 7.00의 대사성 또는 호흡-대사 혼합성 산혈증, ② 출생 후 5분 이상 아프가 점수가 0 내지 3점일 것, ③ 경련, 혼수상태 또는 저긴장도의 신생아 신경학적 후유증 동반, ④ 다장기 장해(Multiple organ failure), 즉 심혈관계, 소화기계, 혈액, 폐, 콩팥 등의 기능장애의 조건을 모두 충족한 경우'(이하 1991년 기준이라 한다)에 대하여, 미국에서 주산기의료와 뇌성마비와의 인과관계가 문제되는 의료소송이 다수 발생하여 많은 사회적 문제를 일으키자 다분히 정치적 색채를 띠고 발표된 것으로서 위 견해를 뒷받침할 만한 세부적인 역학적 자료를 제시하지 못하고 있다는 비판을 받고 있다고 지적하면서, 2003년 미국 산부인과학회 및 미국 소아과학회에서 분만시의 태아저산소증으로 인한 뇌성마비의 판단기준으로 제시한 '① 대사산증(제대동맥) ph< 7.00 & 염기부족도 ≥ 12mmol/L, ② 신생아뇌병증 출생초기 발생, 중등도 이상, 34주 또는 그 이후 출생아, ③ 강직성 사지마비 또는 운동이상성 뇌성마비, ④ 다른 원인 배제, 외상, 혈액응고장애, 감염, 유전요인'(이하 2003년 기준이라 한

다)을 원용하여, '뇌성마비 환자에 대한 출산과정의 과오 유무가 문제되는 사건에서 태아저산소증으로 인한 뇌성마비의 결정적인 판단 기준은 ① 제대동맥혈내 ph< 7.00의 대사성 또는 호흡-대사 혼합성 산혈증, ② 경련, 혼수상태 또는 저긴장도의 신생아 신경학적 후유증 동반, ③ 출생 후 2주 이내의 뇌CT촬영 경과라고 보는 것이 상당하다고 보이고' 라고 하며 인과관계를 인정하였다.

이에 대하여 대상 판결은 원심 판결이 태아저산소증으로 인한 뇌성마비의 결정적인 판단기준을 언급한 부분은 적절하지 않은 것으로 판단하면서도 2003년 기준을 그대로 적용하여(단, 그 기준의 내용을 적시하지는 아니하였다) 인과관계를 인정하였는바, 종래 태아저산소증으로 인한 뇌성마비의 판단기준으로 사용되어오던 1991년 기준의 '아프가 점수' 기준이 제외되어 인과관계 인정의 폭을 넓혔다는 데 의의가 있다 할 것이다.

4. 참고 판결

위 사건과 유사한 사건에서 대법원은 1991년 기준을 적용하여 당해 기준의 4가지 요건을 모두 충족하였다고 보아 인과관계를 추정하여 피고의 손해배상책임을 인정한 원심판결을 파기환송하였는데(대법원 2010. 6. 24. 선고 2006다83857 판결), 그 사건에서는 ① 생후 9년 4개월째 시행한 자기공명영상(MRI)에서 경미한 뇌 위축성 변화가 발견된 것 외에 다른 장기에 허혈성 손상으로 인한 기능부전으로 볼 만한 증상을 보이고 있지 않는다는 점을 근거로 1991년 기준 중 '다장기 기능부전'요건을 충족하지 못하였다는 점, ② 원고의 경우 생후 6일째와 생후 14개월경 시행한 뇌 전산화단층촬영(CT)검사 결과 특별한 이상소견이 발견되지 않았던 사실, ③ 원고의 뇌성마비는 중증의 증상을 보이는 데 비하여 뇌의 형태학적 이상소견은 위 증상의 정도에 상응하지 않는 경미한 정도에 그치고 있다는 점 등에 비추어 보면 원고의 뇌성마비 원인이 과연 뇌손상에 기인한 것인지는 매우 의문으로 보인다고 판단하였다.

대상 판결과 참고 판결의 결론만 보면 일견 대법원이 태아저산소증으로 인한 뇌성마비의 판단기준에 관하여 다른 기준을 적용하여 결과를 달리 한 것으로 보일 수 있으나, 변론주의의 원칙상 뇌성마비의 판단기준으로 주장된 기준에 따라 판단한 것으로 보이는 점, 참고 판결 사례에서 원고는 출생 초기 뇌 전산화단층촬영(CT) 결과 특별한 이상소견이 없었다는 점 등에 비추어 그 결론에 수긍이 간다 할 것이다.

014. 종아리퇴축술을 위한 마취 후 저산소성 뇌손상 발생사건

- 서울고등법원 2010. 5. 13. 선고 2009나17587 판결[20]

1. 사실관계

원고는 과거 성형수술을 받은 경력이 없는 20세 여성으로, 2007. 9. 20. 피고의원에 종아리퇴축술을 시행받기 위하여 입원하였고, 피고 등이 종아리부위 국소마취를 위하여 리도카인(lidocaine, 2%) 1앰플(20㎖, 400㎎)을 생리식염수 300㎖와 혼합한 희석마취제를 투여한 직후 주기적으로 경련을 하기 시작하면서 심장박동수가 증가하고, 산소포화도가 80%대로 떨어지는 응급상황이 발생하였다. 의료진이 앰브배깅과 산소공급을 시작하고, 마취과 전문의가 내원하여 기도삽관하고 앰브배깅을 하였으나 심정지가 발생하였고, 이후 병원 구급차를 이용하여 대학병원으로 전원하였으나, 저산소성 뇌손상의 후유증이 남게 되었다.

피고가 작성한 진료기록지에는 원고의 신장이나 체중, 기왕력 등 약물의 투여 여부나 투여량을 결정하는데 고려요소가 되는 사항에 대한 기재가 없을 뿐 아니라, 원고에게 마취약을 투약하고, 부작용이 발생한 시간, 피고가 기관내 삽관 등의 응급처치를 시행한 시간, 위 안미영이 피고 병원에 내원하여 응급조치를 시행한 시간 등의 기재가 전혀 없으며, 응급조치가 이루어질 당시 원고의 혈압, 맥박수, 심박동수, 산소포화도 등 활력징후의 변화도 제대로 기재되어 있지 않고, 특히 원고의 맥박이나 혈압 등에 대한 기재가 전혀 없었다.

---

20) 제1심 서울중앙지방법원 2009. 1. 20. 선고 2008가합49252 판결.

2. 법원의 판단

대상 판결은 국소마취 과정에서 중추신경계 독성 반응을 유발시킨 과실과 관련하여, 원고의 현 증상은 리도카인 투약직후부터 지속적인 경련 증상을 보였다는 점에서, 통상 약제에 노출된 후 수분에서 수시간 후에 나타나는 아나필락시스쇼크 현상으로 볼 수 없고, 중추신경계의 독성반응으로 보는 것이 타당하다고 판단한 다음, 리도카인과 같은 국소마취제는 적절한 해부학적 위치에 알맞은 용량을 사용하면 거의 부작용이 나타나지 않으나, ① 다량의 국소마취제가 혈관 내지 지주막하에 주사된 경우 또는 과다한 용량이 투여된 경우에는 통상 독성반응이 나타나기 때문에 [독성반응의 원인], ② 이를 투여할 때에는 ㉠ 환자에게 이명, 어지러움 등의 감각 이상이 있는지 여부를 질문하면서 약물을 천천히, 간헐적으로(30초 당 2.5㎖) 주입하여야 하고(투여속도의 문제), ㉡ 자주 흡인검사{마취주사기 내로 혈액의 역류 여부(regorge)를 확인하는 것}를 통하여 혈액의 유출 여부를 관찰하는 등으로 지속적으로 환자의 상태를 주의 깊게 관찰해야 하는 바 [마취제 투여시의 주의의무], ③ 피고의 국소마취제 투약에 의하여 원고의 중추신경계 중독 반응이 나타난 이 사건에 있어, ㉠ 피고가 원고에게 국소마취제를 투여하는 과정에 원고에 대한 경과관찰을 제대로 하지 않은 채 과다한 용량의 리도카인을 투약하였거나(과다용량투여), ㉡ 총 투약량이 적정하였다고 하더라도 짧은 시간 내에 이를 투약하였거나, 흡인검사 등을 제대로 시행하지 않는 바람에 혈관 내에 리도카인을 투약하였거나(급속투여), ㉢ 케눌라로 인하여 혈관이 손상을 입은 상태에서 리도카인을 투여한 과실로 인하여 국소마취제가 혈관 내로 흡수되면서(혈관내 마취제 투여), 원고의 중추신경계 독성을 유발시킨 것으로 추정된다고 판단하였다.

또한 응급조치 미비 과실과 관련하여, ① 국소마취제 투여 후 발생한 경련 현상에 대하여 항경련제를 투여하지 않은 점, ② 산소포화도 저하 후 활력징후 유지를 위한 조치를 취하지 않은 점, ③ 진료기록상 응급처치 등에 대한 기재가 없는 점 및 ④ 전원 후 병원에서 이미 원고가 뇌손상에 따른 혼수상태였으므로 원고의 뇌손상은 그 전에 발생한 것으로 보이는 점 등을 고려할 때, 피고의 응급처치 미비의 과실이 인정된다고 판단하였다.

3. 판결의 의의

일반적인 성형외과 사고의 경우, 의료진의 과실을 입증하기 곤란하고, 과실이 인정되더라도 장애율 산정이 어렵거나, 설명의무 위반 정도만이 인정되어 배상액 규모가 미미한 경우가 많다. 반면 이 사건과 같이 마취 후 회복되지 못하거나 마취사고로 인한 식물인간 상태에 이른 경우, 배상액 규모는 크지만 과실의 구체적 입증을 요구하는 경우가 많기 때문에 환자 측에서 소송 진행에 어려움을 겪는 경우가 많다.

대상 판결은 마취제 부작용이 발생한 사건에서, 마취제 부작용의 원인이 '아나필락시스쇼크'인가 '중추신경계 독성반응'인가에 대한 원피고의 다툼에 대하여, 경련발생 시기 등을 근거로 중추신경계 독성반응으로 보고, 중추신경계 독성 반응이 발생하는 경우를 구체적으로 열거하고 피고의 과실을 인정함으로써, 추후 유사 소송에서 원고측 주장을 뒷받침할 수 있는 논리적 근거를 제시하였다는 점에서 의미가 있다.

한편, 마취제 부작용의 경우 응급처치 미비의 과실이 많이 문제되는데, 이 사건에서는 피고의 진료기록 기재 미비, 산소공급 지연 등을 통해 과실을 인정하였다.

4. 참고 판결

○ 서울고등법원 2018. 7. 12. 선고 2017나2009563 판결[21]은, 돌출입, 무턱 개선을 위해 피고 병원에서 르포트(Le Fort)씨 골절단술을 통해 상악골을 수직으로 5㎜ 축소, 3.5㎜ 후퇴시키고, 시상골절단술을 통해 하악골을 교합면으로 이동, 2㎜ 회전시키는 양악수술과 턱 끝을 4㎜ 전진시키는 턱끝성형술을 시행받은 후 우측 안면신경 손상에 의한 우측 말초성 안면마비가 발생한 사건에서, ① 설령 '외과적 교정계획 및 모의수술 분석'이 사후에 작성된 것이라고 하더라도 피고가 이 사건 수술 전 CT 검사 등 방사선 검사를 하여 치료계획을 수립한 바 있는 이상 수술계획상의 준비가 소홀하였다고 단정할 수는 없는 점, ② 감정의사도 피고가 원고에 대해 실시한 수술방법은 적절하였다는 의견을 밝히고 있는 점, ③ 피고 병원 의료진이 이 사건 수술을 실시함에 있어 통상적인 방법으로 수술을 진행하였고, 안면신경을 직접 견인하거나 압박할 만한 정도의 술기를 시행한 바가 없으며 감정의도 이 사건 수술과 관련하여서는 안면신경이 과도하게 압박될 정도의 술기는 아니라는 의견을 밝히고 있는 점, ④ 일반적으로 양악수술을 하면서 과도하게 신경을 압박하거나 견인하는 등의 술기로 직접적인 안면신경 손상이 발생되는 경우 수술직후부터 안면신경 마비증상이 나타나게 되는데(감정의사도 동일한 의견을 밝힘) 원고는 이 사건 수술 후 9일이 지난 2011. 9. 3.경 피고 병원에 내원하여 안면마비 증상을 호소한 점, ⑤ 피고 병원 의료진이 이 사건 수술 후 2일이 지난 2011. 8. 27. 원고에 대하여 시행한 CT 및 X-ray 검사상 경상돌기의 골절 및 후방변위, 원심골편이 과도하게 후방으로 이동된 소견이나 그로 인하여 안면신경이 압박되었다

---

21) 제1심 서울중앙지방법원 2017. 1. 10. 선고 2016가합523939 판결. 대상 판결은 원고가 상고하였으나, 심리불속행 기각되어 확정되었다(대법원 2018. 11. 15. 선고 2018다260350 판결).

고 볼 만한 소견이 확인되지 않는 점, 나아가 이 사건 수술 후부터 퇴원 시까지 원고에게 안면신경마비를 의심할 만한 증상이 발생하였다고 볼 만한 자료가 없는 점, ⑥ 한편, 원고는 2011. 10. 31. 서울아산병원에 내원하여 진료를 받은 후 벨마비(Bell's palsy)로 진단을 받았는데, 이는 서울아산병원에서 CT, MRI 등 정밀검사를 시행하였음에도 안면신경마비의 원인을 알 수 없고, 안면신경에 직접적인 손상의 근거가 없어서 진단된 것으로 볼 수 있는 점, ⑦ 안면신경마비는 수술 후 부종, 염증 등에 의한 일시적인 부종에서도 발생할 수 있고 그 원인이나 직접적인 손상의 근거를 알 수 없는 경우도 있는 점, ⑧ 수술 후 신경부종에 의해서도 혈류차단에 의한 영구적 신경손상이 가능한 점, ⑨ 부종에 의한 안면신경마비는 수술 후 2~3일, 길게는 1주일 정도 지난 후 서서히 나타나는데, 원고의 경우 수술 후 9일 정도 지난 시점에 우측 안면마비 증상이 있음을 호소하였고 부종에 의한 안면신경마비 증상은 스테로이드 투여로 호전되는 양상을 보일 수 있는데 피고 병원 의료진은 이 사건 수술 후 원고에게 안면신경마비가 발생하자 부종에 의한 신경압박으로 인한 것으로 보고 스테로이드를 투여하였고 원고의 안면마비 증상은 호전된 점 등을 종합하여 피고의 수술상 과실을 부정하였고, 이 사건 수술 이후의 조치 역시 적절하였다고 판단하였다. 다만, 안면마비에 관한 설명의무위반을 인정하여 1,000만 원의 위자료 배상책임만 인정하였다.

○ 서울고등법원 2015. 11. 19. 선고 2014나57770 판결[22]은, 모발이식술 시행 당시 공여부위에서 모발을 채취한 후 봉합한 부위가 벌어지고 출혈이 발생한 후 치료를 받았으나 길이 22cm, 최대폭 3cm의 반흔이 남은 사건에서, 공여부의 피부를 채취하고 봉합하는 과정에서 과도한 긴장을 유

---

22) 제1심 서울중앙지방법원 2014. 10. 28. 선고 2013가합42521 판결.

발한 과실, 피부괴사에 대하여 처치가 지연된 과실 및 설명의무 위반을 인정한 다음, 향후 반흔 성형술을 받더라도 반흔이 잔존할 것으로 예상되고, 반흔이 외부에 노출될 가능성이 높으며, 환자가 만 28세에 불과한 여성인 점 등을 고려하여 추상장해를 인정하였다.

015. 임플란트 시술 중 하치조신경 손상 사건(치과 사례)
- 서울중앙지방법원 2010. 1. 21. 선고 2008가단130458
판결

1. 사실관계

피고는 2005. 9. 7. 원고의 하악 왼면 제1, 2대구치의 임플란트 본체의 식립을 위한 치조골의 천공작업(드릴링, drilling)을 하던 중 마취 상태에 있던 원고가 통증을 호소함과 아울러 다소 많은 양의 출혈이 발생하자, 천공작업을 중단하고 더 이상의 임플란트의 식립은 보류하였다. 원고는 그때부터 하악 왼편의 신경의 감각이 둔해지는 증상이 나타났고, 피고는 임플란트 시술 다음날 원고로 하여금 피고 치과 인근의 진단방사선과의원에서 CT촬영을 받게 하였다. 피고는 2006. 10. 10. 발행한 진료의뢰서에 "05년 9월에 임플란트 식립시 하치조신경 침범하여 임플란트 발거함"이라고 기재하였다.

2. 법원의 판단

대상 판결은 원고에게 발생한 하악 왼편의 감각 이상은 이 사건 시술 직후부터 나타난 증상으로 이 사건 시술 부위와 동일한 부위에서 발생한 점, 원고에게 이 사건 시술 전후를 통하여 위 감각 이상을 초래할 만한 특별한 기왕력이나 증상이 있었거나 다른 원인이 개재하였을 가능성이 있다고 볼 만한 반대사실에 관한 주장·증거가 없는 점 등의 사정을 더하여 보면, 피고는 이 사건 시술을 행함에 있어 치조골에의 드릴링 과정에서 술기상의 주의의무를 위반하여 하치조신경을 침범하여 이를 손상시켰고 그로 인하여 감각 이상의 증상이 유발되었다고 봄이 상당하다 하여 설명의무 위반과 함께 피고의 손해배상책임을 인정하였다.

3. 판결의 의의

치과 사건은 하악 임플란트 시술 중 하치조신경 손상, 혹은 상악 임플란트 시술을 위한 상악동거상술 중 상악동 천공 사건이 많고, 교정치료, 신경치료과정에서 염증발생, 보철물 탈락 사건과 드물게 치과시술기구 삼킴사고, 마취 사고 등이 확인된다. 치과 시술 후 신경손상 등 나쁜 결과가 발생하였다는 사실만으로 과실이 추정되기는 어렵고, 관련 형사사건에서 범죄혐의가 인정되거나, 사고 발생 전후의 특별한 사정 등 과실을 추정할 수 있는 간접사실이 확인된 경우 과실이 추정되어 손해배상책임이 인정되는 경향이 있다. 비교적 과실이 명백한 신경손상 외에 교정치료, 신경치료과정에서 염증 발생, 보철물 탈락 등의 사례들은 치료상의 과실을 인정받기 매우 어렵다. 대상 판결은 전형적인 임플란트 시술 중 하치조신경 손상 사건으로, 사고 발생 전후 여러 가지 사정 들을 종합하여 시술중 하치조신경을 손상시킨 과실과 인과관계를 추정하고, 피고의 책임을 60%로 제한하였다.

4. 참고 판결

서울중앙지방법원 2010. 2. 2. 선고 2008가단314621 판결은, 상악 어금니 임플란트 심을 부위에 뼈를 보강하기 위하여 회전용 골절취기로 하

제2장 과실 및 인과관계 판단 73

악 우측 구치후방 하악지에서 골편을 절취하던 중 우측 하치조신경 손상
및 우측 하순이부 부분 지각마비 및 지각이상이 발생하였고, 이에 대해 업
무상과실치상죄에 대한 기소유예처분이 이루어진 사건에서, 골편을 절취
하던 중에 시술상 과실로 이 사건 악결과를 야기한 과실을 인정하여 불법
행위에 기한 손해배상책임을 인정하였다.

O16. 추간판탈출증 진단 환자에게 추나요법 등 시행중 증상이 악화된 사건(한의사 사례)

– 서울고등법원 2016. 6. 16. 선고 2013나36011 판결[23]

1. 사실관계

원고는 2010. 9.경 양손 끝과 손바닥이 저리고 보행 시 오른면 다리가 당기는 듯한 느낌이 있어 A영상의학과의원에서 경부 X-선 촬영 및 CT 촬영검사를 받은 결과 경추 3~6번 추간판탈출증으로 진단받아 B신경내과의원에서 약 한 달간 물리치료를 받았으나 증상이 호전되지 않자 2010. 10. 16. 피고 한의원을 찾아가 진료를 받았다. 한의사인 피고는 원고에 대해 경추 추간판탈출증으로 진단하고 턱관절 확인 및 추나요법[24]과 뼈 교정 및 해머링 요법[25], 교정석을 이용한 경추 및 요추 고정요법[26]과 부황 및 침술 치료를 하였다. 원고는 피고로부터 2010. 10. 16.부터 같은 달 26.까지 같은 치료를 3회 받았지만 2010. 10. 26. 피고에게 증상이 오히려 심해진다고 알렸고 피고는 강도를 낮추어 2010. 11. 6.까지 추가로 4회에 걸쳐 같은 치료를 하였으나 원고는 증상이 악화되어 2010. 11. 9. C척추병원으로 가서 양면 팔 저림 및 오른면 다리 저림증을 호소하였는데, 당시 원고

---

23) 제1심 서울중앙지방법원 2013. 5. 14. 선고 2012가합9626 판결. 대상 판결은 당사자 쌍방이 상고하였으나 심리불속행 기각으로 확정되었다(대법원 2016. 12. 15. 선고 2016다36676 판결).

24) 침대에 누워 얇게 접힌 호일 조각을 여러 번에 걸쳐 양 어금니 사이에 물었다 뺐게 한 후 턱관절 교정 및 목 주변 뼈를 밀고 당기는 요법.

25) 바닥에 매트를 깔고 엎드리게 한 후 목 교정석을 수건에 싸서 허리부터 목까지의 뼈마디를 강하게 수차례에 걸쳐 압박하는 요법.

26) 목, 요추, 허리용 교정석을 이용해 부위별로 교정석의 위치를 조정해가며 각각의 부위별로 약 10분씩 교정석을 해당 부위에 대고 교정치료를 하는 요법.

는 자가보행이 가능한 상태였다. C척추병원 의료진은 원고에 대하여 CT 및 MRI 검사를 실시하고 경추 추간판탈출증으로 진단한 다음 수술적 치료를 권유하였고 신경감압술을 예정하였다. 그러나 원고는 C척추병원에서 예정된 수술을 받지 아니하고 2010. 11. 12. D병원을 방문하여 후종인대골화증으로 진단받고 수술을 권유받았다. 그 후 원고는 2010. 11. 23. E대학병원에 내원하여 경추 후종인대골화증, 디스크추간판탈출증 등으로 진단받고 2010. 11. 24. 경추3~6번간 후방 척추궁 성형술을 받았으나, 경추2~6번 후종인대골화증이 관찰되고 경추4-5번 척수신경이 손상된 상태로 상하지 위약, 보행장애, 대소변장애, 성기능장애 등이 남았다.

2. 법원의 판단

제1심 판결은 ① 원고가 피고 한의원으로 내원하기 전 다른 병원에서 디스크로 진단받고 한 달 정도 치료를 받았지만 증상이 호전되지 않아 피고 한의원으로 내원하였으므로 이러한 경우 피고는 이전 병원의 진단을 그대로 믿을 것이 아니라 다른 원인의 가능성을 의심하고 척추CT 촬영을 하는 등 별도의 검사를 실시하여 정확한 원인을 확인했어야 하는 점, ② 원고가 반복적으로 같은 시술을 받고도 증상이 좋아지지 않고 오히려 나빠지고 있었다면 즉각적으로 그 시술을 중단하고 검사 등을 통해 원인을 밝혔어야 함에도 원고에게 단순 디스크만 존재한다고 단정하고 7차례에 걸쳐 상당한 물리력이 동원되는 시술을 계속하였던 점을 근거로 피고의 과실을 추정하고, 아울러 ③ 후종인대골화증으로 인해 이미 신경학적 증상이 발현되고 있는 원고에게 견인치료 등 물리력을 가하는 치료를 한 것은 그 자체로 과실이라 봄이 상당하고 판시하며 다른 논거와 함께 원고의 현재 장애상태와의 인과관계도 모두 인정하였다.

이에 대하여 쌍방이 항소하였는데, 대상 판결은 ① 원고가 피고 한의원 내원 전 추간판탈출증으로 진단받고 한 달간 치료를 받았지만 호전되지 않아 피고 한의원을 찾게 된 점, ② 원고의 병력과 신경학적 증상, 기왕질환인 후종인대골화증 등에 비추어 피고의 시술과정에 원고의 신경학적 손상이 악화되었을 가능성이 높다는 감정의견이 회신된 점, ③ 피고의 시술로 원고가 2010. 10. 26.까지는 증상이 일시 호전되기는 하였으나 그 이후 거듭된 시술에도 불구하고 증상이 호전되지 않고 오히려 악화되거나 원고가 심한 통증을 호소하였던 것으로 보이는 점 등을 종합하면 의료인인 피고로서는 피고 의원 내원 전의 진단을 그대로 믿기 보다는 그 진단이 잘못되었거나 피고의 처방이 맞지 않을 가능성을 염두에 두고, 종전의 처방을 변경하거나 예후를 살피고 정확한 통증의 원인을 파악하기 위해 양방 병원과 협진 또는 추가적인 검진 등을 권유할 의무가 있음에도 종전 병원의 소견만 믿고 치료를 계속한 과실이 있다고 판단하였고, 아울러 ④ E대학병원 내원시 자가보행은 가능했으나 심한 파행을 보였던 점, ⑤ 감정의사들은 피고의 시술로 인해 원고의 신경학적 손상이 악화되었을 가능성이 높다는 공통 소견을 밝히고 있는 점, ⑥ E대학병원에서의 근력검사는 비교적 정상 범위이긴 하였고 일부 신경학적 검사에서 음성으로 나왔지만 이것으로 척수손상이 없다고 볼 수 없고 호프만 징후는 심한 양성으로 기재되어 있으며 양면 손아귀 근력이 저하된 것으로 기록되어 있는 점, ⑦ 원고에 대한 근전도검사상 비록 음성으로 나타났지만 척수손상에 의한 중추신경 자체의 손상으로는 근전도검사상 정상소견으로 나올 수 있다고 밝혀져 있는 점 등을 종합하여 피고의 시술로 원고에게 척수손상을 발생시키지는 않았더라도 적어도 척수손상을 악화시킨 것으로 봄이 상당하다고 판시하여 인과관계도 인정하였다(다만, 원고가 주장하는 대소변장애 및 성기능장애는 그 발현시기에 비추어 피고의 시술과의 관련성을 부인하였다).

3. 판결의 의의

의사의 과실의 유무를 판단할 때에는 같은 업무와 직종에 종사하는 일반적 보통인의 주의정도를 표준으로 하고, 사고 당시의 일반적인 의학의 수준과 의료환경 및 조건, 의료행위의 특수성 등을 고려하여야 하는데, 이러한 법리는 한의사의 경우에도 마찬가지이다.[27] 대상 판결은 한의사라고 하더라도 그 이전의 CT 검사를 통한 의사의 진단을 그대로 믿어서는 안 되고, 환자의 증상 호전, 악화 여부를 면밀히 검토하여 진단의 오류가능성을 확인해야 할 의무가 있다고 판단하였고, 아울러 현행 의료법상 한의사인 피고가 CT, MRI 등의 추가검사를 실시하지 못한다면 적어도 양방병원과의 협진을 해서라도 환자의 상태를 정확히 파악해야 할 주의의무가 있다고 판단하였다. 그러나 피고 한의원 내원 직전에 CT검사를 실시하고 영상의학과전문의가 판독한 내용을 한의사가 그대로 신뢰해서는 안 된다고 하고, 원고가 비록 피고 한의사로부터 3회 치료를 받은 후 증상 악화를 호소하였지만 추간판탈출증의 경우 몇 번의 치료만으로 증상호전이 되지 않을 가능성도 있는데 영상의학과전문의의 진단을 믿고 추가로 4회 더 치료를 한 것에 대해 추가검사 내지 협진의무 위반의 과실을 인정한 것은 개인 한의원에서 진료를 하는 한의사에게 '같은 업무와 직종'에 종사하는 '일반적 보통인의 주의정도'를 넘어서는 주의의무를 부과한 것이라고 생각된다. 더욱이 원고는 피고 한의원에서 치료를 받은 직후 C척추전문병원에 내원하여 재차 경추에 대해 CT검사와 MRI 검사까지 받았지만 피고 한의원 내원하기 이전의 진단과 마찬가지로 '추간판탈출증'으로 진단받고 수술을 권유받았던 점에서 협진의무 이행과의 인과관계도 인정되기 어려울 것으로 보인다. 그럼에도 불구하고 대상 판결과 같이 과실과 인과관계가 비

---

27) 형사판결에서 해당 법리를 설시한 판결로는 대법원 2014. 7. 24. 선고 2013도16101 판결 참조.

교적 용이하게 인정된 데에는 한의사 사건의 신체감정과 진료기록감정이 대부분 한의사가 아닌 대학병원의 전문의를 통해 이루어지기 때문으로 추정된다.

제3절 감염사건

017. 회전근개 재건수술 후 수술부위 감염 발생사건
- 서울고등법원 2015. 8. 20. 선고 서울고등법원 2013나51195 판결[28]

1. 사실관계

원고1은 우측 회전근개 광범위 파열로 2011. 1. 10. 피고 병원에서 우측 견관절 회전근개 재건수술(1차 수술)을 받은 후 염증이 발견되어 수술 후 7일째인 2011. 1. 18. 절제 및 세척술과 힘줄고정 나사 제거술(2차 수술)을 받았으나 우측 어깨통증이 지속되어 입원치료를 받았고, 1차 수술 후 7개월 20일이 지난 2011. 8. 30. 우측 견관절 만성 골수염, 회전근개 손상 진단 하에 회전근개 손상 수복술, 절제 및 세척술, 항생제 시멘트 삽입술(3차 수술)을 받고 입원치료를 계속하였으나 호전되지 아니하여 1차 수술 후 1년 3개월여 만인 2012. 4. 26. 상급의료기관에서 우측 어깨 관혈적 회전근개파열 봉합술 및 골이식술(4차 수술)을 받고 골수염 등 치료를 받았으나 우측 어깨 통증 및 관절운동이 제한된 장해가 남았다.

---

28) 제1심 서울남부지방법원 2013. 7. 23. 선고 2013가합80 판결. 대상 판결은 상고되었으나 심리불속행 기각으로 확정되었다(대법원 2015. 12. 24. 선고 2015다56079 사건).

2. 법원의 판단

대상 판결은 ① 1차 수술 후 7일 만에 2차 수술을 받았으며 그 후 세균 배양검사에서 녹농균이 검출된 점, ② 원고1 甲의 녹농균 감염일시를 고려하면 수술에 참여하는 사람으로부터의 오염, 수술기구로부터의 오염 등 수술 중 감염으로 발생할 수 있다는 진료기록감정회신 내용, ③ 이 사건 2차 수술 후 피고 병원의 감염대책위원회에서 1차 수술과 같은 관절경 등을 이용한 정형외과 수술환자의 유행성 감염에 대한 조사하여 이 사건 1차 수술에 사용되는 관절경 등의 수술기구에 대한 화학적 멸균을 권고한 점, ④ 수술기구에 균배양이 되지 않았음을 인정할 자료가 없고, 관절경 등의 수술기구에 대한 화학적 멸균 조치 이후에 정형외과 수술환자의 유행성 감염이 조절된 사정 등에 비추어 피고 병원 의료진이 이 사건 1차 수술을 시행함에 있어 수술기구 등의 소독을 제대로 하지 아니하여 원고1 甲에게 병원감염을 유발하였다고 봄이 상당하다 하여 병원감염 유발 과실을 인정하고 피고의 책임을 30%로 제한하였다.

3. 판결의 의의

병원감염이 발생하였다는 사실만으로 바로 과실이 추정될 수 없다는 것이 판결의 주류적인 태도이고, 병원감염 사건에서 감염을 유발한 과실 및 인과관계 추정을 위한 간접사실보다는 추정을 부정하는 간접사실이 압도적으로 많은 것이 현실이다.[29] 대상 판결은 병원감염을 유발한 과실을 추정한 드문 판결로, 수술과 감염 발생 사이의 시간적 간격 및 감염발생

---

29) 유현정, 「의료소송에서 과실과 인과관계의 증명-병원감염 판결을 중심으로」, 고려대학교 법무대학원 석사학위논문, 2014, 131면.

부위, 녹농균 감염일시에 비추어 수술 중 감염으로 발생할 수 있다는 진료기록감정 회신 외에 원고1에게 병원감염이 발생한 후 원고1과 같이 관절경 수술을 받은 환자의 유행성 감염에 대한 피고 병원의 자체 조사 및 피고 병원 감염대책위원회에서 관절경 등의 수술기구에 대한 화학적 멸균을 권고하였고, 수술기구에 대한 화학적 멸균 조치 이후에 정형외과 수술환자의 유행성 감염이 조절된 사정을 주요한 판단근거로 하여 병원감염을 유발한 과실을 추정하였다.

한편, 대상 판결은 원고1과 비슷한 시기에 우측 견관절 회전근개 재건수술을 받은 후 수술부위 감염이 발생한 원고2에 대하여는, 외과수술환자의 경우 수술로 인한 병원감염은 퇴원 후 30일 이내에 발생하는 감염임을 전제로, 원고2가 퇴원할 당시 활력징후가 안정되었고, 세균배양검사상 호기성 세균이 배양되지 아니하였으며, 수술 후 경과관찰에서도 특별한 이상을 호소하지 않다가 퇴원 후 약 4개월이 지난 후에야 감염 증상이 있었던 점에 비추어 수술로 인한 병원감염이라고 인정하기에 부족하다 하여 병원감염 유발 과실을 부정하였다. 병원감염 유발 과실이 추정되기 위해서는 수술과 감염 발생 사이의 시간적 간격이 매우 중요함을 알 수 있으나, 균의 잠복기나 환자의 건강상태, 항생제 투약 기간 등의 다양한 요인으로 수술 후 상당 기간이 경과한 후에야 감염이 발생할 수 있으므로, 외과수술환자의 경우 병원감염을 퇴원 후 30일 이내에 발생한 감염증상으로 한정하는 것은 면밀한 의학적 검토에 따른 것이 아닌 지나치게 형식적인 기준이라 할 것이어서 병원감염이 발생한 환자의 보호에 역행한다고 생각된다.[30]

---

30) 미국 질병관리센터(center for disease control and prevention)에서는 2004년도 지침에서 심와부 수술부위 감염의 경우 병원감염의 정의를 '수술 시 삽입한 보형물이 있는 경우에는 수술 후 1년 이내에 근육측 이하의 절개부위나 수술과정 동안 조작을 가했던 해부학적 부위에 감염이 발생한 경우'로 정의하고 있다(이동필, "병원감염에 관한 판례의 동향", 『의료법학』 제8권 제1호, 대한의료법학회, 2007. 63면).

018. 대퇴골 골절 수술 후 골수염 발생사건

- 서울고등법원 2017. 4. 27. 선고 2015나2012961(본소),
  2015나2052518(반소) 판결[31]

1. 사실관계

원고는 2009. 3. 31.(이하 같은 해인 경우 연도 생략) 3층 옥상에서 낙상한 뒤 오른면 다리와 엉덩이 통증으로 피고 병원 응급실에 내원하여 오른면 대퇴골 돌기 사이 분쇄골절, 오른면 하퇴부 개방골절, 하악골 골절 등의 진단을 받았다. 원고는 피고 병원 내원 당시 만취상태로 지남력이 없었고, 2006년경 발병한 횡문근융해증과 저산소증 등으로 전신마취수술이 어려운 상태였다. 피고 병원 의료진은 4. 10. 원고에게 개방성 고관절 도수 정복술(이 사건 수술)을 시행하였다. 원고는 이 사건 수술 후 5일째인 4. 15.수술 부위에 고름이 발생하여 균배양검사 및 항균제 감수성 검사가 시행되었고, MRSA균이 배양되었다. 수술 후 9일째인 같은 달 19. 수술 상처에 혈종이 있어 짜보니 400cc 정도 고름 섞인 피멍이 나와 배농술이 시행되었고, 배양 및 균동정검사, 항균제 감수성 검사가 이루어졌다. 피고 병원 의료진은 4. 21. 균동정 결과보고에 따라 항균제를 교체하였고, 수차례의 절개배농술과 변연절제술이 시행되었으나, 원고는 감염재발로 6. 10. 수술부위 인공보형물 제거수술을 받았다. 피고 병원 의료진은 6. 10. 발진, 가려움증 등 원고의 반코마이신 부작용이 심하여 감염내과 협진 아래 항균제를 중단하였고, 6. 13. 감염내과에 항균제 진료를 의뢰하였으며, 6.

---

31) 제1심 춘천지방법원 원주지원 2015. 1. 29. 선고 2012가합1784 판결. 대상 판결은 원고가 상고하였으나 심리불속행기각으로 확정되었다(대법원 2017. 8. 31. 선고 2017다230307 사건).

14. 감염내과에서는 4. 15. 배양되었던 MRSA가 원인이라 간주하고 반코 마이신을 대체하여 테이코플라닌 처방을 권고하였다. 그러나 원고는 6. 14. 뼈에서 고름이 발생하는 등 골수염이 발생하였고, 소독과 항균제치료, 절제박리술을 시행받았으며, 원고는 호전되는 듯 하다가 11. 19. 다시 수 술부위에 120cc 고름이 발생하여 11. 20. bead(항균제가 발라진 구슬) 삽입 술을 받았다. 원고는 12. 11. bead를 제거하고 상처재건술을 받았으나, 2009. 12. 17. 수술부위에서 MRSA가 다시 발견되었고, 의료진은 반코마 이신을 연장사용하고 변연절제술을 반복하여 시행하였다. 원고는 2010. 2. 18. ~ 2010. 3. 1. 결손된 뼈 부위를 고정하는 대퇴골 고정수술을 시행받았 다. 이와 같은 반복적인 감염과 수술로 원고는 2009. 3. 31.부터 927일 입 원치료를 받았고, 2014. 3. 28. 만성 골수염 진단을 받았다. 원고는 현재 우측 대퇴골의 90% 이상이 없는 상태로 대퇴부 근육도 거의 남아있지 않 고, 골시멘트와 금속을 이용하여 대퇴골 모양을 만들어 유지하고 있으며, 우측 하지가 11cm 단축되는 등 우측 고관절과 슬관절 부분강직과 운동제 한 장애가 발생하였다.

2. 법원의 판단

제1심 판결은 응급실 내원 당시 원고가 전신마취수술을 할 수 있는 상 태가 아니었다는 이유로 피고 병원 의료진의 수술지연 과실은 부정하였으 나, 이 사건 수술 전 감염소견이 없던 원고에게 수술 후 수술부위에 혈종 이 발생하고 MRSA균 감염이 발견된 점, 피고 병원에서 이 사건 수술 당 시 감염예방을 위한 조치나 수술 후 적정한 치료를 다 하였음을 입증하지 못하고 있는 점 등을 들어 감염 관리를 소홀히 한 과실이 추인되고, 원고 의 골수염 등이 피고 병원 의료진의 감염예방조치 미흡 및 감염부위 사후

관리 소홀이 아닌 다른 원인으로 말미암은 것이라는 입증이 제대로 없으므로 상당인과관계가 추정된다 하여 손해배상책임을 인정하였고, 피고의 책임을 70%로 제한하였다.

이에 대하여 대상 판결은 이 사건 수술 중 과실과 감염 관리 과실을 모두 부정하고 원심 판결을 취소하였다. 대상 판결은 피고 병원 의료진의 과실을 부정한 논거로 ① 피고 병원 의료진이 수술과정에서 지혈을 하고 배액관을 삽입하였으며, 배액량이 점차 줄어들어 제거한 점에 비추어 혈종 예방을 위한 조치를 취한 것으로 보이는 점, ② 원고가 의료진이 이 사건 수술과정에서 어떠한 주의의무를 위반하여 혈종이 발생되었는지에 관한 구체적 주의의무의 내용을 특정하지도 않고 있는 점, ③ 피고 병원 의료진이 감염 확인 전 경험적 항균제를 투약하였고 이 사건 수술 후 수시로 체온 측정, 혈액검사, 균배양 및 동정검사를 실시하여 MRSA가 배양됨을 알게 되자 곧바로 항균제를 투여하였으며 수술부위 세척 및 변연절제술을 포함한 소독을 시행한 점, ④ 지속적인 감염내과 협진을 시행한 점, ⑤ 의료진이 아무리 철저한 소독체계를 갖춘다 하더라도 완전한 감염예방은 불가능한 점 등을 제시하였다. 또한 대상 판결은 제1심 판결이 피고 병원에서 이 사건 수술 당시 감염예방을 위한 조치나 수술 후 적정한 치료를 다 하였음을 입증하지 못하고 있다고 본 데 대하여 수술상황에서 적절한 소독과 멸균 및 예방적 항균제 사용은 프로토콜화 되어 있어 정형적으로 실시되어 의무기록에 기록되어 있지 않다고 하여 곧바로 의료진이 수술과 치료과정에서 무균조작, 소독 등 기초적인 감염관리를 소홀히 하였다고 단정하기는 어렵다고 판단하였다.

3. 판결의 의의

병원감염과 관련한 판결의 주류적인 태도는 병원감염이 발생하였다는 사실만으로 바로 과실이 추정될 수 없다는 것으로,[32] 비교적 엄격한 요건 하에 의료진의 과실을 추정하는 추세이다. 병원감염 사건에서 감염관련 과실이 부정되는 근거로는 감염균이 일반적인 수술 관련 감염증의 원인균은 아니라는 점, 예방적 항생제 투여와 통상적인 수술 후 항생제 사용지침에 따른 점, 침습적 수술로 인한 감염의 경우 통상 원인균의 잠복기가 7~10일 정도인데 원고의 경우 시술 시행 다음날부터 발열증상이 나타난 점, 감염 시기가 명확하지 않은 점, 감염관리 미흡을 인정할 만한 객관적인 자료는 찾기 어려운 점, 체온측정, 혈액검사 등 감염관련 검사를 지속적으로 시행하는 등 진단 및 경과관찰을 게을리 하여 방치하였다고 인정하기 어려운 점 등이 제시된다.[33]

이 사건의 제1심 판결은 '피해자 측에서 일련의 의료행위 과정에 있어서 저질러진 일반인의 상식에 바탕을 둔 의료상의 과실 있는 행위를 입증하고 그 결과와 사이에 일련의 의료행위 외에 다른 원인이 개재될 수 없다는 점을 증명한 경우에 있어서는, 의료행위를 한 측이 그 결과가 의료상의 과실로 말미암은 것이 아니라 전혀 다른 원인으로 말미암은 것이라는 입증을 하지 아니하는 이상 의료상 과실과 결과 사이의 인과관계를 추정'하는 이른바 '일반인의 상식 법리'를 원용하여, 수술 전 감염소견이 없던 원고에게 수술 후 혈종과 MRSA균 감염이 발생하였고, 피고 병원측에서 이 사건 수술 당시 감염예방을 위한 조치나 수술 후 적정한 치료를 다 하

---

32) 유현정, 「의료소송에서 과실과 인과관계의 증명-병원감염 판결을 중심으로」, 2014. 고려대학교 법무대학원 석사학위논문, 125-126면.

33) 서울고등법원 2017. 8. 17. 선고 2016나2001210 사건, 서울고등법원 2017. 10. 26. 선고 2015나2076026 사건, 서울고등법원 2017. 10. 26. 선고 2015나2075207 사건.

였음을 입증하지 못하고 있으므로 과실이 추인되고, 원고의 골수염 등이 피고 병원 의료진의 감염예방조치 미흡 및 감염부위 사후 관리 소홀이 아닌 다른 원인으로 말미암은 것이라는 입증이 제대로 없으므로 상당인과관계가 추정된다 하여 피고 병원의 책임을 인정하였으나, 이는 일련의 의료행위 과정에서 '일반인의 상식에 바탕을 둔 의료상의 과실 있는 행위'가 특정되지 아니한 상태에서 과실을 추정한 것으로 논란의 여지가 있었다.

　대상 판결은 원고가 의료진이 이 사건 수술과정에서 어떠한 주의의무를 위반하여 혈종이 발생되었는지에 관한 구체적 주의의무의 내용을 특정하지도 않고 있다는 점을 적시하고 다른 간접사실들을 들어 감염 관련 과실을 부정하였다. 법리 적용의 면에서는 일응 타당하다고 생각된다. 그러나 감염관리와 관련된 수술 당시 감염예방을 위한 조치나 수술 후 적정한 치료에 관한 의무기록을 제출하지 못한 데 대하여 제1심 판결이 감염 관련 과실을 추정하는 간접사실로 설시한 데 반해 대상 판결은 '수술상황에서 적절한 소독과 멸균 및 예방적 항균제 사용은 프로토콜화되어 있어 … 의무기록에 기록되어 있지 않다고 하여 감염 관련 과실을 추정할 수 없다.'고 하였는바, 프로토콜화 되어있는 것과 해당 프로토콜을 엄격하게 준수하였는지 여부는 별개인 점, 예방적 항균제 사용은 투약내역을 통해 사용 여부가 충분히 확인될 수 있는 점에 비추어 수긍하기 어렵다. 특히 의료진은 MRSA균이 검출되어 반코마이신을 투여받고 있는 과정에서 발진과 가려움증 등 부작용으로 반코마이신을 2009. 6. 10. 중단한 다음 4일이 지난 2009. 6. 14.에야 테이코플라닌으로 대체하여 투여하였고, 원고는 그 후 수차례 절제박리술을 받았으나 다른 균이 배양되어 항생제를 변경하는 처치를 하였으며, 골수염이 호전되지 아니한 채 다시 수술부위 고름과 MRSA균이 검출되었는데, 대상 판결은 의료진의 과실을 강하게 추정할 수 있는 이와 같은 사실관계는 고려하지 않고 과실을 부정하는 방향으로 사실관계를 해석한 것으로 보인다.

병원감염 사건은 의료행위 중 특별한 이벤트 없이 발생하는 경우가 대부분으로, 다른 의료사건에 비하여 특히 과실을 추정할 수 있는 간접사실이나 일반인의 상식에 바탕을 둔 과실 있는 행위 자체를 증명하는 것이 더욱 어렵다. 이와 같은 상황에서 대상 판결과 같이 과실을 부정하는 방향으로 사실관계를 해석하거나 의료진의 과실을 추정할 수 있는 사실관계를 도외시한다면 환자가 병원감염 발생으로 인한 손해를 배상받는 것은 요원하고, 환자의 면역력이 특히 취약하거나 환자 스스로 감염관리를 소홀히 하지 않는 이상 병원감염은 대부분 환자가 개입할 수 없는 의료관리시스템의 문제에서 비롯되는 문제인 점에서 정의에도 반한다 할 수 있으므로, 대상 판결은 수긍하기 어려운 면이 있다. 병원감염사건의 특수성에 비추어 병원감염 관리 및 그 피해 구제를 위한 제도적 장치 마련과 함께 소송법상 증명책임 전환 등 제도의 개선이 필요하다고 판단된다.

019. 척추시술 후 감염성 척추염, 세균성 뇌수막염 등 발생사건

  - 서울고등법원 2018. 12. 6. 선고 2015나2064610 판결[34]

1. 사실관계

원고는 2002년경부터 허리 통증을 앓았고 2006년경 미국에 있는 병원에서, 2011. 3.경 우리들병원에서 각 제4~5 요추 추간판절제술을 받았고, 2011. 2.경 미국에 있는 병원에서 경막외시술을 포함하여 여러 차례에 걸쳐 신경주사 및 진통제 등 약물치료를 받은 병력이 있었는데, 2012. 8. 7. 경 우측 엉치 및 종아리 옆 방사통 등으로 피고1 병원에 내원하여 신경주사 등의 치료와 약물처방을 받았고, 2012. 8. 22.경 및 같은 달 29.경 피고1 병원에서 신경주사 치료 및 약물처방을 받았다. 그런데 원고는 2012. 9. 8. 교통사고(추돌사고)를 당하여 건국대학교병원 응급실에서 진통제 등을 투약 받고 귀가하였으며 2012. 9. 13. 피고1 병원에 내원하여 교통사고 후 허리에 극심한 통증을 호소하였고 요추 MRI 검사 결과 제3요추~제1천추 추간판탈출증 소견이 확인되어 피고1 병원 의료진은 원고에게 신경주사 및 미추경막외신경차단술(이하 '이 사건 신경차단술'이라 함)을 시행하고 상급병원인 피고2 병원에 대한 진료의뢰서를 작성해 주었다.

원고는 2012. 9. 16. 새벽 피고2 병원 응급실로 내원하여 극심한 요통을 호소하였으며 당시 원고의 활력징후에 큰 이상은 없었으나 혈액검사 결과 백혈구 수치 16,640/㎣(정상 4,000~10,000), CRP 133.41㎎/L(정상

---

34) 제1심 서울중앙지방법원 2015. 10. 20. 선고 2014가합505210 판결. 대상 판결은 피고2 병원이 상고하고 원고가 부대상고하였으나 심리불속행기각으로 확정되었다(대법원 2019. 4. 25. 선고 2019다204685 판결).

0-8), ESR 44㎜/hr(정상 0-15)로 염증소견이었고, 요추 MRI 및 CT 검사 결과 제4~5요추 추간판탈출증 및 요추중심관협착 외 경막외 농양, 경막하 농양을 동반한 제5요추~제1천추 주위 피하 감염 의심소견이 있었다. 원고는 피고2 병원 신경외과에 입원하여 치료를 받았는데, 2012. 9. 18. 고열과 함께 혈액검사에서 염증수치가 더욱 악화되는 양상이었고 체온이 안정되는 양상이었다가 다시 발열이 되는 증세가 있자 피고2 병원 의료진은 2012. 9. 19. 06:20경 감염내과에 협진 의뢰하고, 같은 날 11:00경 경험적 항생제 치료를 시작하였는데 원고는 같은 날 오후부터 두통, 구토 증상이 나타났으며, 2012. 9. 20. 새벽 의식이 저하되기 시작하였고 같은 날 10:30경 요추천자시 화농성 뇌척수액이 배액되었으며, 같은 날 12:16경 실시한 MRI 검사 결과 요추 부위의 경막하 농양이 악화된 소견이었다. 피고2 병원 의료진은 2012. 9. 20. 16:00경 원고에 대하여 척수농양 제거수술을 하였는데, 수술 과정에 제4~5 요추부위 경막에 구멍이 나 있는 것을 발견하였다. 원고에 대한 균배양검사 결과 포도상구균이 확인되었고, 2012. 9. 22. 뇌 MRI 검사결과 급성 뇌경색, 양면 뇌실의 다발성 농양, 미만성 조영 증강이 보여 뇌수막염을 시사하는 소견을 나타내었다. 피고2 병원 의료진은 원고에 대해 감염성 척추염, 뇌경색증, 뇌실염, 세균성 뇌수막염 등으로 최종 진단하였고 원고는 운동성 언어장애, 인지기능 및 운동기능의 저하, 경증의 사지마비 상태로 노동능력상실율 56%의 영구장애 상태가 되었다.

2. 법원의 판단

제1심 판결은 피고1 병원에 대하여, 피고2 병원에서 수술 과정에 원고의 제4~5 요추부위 경막에 구멍이 발견되었고 이는 피고1 병원 의료진이 실시한 이 사건 신경차단술 시행부위와 일치하는 점, 원고에게 발생한 뇌수막염 등으로 인한 증상이 이 사건 신경차단술 수일 후부터 발생한 것으로 보이는 점, 세균배양검사에서 동정된 균이 주사 후에 주로 발생하는 균주에 해당하는 점 등을 종합하여 피고1 병원 의료진이 이 사건 신경차단술을 시행하면서 주의의무를 위반하여 경막에 천공을 발생시키고 세균이 그곳으로 침투하여 세균성 뇌수막염 등을 일으키게 한 과실이 있고, 원고가 위와 같은 중추신경계 감염으로 인한 합병증으로 현재의 장해상태가 된 것으로 판단하여 손해배상책임을 인정하였다. 피고2 병원에 대하여는 원고가 응급실 내원 당시 척추감염을 확진할 만한 소견이 없었던 점, 원고가 호소한 주된 증상은 교통사고로 인한 허리의 통증이었던 점, 원고의 발열증상이 2012. 9. 18. 12:40경에야 나타났고, 이후 균배양검사, 경험적 항생제 투여 등이 신속하고 적절하게 이루어졌던 점, 원고의 의식저하 등 심각한 증상 발현 후 뇌척수액 검사, 척수 농양제거술 등도 모두 적절하게 이루어졌던 점 등을 근거로 과실책임을 인정하지 않았다.

이에 대하여 대상 판결은 피고1 병원의 과실과 관련하여, ① 피고1 병원 의료진이 경막외 신경차단술과 관련하여 감염예방을 위한 관리절차를 미리 마련해둔 상태였는데, 위 의료진이 원고에 대한 시술시 이미 마련된 감염예방 관리절차를 위반하였다거나 일반적으로 감염을 유발할 수 있다고 보이는 행위를 하였다고 인정할 아무런 근거가 없으며 오히려 위 의료진은 미리 마련해둔 절차에 따라 감염예방조치를 하였을 것으로 보이는 점, ② 원고의 경우 2002년경부터 오랜 기간 동안 척추 질환을 앓으면서 국내외에서 수차례에 걸쳐 추간판절제술 등 척추수술과 경막외 신경차단술 등의 척추 시술을 받았고 적지 않은 용량의 마약성 진통제도 수시로 복용하고 있었으며 피고1 병원에서 진료를 받을 무렵에는 알코올 중독으로도 치료를 받고 있었던 등 감염성 척추염의 발생 원인이 될 만한 내재적 요인이 중첩적으로 존재하고 있어 피고1 병원 의료진이 이 사건 신경차단술 시행시 무균적 처치를 하였음에도 감염성 척추염이 발생하였을 가능성을 배제할 수 없는 점, ③ 원고의 척추 감염과 농양의 원인균은 병원에 주로 존재하는 내성균인 메티실린 내성 황색포도상구균이 아니라 병원 외의 일상적인 환경에 상재하는 메티실린 감수성 균이고, 이에 의한 척추 감염과 농양은 평소 건강한 사람에게서도 시술과 무관하게 발생할 수 있으므로 원고의 척추 감염이 제1 피고 병원에서의 원내감염이라고 단정할 수 없는 점, ④ 감염으로부터 농양 형성시까지는 일정한 시간이 필요하고 농양이 생성되기 전이나 초기 농양 상태에서는 특별한 증상이 발현되지 않고 영상검사에서도 확인되지 않을 수 있어 이 사건 시술이 시행된 2012. 9. 13. 이전에 원고에게 척추 감염이 없었다고 단정할 수 없고 예정된 내원일보다 1주일 빨리 재내원하여 압통과 찌르는 듯한 통증 등 새로운 통증 양상을 호소하여 2012. 9. 13. 이전에 이미 척추 감염이 발생했고 그로 인해 요통이 악화되는 과정이었을 가능성이 상당해 보이는 점, ⑤ 피고2 병원 의료진이 작성한 수술기록지 기재만으로는 원고의 제4, 5 요추 부위 경막 천공의 크기, 형태 등을 전혀 확인할 수 없고, 이 사건 신경차단술의 시술부위, 통상 사용되는 주사바늘의 길이, 시술방식 등에 비추어 시술부위와 위 천공 부위가 일치한다고 할 수 없고 위 시술 당시 C-arm 투시기에 의하여 촬영된 영상에서는 조영제가 경막 안으로 퍼지는 모습은 관찰되지 않았으며 주사바늘로 인하여 경막천공이 발생하면서 주사약이 경막내로 주입되면 일시적 하지 마비, 구역감, 어지러움, 두통 등을 유발할 수 있는데 원고는 당시 그러한 증상을 호소하였다는 정황이 없고 통상 요추천자는 요추 3, 4번 내지 요추 4, 5번 부위에 주사바늘을 삽입하여 시행하므로 위 경막천공이 요추천자로 인하여 생긴 것일 가능성도 있는 점 등을 근거로 하여 피고1 병원 의료진의 시술상 과실 및 그로 인한 감염 가능성을 모두 배척하였다.

그러나 피고2 병원에 대해서는, ① 원고가 기왕 병증으로 수차례 시술을 받아왔고 내원 당시 극심한 요통을 호소하였고, 당시 미열(37.2℃)이 있었으며 백혈구가 증가하고 염증반응에 대하여 특이도가 높은 지표인 C반응단백은 133.41㎎/L, ESR은 44㎜/hr로 각 정상치보다 급격하게 상승되어 있었고 같은 날 요추 조영증강 MRI 검사에서 경막외 농양, 경막하 농양을 동반한 제5요추, 제1천추 주위와 피하 감염이 의심되고 CT 검사에서도 척추부위 경막외 농양을 동반한 화농성 감염이 의심되는 양상이었으며 피고2 병원 의료진이 당일 이를 확인하였던 점 등에 비추어 당일 척추감염을 의심할 수 있는 상태였으므로 심한 통증을 호소한 척추부위에 감염이 발생하였을 가능성을 염두에 두고 그 배제·감별 진단을 위해 신속하게 균배양검사를 시행하고 함께 경험적 항생제 투여 등의 적절한 치료를 신속하게 시행했어야 하는 점, ② 척추 감염과 경막외 농양 등이 발생된 경우라도 신속하고 적절한 진단과 치료가 이루어진다면 신경학적 결손이 발생되지 않거나 그 정도가 경미하여 예후가 좋을 수 있는 반면 신속하고 적절한 진단과 치료가 지연되는 경우 뇌척수액, 척수, 뇌막, 뇌까지 감염이 확산될 수 있는 점, ③ 그런데 피고2 병원 의료진은 2012. 9. 16.부터 고열이 발생한 2012. 9. 18. 21:40경까지 요통완화 등 보존적 치료만을 하면서 척추감염 및 농양에 대한 진단 및 처치는 지체하다가 고열이 발생한 후에야 균배양검사, 경험적 항생제 투여 등을 실시한 점 등을 과실로 판단하여 손해배상책임을 인정하였다.

3. 판결의 의의

대상 판결은 시술 후 감염이 발생되었을 경우 과실추정의 법리를 잘못 적용한 원심 판단(원심은 시술과의 인과관계만으로 의료행위상 과실까지 추정을 한 잘못이 있는 것으로 보인다)을 취소하면서, 아울러 매우 상세한 논거를 제시하면서 각 피고들의 과실유무에 대해 판단을 하였다. 의료소송은 과실 증명이 상당히 어려워 이른바 특수불법행위의 범주로 분류되며, 그에 따라 과실과 인과관계 추정 법리들이 실제 재판에 적용되고 있다. 그만큼 의료 소송에서는 과실을 추정할 수 있는 간접사실들에 대하여 어떻게 치밀하게 주장하고 증명하느냐에 따라 같은 사안에서도 결과가 얼마든지 달라질 수 있고, 과실유무에 대한 당사자 쌍방의 주장이 팽팽하고 증거역시 상반되어 판단이 어려운 사례에서는 재판부의 과실추정에 대한 심증형성의 방향에 따라서 얼마든지 결과가 달라질 수 있다. 대상 판결은 심급에 따라 판단결 과가 완전히 달라진 사례로, 의료소송에서 과실 및 인과관계에 대한 판단 이 쉽지 않다는 것과 당사자들의 주장과 증명이 갈수록 정교하고 치열해 지는 의료소송의 현 추세를 보여주고 있다. 아울러 각 판결에서의 치밀하 고 상세한 논거들을 통하여 소송 당사자의 세밀한 주장과 증명의 중요성 을 다시금 확인할 수 있다.

020. 뇌경색 발생 후 폐렴 사망사건에서 독자적인 불법행위를 인정한 사건

- 서울고등법원 2012. 3. 29. 선고 2010나93402 판결[35)]

1. 사실관계

망인은 2006. 3. 16. 피고 병원에서 폐렴, 폐결핵으로 진단받고, 입원치료를 받던 중 2006. 4. 1.경부터 상태가 악화되어 인공 기도삽관 및 기계식 인공호흡기 치료를 받게 되었다. 피고 병원의 의료진은 인공 기도삽관 전후 망인에게 진정제인 펜토탈과 미다졸람, 모르핀을 일시에 정맥주사 하였고, 2006. 4. 2. 13:30경부터 2006. 4. 3. 10:00까지 미다졸람 용액을 5~15μgtt/min속도로 계속하여 정맥주입 하였으며, 망인이 급격한 저혈압 증세를 보이는 등 상태가 악화되자 망인의 상태를 집중관찰하기 위하여 중환자실로 이송하였다.

망인의 주치의는 2006. 4. 13. 피고 병원 신경과에 망인에게 이틀 전부터 우측 반신마비가 나타났다면서 협진을 의뢰하였고, 신경과에서는 망인의 왼면 중대뇌동맥에 뇌경색 또는 뇌출혈이 발생하였을 가능성이 있으므로 뇌CT를 촬영하라고 회신하였으나, 주치의는 망인의 일반적 전신 상태가 좋지 않아 이를 실시하지 않고 상태를 지켜보던 중, 2006. 5. 22.망인

의 뇌CT 촬영 결과 좌측 중대뇌동맥 뇌경색과 좌측 기저핵의 열공성 뇌경색이 확인되자, 이때부터 망인에게 뇌경색 치료를 위한 아스피린을 투약하였다. 그 후로도 망인은 폐렴의 완치와 재발을 반복하면서 만성신부전증, 심장부정맥, 혈압조절 등으로 계속 입원치료를 받았다.

2008. 10. 8. 실시한 임상병리검사 결과 망인의 CRP 수치가 정상범위를 초과한 53.2㎎/㎗이었음에도 피고 병원 의료진은 폐렴 재발에 대비한 조치를 취하지 아니한 채 망인의 신장상태 등을 알아보기 위한 일반화학검사만을 실시하였고, 2008. 10. 22.부터 망인에게 항생제를 투여하였다. 망인은 2008. 10. 26.부터 폐렴이 악화된 증상이 나타나 같은 달 30. 중환자실로 옮겨졌고, 같은 해 11. 3. 23:44경 패혈성 쇼크로 인한 부정맥(심실빈맥)이 발생하여, 심폐소생술을 받았으나 회복하지 못한 채 결국 같은 달 4. 08:55경 울혈성 심부전, 만성신부전, 폐렴 등으로 인한 패혈성 쇼크로 사망하였다.

유족들은 피고 병원 의료진이 망인에게 미다졸람을 과다하게 투여하여 저혈압 및 뇌경색을 일으켰고 뇌경색 치료를 지연하였으며, 2008. 10. 8. 이후 망인에 대한 폐렴치료를 하지 않고 방치하여 망인이 패혈성 쇼크로 사망하였다고 주장하며 손해배상소송을 제기하였다.

2. 법원의 판단

제1심 판결은 미다졸람을 과다하게 투여한 과실 및 뇌경색 치료를 지연한 과실은 부정하고, 2008. 10. 8. 이후 망인에 대한 폐렴치료를 하지 않고 방치한 부분을 과실로 보아 피고 병원에 손해배상 책임을 인정하였다.

대상 판결은 제1심 판결과 마찬가지로 미다졸람 과다 투여 주장은 배척하였으나, 2006. 4. 11. 뇌경색이 발생하였음에도 불구하고 2006. 5. 22.경에야 뇌CT촬영을 하는 등 뇌경색에 대한 진단과 치료를 지연하여 비가역적 반신마비에 이르게 한 과실과 폐렴에 대한 진단과 항생제 투여를 지연하여 사망에 이르게 한 과실을 인정하였다. 대상 판결은 '뇌경색 관련 과실로 망인이 비가역적인 반신마비에 이르게 됨에 따른 손해배상책임'과 '폐렴 관련 과실로 망인이 사망에 이르게 됨에 따른 손해배상책임'에 대하여, 양자는 그 과실의 내용과 결과가 다르고, 비가역적인 반신마비가 망인의 사망에 기여한 바도 없는 것으로 보인다는 이유로 두 개의 독자적인 불법행위로 보아 그 책임제한의 정도 역시 별개로 결정하고 손해액도 따로 산정함이 상당하다고 판시한 다음, 피고의 책임을 비가역적 반신마비부분에 대하여 70%, 사망부분에 대하여 30%로 제한하였으며, 각 재산상 손해액과 위자료를 개별적으로 계산하였다.36)

---

36) 한편, 이 사건 피고가 2008. 7. 24. 망인을 상대로 퇴거 및 치료비 청구소송을 제기하여 2008. 11. 7. 치료비를 지급하라는 화해권고결정이 확정되었는데, 피고는 본 사건의 항소심에서 "피고에게 진료상 과실이 있음을 전제로 하는 이 사건 청구는 피고 병원에게 진료상의 과실이 없음을 전제로 하여 치료비지급을 명하는 화해권고결정의 기판력에 저촉되어 부적법하다"는 본안전항변을 추가하였다. 이에 항소심 재판부는 확정판결의 기판력은 소송물로 주장된 법률관계의 존부에 관한 판단의 결론에만 미치고 그 전제가 되는 법률관계의 존부에까지 미치는 것이 아니므로, 치료비의 지급을 명하는 내용의 확정된 화해권고결정의 기판력은 위 결정의 소송물인 피고의 원고들에 대한 진료비채권의 존부에 관하여만 미치는 것이지, 그 전제가 될 여지가 있는 피고의 진료상의 과실 유무에까지 미치는 것이 아닐 뿐만 아니라 원고들의 이 사건 청구가 위 화해권고결정의 기판력과 모순되는 관계에 있다고 하더라도 법원으로서는 전소의 기판력과 모순 없는 판단을 함으로써 청구를 기각하여야 하는 것일 뿐, 소의 이익이 없다고 각하할 것은 아니라는 이유로 피고의 본안전항변을 배척하고, 피고가 주장한 치료비지급을 명하는 화해권고결정에 따른 상계항변을 인용하여, 진료비를 지급하라는 확정된 화해권고결정이 있는 상태에서 그 결정의 기판력의 범위와 기준을 명확히 하였다.

3. 판결의 의의

　　동일한 의료기관에서 연속된 복수(複數)의 의료과오가 경합하여 나쁜 결과가 발생한 경우, 과실 및 인과관계 인정 여부와 그에 따른 손해배상책임의 제한 여부를 전체적으로 판단하는 것이 통상적이다. 그 결과 연속된 복수의 의료과오의 성질과 내용 및 발생한 나쁜 결과에 기여한 정도 등이 다름에도 불구하고 이를 하나의 과실로 구성하는 과정에서 논리적으로 무리가 따르고, 제1과실로 염증이 발생하고 제2과실로 식물상태에 이른 경우와 같이 각 과실에 따른 손해배상의 범위가 크게 차이 나는 경우에는 손해배상액의 산정에 있어서도 정확한 판단이 어려운 문제점이 있었다. 대상판결은 과실의 내용과 결과가 다른 경우 각각을 독자적인 불법행위로 보아 그 책임제한의 정도 역시 별개로 결정하고 손해액도 따로 산정할 수 있다는 선례를 제공함으로써 배상액 산정방식의 합리성을 제고하였다는 데 의의가 있다.

021. 유방암 오진사건

- 대법원 2011. 7. 14. 선고 2009다65416 판결[37)]

1. 사실관계

원고는 2005. 7.경 종합건강검진 결과 오른편 유방에 혹이 발견되자 A대학병원에 내원하여 조직검사를 받았다. A대학병원 의료진은 원고의 조직을 파라핀블록으로 만들고, 다시 파라핀블록의 일부로 조직검사 원본 슬라이드를 만들었는데, 위 병원 병리과에서는 이를 침윤성 유방암으로 진단한 후 원고에 대하여 유방절제술을 시행하기로 결정하였다. 원고는 위 진단 결과를 믿지 못하고 오른편 유방의 종양이 암인지 여부를 다시 정확하게 진단받은 후 유방절제술 등의 치료를 받기 위하여 2005. 11. 28. A대학병원으로부터 조직검사결과기록지, 의무기록사본, 초음파사진을 복사한 CD 등을 교부받은 뒤 같은 날 B대학병원에 내원하여 피고에게 진료를 의뢰하였다. B대학병원의 주치의인 피고는 내원당일 원고에 대하여 간단한 촉진 등의 검사를 시행한 후 A대학병원의 병리검사결과지와 진단서를 신뢰하여 A병원 의료진과 동일한 결정을 하였다.

원고는 2005. 11. 30. 수술을 위하여 B대학병원에 입원하였고, 피고는 같은 날 원고에 대하여 유방 초음파검사 및 유방 MRI 검사 등을 시행하였는데, A대학병원의 검사결과와 거의 일치하는 종괴 소견을 보였다. 이에 따라 피고는 2005. 12. 2. 원고에 대하여 유방절제술을 시행하였고, 떼어낸 종양조직에 대한 조직검사 결과 암세포가 검출되지 않자 원고에게 A대학병원에 가서 조직검사 원본 슬라이드를 대출받아 오도록 하였다. 피고는

---

37) 제1심 서울중앙지방법원 2008. 4. 8. 선고 2007가합59603 판결, 제2심 서울고등법원 2009. 7. 23. 선고 2008나46021 판결.

원고에게 항호르몬제의 필요성 유무를 확인하기 위하여 암세포 조직이 필요하여 A대학병원에서 파라핀블록을 대출받아 오도록 하였는데, 원고가 대출받아 온 파라핀블록에서 암세포가 검출되지 않자 그 경위를 확인하는 과정에서 A대학병원 병리과 의료진이 원고의 조직검사 원본 슬라이드를 만들면서 암세포를 가지고 있던 다른 환자의 조직검체에 원고의 라벨을 부착한 후 이를 현미경으로 관찰하여 원고를 침윤성 유방암으로 진단한 사실이 밝혀졌다. 이에 원고는 A대학병원과 그 소속 주치의 갑, B대학병원과 그 소속 주치의인 피고를 상대로 손해배상소송을 제기하였다.

2. 법원의 판단

제1심 판결은 A대학병원에 대하여 암 오진 판독으로 말미암아 원고가 잘못된 수술을 받게 되어 입은 모든 손해를 배상할 책임을 인정하였고, A대학병원 소속 주치의 甲에 대하여는 고도로 분업화된 종합병원의 시스템 하에서 외과의사인 갑이 병리과 의료진의 판단을 신뢰하여 암으로 확진한 것이라는 점에서 과실을 부정하였으며, B대학병원 및 피고에 대해서도 동일한 제3차 의료기관의 지위에 있는 A대학병원 의료진에 의해 암으로 확진된 조직검사 판독결과를 신뢰한 것에 과실이 있다고 보기 어렵다 하여 원고의 주장을 배척하였다.

이에 대해 제2심 판결은 A대학병원과 甲에 대한 제1심의 판단은 그대로 유지하였으나, B대학병원과 피고에 대하여는 원고가 A대학병원의 진단결과를 믿지 못하고 오른면 유방의 종양이 암인지 여부를 다시 한번 정확하게 진단받기 위하여 B대학병원에 내원한 것이고, 조직검사는 조직의 채취·파라핀 블록 및 조직검사 슬라이드의 제작과정에서 오류가 있을 수 있으므로, 피고는 별도로 새로이 조직을 채취하여 재검사를 실시하거나, 최소한 A대학병원에서 실시한 조직검사 원본 슬라이드와 함께 파라핀 블록을 대출받아 재검사하는 등 원고의 종양이 암인지 여부를 정확하게 진단하여 그 검사와 진단 결과를 토대로 수술 여부를 결정하여야 할 주의의무가 있음에도 불구하고 이를 위반하여 유방암 수술을 집도하는 의사에게 평균적으로 요구되는 진단상의 주의의무를 다하지 못한 과실이 있다 하여 손해배상책임을 인정한 다음 A대학병원과 연대하여 치료비 및 위자료로 5,000여 만 원의 지급을 명하였고, 이에 대하여 A대학병원, B대학병원, 피고가 상고하였다.

대법원은 "① 어느 대학병원에서 환자에 대한 조직검사를 시행하여 암의 확정 진단을 하고, 그 환자가 다른 대학병원에 전원(轉院)하면서 종전 대학병원에서의 조직검사 결과를 기재한 조직검사 결과지를 제출하였다면, 새로이 환자를 진찰하게 된 대학병원의 의사가 종전의 조직검사 슬라이드를 대출받아 병리판독을 다시 시행하게 하는 경우가 있기는 하나, 조직검사 자체를 다시 시행하는 경우는 원칙적으로 없으며, 조직검사를 위하여 채취된 조직이 불충분하거나 부적합한 경우에는 병리판독에 어려움이 있을 수 있으므로 다시 조직검사를 시행하게 되나, 한 번의 조직검사로 암 진단을 할 수 있으면 조직검사를 반복하여 시행할 필요는 없다고 하는 진료기록감정촉탁결과에서 알 수 있는 조직검사와 암 확정 진단 과정의 특수성에 ② A대학병원의 조직검사가 이 사건 수술 직전에 이루어졌고 A대학병원에서 암 확정 진단의 근거가 된 조직검사 슬라이드를 보관하고 있었으므로 필요할 경우 조직검사 슬라이드를 대출받아 재판독할 수 있었던 점, ③ 피고가 이 사건 수술을 하기 전에 유방초음파 및 유방 MRI 검사 등을 실시한 결과도 오른면 유방의 소견이 A대학병원의 검사결과와 거의 일치하는 등 A대학병원의 병리과 의료진에 의한 '침윤성 유방암' 판정 결과를 의심할 만한 정황이 없었던 점, ④ 피고는 위와 같은 검사결과를 바탕으로 사분위절제술을 통하여 원고의 오른면 유방의 10시 방향 종양 및 유방암의 가능성이 있는 8~9시 방향의 종양도 모두 제거하였는데, 원고의 오른면 유방의 종양이 A대학병원에서 암으로 확정 진단된 상황이었으므로 어느 병변이 암으로 판정되더라도 두 개의 종양을 모두 포함하는 사분위절제술은 적정한 수술범위로 보이는 점 등의 여러 사정을 보태어 보면, 피고로서는 조직검사 슬라이드 제작과정에서 조직검체가 뒤바뀔 가능성 등 매우 이례적인 상황에 대비하여 원고로부터 새로이 조직을 채취하여 재검사를 실시하거나, A대학병원에서 파라핀 블록을 대출받아 조직검사 슬라이드를 다시 만들어 재검사를 시행한 이후에 유방절제술을 시행할 주의의무까지 있다고 보기는 어렵다. 한편, 원고는 A대학병원의 진단 결과를 믿지 못하고 우측 유방의 종양이 암인지 여부를 다시 정확하게 진단받기 위하여 피고 B대학병원에 내원한 것이고, 원고의 유방암은 초기 상태로 유방절제술을 당장 시행하여야 할 급박한 상황도 아니었으므로, 피고로서는 A대학병원 병리과 의료진의 판독 오류 가능성에 대비하여 조직검사 슬라이드를 대출받아 재 판독을 하게 할 주의의무가 있었다고 볼 수 있으나, 이 사건에서는 A대학병원의 병리과 의료진의 과실로 조직검사 슬라이드 제작 과정에서 조직검체 자체가 뒤바뀐 것이므로, 위 조직검사 슬라이드를 대출받아 재 판독하게 하였다고 하더라도 여전히 '침윤성 유방암'으로 판정할 수밖에 없었을 것이다."라 판시하며 피고와 B대학병원의 패소 부분을 파기환송하고 A대학병원의 상고를 기각하였다.

3. 판결의 의의

대상 판결은 환자가 다른 병원의 진단 결과를 믿지 못하여 정확한 진단을 받기 위해 내원한 경우 진단상의 주의의무를 어디까지 인정할 것인지와 관련하여 동일한 상급종합병원 의료진의 판단을 신뢰한 피고에게 진단상의 주의의무 위반을 인정할 수 없다고 판시한 데 의의가 있다. 대상 판결은 진단상 과실을 인정한 항소심 판결을 파기하면서 제1심 판결과 동일한 결론에 도달하였는데, 제1심 판결에서 A대학병원 주치의 甲의 책임을 부정하면서 명시적으로 '신뢰의 원칙'을 기술한 것과는 달리38) 대상 판결은 신뢰의 원칙이 바탕이 된 '조직검사와 암 확정 진단 과정의 특수성'에 다른 부가적인 사정들을 보태어 피고의 진단상 주의의무 위반을 부정하였다. 여기에는 고도로 분업화된 종합병원의 시스템을 전제로 한 신뢰의 원칙이 통상 동일한 의료기관에서 적용되는 것과는 달리 다른 대학병원 의료진의 판단을 그대로 신뢰한 사건이라는 점 및 환자가 다른 병원의 진단 결과를 믿지 못하여 정확한 진단을 받기 위해 내원하였다는 특수한 사정이 고려된 것으로 보인다. 대상 판결은 피고에게 A대학병원 병리과 의료진의 판독 오류 가능성에 대비하여 조직검사 슬라이드를 대출받아 재판독을 하게 할 주의의무가 있었다고 볼 수 있으나, A대학병원의 병리과 의료진의 과실로 조직검사 슬라이드 제작 과정에서 조직검체 자체가 뒤바뀐 것이므로, 위 조직검사 슬라이드를 대출받아 재판독하게 하였다고 하더라도 여전히 '침윤성 유방암'으로 판정할 수밖에 없었을 것이라 하여 과실이 있었더라도 인과관계가 부정된다는 판단을 부가하고 있는바, 이는 결론에 대한 구체적 설득력을 높이기 위한 것으로 판단된다.

---

38) 원고는 A대학병원 주치의 甲의 과실을 부정한 제1심 판결에 불복하여 항소하였으나, 항소심에서는 제1심의 판단을 그대로 유지하였고, 항소심 판결에 대하여 원고가 더 이상 다투지 아니하여 확정되었다.

4. 참고 판결

서울중앙지방법원 2012. 6. 13. 선고 2011가합13192 판결은, 피고 병원에서 좌측 발목 외측에 발생한 점을 3차례에 걸쳐 제거하고 3차 제거술 당시인 2009. 3. 4. 조직검사를 시행하여 악성 흑색종이라는 점이 확인되었으나, 피고 병원 의료진이 이를 확인하지 아니하여 환자에게 통보하지 아니하였다가 2009. 9. 24. 이전 수술부위와 동일한 곳에 점이 재발한 후 진단하는 과정에서 이전 검사결과를 확인하여 고지하였고, 환자가 그 다음 달 대학병원에서 종양제거술을 시행하였으나 이미 신체 여러 부위로 암이 전이되어 그 다음 해인 2010. 12. 27. 사망한 사건에서, 이 사건 조직 검사 결과를 확인하지 않아 망인으로 하여금 좀 더 조기에 암에 대한 치료를 받을 기회를 상실하게 한 과실이 있고, 이러한 과실이 악성 흑색종의 전이로 망인을 사망에 이르게 한 원인이 되었으므로 피고는 망인의 사망에 대한 손해를 배상할 책임이 있다고 전제하고, 다만 피고 병원에서 3차 수술 전 조직검사에서 멜라닌세포모반으로 판독된 점, 망인에게 발생한 악성흑색종이 악성도가 높았던 점 등을 고려하여 피고책임을 20%로 제한하였다.[39]

---

39) 이에 대하여 원고 측에서 항소하였으나 항소심에서 화해권고결정이 수용되어 종결되었다. 이와 유사한 사건으로 창원지방법원 2012. 1. 19. 선고 2010가합11521 판결은, 피고 병원 건강검진센터에서 원고가 2009. 10. 26. 우측 옆구리 통증으로 초음파검사, 흉부방사선 검사 등을 받아 우측 폐에 2cm크기의 결절이 관찰되어 외과의사가 정밀검사를 권유하였으나, 내과의사가 이를 받아들이지 않고 방치하였다가, 4개월가량 지나 폐암 4기(비소세포암, 뼈로 전이)라는 진단을 받고 항암치료를 받게 되자, 피고에게 설명의무 위반과 이로 인한 치료기회 상실 등에 대한 배상책임을 인정하였다.

제5절 약제사고

022. 혈우병 환자 HIV 감염발생 사건
- 대법원 2011. 9. 29. 선고 2008다16776 판결[40])

1. 사실관계

   피고 회사는 B형 혈우병 치료제인 이 사건 혈액제제를 제조, 공급하였는데, B형 혈우병 치료제 중에 국산인 것은 이 사건 혈액제제가 유일하였다. 피고 회사는 혈액제제 제조에 사용하기 위하여 1988. 1. 5.경부터 1988. 12. 23.경까지, 1989. 1. 5.경부터 1989. 12. 23.경까지 총 83회에 걸쳐 甲으로부터 혈액을 구입하였는데, 甲은 1989. 10. 16.까지는 HIV 검사에서 음성반응을 보였으나, 45일이 지난 1989. 11. 30. 매혈할 당시 HIV 검사에서 양성반응을 보였다. 또한 피고 회사는 혈액제제 제조에 사용하기 위하여 1990. 1. 3.경부터 1990. 3. 26.경까지 총 21회에 걸쳐 乙로부터도 혈액을 구입하였는데, 乙은 1990. 4.경 HIV 검사에서 양성반응을 보였고, 후에 위 혈액제제를 사용한 사람들 중에 AIDS(후천성면역결핍증, Acquired Immune Deficiency Syndrome) 감염자가 발생하였다.

   원고들은 원고들의 HIV 바이러스 유전자가 매혈자 甲, 乙의 HIV 바이러스 유전자와 가까운 위치 계통수의 유전자이고, 피고 회사가 HIV에 감염된 매혈자 甲, 乙로부터 구입한 혈액으로 제조한 혈우병 치료제로 인해

---

40) 제1심 서울동부지방법원 2005. 7. 1. 선고 2003가합1999 판결, 제2심 서울고등법원 2008. 1. 10. 선고 2005나69245 판결. 파기환송심에서 이 사건은 조정으로 종결되었다(서울고등법원 2013. 11. 4.자 2011나80922 조정조서).

원고들이 HIV에 감염되었으므로 이에 대한 정신적 손해배상의 일부를 지급할 의무가 있다고 주장하였고, 이에 대하여 피고 회사는 원고들 중 일부는 피고 회사가 아닌 외국 제약회사가 생산한 혈우병 치료제를 투여 받은 적이 있으며, 혈우병 치료제 투여 외에 다른 HIV 감염의 가능성은 다양하고, 이 사건 혈액제제는 TNBP공법에 따라 제조된 것으로 현재까지 동일한 방법으로 제조된 혈우병 혈액제제의 사용으로 AIDS에 감염되었다는 사례는 1건도 보고되지 않았으며, 설사 이 사건 혈액제제 중 일부가 AIDS 감염자로부터 매수한 혈액을 원료로 하여 제조되었다고 하더라도 피고 회사는 이 사건 혈액제제 제조 당시의 의료수준 및 지식에 비추어 최선의 조치를 다하였으므로 아무런 과실이 없고, 설사 피고 회사에게 원고들이 주장하는 불법행위책임이 인정된다고 하더라도, 감염 원고들이 AIDS 감염사실을 알았을 때 손해의 발생 및 가해자를 알았다 할 것이므로 이미 3년의 단기소멸시효가 완성되었거나 손해발생일로부터 10년이 경과하여 이 사건 소를 제기하였으므로 장기소멸시효 역시 완성되어, 어느 모로 보나 원고들이 이 사건 청구는 이유 없다고 주장하였다.

2. 법원의 판단

제1심 판결은 피고 회사가 甲이 HIV 검사에서 최초 양성반응을 보인 1989. 11. 30.로부터 불과 45일 전인 1989. 10. 16.경까지 구입한 혈액과 乙이 HIV 검사에서 양성반응을 보인 때로부터 불과 1달 정도 전인 1990. 3. 15.경까지 구입한 혈액을 이 사건 혈액제제의 제조에 사용함으로써 HIV에 감염되었으나 항체미형성기간 내에 있었거나 위음성반응(僞陰性反應) 상태에 있었을 가능성이 있는 甲과 乙의 혈액이 이 사건 혈액제제의 제조에 사용되도록 하여, 결국 HIV에 감염되지 않았음이 명백하지 않은 혈액을 원료로 이 사건 혈액제제를 제조한 잘못이 있고, 나아가 제조과정에서 정기적인 점검과정을 제대로 거치지 않은 등 HIV 바이러스를 완벽하게 불활성화 시키지 못한 잘못이 있다고 하였으나, 총 16명의 감염 원고 중 1명의 주장을 인용하고, 나머지는 소멸시효 완성을 이유로 기각하였다.

　제2심 판결은 피고 회사가 제조·공급한 혈액제제에 의하여 원고들이 AIDS에 감염된 것인지 여부는 사실적 인과관계의 존부에 관한 문제로서 이에 대한 소송상 입증은 한 점의 의혹도 남기지 않을 정도의 엄격한 자연과학적 증명을 요하는 것이 아니라, 경험칙에 비추어 모든 증거를 종합·검토하여 볼 때 특정의 사실로부터 특정의 결과가 발생하였음을 시인할 수 있을 정도의 고도의 개연성이 인정되면 족하고, 그 판단은 일반인이 의심을 품지 아니할 정도로 그 진실성을 확신할 수 있을 것을 필요로 하는데, 이 경우 그 입증의 대상은 우선 의료과실의 존부에 관한 것이 아니라 두 사실 사이의 조건관계를 인정할 수 있는지 여부에 관한 것이므로 이 사건 혈액제제의 제조·판매를 일종의 의료행위로 보아 그 입증책임을 완화할 필요는 없다고 한 다음, 혈우병 환자의 경우 그 치료를 위하여 계속하여 혈액제제를 투여할 수밖에 없는데다가 HIV에 감염되더라도 항체미형성기간을 거쳐 항체가 형성되는 데에 2주 내지 수년이 걸리는 등 다양한 가능성이 있는 점에 비추어 볼 때, 비록 피고 회사가 AIDS에 감염된 혈액제제를 감염 원고들에게 투여되도록 공급한 일이 있고 그 관련 원고들이 후에 AIDS에 감염된 결과가 발생하였다고 하여도, 제조물책임에서와 같이 인과관계의 추정에 의한 입증정도의 완화를 허용하는 것은 적절치 않다고 전제하면서 분자생물학적 분석결과와 함께 감염 원고들에 대한 HIV 감염발견 경위, 감염 추정시기 및 이 사건 혈액제제의 투여 경위 등과 같은 역학적 조사결과를 경험칙에 비추어 종합 검토하여 볼 때, 피고 회사가 제조, 공급한 이 사건 혈액제제로 인하여 감염 원고들에게 HIV 감염이라는 결과가 발생하였다는 점을 시인할 수 있을 정도의 고도의 개연성이 인정되지 않는다는 이유로 원고들의 청구를 모두 기각하였다.

이에 대해 대법원은 의약품의 제조물책임에서 손해배상책임이 성립하기 위해서는 의약품의 결함 또는 제약회사의 과실과 손해 사이에 인과관계가 있어야 하나, 의약품 제조과정은 대개 제약회사 내부자만이 알 수 있을 뿐이고, 의약품의 제조행위는 고도의 전문적 지식을 필요로 하는 분야로서 일반인들이 의약품의 결함이나 제약회사의 과실을 완벽하게 입증한다는 것은 극히 어려우므로, 환자인 피해자가 제약회사를 상대로 바이러스에 오염된 혈액제제를 통하여 감염되었다는 것을 손해배상책임의 원인으로 주장하는 경우, 제약회사가 제조한 혈액제제를 투여받기 전에는 감염을 의심할 만한 증상이 없었고, 그 혈액제제를 투여 받은 후 바이러스 감염이 확인되었으며, 그 혈액제제가 바이러스에 오염되었을 상당한 가능성이 있다는 점을 증명하면, 제약회사가 제조한 혈액제제의 결함 또는 제약회사의 과실과 피해자의 감염 사이의 인과관계를 추정하여 손해배상책임을 지울 수 있도록 증명책임을 완화하는 것이 손해의 공평·타당한 부담을 그 지도원리로 하는 손해배상제도의 이상에 부합한다고 판시한 다음, 여기서 바이러스에 오염되었을 상당한 가능성은, 자연과학적으로 명확한 증명이 없더라도 혈액제제의 사용과 감염의 시간적 근접성, 통계적 관련성, 혈액제제의 제조공정, 해당 바이러스 감염의 의학적 특성, 원료 혈액에 대한 바이러스 진단방법의 정확성의 정도 등 여러 사정을 고려하여 판단할 수 있다고 하였다. 한편 제약회사는 자신이 제조한 혈액제제에 아무런 결함이 없다는 등 피해자의 감염 원인이 자신이 제조한 혈액제제에서 비롯된 것이 아니라는 것을 증명하여 추정을 번복시킬 수 있으나, 단순히 피해자가 감염추정기간 동안 다른 회사가 제조한 혈액제제를 투여 받았거나, 수혈을 받은 사정이 있었다는 것만으로는 그 추정이 번복되지 않는다고 판시하였다. 또한 대법원은 불법행위에 기한 손해배상채권에 있어서 민법 제766조 제2항에 의한 소멸시효의 기산점이 되는 '불법행위를 한 날'이란 가해행위가 있었던 날이 아니라 현실적으로 손해의 결과가 발생한 날을 의미하는데, 감염의 잠복기가 길거나, 감염 당시에는 장차 병이 어느 단계까지 진행될 것인지 예측하기 어려운 경우, 손해가 현실화된 시점을 일률적으로 감염일로 보게 되면, 피해자는 감염일 당시에는 장래의 손해 발생 여부가 불확실하여 청구하지 못하고, 장래 손해가 발생한 시점에서는 소멸시효가 완성되어 청구하지 못하게 되는 부당한 결과가 초래될 수 있으므로, 위와 같은 경우에는 감염 자체로 인한 손해 외에 증상의 발현 또는 병의 진행으로 인한 손해가 있을 수 있고, 그러한 손해는 증상이 발현되거나, 병이 진행된 시점에 현실적으로 발생한다고 볼 수 있다고 판시한 다음, AIDS의 잠복기는 약 10년 정도로 길고, HIV 감염 당시 AIDS 환자가 될 것인지 여부가 불확실하며, AIDS 환자가 되었다는 것과 HIV에 감염되었다는 것은 구별되는 개념이라는 사실을 알 수 있고, AIDS 환자가 되었다는 손해는 HIV 감염이 진행되어 실제 AIDS 환자가 되었을 때 현실적으로 그 손해의 결과가 발생하였다고 볼 여지가 있으므로, 사건을 환송받은 원심으로서는 이러한 점을 살펴 소멸시효가 완성되었는지 여부에 관하여 심리하여야 한다고 하였다.

3. 판결의 의의

의약품과 관련된 사고의 경우 피해의 사전 회피가 곤란하고 투여 후 나쁜 결과 사이에 시간적 간격이 길다는 특성 때문에 일반적인 의료분쟁에 비해 인과관계의 증명이 매우 어렵다. 우리나라는 2000. 1. 12. 제조물책임법이 제정되어 2002. 7. 1.부터 시행되고 있는데, 이 사건은 제조물책임법이 시행되기 이전의 사건이어서 제조물책임법이 적용될 수는 없었다. 대법원은 제조물의 하자와 관련하여 소비자 측이 제조물에 의한 사고가 제조업자의 배타적 지배하에 있는 영역에서 발생하였다는 점, 그 사고가 어떤 자의 과실 없이는 통상 발생하지 않는다는 점을 원고 측이 입증하는 경우 제조물의 결함과 인과관계를 추정하나(대법원 2000. 2. 25. 선고 98다15934 판결), 이 사건에서는 제조업자의 배타적 지배영역에서 발생한 사고임을 증명하는 것이 결국 제조과정에서 HIV에 감염되었을 가능성뿐만 아니라 다른 혈액제제, 수혈, 성교 등의 가능한 원인을 배제해야 하는 상황이므로 위 법리가 큰 도움이 되지 않았다.

대상 판결은 제조물책임의 법리를 넘어 혈액제제를 투여받기 전에는 감염을 의심할 만한 증상이 없었고, 그 혈액제제를 투여 받은 후 바이러스 감염이 확인되었으며, 그 혈액제제가 바이러스에 오염되었을 상당한 가능성이 있다는 점을 증명하면 혈액제제의 결함 또는 제약회사의 과실과 피해자의 감염 사이의 인과관계를 추정하여 손해배상책임을 지울 수 있도록 입증책임을 명시적으로 완화하였다는 점과, 원고들이 혈액제제의 상당한 오염가능성을 증명하여 과실과 인과관계를 추정한 이상 그 추정을 번복하기 위해서는 피고 회사 측에서도 단순히 다른 원인의 개입 가능성만 제시하여서는 안 되고 피고 회사가 제조한 혈액제제가 감염되지 않았다는 점에 대한 상당한 증명을 해야 함을 설시하여 증명책임의 분담을 명확히 하였다는 점에 큰 의의가 있다. 아울러 HIV 감염과 AIDS 발병과는 다른 개념이므로 AIDS와 같이 감염 이후 발병까지 잠복기가 상당히 오랜 시간이 경과되는 질환의 경우 손해는 증상이 발현되거나 병이 진행된 시점에 현실적으로 발생한다고 명시하여 피해자가 소멸시효의 부당한 불이익을 받지 않도록 명시한 데 의의가 있다.

023. 아세트아미노펜 복용 후 스티븐존슨증후군으로 실명한 사건

- 서울고등법원 2017. 4. 4. 선고 2013나2010343 판결[41]

1. 사실관계

34세 여자인 원고는 2010. 1. 28. 저녁 무렵 감기, 몸살 기운이 있어 가족에게 부탁하여 약사인 피고3이 운영하는 약국에서 피고1 제약회사에서 제조한, 아세트아미노펜(acetaminophen)이 주성분으로 되어 있는 복합제 '스파맥' 1통(10정)과 쌍화탕 1포를 구입하여 당일 저녁 쌍화탕 1포와 '스파맥' 2정을 복용하였고, 다음 날인 1. 29. 아침과 저녁에 '스파맥' 각 2정씩 총 4정을 복용하였으며, 1. 30.에도 같은 방법으로 총 4정의 '스파맥'을 복용하였다. 원고는 1. 31. 오전 피고2 병원 응급실로 내원하여 '2일 전부터 시작된 근육통과 얼굴 주위 붓는 경향, 인후통, 무릎 안면으로 가려움증을 동반한 발진' 증상을 호소하며 약물 알레르기를 포함한 특별한 병력은 없다고 고지하였고, 검진결과 원고의 체온은 38.1℃였으며 나머지 활력징후는 정상이었다. 피고2 병원 의사는 급성 상기도감염 진단하에 해열진통제(diclofenac), 항히스타민제(peniramine)를 정맥주사 하였고, 경구약으로 아세트아미노펜(acetaminophen), 항히스타민제(peniramine), 스테로이드 호르몬제(prednisolon), 위산분비억제제제(cimetidine) 및 진해제(dehydrocodein) 등을 처방하였다. 원고는 귀가 후 1. 31. 점심 및 저녁 식사 후 피고2 병원에서 처방해 준 약을 복용하였고 1. 31. 23:00경 A병원을 방문하였는데, 당

---

41) 제1심 서울중앙지방법원 2013. 5. 29. 선고 2011가합109314 판결. 대상 판결은 원고와 피고2 병원이 상고하였으나 상고가 모두 기각되어 확정되었다(대법원 2021. 2. 25. 선고 2017다223835 판결.

시 원고는 A병원 의료진에게 '열, 인후통, 전신 가려움증 증세로 피고2 병원 응급실에서 치료를 받았으나 증세가 더 심해져 내원하였고, 1. 30. 저녁부터 다리 면 발진(rash)과 가려움증(itching sense)이 시작되어 1. 31. 저녁부터는 상체 면으로 심해진다.'고 자신의 증세를 설명하였다. 이에 A병원 의료진은 해열진통제(diclofenac), 항히스타민제(peniramine), 위산분비억제제(ranitidine)를 주사투여 하고, 항생제(amoxacillin), 소염진통제(ketorolac tromethamin) 및 위염 예방제를 경구약으로 처방하였다. 원고는 2. 1. 오전 증세가 더욱 악화되었다며 A병원에 다시 내원하였는데, 이학적검사상 편도에 삼출물이 덮여있고 턱 앞면과 아래면 밑에 압통을 동반한 붓기 등이 관찰되고 혈액검사, 소변검사 등에서 염증소견이 확인되었다. 의료진은 원고의 증세를 스티븐 존슨 증후군(Steven Johnson syndrome, 이하 'S-J 증후군'이라 함)으로 의심하고 같은 날 B대학병원으로 전원하였으며, B대학병원에서는 원고에 대하여 독성 표피 괴사용해증(Toxic Epidermal Necrolysis, 이하 'TEN'이라 함)으로 진단하고 모든 약제를 중단한 뒤 면역글로불린 주사, 드레싱, 안약투여 등의 치료를 하였으나, 결국 원고는 S-J 증후군 내지 TEN의 후유증으로 우안 광각인지,[42] 좌안 안전수지[43]로 시력이 저하되어 영구장해로 남게 되었다. 이에 원고는 '스파맥' 의약품을 생산한 제약회사(피고1), 원고를 진료한 피고2 병원, '스파맥'을 판매한 약사(피고3)를 상대로 손해배상청구소송을 제기하였다.

2. 법원의 판단

대상 판결은 피고1 제약회사에 대해서는 '스파맥' 제품안내서의 복용시

---

42) 빛이 있다, 없다는 정도만 인지할 수 있는 시력상태.
43) 눈의 20~30㎝ 앞에 위치한 손의 손가락 개수를 파악할 수 있는 정도의 시력상태.

주의사항란에 '이 약의 복용 후 곧바로 두드러기, 부종 등의 증세가 나타나는 경우, 고열을 수반하며 발진, 발적, 화상 모양 수포 등의 격렬한 증상이 전신 피부, 입 및 눈의 점막에 나타나는 경우 즉각 복용을 중지하고 의사 또는 약사와 상의하라'는 기재가 있어 S-J 증후군 내지 독성 표피용해증의 위험성을 효과적으로 기재하였다고 봄이 상당하여 표시상 결함을 인정할 수 없다며 청구를 기각하였다. 또한 피고3 약사가 복약지도의 불충분으로 필요한 의약품 선택에 도움을 주지 못했고 '스파맥'의 주성분인 아세트아미노펜의 위험성, 부작용 등에 대해 설명을 제대로 하지 않았다는 원고의 주장에 대하여, 약사법 규정에 따라 일반의약품을 판매할 때 약사는 필요하다고 판단되는 경우 복약지도를 할 수 있고 구매자가 필요한 의약품을 선택할 수 있도록 도와준다는 것인데, 피고3 약사는 원고의 감기, 몸살 증세에 적합한 약을 권하여 도와주었으므로 일반의약품을 판매할 때 필요한 복약지도를 다 한 것이고, 아세트아미노펜에 의한 S-J 증후군 내지 TEN의 발병은 매우 드물게 보고되고 있으며, '스파맥' 의약품 설명서에는 S-J 증후군 내지 TEN에 해당하는 증상이 발생하면 즉각 복용을 중단하고 의사 또는 약사와 상의하라는 기재가 있고, 약사가 일반의약품을 판매하며 해당 약제에 의한 매우 예외적인 부작용까지 자세히 설명할 의무가 있다고 보기 어려우며, 일반의약품의 경우에는 약물 부작용의 구체적인 내용에 관하여 구매자가 개별 약제에 첨부된 제품안내서를 참조하는 것이 상당하다는 점을 들어 피고3 약사의 주의의무 위반도 인정하지 않았다.

그러나 대상 판결은 피고2 병원에 대해서는, ① 원고가 피고2 병원 응급실에 내원할 당시 발열이 있었고 특히 얼굴 주위의 붓는 경향 및 무릎 안면으로 가려움증을 동반한 발진 증상을 호소하고 있었으므로 감염성 질환 또는 약물에 의한 알레르기 질환, 자가면역 질환 등을 의심할 상황이었는데, 의료진은 원고로부터 내원 전 감기약을 복용한 바 있다는 사실을 들은 이상 약물에 의한 부작용 가능성을 염두에 두고 원고가 복용한 약의 종류, 주성분, 복용량, 복용 시기, 복용 사이의 간격 등을 자세히 문진할 필요가 있었음에도 이를 전혀 하지 않은 점, ② 아세트아미노펜의 부작용으로 안면 부종, 두드러기 등이 있고 이러한 부작용은 S-J 증후군이나 TEN과 달리 비교적 빈번하게 발생한다고 알려져 있으므로 피고2 병원 의료진이 문진을 철저히 하였더라면 적어도 추가로 아세트아미노펜 계열의 약을 추가 처방하는 조치는 피할 수 있었던 것으로 보이는 점, ③ S-J 증후군과 TEN은 진단이나 처치가 늦어지는 경우 치명적인 합병증과 높은 사망률을 보이는 질환이므로 빨리 진단하고 원인이 되는 약물을 바로 중지하는 것이 가장 중요하면서도 최선의 치료법이고 조기 치료를 통해 피부 침범, 점막괴사, 병의 중증도를 줄일 수 있는 것으로 알려져 있으므로 피고2 병원 의료진이 조기에 아세트아미노펜 중단 등의 적절한 조치를 취하였다면 원고가 양안 실명이라는 중증의 장해에까지 이르지 않았던 것으로 보이는 점 등을 근거로 피고2 병원의 과실책임을 인정하였다. 다만 S-J 증후군과 TEN은 적절한 치료를 하더라도 급격한 경과를 거쳐 예후가 좋지 못할 가능성이 높은 점, S-J 증후군과 TEN은 환자마다 그 진행속도나 후유증이 다른데 원고에게 중증의 장해가 남은 원인에는 원고 자신의 면역 기전이나 체질적 소인이 작용하였을 가능성을 배제할 수 없는 점 등을 참작하여 피고2 병원의 책임을 30%로 제한하였다.

3. 판결의 의의

　의사가 질병을 치료하는 전제로 이상 증세의 원인에 대한 진단이 선행되어야 하는데, 이러한 진단은 문진, 시진, 촉진, 청진 및 각종 임상검사 등의 결과를 기초로 질병여부를 감별하고 종류, 성질, 진행 정도 등을 밝혀내는 임상의학의 출발점으로서 중요한 의료행위이므로, 의사는 신중하게 환자를 진찰하고 정확히 진단함으로써 위험한 결과발생을 예견하고 그 발생을 회피하는 데에 필요한 최선의 주의의무를 다 하여야 한다고 대법원은 판시하고 있다.[44] 특히 의약품에 대한 이상반응은 그 결과가 다양하여 경미한 부작용부터 이 사건처럼 중대한 합병증의 형태로 발현될 수 있으므로 주의를 요하는데, 대상 판결은 환자가 약물 투약 후 알레르기 반응을 의심할 수 있는 이상 증세를 보이고 있었으므로 환자를 진료한 의사로서는 약물부작용의 가능성을 염두에 두고 이를 면밀하게 검토하여 약물투약 중단조치 등을 해야 함에도 이를 하지 않은 책임과 그로 말미암아 알레르기 반응의 원인이 된 약물을 추가 처방함으로써 원고의 증세를 악화시킨 의료진의 과실책임을 인정한 판결이다.

대상 판결은 약사에게 과실책임을 인정하지 않았는데, 이는 현행 약사법에서 의사의 처방에 따른 의약품 조제와 달리 일반의약품 판매를 할 때에는 복약지도가 약사의 의무가 아닌 임의사항으로 규정되어 있는 것이 감안된 것으로 보인다.[45] 의약품은 부작용이 발생할 위험이 있으므로 일반인에 의한 판매가 엄격히 제한되어 있고, 예외적으로 부작용 위험이 낮아 보건복지부장관이 안전상비의약품 판매자가 판매할 수 있도록 고시하는 해열제, 소화제, 피부용제 등 13개 의약품에 대해서만 약사가 아닌 사람의 판매가 허용되고 있다.[46] 결국 일반의약품이라고 하더라도 약사가 아닌 사람에게 판매를 허용하지 않는 약품은 그만큼 오남용의 위험이나 부작용 발생의 위험이 높다는 것을 의미하므로 이러한 일반의약품에 대해서는 반드시 전문가인 약사의 부작용에 대한 설명이 필요하고, 설령 그 발생 가능성이 희소하다고 하더라도 부작용의 결과가 중대한 것일 경우에는

---

44) 대법원 2003. 1. 24. 선고 2002다3822 판결 등.
45) 제50조(의약품 판매) ④ 약국개설자는 일반의약품을 판매할 때에 필요하다고 판단되면 복약지도를 할 수 있다.
46) 안전상비의약품 지정에 관한 고시(보건복지부고시 제2016-156호, 2016. 8. 24. 일부개정).

설명의무를 부과하는 것이 국민의 건강을 위해 필요하다. 대상 판결은 현행 약사법 규정에 따른 부득이한 판단으로 보이지만, 오로지 약사에게만 독점적으로 판매할 권한을 부여한 의약품에 대해서는 그만큼 책임도 뒷받침되어야 한다는 측면뿐 아니라 국민의 건강보호를 위해서도 입법론적으로 일반의약품 판매시 약사의 설명을 의무화하는 개정이 필요하다고 생각된다.

4. 참고 판결

서울중앙지방법원 2016. 11. 29. 선고 2015가합534727 판결은, 32세 남자인 원고가 2012. 5. 31.(이하 연도 생략) 발열, 설사 등의 증상으로 이비인후과 의사인 피고로부터 급성 인후두염, 상세불명의 위장염 및 결장염, 위궤양, 알레르기비염 등으로 진단하에 항생제인 린코마이신을 주사투약하고 약으로 타이레놀, 캐롤에프, 스맥타현탁액, 페니라민, 큐란 각 2일분을 처방받고(1차 진료), 6. 1. 두드러기, 재채기, 콧물, 가래 등의 증상으로 다시 피고에게 린코마이신 주사투약, 타이레놀, 시네츄라시럽, 큐란, 에바스텔, 코데날 및 소론도 각 2일분을 처방받았는데(2차 진료), 원고는 2차 진료 직후 눈의 이물감, 충혈, 통증 증상으로 안과 의원에 내원하여 결막염 진단을 받아 톨론점안액, 레보스타점안액을 처방받았고, 6. 2. 호흡곤란 증세로 A병원 응급실로 내원하였으며 당시 두드러기, 목과 피부의 발적, 39℃의 발열, 발한, 두통, 연하통 증상을 보여 입원치료를 받았으나 열이 떨어지지 않았고, 6. 3. 새벽 무렵에는 호흡곤란이 심해져 중환자실로 전실되어 기도삽관을 받았으며, 이후 두드러기가 얼굴, 상반신 전체, 하지로 퍼지면서 수포가 발생하여 S-J 증후군 진단하에 치료를 받았으나, 전체 표피 면적의 35%에 이르는 피부괴사, 구강, 혀, 인두 및 후두, 각결막까지 병변이 진행되었고, 치료 후에도 얼굴, 등 부위에 과색소침착 및 반흔의 추상장해가 있고 양안 중심부 각막혼탁으로 인해 교정시력 기준 우안 0.1, 좌안 0.02로 저하되는 장해상태가 되어 이비인후과 의사인 피고를 상대로 소송을 제기한 사건에서, S-J 증후군 발병 기전이 명확하지 않고 이를 예측하기 어려운 점, 원고가 이 사건 이전에도 피고로부터 타이레놀, 캐롤에프 등을 처방 받아 문제없이 복용하였던 점에 비추어 피고의 1차 진료 시 약물 투약에는 과실이 없지만, ① 이전 4주간 병원 진료나 약품 투약이 없었던 점, ② 1차 진료시 처방한 약물 중 타이레놀, 캐롤에프, 큐란, 린코마이신은 두드러기, 발진 등의 부작용과 S-J 증후군을 유발할 수 있는 점, ③ 1차 진료 후 원고에게 갑작스럽게 두드러기 증상이 나타났으므로 1차 진료시 처방한 약물의 부작용을 의심하였어야 하는 점, ④ 그럼에도 불구하고 1차 진료시 처방한 약물의 투약을 중단하거나 약물 부작용 여부에 대한 감별 진단을 하지 아니한 채 원고의 증상을 음식물에 의한 과민반응으로 판단하여 1차 처방한 약과 동일하게 S-J 증후군을 유발할 수 있는 약을 다시 처방한 점, ⑤ 2차 처방약 투약 후 원고는 12시간 이내에 호흡곤란을 호소하고 A병원 응급실에 내원한 점, ⑥ S-J 증후군 발생시 원인 약물의 투약 중단이 가장 중요하고 시급한 처치인 점 등을 근거로 피고의 과실책임을 인정하되 여러 사정을 고려하여 피고의 책임을 20%로 인정하였다. 이에 피고가 항소를 하여 1차 진료시 처방한 약물과 S-J 증후군 사이의 인과관계 부존재, 2차 진료에서 S-J 증후군을 진단할 수 없었던 사실 등을 주장하였으나 항소심 판결은 이를 모두 배척하였고, 피고가 상고하였으나 심리불속행 기각되었다.[47)]

---

47) 서울고등법원 2017. 10. 26. 선고 2017나2000092 판결, 대법원 2018. 3. 15. 선고 2017다284779 판결.

024. 약물투여 후 아나필락시스 발생사건

1. 후루마린 투여 후 아나필락시스 발생사건
- 서울고등법원 2020. 9. 10. 선고 2019나2015586 판결[48]

가. 사실관계

  망인은 2017. 4. 17. 지속적인 발열로 피고 병원에 입원하였다. 피고 병원 소속 의료진은 같은 날 14:40경 망인에게 엔에스주사액(Normal Saline, 생리식염수) 200ml, 14:48경 후루마린(flumarine, 항생제) 400ml, 이세파마이신(Isepamicin, 항생제) 100ml를 주사하였는데, 14:49경 호흡곤란, 청색증, 의식상실 증상이 보이자 14:50경 망인을 처치실로 옮겼다. 피고 병원 소속 소아과의사 A는 망인에게 디크놀(Dicknol, 해열제) 0.35cc를 근육주사, 아티반(Ativan, 항경련제) 0.14mg을 정맥주사 및 앰부배깅을 하였고, 14:58경 심장마사지, 15:00경 기도삽관을 하였으며, 15:00경, 15:08경, 15:11경 에피네프린(Epinephrine, 혈관수축제)을 투여하였다. 피고 병원 소속 의료진은 같은 날 15:15경 망인을 전원하여 15:33경 B병원에 도착하였고, B병원 소속 의료진은 15:33경부터 15:48경까지 가슴압박, 에피네프린 투여 등 심폐소생술을 하였으며, 15:54경 기존 인공기도를 제거하고 새로 기도삽관을 하였다. 망인은 B병원(2017. 4. 17.-2017. 7. 8., 2017. 7. 23.-2018. 1. 15.)과 C병원(2017. 7. 8.-2017. 7. 23., 2018. 1. 15.-2018. 5. 7.)에서 입원치료를 받다가 2018. 5. 7. 허혈성 저산소뇌병증(Hypoxic ischemic encephalopathy)으로 사망하였다.

---

48) 제1심 서울서부지방법원 2019. 1. 30. 선고 2017가합33551 판결. 대상 판결은 당사자 쌍방이 상고하지 않아 확정되었다.

한편 망인은 2016. 12. 4. 18:00경 피고 병원에서 후루마린, 엔에스주사액, 삐콤헥사주사액(Beecom Hexa, 비타민 B1제)을 혼합하여 투여 받았는데 18:30경 전신발적, 늘어지고 자려고 하는 증상을 보인 사실49), 2017. 3. 23. 발열 및 콧물 증상으로 피고 병원에 내원하여 엔에스주사액 200ml, 삐콤헥사주사액 2ml를 혼합하여 투여받았는데 약 30분 후 얼굴 및 전신에 발적, 양면 눈 부종 증상을 보여 피고 병원 소속 의료진이 위 주사액 투여를 즉시 중단한 사실50) 및 피고 병원 소속 의료진이 2017. 3. 23.부터 27.까지 입원기간 동안 망인에게 1일 3회 후루마린을 주사한 사실이 있다.

이에 망인의 부모인 원고들은 피고 병원을 상대로 사용자 책임을 묻는 이 사건 소를 제기하고, 망인의 알러지 질환의 원인약물 규명 및 회피의무와 관련한 과실, 아나필락시스에 관한 응급조치 지연 과실 등을 주장하였다.51)

나. 법원의 판단

대상 판결은 피고 병원 소속 의료진에게 망인의 알러지질환의 원인약물 규명 및 회피의무가 있는지와 관련하여, ① 환자에게 약물 투여 이후 나타난 증상과 그 원인약물 사이의 상관관계 규명을 위한 표준화된 매뉴얼이 없는 점, ② 항생제 피부반응시험이 즉시형 과민반응 과거력이 있는 환자에게 그 원인이 되는 항생제를 확인하기 위한 진단에 도움이 될 수 있으나 적절한 시약과 유용성이 정립되어 있지 않은 점, ③ 항생제 알러지

---

49) 망인은 2016. 12. 4.부터 같은 달 9.까지 피고 병원에 입원하였다.
50) 망인은 2017. 3. 23.부터 같은 달 27.까지 피고 병원에 입원하였다.
51) 그 외 후루마린 주사방식 및 경과관찰 상 과실, 기도삽관 실패 및 이를 시정하지 못한 과실, 전원조치 시 중요정보 미전달 과실 등을 주장하였는데, 법원은 후루마린 주사방식 및 경과관찰 상 과실 및 전원조치 시 중요정보 미전달 과실은 부정하고, 기도삽관 실패 및 시정하지 못한 과실을 인정하였다.

과거력이 진단되면 피부반응시험결과가 음성이더라도 다시 약물유발검사를 시행하여 그 결과가 음성이어야 항생제를 사용할 수 있으나, 망인이 2016. 12. 4. 후루마린을 투여 받은 후 보인 증상 외에 의식수준 저하나 호흡기 및 위장관 증상이 있었다는 기록이 없고, 망인에게 2017. 3. 23. 전신발적과 눈 부종이 나타나기 전에 후루마린이 투여되었다는 진료기록상의 기재가 없어 당시 피고 소속 의료진이 후루마린 투여로 알러지 반응이 나타났다고 진단하기 어려워 보이는 점, ④ 후루마린 약품정보 중 주의사항에 "쇼크 등의 반응을 예측하기 위해 충분한 문진을 실시하고 사전에 피부반응을 실시하는 것이 바람직하다"라고 기재되어 있는데, 피고 병원 의료진이 망인 내원 당시 알러지 반응에 대한 문진을 실시하였고 이 사건 발생일 이전인 2014. 11.경부터 2016. 12.경까지 7차례 실시한 후루마린에 대한 피부반응검사 결과가 모두 음성인 점, ⑤ 망인은 이 사건 발생일인 2017. 4. 17. 이전에 고열로 인근 소아과에서 후루마린과 같은 세팔로스포린계인 바난(Banan) 항생제를 처방받아 복용하였는데 약물과민반응을 보인 사정이 없는 점, ⑥ 아나필락시스는 주로 페니실린 계열의 항생제나 해열진통제, 백신, 해산물이나 과일 등 음식, 곤충 등에 발생할 수 있는 것으로 알려져 있는 점 등을 종합하면, 피고 병원 소속 의료진에게 2016. 12. 4. 및 2017. 3. 23. 망인이 보인 증상의 원인으로 후루마린에 대한 과민성을 의심하여 약물유발검사 등 시행을 통해 원인약물을 규명하고, 2017. 4. 17. 후루마린의 처방 투여를 회피할 의무가 있다고 보기 어렵다고 판시하였다.

또한 아나필락시스 오진 및 응급처치 지연 등 과실 여부에 관하여, ① 망인은 지속적인 발열로 입원하였고 입원 당일 14:50경 체온이 38.2의 열 및 경기증상이 있어서 피고 병원 소속 의료진이 후루마린 투여 직후 나타난 망인의 호흡곤란 증상 등이 후루마린 투여로 인한 아나필락시스인지 열성경련인지 정확하게 진단하기 어려웠을 것으로 보이고, ② 망인이 후루마린 투여 후 호흡곤란 증세를 보였으므로 아나필락시스 쇼크 가능성을 인지할 수 있었으나, 아나필락시스에 대한 적절한 조치에 해당하는 약물 투여 중지, 심장마사지, 기도삽관, 에피네프린 투여 등이 증상 발현 후 연속적으로 이루어졌으므로, 피고 병원 소속 의료진이 아나필락시스를 진단하지 못한 채 응급조치를 한 것을 과실이라고 할 수 없다고 판시하였다.

2. 디클로페낙 주사 후 아나필락시스 발생사건
- 대전고등법원(청주) 2020. 5. 19. 선고 2019나2682 판결[52]

가. 사실관계

망인은 2009년 무렵 심근경색 진단을 받고 스텐트 시술을 받은 후 심근경색치료제를 장기간 복용하고 있었다. 망인은 소염진통제인 디클로페낙약물에 부작용이 있어 내과의사가 손글씨로 'dichlofenac(디클로페낙)'이라고 적어준 종이를 가지고 다녔는데, 2016. 11. 15.경 오른면 발목을 다쳐 다음 날 13:30경 피고가 운영하는 병원에 내원하여 피고 병원 소속 신경외과 전문의 A로부터 진료를 받았다. 의사A는 같은 날 14:26경 망인에게 주사약 로페낙-주2ml(디클로페낙나트륨),[53] 먹는 약 엔클로페낙정(아세클로페낙), 에페신정(에페리손염산염), 케이비피드정(레바미피드)을 처방하였다. 의사A의 처방에 따라 간호사 B는 망인에게 로페낙과 성분은 동일하고 제품명이 다른 '유니페낙' 2cc를 근육주사하였다.

망인은 위 주사를 맞은 후 처방받은 약을 조제받기 위해 병원 인근 약

---

52) 제1심 청주지방법원 2019. 8. 19. 선고 2017가합202415 판결. 대상 판결은 당사자 쌍방이 상고하지 않아 확정되었다.
53) 비스테로이드성 소염진통제(NSAID)의 일종인 디클로페낙 성분의 주사제이다.

국에서 위 종이를 보여주며 처방받은 약과 종이에 적힌 약의 성분이 같은 지를 물었는데, 약사가 성분이 거의 비슷하다고 하자 처방전 변경을 위해 동거인과 함께 피고 병원으로 되돌아갔다. 망인은 발을 다쳐 걸음이 느린 상태였으므로 동거인이 먼저 피고 병원에 돌아와 의사A에게 디클로페낙 의 부작용에 관해 설명하는 사이 망인이 동거인에게 전화하여 '주사에도 그 약이 있었나보다. 지금 신호가 온다'고 말하였고, 같은 날 14:36경 피고 병원 응급실에 도착하였다. 망인은 피고 병원 응급실에서 전신경직 및 호흡곤란 증세를 보여 디클로페낙 과민반응에 대한 약물투여 및 석션카테터, 기관내삽관술, 심폐소생술, 제세동술 및 전기적 심조율전환, 산소흡입 등의 처치를 받았으나, 같은 날 16:11 무렵 심근경색 및 과민성 쇼크 의증으로 사망하였고, 부검결과 사인은 디클로페낙에 의한 아나필락시스 쇼크(과민성 쇼크)로 추정되었다. 이에 망인의 아들인 원고는 피고를 상대로 사용자책임을 묻는 이 사건 소를 제기하였다.

나. 법원의 판단

대상 판결은 ① ㉠ 디클로페낙 성분이 있는 유니페낙은 중대한 심혈관계 혈전반응, 심근경색증 및 뇌졸중 위험을 치명적으로 증가시킬 수 있고 심혈관계 질환 또는 그 위험인자가 있는 경우 더 위험할 수 있으므로, 의사는 심혈관계 증상에 대해 면밀히 모니터링 해야 하고, ㉡ 디클로페낙에 의한 아나필락시스는 해외에서 사망사고가 수 건 발생한 것으로 보고되어 있고 국내에서도 2004년 이후 3차례 아나필락시스 반응 보고가 있는데도, 의사 A는 망인의 과거병력 및 투약력을 문진이나 기타 방법으로 파악하지 않은 채 디클로페낙 성분의 로페낙-주 2ml를 근육주사하도록 처방한 과실,[54] ② 의사 A가 디클로페낙 성분의 주사제 처방 전에 망인이나 보호자에게 위 주사제로 인한 부작용 및 합병증, 다른 치료방법 및 치료하지 않을 경우의 예후 등에 대한 설명의무를 위반한 과실로 인한 손해를 배상할 책임이 있다고 판시하였다.

3. 판결의 의의

대상 판결들은 모두 아나필락시스가 즉시형 과민반응으로서 이를 예측하는 것이 어렵다는 점은 긍정한다. 그러나 후루마린 투여 후 아나필락시스 발생 사건은 사건 발생 전에 환자에게 후루마린에 대한 과민반응이 있는지 여부가 불분명했고, 진료과정에서 알러지반응에 대한 문진을 실시한 반면, 디클로페낙 주사 후 아나필락시스 발생 사건은 사건 발생 전에 환자에게 디클로페낙에 대한 과민반응이 있다는 사실이 분명했고 이를 망인이 잘 알고 있었음에도, 진료과정에서 그에 관한 문진이 이루어지지 않았다는 점에서 차이가 있다.[55] 따라서 대상 판결들은 의사가 환자에 대해 처방 및 투여 약물과 관련한 알러지반응에 대한 문진을 실시했는지, 이를 의심할 만한 추가사정이 있었는지 여부에 따라 결론이 달라진 것이다. 이는 현

---

54) 피고는 의사 A가 진료당시 망인에게 복용하던 약과 과거력에 관해 질문하였지만 망인이 아무런 답변을 하지 않았다는 주장을 하였으나, 법원은 이에 대해 디클로페낙에 과민한 체질이라는 사실을 잘 알고 있던 망인이 의사 A로부터 위와 같은 질문을 받고도 묵묵부답하였을 것이라고 생각하기 어렵고, 망인이 진료과정에서 의사 A가 한 반깁스와 물리치료권유를 거부하여 명확히 자신의 의사를 표시하였고 달리 의사소통에 문제가 있을 만한 다른 사정도 없었으므로 위와 같은 질문에만 대답을 하지 않았다고 보기 어렵다는 이유로 배척하였다.

55) 대상 판결 1. 후루마린 투여 후 아나필락시스 발생 사건은 사건 발생일 전에 7차례 시행된 피부반응검사에서 음성결과가 나왔고, 망인 후루마린과 같은 계열의 항생제에 과민반응을 보인 사정이 없으나, 대상 판결 2. 디클로페낙 주사 후 아나필락시스 발생 사건은 망인이 약물 알러지 반응에 관한 질문을 받았다면 그에 관해 제대로 답변을 했을 것으로 보인다는 점에서도 차이가 있다. 다만, 대상 판결 2.는 망인이 디클로페낙 과민체질을 적극적으로 고지할 필요가 있었다는 점을 책임제한 사유의 하나로 들고 있다.

재 임상의학수준에서 아나필락시스를 예견하거나 예방할 적절한 수단이 마땅치 않다는 측면에서 기인하는 바가 클 것이다. 또한, 디클로페낙 주사후 아나필락시스 발생 사건과 같이 처방 및 투여 약물 부작용의 하나로 아나필락시스가 보고되어 있다면, 그 발생이 드물다고 하더라도 그 결과가 매우 중대하다는 점에서 설명의무의 대상이 된다는 점을 간과해서는 안될 것이다.

025. 아나필락시스 발생시 응급조치의무 위반 사건
- 부산고등법원(창원) 2021. 6. 24. 선고 2020나13093
  판결56)

1. 사실관계

망인은 2016. 2. 28. 21:02경 흉통을 호소하며 피고 병원 응급실에 내원하였다. 피고 병원 의료진은 심전도 검사 후 이상 소견이 보이지 않자, 위산 역류로 인한 통증으로 진단하고 21:08경 망인에게 수액과 멕쿨, 시메티딘 등 약물을 투여하였다. 피고 병원 의료진은 위 약물을 투여하기 전에 약물 투여로 인한 아나필락시스 쇼크 발생 가능성에 대해서 설명하지 않았다.

망인은 21:16경 발작, 전신강직 등 증상, 21:23경 심정지가 발생하였고, 피고 병원 의료진은 후두마스크를 시행하여 기도를 유지하고, 심장마사지와 앰부배깅 등을 하면서 심폐소생술을 시행하였으나 전기적 제세동을 시행하지는 않았다. 피고 병원 의료진이 21:24경 아트로핀, 에피네프린을 투여하자 망인은 자가 호흡이 돌아왔으나 21:25경 다시 자가 호흡이 없어졌고, 피고 병원 의료진은 21:27경부터 21:39경까지 약 3분 간격으로 에피네프린, 아트로핀을 투여하였으나 효과가 없자, 21:40경 전원을 결정하고, 21:47경 망인을 대학병원으로 전원조치하였다. 부검의는 망인의 사망원인을 멕쿨, 시메티딘에 의한 아나필락시스로 추정하였다.

---

56) 제1심 창원지방법원 통영지원 2020. 8. 13. 선고 2019가합10312 판결. 대상 판결은 피고가 상고하였으나 심리불속행 기각으로 확정되었다(대법원 2021. 10. 14. 선고 2021다 252038 판결).

2. 법원의 판단

제1심 판결은 아나필락시스 관련 진단 및 치료상의 과실, 망인의 산소
공급과 관련한 과실을 모두 부정하고, '의무기록상 심폐소생술이 적절해
보인다', '전기적 제세동기가 효과가 있다고 단언할 수 없고, 제세동기 후
나빠지기도 한다. 망인의 의무기록에 따르면 제세동기가 반드시 필요한 것
으로 판단되지는 않고, 망인에게 시행된 심폐소생술이 적절한 것으로 보인
다. 심폐소생술에서 가장 중요한 것은 심장 마사지로 혈압을 유지하고 호
흡을 유지하는 것이다. 심실세동의 선행요인을 찾아 교정해야 하고, 제세
동기는 사망에 큰 영향을 미치는 것은 아닌 것으로 판단된다.', '심실세동
이 치료된다는 것이 반드시 심정지 환자의 생존을 의미하는 것은 아니다.'
라는 진료기록감정서의 내용을 인용하여 심폐소생술 과정의 과실도 부정
하였다.

대상 판결은 아나필락시스 관련 진단 및 치료상의 과실, 망인의 산소공
급과 관련한 과실에 대해서는 제1심과 같이 모두 부정하였으나, 심폐소생
술 과정에서 전기적 제세동기 미사용에 관하여, ① 심실세동은 전기적 제
세동이 치료할 수 있는 유일한 수단이고, 심실세동 발생 후 첫 1분 내에
전기적 제세동이 시행될 경우 제세동 성공률은 90% 내외이며, 이후 시간
이 시간이 1분씩 경과할 때마다 성공률은 7~10%씩 감소하여 12분이 지나
면 성공률이 2~5%까지 낮아지는 점, ② 망인은 심정지 후 지속적으로 심
실세동이 발생하였는데 피고 병원 의료진은 20분 이상의 시간 동안 전기
적 제세동을 한 번도 시행하지 아니한 점, ③ 최근에는 일반인도 응급상황
에서 사용할 수 있도록 제세동기가 구비되어 있고 그 중요성이 널리 인식
되고 있으므로, 피고 병원 의료진은 제세동기와 관련한 지식을 숙지하고
적적히 사용할 준비를 하고 있었어야 한다는 점, ④ 제세동기 사용에 따른
성공률에 비추어 보면, 적절한 시기에 제세동기를 사용하였더라면 망인의

사망을 막을 수 있었을 것으로 보이는 점 등을 고려해서 심실세동이 발생한 직후에 전기적 제세동기를 사용하지 아니한 과실이 있고, 그러한 과실과 망인의 사망 사이에 인과관계 또한 인정된다고 판시하였다.

이와 관련하여, 피고가 제1심에서 이루어진 진료기록감정에 따라 인과관계가 부존재하다는 주장을 하였는데, 이에 대해 대상 판결은 진료기록 감정촉탁결과에는 아무런 근거자료 없이 '제세동기가 효과가 있다고 단언할 수 없다', '어떤 상황에서는 제세동기 후 나빠지기도 한다', '의무기록에 따르면 제세동기가 반드시 필요한 것으로 판단되지 않는다'고만 기재되어 있고, 제세동기 사용이 어떠한 경우에 효과가 있고, 어떠한 경우에 효과가 없는지, 이 사건에서 제세동기 사용이 효과가 없는 이유가 무엇인지 등에 관한 설명도 없어서 그 내용을 받아들이기 어렵다고 하면서, 피고 주장을 배척하였다. 또한 대상 판결은 제세동기에 관하여 아주 오래 반응이 없으면 시도해볼 수 있다는 취지의 제1심 진료기록 감정촉탁결과에 대해서도, 이는 심정지 직후 1분 내에 제세동기를 사용할 경우 성공률이 90%내외 이지만 제세동기 사용이 1분씩 지체될 때마다 제세동 성공률이 7~10%씩 감소한다는 취지의 응급의학 교과서의 내용에 반한다고 지적하였다. 제1심 진료기록 감정촉탁결과에서는 심실세동은 대부분 임종 전 환자에서 나타나는 현상이므로 원인이 먼저 치료, 교정되어야 한다는 이유로 제세동기 사용이 필요 없다는 취지의 감정의견이 제시되었으나, 대상 판결은 이에 대해 갑작스러운 병이 상처의 위급한 고비를 넘기기 위하여 임시로 하는 치료인 응급처치의 필요성 자체를 부정하는 취지여서 이를 받아들이기 어렵다고 판시하였다.

3. 판결의 의의

의료소송 실무에서 진료기록 감정결과의 적정성, 공정성 측면에서 적지 않은 문제가 제기되고 있다.[57] 감정결과가 공정하지 못하더라도 종국적인 판단자인 법관이 이를 감안하여 감정결과를 올바르게 취신 한다면 문제가 되지 않을 수 있으나, 이는 쉽지 않은 일이므로, 감정결과 및 종국적으로는 법원 판결의 공정성에 문제가 제기되는 것으로 보인다.

감정결과는 해당분야 전문가의 판단결과이기는 하지만, 이를 증거로 채용하느냐 여부는 서증 등 다른 증거와 마찬가지로 법관의 자유로운 심증에 의한 판단에 맡겨져 있다.[58] 감정결과가 고도의 객관적인 전문지식과 과학적이고 합리적인 방법에 따라서 도출된 때에는 신빙성이 매우 높으므로, 법원은 이를 쉽게 배척할 수는 없다고 봄이 상당하다.[59] 그러나 감정결과는 법관이 감정인의 특별한 지식, 경험을 이용하는데 불과한 것이므로, 예를 들면 그 결과에 의료과오의 유무에 관한 견해가 포함되어 있다 하더라도 법원은 의료과오가 있었는지 여부는 궁극적으로는 의료 시술 당시의 모든 사정을 참작하여 경험칙에 비추어 규범적으로 판단할 수밖에 없으므로 법원은 감정인의 그러한 견해에 기속되지 아니한다.[60] 요컨대 구체적 사건에서 법규의 존부나 해석, 법규를 적용한 효과 등을 감정으로 얻으려고 하는 것은 바람직하지 못하다는 것이다.[61]

대상 판결은 동일한 진료기록 감정촉탁결과에 대해서, 추가적인 감정이나 사실조회절차 없이 제1심 판단과 정반대의 결론을 도출하고 있는바, 감

---

57) 2023. 7. 6. 한국의료변호사협회와 서울중앙지방법원 의료전담부 간담회, 2023. 12. 9. 대한의료법학회-대법원 공동학술대회이 주요 논제였다.
58) 주석 민사소송법(제7판), V, 신광렬 집필부분, 2012. 348면.
59) 주석 민사소송법(제7판), V, 신광렬 집필부분, 2012. 349면.
60) 주석 민사소송법(제7판), V, 신광렬 집필부분, 2012. 343면.
61) 주석 민사소송법(제7판), V, 신광렬 집필부분, 2012. 351면.

정의의 의견을 무비판적으로 그대로 받아들인 제1심 판결과 달리 감정결과 중 객관적인 의학지식에 반하는 판단을 배척하고, 교과서의 처치 표준에 사건의 사실관계를 대입하여 피고 병원 의료진의 주의의무 위반이 있었는지를 판단하고 있다. 대상 판결은 감정인의 의견에 기속되지 않고 과실과 인과관계라는 법률요건을 규범적으로 판단한 것으로, 의료소송에서 과실과 인과관계 판단이 어떻게 이루어져야 하는지를 잘 보여주고 있다.

4. 참고 판결

서울남부지방법원 2021. 5. 27. 선고 2019나66055 판결[62]은 천식의 기저질환이 있던 망인이 교통사고를 당해 피고가 운영하는 의원에 입원중이었는데 밤 10시경 천식발작이 일어났으나 피고에게 알릴 방법이 없어 가족에게 전화를 하여 가족이 119에 신고를 하여 구급대가 10:26경 도착, 10:46경 타 병원 응급실로 호송하였으나 결국 사망한 사건에서, 망인의 유가족인 원고들이 피고 의원이 입원실을 두고 있음에도 입원환자를 관리하는 당직의료인을 배치하지 않아 긴급한 조치가 필요한 상황에 응급조치를 하지 못한 과실이 있다고 주장한 데 대하여, 비록 의료법상 의원급 의료기관에는 당직의료인을 둘 필요가 없으나 입원환자는 지속적인 보호와 관찰이 요구되는 허약한 사람으로서 긴급상황이 발생할 가능성이 상존하므로 당직의료인까지는 아니더라도 긴급상황에 대처할 최소한의 비상체계는 마련하는 것이 의료인의 기본적인 의무라는 점, 망인은 고령의 폐기능이 저하된 환자로서 피고도 이를 잘 알고 있었던 점, 비록 당일 근무자는 있었으나 급식인원일 뿐 긴급상황에 대응하기 위한 인력은 아닌 점 등을 종합하여 피고에게 주의의무위반이 있다고 판단하였다.

---

62) 제1심 서울남부지방법원 2019. 10. 24. 선고 2017가단232963 판결.

026. 비만치료약 처방과 지도 · 설명의무 위반

- 대구고등법원 2021. 3. 31. 선고 2020나21733 판결[63]

1. 사실관계

망인은 다이어트를 목적으로 피고로부터 2014. 7. 7.부터 2016. 10. 3.까지 기간 동안 펜터민(phenterminet)과 플루옥세틴(fluoxetine) 성분의 약을 총 16회 처방받았다. 망인의 처방전의 일부는 처방약 전부를 아침에만 복용하라고 기재되어 있었고 일부는 전부를 밤에만 복용하라고 기재되어 있었으며 나머지 처방전에는 아침이나 밤에 복용하라는 취지가 혼재되어 있었다. 망인은 어느날 갑자기 쓰러져 심정지를 진단받고 사망하였는데 부검 결과 혈액과 내용물에서 펜터민, 플루옥세틴, 디펜히드라민(diphenhydramine)이 검출되었는데 각 말초혈액에서의 농도는 0.68mg/L, 0.06mg/L, 0.06mg/L, 심장혈액에서는 각 1.45mg/L, 0.11mg/L, 0.06mg/L검출되어[64] 펜터민이 독성농도 이상이었다.

펜터민 과량 복용으로 인한 이상반응으로는 신경과민, 진전, 환각, 빠른 호흡, 심부정맥, 경련 및 혼수 등이 있고, 펜터민과 플루옥세틴을 병용 시 세로토닌 증후군(증상은 떨림, 빈맥, 고혈압, 근육경직, 고열, 심각한 빈맥 등)이 나타날 가능성이 높다. 한편, 미국 식품의약국과 국내 허가내용에 따르면 펜터민은 체질량지수가 30kg/㎡ 이상 비만 환자 또는 고혈압, 당뇨, 고지혈증을 가진 체질량지수 27kg/㎡ 이상 환자를 상대로 단기간(몇 주 이내)

---

63) 제1심 대구지방법원 경주지원 2020. 2. 11. 선고 2017가합2243 판결.

64) 펜터민의 혈중 치료농도는 0.07~0.1mg/L, 독성농도 0.2~0.9mg/L, 치사농도 1.5~7.6 mg/L이고 플루옥세틴의 혈중 치료농도는 0.02~0.45mg/L, 독성농도 0.9~2mg/L, 치사농도 1.3~7.0mg/L이며 디펜히드라민의 혈중 치료농도는 0.1~1.0mg/L, 독성농도 1 mg/L, 치사농도 5mg/L으로 보고됨.

단독으로 사용해야 하고, 플루옥세틴과의 병용은 안전성과 유효성이 입증되지 않았기에 권고되지 않는다. 한편, 위 피고는 망인에게 뿐 아니라 망인의 지인 8인에게 망인을 대리하여 처방을 하여 준 사실이 있고 그 횟수도 여러 번이었으며 심지어 망인이 사망한 이후에도 망인의 지인들이 피고로부터 망인에 대한 처방전을 받아 약국에서 처방약을 구입하였다.

2. 법원의 판단

대상 판결은 ① 망인이 피고로부터 진료를 받기 전 키, 체중, 비만치료 경력 유무, 복용중인 약이나 건강보조 식품의 유무, 식사시간, 기상시간, 알레르기 유무, 병력 및 최근 3개월 간 약물 복용 유무, 빈혈, 두통 등 일반적인 내용을 진료카드로 작성한 점, ② 우리나라 식품의약품안전청이 2013. 12.경 '전문가용 식욕억제제 안전사용 가이드'를 발간하였으나 플루옥세틴과 펜터민의 병용에 경고를 하였을 뿐, 금기사항으로 지시한 것으로 보이지는 않는 점, ③ 심장내과 전문의, 한국의약품안전관리원, 국립과학수사연구원 서울과학수사연구소 법의조사과 법의관, 국립과학수사연구원 부산과학수사연구소, 한국의료분쟁조정중재원의 소견에 따르면 펜터민 단기간 사용의 권고사항을 준수하지 않은 점, ④ 부작용을 호소하지 않았을 경우 약물 처방을 지속할 수는 있으나 장기적 치료의 유용성에 대한 검사는 필요하고 부검소견에 따르면 펜터민의 과량 처방과 사망 사이 관련이 있는 것으로 보이는 점, ⑤ 펜터민 처방 시 사용기간, 금기약물, 부작용 등에 대한 설명한 기록이 없는 점, ⑥ 다만 세로토닌 증후군의 발생 여부 및 그 원인이 이들 약물의 병용때문인지 확인하기 어려운 점, ⑦ 말초혈액과 심장혈액에서의 펜터민 농도의 비율을 고려할 때 망인의 부검 당시 펜터민 혈중 농도는 1일 2회 투여보다 반복 또는 과량 투여한 결과로 보여 고용량 또는 빈번한 반복투여가 이루어졌을 것이라고 합리적으로 추정 가능하다고 한 점 등을 사실인정의 바탕으로 삼은 다음, 피고가 망인의 지인들에게 대리처방을 한 점과 관련하여 대상 판결은 대리처방을 한 사실 자체는 의료인으로서 기본적인 진찰의무 위반에 해당하지만, 망인에 대한 기초적인 평가 및 면담을 시행했고 특별한 기저질환도 없었던 점, 망인이 특별한 부작용을 호소하지 않았고 처방의 휴지기간도 두었던 점에 비추어 망인에 대한 진찰상 주의의무 위반에 해당하지 않는다고 판단하였다.

대상 판결은 펜터민 적응증에 해당하지도 않는 망인에 대하여 펜터민을 과량으로 처방한 행위는 처방상 주의의무 위반에 해당한다고 보았고, 설명의무와 관련하여 펜터민 등 향정신성 의약품의 처방 및 투여는 침습적 성격을 갖고 있어 처방 전에 예상되는 위험성과 부작용 등을 설명하여 환자가 약물 사용에 응할 것인지를 스스로 결정하게 하였어야 하나, 피고가 망인에게 이에 대해 설명한 기록이 없어 설명의무를 위반하였다고 판단하였다. 대상 판결은 지도·설명의무 위반에 대해서도 판단하였는데 망인은 일반인으로서 펜터민 등의 복용으로 인한 부작용, 후유증의 내용과 정도, 대처방법 등에 대하여 알지 못하였으므로 피고가 의사로서 위험을 예방하고 비만치료의 성공을 보장하기 위하여 망인에게 위 내용을 지도·설명하였어야 하는데 이러한 점을 추단할 수 있는 아무런 자료가 없어 지도·설명의무를 이행하지 않은 것으로 보인다고 하였다.

다만, ① 망인에게 특별한 기저질환이나 건강상 결함이 없었고, ② 망인의 펜터민 혈중농도가 높기는 하였으나 이는 피고의 처방과 달리 망인이 반복 또는 과량 투여했기 때문일 가능성을 배제할 수 없고, ③ 부검 결과 피고가 처방하지 않은 디펜히드라민이 검출되었는데 이 약물이 세로토닌 재흡수를 억제하여 신경계에 작용하는 세로토닌 농도를 증가시키는 요인이 되었을 가능성이 있으며, ④ 망인이 오랜 기간 펜터민을 복용하면서 별다른 부작용의 호소가 없었다는 점, ⑤ 펜터민과 플루옥세틴의 병용으로 인한 세로토닌 증후군으로 사망의 결과가 발생한 사례가 보고된 적이 없었던 점 등에 비추어 망인의 지인들에게 대리처방을 한 행위 관련 진찰상 주의의무 위반 및 망인에 대한 처방상 주의의무 위반과 지도·설명의무 위반, 설명의무 위반과 망인의 사망 사이에 상당인과관계가 없다고 판시하며 재산상 손해에 대한 손해배상책임을 부정하였다.

대상 판결은 위자료 배상책임을 인정하면서 피고에게 진찰 및 처방상 주의의무 위반과 지도·설명의무 위반은 인정되나 이 주의의무 위반의 정도가 일반인의 처지에서 보아 수인한도를 넘어설 만큼 현저하게 불성실한 진료를 행한 것이라고 평가될 정도에는 이루지 않았다고 보아 이에 대한 위자료 배상책임도 부정하였고, 다만 설명의무 위반으로 망인의 자기결정권이 침해되어 망인과 가족들이 정신적 고통을 받았다고 인정하여 총 3,000만 원의 위자료를 인정한 제1심 판결을 유지하고 당사자 쌍방의 항소를 기각하였다.

3. 판결의 의의

일부 의료기관에서 비만치료를 위한 식욕억제제 처방의 적응증에 해당하는 환자가 아님에도 불구하고 해당약의 처방을 남발하고 심지어 이 사례과 같이 지나치게 장기간 약물을 처방하는 사례가 늘어나고 있다. 환자에 대한 세심한 관찰 없이 약을 처방한 결과 해당 약물에 의존성이 생긴 환자가 이 사례과 같이 지인들을 동원해 대리처방을 받기도 하고 나아가 불법적인 방법으로 약물을 구하는 사례도 종종 발견된다. 대상 판결은 진찰 및 처방상의 주의의무 위반은 물론, 지도·설명의무 위반까지 인정하였으나 망인의 사망과의 인과관계를 부정하였다. 피고가 처방하지도 않은 약물을 망인이 복용하였을 가능성 및 피고의 복약지도를 어기고 망인이 약물을 과다 복용하였을 가능성 때문이라고 하였으나, 피고와 같이 장기간 비만치료약물을 처방한 의사라면 환자들이 약물에 의존성을 가지게 될 가능성이 높다는 점, 망인이 지인들을 동원해 대리처방을 받아갈 정도라면 자신의 의료기관 외에서도 다른 약물을 처방받아 복용할 가능성도 넉넉히 예상할 수 있을 것이라는 점 등을 종합하면 피고로서는 망인에게 부작용이 발생할 가능성을 충분히 예견할 수 있었으며 복용 상태에 대해 수시로 점검하여 보다 면밀하게 처방 및 지도·설명을 하여 부작용에 따른 사망도 막을 수 있었을 것으로 생각된다. 그럼에도 불구하고 법원은 피고의 주의 의무위반 등에 대해 상세히 판단을 하고서도 손쉽게 인과관계를 부정하였는바, 약물 오남용 사례에 경종을 울리기 위해서라도 법원의 단호한 판단이 필요할 것으로 생각된다.

제6절 낙상사고

027. 정신질환자 추락사에 대한 업무상 과실책임 인정 사건

- 광주고등(전주)법원 2016. 11. 17. 선고 2015나1241 사건[65]

1. 사실관계

정신과 의사인 피고 A는 2007년 정신과 의사인 B명의로 X정신과 의원을 개설하여 운영하다 자기명의로 개설자를 변경하여 계속 운영하는 한편 2005년경 토지를 매수하여 건물을 신축하였는데 그 건물에 B와 소아청소년과 의사인 C가 동업계약을 체결하고 Y의원을 개설하여 운영하였다. 환자 D는 2006. 3. 경 환시, 환청 및 과대망상 등의 정신질환이 발현하여 X의원과 다른 병원에서 통원 및 입원 진료를 받다가, 2008. 4. Y의원에서 32일간의 입원 치료를 받은 후 다시 X의원에서 진료를 받고, 2008. 7. 12 Y의원에 입원하였는데, 진료기록에는 "'4일 동안 잠을 안 자고 돌아다녔다. '하느님의 지시가 내렸다. 인절미를 나누어 주어야 한다.'며 인절미 떡을 사달라고 하는 등의 행위를 보였다"는 기록이 있는데, 입원 다음 날 병원 건물 옥상(4층에 해당함)에 있는 화단 위에 올라간 다음 옥상벽을 따라 둘러쳐 있는 그물망(펜스) 중간 수평봉에 발을 딛고 올라가 옆 건물 지붕 위로 뛰어내려, 완전척수손상(흉추 12번 부위), 요추 1번 방출성 골절, 하지마비, 신경인성 방광 등의 상해를 입어 대학병원, 요양병원 및 한방병원

---

65) 제1심 전주지방법원 2015. 9. 23. 선고 2011가합2738 판결.

등에서 치료를 받았으나 하반신 마비상태가 고정되자, 병원측을 상대로 입원환자 관리상의 주의의무 위반 등을 이유로 손해배상을 청구하였다.

2. 법원의 판단

　제1심 판결은, 정신의료기관의 경우 보호실 내에 수용된 환자에 대하여는 자해·타해의 구체적인 위험이 소멸될 때까지 자해·타해 방지를 주목적으로 하는 간호, 감시가 행하여져야 하기 때문에 엄격한 보호조치를 실시하여 실질적인 간호, 감시 하에서 자해·타해의 방지에 주의를 기울여야 하므로 가장 높은 수준의 보호의무가 요구되고, 보호실을 제외한 나머지 폐쇄병동에는 근접관찰이 필요한 중환자를 수용하고 이들에 대하여는 외부인의 감호가 배제된 채 병원의 의사나 간호사 및 간호보조사 등의 직원에 의하여 그들의 책임 하에 환자의 관찰, 보호 및 감독이 이루어지므로, 다소 높은 수준의 보호의무가 요구되며, 개방병동의 경우 상대적으로 경증인 환자를 수용하여 사회복귀 및 환자 본인의 치료에 중점을 두고 있어 그 치료효과의 감쇄를 막기 위해 어느 정도의 자해·타해 방지조치를 취하여야 할 것인지 여부가 문제되므로, 이러한 점을 고려하여 폐쇄병동보다 낮은 수준의 보호의무가 요구된다고 하여, 정신의료기관 각 병동의 주의의무 수준의 구별기준을 제시하였다. 또한 입원 전 환자의 자상·타상 시도 경력 유무 및 빈도, 환자의 자상·타상 염려 표시나 망상의 표현, 자살 등의 시도를 이유로 한 입원인지 여부, 정신질환증상의 초기인지 회복기인지 등에 관한 정보 취득 수준을 바탕으로, 자상·타상의 예견가능성에 대한 예측가능성이 높으면 높을수록, 즉 환자의 상태가 좋지 않으면 않을수록, 의료측의 보호의무 수준은 그에 비례하여 높아진다고 판시하여, 환자의 상태에 따른 주의의무의 수준이 달라짐을 설시하였다.

피고들의 손해배상책임의 발생과 관련하여 제1심 판결은 ① Y의원은 일반 병원이 아닌 정신질환자를 치료하는 정신의료기관으로 이 사건 건물의 2, 3층 병동은 정신병 입원실에 해당하므로, 피고들에게 일반병원보다 더 높은 수준의 보호의무가 요구되고, ② 2, 3층 병동에 가기 위해서는 1층을 통과하여 2, 3층 근무자의 도움을 받아야 내부로 출입할 수 있고, 2, 3층 병동에서 1층으로 나가기 위해서는 열쇠가 있어야만 하며, 환자 면회도 1층 진료실을 거쳐 근무자가 문을 열어야만 들어갈 수 있는 구조로 되어 있는 점 등을 종합하면 Y의원은 출입문에 시정장치가 설치되어 있고, 출입문을 폐쇄하여 입원한 환자가 자신의 의사에 따라 임의로 위 병동을 출입할 수 없는 폐쇄병동에 해당하므로 개방병동보다 더 높은 수준의 보호의무가 요구되며, ③ 환자가 입원 당시부터 하느님과 관련된 말을 자주 하는 등 환자의 상태가 더 악화될 수 있는 상태였고, 옥상 펜스는 그물망으로 되어있어 화단을 딛고 쇠파이프 위에 올라가면 반대편으로 넘어갈 수 있는 점 및 옥상에 함께 올라간 직원이 없고 CCTV 감시에도 불구하고 신속한 조치를 취하지 못한 점 등을 고려할 때, D에게 옥상 산책을 허락했으면 돌발 행동에 적절히 대처할 수 있는 충분한 인원의 의료진을 대동하게 하여 그들로 하여금 D의 거동이나 용태를 잘 관찰하고 혹시 모를 돌발적인 행동에 대비하도록 할 업무상 주의의무가 있음에도, 이를 게을리한 과실로 D가 펜스를 기어 올라가 추락하는 것을 방지하지 못한 것이므로, 피고들은 손해를 배상할 책임이 있다고 판단하였다. 다만 D에게 정상인과 같은 완전한 수준은 아니더라도 어느 정도 자신의 신체에 대한 위험성 등을 판단할 수 있는 의사능력이 있고, 옥상 높이가 278cm에 이르는 펜스를 뛰어 넘는 D를 간호사 등이 만류함에도 불구하고 뛰어 넘어 추락한 점, A가 X의원에서의 진료를 권유하였으나 D가 거부한 점 등을 고려하여 피고들의 책임을 25%로 제한하였다.

대상 판결은 제1심의 판단을 거의 그대로 유지하되, 피고들의 책임비율을 35%로 상향하였고, 그대로 확정되었다.[66]

3. 판결의 의의

1999. 4.부터 2006. 7.까지 한국소비자원에 접수된 병원의 안전관리 관련 의료사고 피해구제 사례 중 낙상사고가 43.9%로 가장 많았고,[67] 보건복지부의 발표에 따르면 2016. 7.부터 2018. 2.까지 수집된 환자 안전사고 자율보고 건수 5,562건 중 낙상이 2,604건(46.8%)에 이를 정도로, 낙상사고는 매우 흔하게 발생하는 사고이다(http://news.kbs.co.kr/news/view.do?ncd=3640494). 낙상사고는 정신병원이나 요양병원에서 빈발하는데, 우리나라 인구의 고령화로 고령 환자가 급격히 늘어나면서 낙상과 관련한 환자 측과 의료기관 사이의 분쟁이 증가하고 있다.

대상 판결은 정신병원의 경우 폐쇄병동과 개방병동의 구별기준과 그 기준에 따를 때 의료진의 주의의무 수준이 달라진다는 점을 제시하여, 정신과 낙상사고와 관련한 주의의무 위반에 대한 판단기준을 제시한 점에 의의가 있다. 또한 대상 판결은 입원 약정서기재와 달리 원고가 입원한 곳은 1층 진료실 및 대기실을 통과하고 계단을 거쳐 2층 또는 3층의 근무자의 도움이 있어야 내부나 외부 출입이 가능하고, 출입문에 시정장치가 설치되어

---

66) 그 밖에도 대상 판결은 의료기관 개설자와 진료 의사가 다른 의원임에도 불구하고, 자금의 흐름 등에 관한 자료를 토대로 두 개 의원을 운영하는 3명의 의료인에게 공동의 책임을 물었다는 점과 환자의 노동능력상실율을 인정함에 있어서 사고 전 노동능력상실율을 37%로 보고 이후의 노동능력상실율을 계산한 점, 기왕치료비를 인정함에 있어서 중간이자를 공제한 점 등 일반적 의료사건에서 잘 다루어지지 않는 쟁점들에 대한 세밀한 판단이 이루어졌다.

67) 한국소비자원, 병원의 안전관리 관련 의료분쟁 실태조사 보고서(2006).

있어 임의로 병동 출입이 곤란하다는 실질적인 점을 고려하여 폐쇄병동으로 판단하고 피고들에게 개방병동보다 더 높은 수준의 보호의무가 요구된다고 판시하고 있어 사건의 실체를 단순히 당사자가 작성한 입원약정서에 따라 판단하지 않고 전체적인 사실관계를 상세하게 검토하여 판단함으로써 구체적 타당성이 인정되는 판결이다.

4. 참고 판결

서울중앙지방법원 2019. 11. 19. 선고 2017가단82407 판결[68]은 고혈압성 뇌출혈 진단을 받고 중환자실에 입원하여 치료를 받던 중, 환자 스스로 침대에서 내려오다가 떨어져 좌측 쇄골 간부 분쇄 골절상을 입은 사건에서, 환자의 신체적, 정신적 상태[69]를 고려하였을 때, 환자가 스스로 침상에서 내려올 때 낙상의 위험이 컸기 때문에 의료진은 그의 동태를 주의 깊게 살펴 침상에서 벗어나려는 행동을 막았어야 함에도 환자의 동태를 제대로 살피지 아니한 잘못으로 낙상사고가 발생하였다고 판단하고, 환자의 부주의와 의료진의 과실이 결합한 사고라는 점, 낙상 후 의료진의 처치 등을 고려해 책임을 30%로 제한하였다.[70]

---

68) 이 사건은 당사자 모두 항소하지 않아 확정되었다.

69) 환자는 사고 당시 의식이 명료해 치료에 협조적 태도를 보였고, 의료진이 낙상사고 전에 낙상예방교육도 했으며, 당시 침상 난간이 올라가 있고 침상 바퀴도 고정된 상태였다. 반면, 환자는 내원 당시부터 우측 반신 부전마비로 혼자 보행하기 어려운 상태였고, 내원 당시 기면 상태로 묻는 말에 대답은 했지만 진료에 협조가 잘 되지 않는 상태였으며, 사고 약 2주 전부터 의료인에게 욕설을 하고 폭력적 행동을 보인 적이 있었다.

70) 이 사건의 손해배상액은 315만원이었는데, 향후치료비 50만원의 30%인 15만원, 위자료 300만원이었다. 사고부위의 치료가 거의 되었고, 신체감정결과에 따라 노동능력 상실은 인정되지 않았다.

028. 정신질환자 추락사에 대한 공작물설치보존상하자 책임 인정 사건

— 대법원 2010. 4. 29. 선고 2009다101343 판결[71]

1. 사실관계

　망인이 고등학교 졸업 후 재수기간 중 한의원을 거쳐 2007. 4. 4. 피고 병원에 입원하였는데, 당시 낙상이나 욕창의 위험요인은 없는 것으로 판정되었고, 간호사 등에게도 협조적인 모습을 보였다. 검사결과 망인은 밀접한 대인관계나 사회적 활동 자체가 전혀 이루어지지 않아 내적 소외감과 외로움이 고조되어 있고, 강박증·의증 회피성 인격장애 등으로 진단되었다. 망인은 2007. 4. 7.부터 같은 해 6. 4.까지 정신치료 및 약물치료를 받았고, 6. 1. 퇴원 예정이었으나, 망인과 가족이 퇴원을 원하지 않아 같은 달 7일로 연기하였고, 6. 5. 15:00경 피고 병원 의료진과 면담하고 일상적인 모습을 보였다. 그런데 망인은 같은 날 면담을 마친 후 불상의 시각에 피고 병원 본관 3동 8층(망인의 병실은 본관 3동 6층에 있었다)의 출입문을 통하여 옥상으로 올라가, 같은 날 17:25경 옥상 난간 너머로 추락하여 사망하였다.

　당시 이 사건 옥상으로 통하는 출입문은 열려 있었고, 사람들의 출입을 통제하는 관리인은 없었으며, 이 사건 옥상의 가장자리에는 옥상 바닥으로부터 높이 115cm의 난간이 설치되어 있고, 옥상 바닥으로부터 30cm 이상의 높이에 약 30cm 너비의 돌출부(돌출부로부터 난간 상단까지의 높이는 약

---

71) 제1심 서울중앙지방법원 2008. 10. 1. 선고 2007가합74718 판결, 제2심 서울고등법원 2009. 11. 26. 선고 2008나99933 판결, 파기환송심 서울고등법원 2010. 10. 14. 선고 2010나44059 판결.

50cm)가 난간과 이어져 옥상을 둘러 설치되어 있으며, 옥상의 모서리와 중간 부분 등 일부 난간에는 난간과 같은 높이로 사람이 앉을 수 있는 너비의 콘크리트 구조물도 이어져 설치되어 있었다.

사고 후 유족들은 병원을 상대로 의료상의 과실로 인한 손해배상과 공작물 설치보존상의 하자를 이유로 손해배상을 청구하였고, 제1심 법원은 피고 병원 의료진이 망인의 자살을 예견하기 어려웠을 것이나 피고가 정신질환자의 추락사고를 방지하기 위한 조치를 다하지 못한 과실의 존재와 사망 사이의 인과관계를 인정하였다. 이에 대하여 쌍방이 항소하여 환송전 서울고등법원에서는 피고의 항소를 받아들여 원고의 청구를 모두 기각하였고, 이후 원고는 예비적 청구원인인 공작물 설치보존상의 하자에 대한 책임만을 상고이유에 포함시켰다.

2. 법원의 판단

대상 판결은 "민법 제758조 제1항에서 말하는 공작물의 설치 또는 보존상의 하자라 함은 공작물이 그 용도에 따라 통상 갖추어야 할 안전성을 갖추지 못한 상태에 있음을 말하는 것으로서, 이와 같은 안전성의 구비 여부를 판단함에 있어서는 당해 공작물의 설치 또는 보존자가 그 공작물의 위험성에 비례하여 사회통념상 일반적으로 요구되는 정도의 방호조치의무를 다하였는지의 여부를 기준으로 판단하여야 한다(대법원 2010. 2. 11. 선고 2008다61615 판결 등 참조). 또한 공작물의 설치 또는 보존상의 하자로 인한 사고라 함은 공작물의 설치 또는 보존상의 하자만이 손해발생의 원인이 되는 경우만을 말하는 것이 아니며, 다른 제3자의 행위 또는 피해자의 행위와 경합하여 손해가 발생하더라도 공작물의 설치 또는 보존상의 하자가 공동원인의 하나가 되는 이상 그 손해는 공작물의 설치 또는 보존상의

하자에 의하여 발생한 것이라고 보아야 한다(대법원 2007. 6. 28. 선고 2007다10139 판결 등 참조)"고 설시한 다음, 정신질환으로 병원에 입원하여 진료를 받던 환자가 병원 옥상에서 떨어져 사망한 이 사건에서, 망인의 사망 원인이 투신에 의한 사망일 개연성이 아주 높고 병원이 망인의 자살 자체를 예견하기 어려웠다고 하더라도 위 옥상에 존재한 설치 또는 보존상의 하자가 사고의 공동원인의 하나가 되었다면, 그 공작물의 설치 또는 관리자는 손해배상책임을 면할 수 없다고 판시하였다.[72]

3. 판결의 의의

과거 정신질환자의 추락사고에 대하여는 의료진의 자살방지 의무 이행 여부가 많이 문제되었고, 정신과 환자의 자살에 대하여는 기본적으로 소인을 크게 가지고 있기 때문에 의료진의 과실이 인정되더라도 책임제한을 많이 하는 경우가 많아 구체적 지급액에 있어서는 큰 의미가 있는 사건은 별로 없었다. 기존 판례들은 의료기관의 환자 관리에 대한 과실 유무를 위주로 판단하였고, 이 과정에서 ① 병원의 과실을 부정하거나, ② 과실을 인정하더라도 상당인과관계를 부인하거나, ③ 과실과 상당인과관계를 인정하더라도 병원측 책임을 통상의 경우보다 대폭 낮추어 10~20%로 제한하는 경우가 대부분이어서, 병원측 과실이 인정되는 경우이더라도 책임을 묻거나 소를 제기하기 어려웠다[73].

대상 판결은 정신과 환자의 추락사에 대하여 공작물설치보존상의 하자

---

72) 대상 판결이 원고의 상고를 인용하자 파기환송심에서는 피고의 책임을 30% 인정하는 판결이 선고되고 확정되었다(서울고등법원 2010. 10. 14. 2010나44059 판결).

73) 이정선, "투신사고와 자살 사이의 상당인과관계 인정과 손해배상 범위에 대한 소고", 의료법학 제9권 제1호, 2008 참고.

로 인한 책임을 인정함으로써 유사한 사안에서 환자나 유족측에서 의료기관을 상대로 주장할 수 있는 근거가 추가되었다는 점에서 의미가 있다. "공작물 설치보존상의 하자"는 비록 입증책임의 법리가 완전히 전환되는 것은 아니더라도, 병원측에서 하자가 없었음을 입증해야 하는 부담이 더욱 커지는 것으로 보는 것이 일반적이라는 점, 본건에서와 같이 제3자의 과실이 포함된 경우에도 인정될 여지가 있다는 점에서, 이 사건 대법원 판결은 피해자측에서 더욱 권리를 적극적으로 주장할 수 있는 계기가 되었다고 볼 수 있다. 즉 환자 스스로 자살한 것이 강하게 추정되는 경우에도, 의료기관의 시설물 관리 등에 있어서 문제점이 드러난다면, 해당 의료기관이 나쁜 결과에 대한 손해를 배상해야 하는 이유로 공작물 설치 보존상의 하자를 추가로 주장할 수 있다는 점에서, 공격방어방법의 외연이 확장되었고, 의료기관으로서는 정신과 환자 진료에 있어서 시설물 관리에 더욱 주의를 강화해야 한다는 부담을 갖게 되었다. 다만 대상 판결의 사실관계에서 따르면, 피고 병원 정신과 병동이 있는 건물의 옥상이 개방되어 있고, 자살가능성이 있는 환자가 임의로 옥상에 올라갈 수 있었다면, 비록 상고심 판단의 범위에 포함되지는 않았지만, 이는 공작물 설치보존상의 하자를 논하기 이전에 의료진의 과실이 인정되는 것이 타당하지 않았을까 하는 의문이 있다.

029. 간병인 과실로 낙상시 의료기관의 책임

- 대구지방법원 2023. 8. 9. 선고 2022나327012 판결[74]

1. 사실관계

원고는 피고 병원[75]에 입원하여 치료를 받았는데, 피고는 주식회사 E 와 간병서비스용역계약을 체결하고, E로부터 배정받은 간병인을 피고 병 원의 각 병실에 배치하여 공동으로 간병업무에 종사하도록 하고 있었다. 원고는 간병인 없이 화장실을 다녀오다가 넘어져 대퇴골 경부의 폐쇄성 골절상 등을 입게 되었다. 원고는 간병인이 피고의 피용자 또는 이행보조 자의 지위에 있으므로 민법 제756조에 따른 사용자책임 또는 민법 제391 조, 제390조에 따른 채무불이행책임에 기하여 손해배상책임을 부담한다고 주장하였다[76]. 이에 대하여, 피고는 간병인은 원고 측이 고용한 것일 뿐 피고가 간병인에 대한 사용자 또는 이행보조자의 지위에 있지 않으며, 만 약 손해배상책임이 있다고 하더라도 입원약정서에 직원 및 간병사의 동행 없이 발생하는 낙상 사고에 대해서는 피고 병원에 책임이 없다고 되어있 으므로 면책된다고 주장하였다.

---

74) 제1심 대구지방법원 상주지원 예천군법원 2022. 9. 28. 선고 2022가소5093 판결.
75) 피고는 판결문에 의료법인으로만 기재되어 있으나, 내용상 요양병원으로 추정된다.
76) 간병인의 과실에 대하여는 피고 병원도 인정하였으므로, 간병인의 과실에 대하여 피고 병원이 책임을 지는지 여부가 쟁점이었다.

2. 법원의 판단

대상 판결은 '민법 제756조의 사용자와 피용자의 관계는 반드시 유효한 고용관계가 있는 경우에 한하는 것이 아니고, 사실상 어떤 사람이 다른 사람을 위하여 그 지휘·감독 아래 그 의사에 따라 사업을 집행하는 관계에 있을 때에도 그 두 사람 사이에 사용자, 피용자의 관계가 있다고 할 수 있다[77]'는 법리를 인용하면서, 피고 병원의 사용자 책임을 인정하였다. 대상 판결은, ① 피고 병원에 입원하는 대부분의 환자는 육체적, 정신적 사유로 거동이 불편하여 간병인이 필요하고, 이에 피고 병원은 E회사와 간병서비스용역계약을 체결하여 그로부터 간병인을 배정받아 각 병실에 배치하여 온 점, ② 원고와 그 보호자는 상주 간병인의 지원에 대해 동의하기는 하였으나, 원고와 그 보호자가 직접적으로 주식회사 E 또는 해당 간병인과 간병서비스용역계약 등의 법률적 관계를 맺은 사실은 없고, 이로 인해 원고와 그 보호자가 간병인의 선정 및 배치, 간병인의 업무내용 및 구체적 보수액의 결정 등에 대하여 관여하는 것은 불가능하였던 점, ③ 원고는 피고 병원이 진료비의 납부를 안내하면서 함께 청구한 간병비 산정 내역에 따라 해당 간병비를 피고 병원 측에 지급하였을 뿐, 주식회사 E 또는 간병인에게 직접 간병비를 지급하지는 않은 점 등을 알 수 있고, ④ 피고 병원과 E 회사 사이에서 체결된 간병서비스 용역계약은 피고 병원의 간병 업무에 종사할 간병인을 주식회사 E가 제공하는 것을 목적으로 체결된 것인 점, ⑤ 위 계약은 간병인이 피고 병원과의 업무 협조에 최선을 다하여야 하고, 위급사항 시 반드시 의료진의 지시사항을 행한다고 규정하고 있는 점, ⑥ 자격기준 상실, 근무지 무단이탈, 근무태만 등의 경우 피고 병원은 주식회사 E에 간병인 교체를 요구할 수 있으며, 주식회사 E는 즉시 이에 응하도록 되어 있는 점, ⑦ 피고 병원이 간병인들에게 환자들 세탁물

---

77) 대법원 2010. 10. 28. 선고 2010다48387 판결 등.

관리, 위생, 낙상예방활동, 소방훈련 등의 교육을 진행한 점 등을 종합할 때 피고 병원이 간병인들을 실질적으로 지휘·감독하는 지위에 있었다고 인정하였다.[78)]

3. 판결의 의의

간병인의 과실로 인한 낙상에 대하여 의료기관이 손해배상책임을 부담해야 하는지 여부에 관하여 구체적인 사실관계에 따라 법원의 판단이 엇갈리는 모습을 보인다. 간병인의 책임을 구하는 사례들의 구체적인 사실관계들을 살펴보면, ① 병원과 간병업체 간에 체결된 '간병인 용역도급계약' 등의 계약이 존재하는지 여부, ② 간병업체와 환자 또는 그 보호자가 당사자인 간병서비스 제공 계약서가 존재하는지 여부, ③ 병원이 환자나 그 보호자로 하여금 '병원이 간병인파견업체와의 계약에 의하여 병실에 간병인을 배치하도록 하는 것에 동의'하는 내용의 약정서 또는 동의서를 작성하도록 하였는지 여부, ④ 간병비를 병원이 수납하여 간병업체에 정산하여 주었는지 또는 간병업체의 계좌를 따로 안내하면서 납부하도록 하였는지 여부, ⑤ 입원약정서에 '간병인은 병원에서 고용한 것이 아니다', '간병인은 환자와의 계약에 의하여 간병서비스를 제공한다', '병원은 간병인의 과실에 대하여 책임지지 않는다'와 같은 류의 내용이 있는지 여부 등에서 차이점을 보이는데, ①, ③의 경우 병원의 책임을 인정하는 데에 유리한 근

---

78) 또한, 대상 판결은 입원약정서에 '불가항력적인 사고나 직원 및 간병사의 동행 없이 발생하는 낙상 및 사고에 대해서는 (병원에) 책임이 없음을 확인합니다' 라고 기재되어 있으나, 위 내용은 병원 측의 귀책사유가 없는 경우를 상정한 것으로 보이고, 만약 위 내용이 병원 측의 귀책사유가 있는 경우까지 그 책임을 모두 면제한다는 취지라면, 이는 원고에게 부당하게 불리하거나 신의성실의 원칙에 반하여 무효로 보아야 하므로 해당 조항은 병원의 과실로 발생한 이 사건 사고에 대하여는 적용되지 않는다고 판단하였다.

거로 사용되고, ②의 경우 병원의 책임을 부정하는 데에 유리한 근거가 되며, ④의 경우 간병비를 병원이 수납하여 정산한 경우 병원의 책임을 인정한 근거로 삼은 경우도 있으나(대상 판결), 그렇지 않은 경우도 있다(참고 판결 중 서울북부지방법원 2023. 7. 14. 선고 2021나37008 판결). ⑤의 경우 병원이 간병계약의 당사자가 아님을 명시하는 내용은 병원 개설자의 책임을 부정하는 근거로 이용될 수 있으나 다른 근거들과 종합하여 해석하여야 하고, '간병인의 과실에 대하여 책임지지 않는다'와 같은 문구만으로는 병원의 책임이 면책되지 않으며, 간병업체와 환자 또는 그 보호자 사이의 계약이 존재하지 않는다면 병원은 위와 같은 면책 문구에도 불구하고 사용자책임 또는 이행보조자 책임을 질 수 있다.

간병인의 과실에 대하여 병원의 책임을 묻는 근거로는 크게 사용자책임과 이행보조자책임이 있는데, 사용자책임은 불법행위이고, 이행보조자책임은 계약상 채무이행에 관한 것이라는 점에서 큰 차이가 있다. 사용자책임을 인정하는 구체적인 근거로는 병원과 간병업체 사이의 계약에 의하여 간병인의 배치, 변경 등에 병원이 영향력을 행사할 수 있거나 간병인에게 의료진의 지시에 따를 의무가 있는 경우, 병원이 간병인에 대하여 병원 내 각종 교육을 실시하였으며 간병인의 근무표를 병원에서 작성하는 등 간병인이 사실상 병원의 지휘·감독 하에 있었음을 보여주는 사실들이 있다. 이행보조자책임은 본인의 채무를 이행보조자를 통해 이행하는 과정에서 이행보조자의 과실에 대하여 본인에게 채무불이행 책임을 묻는 것[79]이므로, 본인의 채무의 존재가 우선적으로 인정되어야 하고, 따라서 병원측이 간병서비스를 제공할 계약상 의무가 있는데 이를 이행보조자인 간병인을 통하여 이행하였음이 인정되어야 한다. 그러므로 요양병원 입원계약 내

---

79) 민법 제391조(이행보조자의 고의, 과실) 채무자의 법정대리인이 채무자를 위하여 이행하거나 채무자가 타인을 사용하여 이행하는 경우에는 법정대리인 또는 피용자의 고의나 과실은 채무자의 고의나 과실로 본다.

에 단순한 의료서비스제공에 더하여 간병서비스제공까지 포함되어 있음이 인정되어야 하는데, 이는 병원이 (간병업체를 통하여) 간병인을 제공하고 환자나 그 보호자가 간병계약을 체결한 사정이 없으며 환자나 그 보호자는 간병인 숫자에 따라 병실을 선택할 수 있을 뿐 간병인을 직접 선택하거나 지정할 수 없고 병원이 간병비를 병원비에 포함시켜 청구하였다는 사정 등을 근거로 인정된다.[80]

이를 종합하면 간병인의 잘못에 대하여 병원 개설자가 책임을 지는지 여부의 판단은 결국 구체적인 사실관계에 따라 병원 개설자와 환자와의 입원계약 내용의 해석, 당사자들이 기대하고 제공하는 간병서비스에 대한 의사 합치 여부, 명시적 또는 묵시적인 간병서비스 계약의 존부, 실제 간병인의 근무조건과 내용에 대한 결정권자가 누구인지 등을 종합하여 결정될 것이다. 그러나 요양병원의 경우에는 대부분의 환자가 육체적·정신적 사유로 거동이 불편하여 간병인이 필요하고, 요양병원 입원환자는 장기 입원의 경우가 많아 일반 병원에 입원하는 경우와 달리 통상적으로 보호자가 상주하거나 간병하지 않으므로, 환자는 치료 이외에 생활면에서도 온전히 병원 측의 책임하에 놓이게 된다. 또한, 환자는 의료서비스 외에 생활도움 측면에서 간병서비스까지 제공받기 위하여 요양병원에 입원하는 것이고, 간병인이 환자에 대한 상시적 관찰과 거동 보조 등의 간병서비스를 제공함으로써 요양병원이 원활히 운영될 수 있는 것이다. 특히, 주로 누워 있는 환자는 욕창이 발생할 가능성이 높으므로 계속 체위를 변경하고 상처 등이 생기는 등 이상이 없는지 살필 필요가 있는데 요양병원에서는 이러한 업무를 간병인들이 담당하며 문제 발생 시 의료진에게 알려 치료를 받도록 하고 있다는 점에서 간호와 간병의 구분이 모호한 지점들도 많이 발생한다. 결국 요양병원이 스스로 간병인을 배치하여 근무하도록 하면서

---

80) 서울고등법원 2013. 6. 13. 선고 2013나2117 판결.

간병서비스가 제공되도록 하고 있는 이상, 간병인의 잘못에 대하여 병원 개설자의 책임이 인정될 가능성이 높다고 판단된다.

4. 참고 판결

○ 광주지방법원 2023. 8. 17. 선고 2022나57175(본소), 2022나57182(반소) 판결[81]은, 피고 요양병원이 주식회사 F와 '간병인 용역 도급 계약'을 체결하고 주식회사 F가 고용한 간병인들로 하여금 환자들에게 간병서비스를 제공하도록 하고 있었는데, 간병인이 원고의 기저귀를 갈고 옷을 입히는 과정에서 원고의 우측 상완골이 골절되는 사고가 발생하여[82] 주식회사 F가 20,000,000원을 원고의 딸에게 지급하여 합의한 사건에서, 피고 병원이 주식회사 F와 '간병인 용역도급계약'을 체결하여 주식회사 F 소속 간병인으로 하여금 피고 병원에서 환자들에게 간병서비스를 제공하도록 하고 있으므로, 피고 병원에게도 그 간병업무에 관한 관리·감독을 하여 병원에 입원치료 중인 원고를 보호할 의무가 있다고 판단한 뒤, 간병인의 과실로 상관골 골절이 발생하였고, 이러한 간병인에 대한 피고 병원의 관리 감독 소홀이 있었으므로 원고에 대한 보호의무를 다했다고 보기 어려워 과실이 있다고 판단하였다.[83] 또한 원고의 상완골 골절상은 주식회사 F 소속 간병인의 과실과 피고의 관리·감독 소홀에 따른 보호의무 위반으로

---

81) 제1심 광주지방법원 2022. 5. 10. 선고 2021가소576047(본소), 2021가소585546(반소) 판결.

82) 원고는 2021. 1.경 발생한 우측 고관절 골절에 대하여도 주장하였으나, 원인미상의 골절로 병원측 책임이 부정되었으므로 여기에서는 생략하였다.

83) 피고는 본안 전 항변으로 주식회사 F와 원고 사이에 합의하였으므로 부제소합의가 있음을 주장하였으나, 법원은 원고와 피고 사이에서 부제소합의가 있었다고 볼 수 없으므로 본안 전 항변은 이유 없다고 판단하였다.

인한 과실이 경합하여 발생한 것으로, 위 간병인과 피고는 공동불법행위자로서 원고가 입은 손해를 배상할 책임이 있고 이는 부진정연대관계에 있으므로 공동불법행위자 1인의 변제는 변제된 금액의 한도 내에서 다른 공동불법행위자를 위하여 공동면책의 효력이 있고, 주식회사 F는 이미 원고에게 20,000,000원을 지급하였으므로 원고의 상완골 골절상으로 인한 손해 9,252,440원은 이미 전보되었으며, 이러한 변제의 효력은 피고에게도 미치므로 피고가 지급할 금원이 없다고 판단하였다.

○ 서울고등법원 2013. 6. 13. 선고 2013나2117 판결[84])은 고령의 퇴행성 적추염, 골다공증, 흉추·요추 2번 압박골절 등으로 요양병원 입원중인 치매환자가 22:20경 간병인에게 도움을 청하지 않고 혼자 병실 내 화장실을 가기 위해 침상에서 내려오다 넘어져 왼면 대퇴골 전자간 골절상을 입은 사건에서, 간병인이 독자적 사업자등록을 한 개인사업자이고, 간병인의 업무는 원고와 피고 병원 사이의 의료계약상 채무의 범위에 포함되지 않으므로 원고가 병실 내 화장실을 가는 것까지 따라다니며 원고를 보호할 의료계약상 채무가 없다는 피고 병원의 주장에 대하여 '간호사는 환자가 질병의 치료를 받는 동안 발생할 수 있는 위해를 방지하기 위해 필요한 경우 환자를 감시·관찰하고 환자에게 발생할 위험을 막기 위한 도움을 줄 의무가 있지만, 의료행위와 직접적인 관련이 없는 입원환자의 일상생활에 관한 모든 영역에까지 그러한 의무를 부담한다고 볼 수는 없다'면서 '환자의 상태가 악화되어 감시·관찰의 정도가 특별히 증가하는 등의 특별한 사정이 없는 한 병원 간호사에게 진료에 부수적으로 수반되어야 하는 간호 내지 주기적인 환자 관찰 의무를 넘어서 계속적인 관찰의무와 그에 따른 거동 보조 등의 의무까지 있다고 볼 수 없다'는 이유로, 일상생활 보조업

---

84) 제1심 수원지방법원 안산지원 2012. 11. 22. 선고 2012가합294 판결.

무는 간병인의 역할이며, 의료진의 책임이 아니라고 판시한 다음, 피고 병원은 각 병실을 간병인당 환자수로 나누어 구분하고 환자의 필요에 따라 병실을 선택하게 하였으며, 병실에 따라 간병료에 차등을 둔 점, 환자 내지 환자의 보호자는 환자를 돌볼 간병인을 지정하거나 간병인의 근무형태, 조건 등을 개별적으로 협의할 수는 없었던 것으로 보이는 점, 피고 병원은 간병료를 진료비에 포함시켜 환자에게 청구하였으며 환자는 간병료를 피고 병원에 지급하였던 점, 환자와 간병인 사이에 별도의 간병계약관계가 존재하지 않았던 점 등을 종합하면, 원고와 피고 병원 사이에서는 의료계약 뿐만 아니라 원고가 피고 병원으로부터 간병서비스를 제공받기로 하는 내용의 계약이 체결되었다고 봄이 상당하다고 판시하고, 간병인은 간병서비스 계약의 이행보조자이므로 이행보조자의 과실에 따른 피고 병원의 손해배상책임을 인정하였다.[85]

○ 서울북부지방법원 2023. 7. 14. 선고 2021나37008 판결[86]은, 피고 운영의 요양병원(이하 '피고 병원')에 입원 중 간병인이 침대의 사이드레일을 내리고 환자의 바지를 갈아입힌 후 사이드레일을 내린 상태에서 환자에게서 벗긴 바지를 세탁물 보관함에 넣으러 간 사이에 침대에서 낙상하여 외상성 두개내출혈, 초점성 외상성 뇌내출혈, 외상성 뇌경막하 혈종을 진단받았고, 치료를 받던 중 전신상태 악화로 약 한 달 후 사망한 사건에서, 피고 병원과 같은 요양병원은 입원환자에 대한 의료서비스 외에 간병

---

85) 대상 판결은 피고 병원과 간병인 측이 원고 및 원고 보호자에게 여러 차례에 걸쳐 혼자 움직이는 경우 넘어져 골절상이 발생될 수 있음을 주지시켰음에도 원고가 간병인을 호출하지 않고 혼자 화장실 가려고 하던 중 사고가 발생한 점, 간병인 숫자에 따른 병실을 원고가 선택한 점, 간병인 역시 잠시도 눈을 떼지 않고 원고를 감시하는 것은 한계가 있는 점 등의 논거를 그대로 수용하면서 피고 병원의 책임을 30%로 제한하였고, 기왕증의 기여도를 50%로 인정하였으며, 그대로 확정되었다.
86) 제1심 서울북부지방법원 2021. 6. 10. 선고 2019가단125536 판결.

서비스가 필요한 경우가 많고, 실제로 피고 병원도 각 병실마다 간병인이 배치되어 있었던 사실, 망인이 피고 병원과 입원계약을 체결할 당시 작성한 '간병비약정서'에는 입원환자가 피고 병원에 지급해야 하는 병실 이용료에는 간병비가 포함되어 있다는 점이 명시되어 있고, 피고 병원 의료진이 각 병실에 배치된 간병인들에게 낙상예방활동지침 등 간병인 교육을 실시한 사실을 인정할 수 있으나, 한편, ① 간병인은 주로 보호자를 대신하여 입원환자의 일상생활을 돕는 목적으로 이용되며, 피고 병원에서 보호자의 간병인 사용을 제한하고 있지는 않은 것으로 보이고, ② '공동간병실 입실 약정서'에는 간병인 사용은 환자측과 A협회 사이의 계약으로 이루어지고 피고 병원은 위 계약을 중개 내지 소개하는 업무를 담당한다는 취지로 기재되어 있고, 약정서에 피고 병원의 서명은 존재하지 않으며, ③ 피고 병원 의료진이 간병인에게 지시하는 내용은 담당 환자의 특성과 주의사항을 고지하고 교육하는 정도로, 이는 보호자에 의한 직접간병이 이루어지는 경우에도 필요한 사항에 해당하므로, 피고 병원이 간병인을 실질적으로 지휘·감독했다고 보기 어렵다고 판단하였다. 또한, ④ 피고 병원이 간병인 선정과 해지, 간병비 수납 등의 업무를 수행한 것으로 보이기는 하나, 환자 측의 편의를 위해 환자측과 간병인 내지 A협회 사이의 행정적인 정산업무를 단순 대행하는 것으로 보이고, 피고 병원이 간병업무 내지 위와 같은 위임사무 처리로 인해 별도의 이익을 취득하고 있음을 인정할 만한 증거가 없으며, ⑤ 원고는 입원계약에 간병서비스를 제공할 의무까지 포함된다고 주장하였으나, 진료에 부수적으로 수반되어야 하는 간호 내지 주기적 환자 관찰 의무를 넘어서 계속적 관찰 의무 및 거동 보조 의무 등 간병서비스를 제공할 의무까지 입원계약에 포함된다고 보기는 어려우므로 간병인의 업무가 피고 병원의 채무에 포함된다고 보기 어렵다고 판단하고 간병인의 과실로 낙상한 사고에서 의료기관의 책임을 부정하였다.

○ 서울고등법원 2016. 9. 8. 선고 2016나2026554 판결[87]은, 환자가 2013. 10.경 피고 병원 정신건강의학과 폐쇄병동에 정신분열증으로 입원하여 약물치료를 받던 중 24시간 간병인의 도움이 필요하다는 병원의 권유에 따라 24시간 일대일 간병인을 채용하여 간병을 받았는데, 증상이 호전되어 퇴원을 예정하던 중 간병인이 병원 의료진에게 알리지 않고 화장실에 가면서 자리를 비운 사이에 환자가 넘어지면서 오른면 눈썹 부위에 2센티미터 크기의 열상 및 뇌경막학 출혈 등의 상해를 입은 후 출혈, 경련, 감염 등으로 사경을 헤매다가 같은 해 12월 사망한 사건에서(간병인은 업무상과실치상죄로 벌금형이 확정되었음), 간병인이 간병인협회에 소속되었는지 여부를 확인하지 아니하였다는 사정만으로 피고 병원 의료진이 입원계약상 주의의무를 위반하였다고 단정하기 어렵고, 피고 병원 의료진이 간병인 등에게 환자를 방치하지 않고 환자 혼자 이동하지 않도록 교육해 온 사실 등을 토대로 병원의 채무불이행 책임을 부정하고, 간병인의 사용은 전적으로 환자와 보호자의 결정에 달려 있는 점, 서약서에 간병인의 서명만 있고 병원 재단이나 의료진의 서명이 없는 점 등을 근거로 간병인은 병원의 피용자가 아니라고 판단하여 사용자 책임도 부정하였으며, 간병인의 책임만을 인정하였다.

---

87) 제1심 인천지방법원 2016. 4. 19. 선고 2015가합52899 판결.

제7절 의무기록 수정·수인한도를 넘어선 불성실한 진료·인과관계 추정기준

030. 뇌경색 증상에 대한 의무기록을 사후 수정한 사건
- 대전고등법원 2021. 9. 29. 선고 2021나10065 판결[88]

1. 사실관계

19세 6개월의 원고는 군에서 휴가를 나와 2018. 6. 1. 17:57경 화장실에서 대변을 보다 쓰러졌고, 119를 통해 피고 병원 응급실로 호송되었다. 119 구급활동일지에는 환자증상란에 '복통, 의식장애, 오심/구토, 어지러움, 편마비'가, 구급대원 평가 소견란에 '환자 화장실 앞에 앉아 있었음. 지남력은 있는데 말이 어눌하고 좌측 편마비 확인하여 빠른 이송 결정함. 이송 중 구토 1회 하였음'이라 각 기재되어 있었다.

피고 병원 의료진은 2018. 6. 1. 18:43경 원고를 진찰한 후 18:55경 뇌CT 검사를 하였으나 이상소견이 확인되지 않자, 같은 날 21:39경 다시 원고의 상태를 살펴본 다음 관절염약과 위궤양약 3일치를 처방하였고, 원고는 당일 퇴원하였다. 원고는 다음날인 2018. 6. 2. 16:30경 좌하지 위약감을 호소하였고, 119를 통해 17:08경 피고 병원 응급실로 호송되었다. 원고는 NIHSS 15점 상태로, 뇌MRI 검사 결과 우측 중대뇌동맥 뇌경색으로 진단되었고, 기계적 혈전용해술과 감압두개절제술을 시행 받았으나 우측 중대뇌동맥 뇌경색으로 인한 좌측 상하지 편부전마비 등으로 노동능력상실률 31%의 장애가 남았다.

---

88) 제1심 대전지방법원 천안지원 2020. 11. 19. 선고 2020가합100157 판결. 대상 판결은 당사자 쌍방이 상고하지 아니하여 확정되었다.

2. 법원의 판단

　제1심 판결은 피고 병원 의무기록 기재내용에 따라 의료진이 내원 첫날 원고에게 신경학적 검사를 시행하여 구급증명서에 기재된 원고의 증상을 모두 파악하였고, 원고가 응급실 도착 후 20분 정도 만에 뇌CT 검사를 진행하였으며, 뇌MRI 검사 등 추가 검사가 필요하다고 원고에게 수차례 설명하였음에도 원고가 거부하고 퇴원하였다고 사실인정을 하여 원고의 손해배상청구를 기각하였다.

　제1심 판결에 대하여 원고는 피고 병원 의료진이 작성한 2018. 6. 1. 응급실 경과기록 및 2018. 6. 2. 응급의료센터 임상기록 내용이 사후에 허위의 내용으로 추가·정정되었고, 이는 진료기록을 조작한 증명방해 행위라고 주장하였다. 이에 대하여 대상 판결은 ① 2018. 6. 1. 21:39경 최초 작성된 응급실 경과기록과 2018. 6. 3. 09:13경 수정된 응급실 경과기록, 2018. 6. 2. 18:15경 최초 작성된 응급의료센터 임상기록과 2018. 6. 3. 09:07경 수정된 응급의료센터 임상기록의 각 기재내용의 차이, ② 수정된 내용은 신경학적 검사 시행사실 및 MRI 등 추가검사가 필요함을 재차 설명하였으나 환자측에서 다시 거절하였다는 것으로, 이는 뇌경색 진단 및 치료지연에 있어 피고에게 귀책사유가 있는지 여부를 판단함에 있어 매우 중요한 사실관계에 대한 것인 점, ③ 위 각 진료기록이 수정된 시기가 원고가 뇌경색 진단을 받고 기계적 혈전용해술을 받은 날의 다음날 아침이고, 수정된 내용은 피고 병원 의료진이 2018. 6. 1. 원고에 대한 뇌경색 진단 및 검사를 위해 필요한 주의의무를 다하였다는 주장을 뒷받침하는 내용인 점, ④ 119 구급활동 일지와 신경외과 의무기록에 2018. 6. 1. 피고 병원 호송 당시 이미 원고에게 뇌경색 증상이 있었던 것으로 기재되어 있는 점 등에 비추어 사후에 수정한 경과기록 및 임상기록 내용은 믿기 어렵고, 진료기록 수정 시기, 당시 원고의 상태, 수정된 내용 등에 비추어 보면 피고 병원 의료진이 뇌경색 진단을 지연한 과실을 숨기고 그 책임을 원고 측에 전가하려는 의도로 경과기록 및 임상기록을 수정하였을 가능성이 있다고 판시한 다음, 수정되기 전 최초로 작성된 진료기록을 토대로 피고 병원 의료진의 과실 여부를 판단하였다.

대상 판결은 최초로 작성된 진료기록을 토대로 원고가 2018. 6. 1. 피고 병원에 호송되었을 당시 좌측 팔 편마비와 구음장애 증상이 있었음에도 급성기 뇌경색 진단에는 부적절한 뇌CT 검사만을 시행한 채 적절한 신경학적 검사와 뇌MRI 검사 등을 시행하지 아니하여 뇌경색을 적시에 진단하지 못한 과실이 있다고 판단하였고, 원고의 뇌손상과 인과관계를 인정하여 피고에게 손해배상책임을 인정하였다(책임비율 70%, 위자료 50,000,000원).

3. 판결의 의의

우리 법원은 의사 측이 진료기록을 사후에 가필·정정한 행위는, 그 이유에 대하여 상당하고도 합리적인 이유를 제시하지 못하는 한, 당사자 간의 공평의 원칙 또는 신의칙에 어긋나는 입증방해 행위에 해당한다고 판시하였고, 의무기록의 역할 및 그 기재의 정도와 관련하여, 의무기록은 ① 진료를 담당하는 의료인으로 하여금 환자의 상태와 치료의 경과에 관한 정보를 빠뜨리지 않고 정확하게 기록하여 이를 그 이후의 계속되는 환자치료에 이용하도록 함과 아울러 ② 다른 관련 의료종사자에게도 그 정보를 제공하여 환자로 하여금 적정한 의료를 제공받을 수 있도록 하고, ③ 의료행위가 종료된 후에는 그 의료행위의 적정성을 판단하는 자료로 사용할 수 있도록 하기 위하여 작성하는 것으로서, 의료인은 의료행위에 관한 사항과 소견을 의무기록에 상세히 기록하여야 한다고 판시하여 왔다(대법원 1995. 3. 10. 선고 94다39567 판결, 대법원 2008. 7. 24. 선고 2007다80657 판결 등 다수).

근래 전자의무기록에 의한 의무기록 작성이 보편화되면서 의무기록 기재이력을 확인할 수 있는 의무기록 로그기록에 대한 심리가 증가하고 있다. 종이기록의 경우 의무기록의 정확한 작성시간과 수정 전후 내용의 차이를 확인하기가 쉽지 않은 데 반해 전자의무기록은 그 입력시간과 내용이 서버에 저장되기 때문에 로그기록을 입수하면 쉽게 확인이 가능하며 소송절차에서도 전자의무기록에 대한 로그기록을 요청하는 사례가 증가하고 있기 때문이다. 대상 판결은 그와 같은 로그기록에 따라 수정 전 의무기록과 수정 후 의무기록의 각 작성 시기 및 내용을 비교하고 분석함으로써 피고 병원 의료진이 뇌경색 진단을 지연하여 원고에게 뒤늦게 혈전용해술을 시행하게 되자 마치 뇌경색 진단이 지연되지 않은 것처럼 의무기록의 기재를 사후에 수정한 사실을 밝혀내고 수정 전 최초 작성된 의무기록 기재내용에 따라 피고 병원 의료진에게 과실을 인정하였다는 점에서 의미 있는 판결이다. 종래 의무기록 불기재, 부실기재, 사후 변경에 관한 판결들이 종종 선고되었으나, 대상 판결과 같이 의무기록 작성시간과 내용을 수정 전후로 구체적으로 비교하여 판단한 사건은 거의 없었다.

이와 같은 의무기록의 사후 수정은 의료행위가 종료된 후 그 의료행위의 적정성을 제대로 판단할 수 없도록 한 것으로, 명백한 증명방해에 해당된다. 우리 판례는 의사 측이 진료기록을 사후에 가필·정정한 행위는, 그 이유에 대하여 상당하고도 합리적인 이유를 제시하지 못하는 한, 당사자 간의 공평의 원칙 또는 신의칙에 어긋나는 입증방해[89] 행위에 해당한다고 판시하였고(대법원 1995. 3. 10. 선고 94다39567 판결 등 참조), 당사자 일방이 입증을 방해하는 행위를 하였더라도 법원으로서는 이를 하나의 자료로 삼아 자유로운 심증에 따라 방해자 측에게 불리한 평가를 할 수 있음에 그칠 뿐 입증책임이 전환되거나 곧바로 상대방의 주장 사실이 입증된 것

---

89) 2002. 1. 1. 민사소송법 전면개정 전에는 '증명' 대신 '입증'으로 표현하였고, 그 후로도 상당기간 '입증'이라는 표현이 사용되었다.

으로 보아야 하는 것은 아니며(대법원 1993. 11. 23. 선고 93다41938 판결, 대법원 1999. 4. 13. 선고 98다9915 판결 등 참조), 그 내용의 허위 여부는 의료진이 진료기록을 가필·정정한 시점과 그 사유, 가필·정정 부분의 중요도와 가필·정정 전후 기재 내용의 관련성, 다른 의료진이나 병원이 작성·보유한 관련 자료의 내용, 가필·정정 시점에서의 환자와 의료진의 행태, 질병의 자연경과 등 제반 사정을 종합하여 합리적 자유심증으로 판단하여야 한다고 판시하고 있다(대법원 2010. 7. 8. 선고 2007다55866 판결 등 참조).

대상 판결은 그와 같은 증명방해 행위에 대하여 사후 수정한 의무기록을 판단의 대상에서 제외하고 최초 작성된 의무기록에 따라 사실관계 확정 및 과실 여부를 판단하여 피고에게 손해배상책임을 인정하였다. 그러나 의무기록 사후 기재나 수정에 합리적인 이유가 없는 의료진의 악의적인 의무기록 변조행위는 독자적인 불법행위를 구성할 수 있으므로(서울고등법원 2010. 6. 17. 선고 2009나62259 판결, 서울고등법원 2018. 2. 27. 선고 2018나2033150 판결 참조), 환자 측 대리인으로서는 병원 측의 증명방해 행위에 대한 불이익으로 책임비율을 증가시켜야 한다는 주장과 함께 별개의 불법행위에 대한 별도의 위자료를 청구할 필요가 있는 것으로 보인다.

4. 관련 판결

○ 부산고등법원(창원) 2021. 10. 21. 선고 2021나11469 판결[90]은 분만 후 질출혈이 지속되어 산모가 사망한 사건에서, 산모의 출혈이 의사에게 보고된 당시 시작된 것처럼 출혈 시간을 뒤로 늦추어 기재한 간호기록을 부실기재한 것으로 판단하여 이와 같은 부실기재는 피고들의 과실을 판단함에 있어 불리한 자료가 된다고 판시한 다음, 피고들의 과실과 손해배상책임을 인정하였다.

---

90) 제1심 창원지방법원 2021. 4. 1. 선고 2018가합53996 판결.

○ 대전지방법원 2021. 7. 7. 선고 2020나111541 판결[91]은 복강경 부신 절제술 과정에서 대동맥이 파열되자 개복술로 전환하여 인조혈관 치환술을 시행하였으나 좌측 대퇴부 신경이상이 발생한 사건에서, "피고 병원 의료진이 작성한 수술기록지, 간호의무기록에는 이 사건 수술에서 어떤 종류의 투관침이 사용되었고, 어떤 방식으로 투관침이 삽입되다가 복부 대동맥이 파열되었는지에 관한 기재가 전혀 없어 대동맥 파열 경위를 구체적으로 알 수 없다. 비록 그와 같은 진료기록의 미기재만으로 피고 병원 의료진의 술기상 주의의무 위반을 곧바로 인정할 수는 없다 할지라도, 의료진이 의료법 제22, 23조에 의하여 부과된 진료기록 작성의무를 성실히 하지 않음으로 인하여 진료경과가 불분명하게 된 데에 따른 불이익은 의료진이 부담하여야 하고, 이를 환자 측에 부담시킬 수는 없다."고 판시한 다음 피고의 손해배상책임을 인정하였다.

○ 대구지방법원 2021. 5. 26. 선고 2020나312504 판결[92]은 망인이 노래방 계단에서 추락하여 119를 통해 피고 병원 응급실에 이송되었으나 심한 주취상태로 검사 협조가 되지 않아 2시간 경과관찰 후 퇴원하였는데, 그 다음날 의식혼미, 구토 등으로 다시 응급실에 이송되어 외상성 뇌출혈, 두개골 골절로 응급 감압술을 받았으나 사망한 사건에서, 실제로 망인을 진료한 I가 아닌 J의 명의로 망인에 대한 경과기록지가 작성되었으므로 이를 믿을 수 없어 피고가 망인에 대해 행하였다고 주장하는 진료행위 자체가 있었는지 불명확하다는 원고의 주장에 대하여, 망인이 피고 병원 응급실로 이송된 당일 본래 피고 병원의 J 과장이 당직의로서 응급실 진료를 담당하기로 예정되어 있었으나 J가 개인적인 사유로 변경을 요청하여 I가 응급실 진료를 담당하게 된 사실, 피고 병원의 간호사가 응급실에 설치된

---

91) 제1심 대전지방법원 2020. 5. 28. 선고 2017가단222587 판결.
92) 제1심 대구지방법원 2020. 6. 26. 선고 2018가단116092 판결.

컴퓨터의 경과기록지 작성 프로그램에 본래 당직의인 J의 아이디로 로그인을 해 두었는데, I가 이를 간과하고 그대로 환자에 대한 경과기록을 입력하여 망인에 대한 경과기록지가 J 명의로 작성되었고 다른 환자에 대한 경과기록지도 J 명의로 작성된 사실을 인정한 다음, 실제 진료를 담당하지 않은 의사 명의로 망인에 대한 경과기록지가 작성된 이유를 수긍할 수 있고 그러한 사정이 위 문서 내용의 사실 여부에 의심이 들게 하지 아니한다고 판단하여 원고의 주장을 배척하고 병원의 손해배상책임을 인정하지 않았다.

○ 부산고등법원 2018. 1. 25. 선고 2017나55360 판결[93]은, 위내시경 검사 후 상복부 및 복부통증이 지속되어 입원한 환자가 02:55경 호흡정지 상태가 되어 응급조치를 받고 03:20경 119 구급차량을 이용하여 다른 병원으로 후송되었으나 같은 날 04:45경 사망하였고, 사망원인은 갑상샘중독증, 급성 심장사로 추정된 사건에서, 한국의료분쟁조정중재원의 감정촉탁회신에는 간호사가 환자의 심정지 상태를 발견한 이후 환자를 구하기 위하여 최선을 다한 것으로 여겨진다고 회신하였으나, 이는 간호기록지를 근거로 판단한 것이며, 간호기록지 중 심폐소생술 부분은 그 처치를 한 간호조무사가 기록한 것이 아니라 피고 병원의 수간호사가 위 간호조무사의 말을 듣고 사후에 작성한 것이고 위 간호조무사가 여러 차례에 걸쳐 병실을 드나드는 바람에 심폐소생술을 제대로 지속할 수 없었던 상황에 대한 기록은 전혀 기재되어 있지 않다는 점을 들어 위 감정촉탁회신 내용을 배척하고 갑작스런 심정지에 대하여 적절한 응급조치를 제대로 시행하지 못하여 환자가 사망에 이르게 되었다고 판단하여 피고 병원의 책임을 25%로 인정하였다.

93) 제1심 대구지방법원 2017. 8. 9. 선고 2016가합44052 판결.

○ 서울고등법원 2018. 2. 27. 선고 2018나2033150 판결[94]은, 원고가 분만을 위해 산전진찰을 받아왔던 피고 병원에 06:00경 입원하여 같은 날 06:21경 양막 파열[95]이 발생하고 자연분만이 진행되었는데, 산부인과 전문의인 피고가 병원이 아닌 외부에서 간호사들과 카카오톡으로 메시지를 주고받으며 간호사에게 옥시토신 투여 등 지시를 내려 자연분만을 진행하다가 16:05경~16:30경에야 피고 병원에 도착하여 16:51경 자연분만으로 망아를 출산하였는데, 망아는 출생 직후 자가 울음이 없었고 근긴장도 및 자극반응이 없었으며, 불규칙한 빈맥·낮은 산소포화도와 느리고 불규칙한 호흡양상을 보였고 상급 의료기관 신생아중환자실로 전원되어 저산소성 허혈성 뇌병증 등 진단하에 치료를 받았지만 결국 사망하였고, 피고가 간호기록지를 허위내용으로 조작하여 진료기록감정기관에 제출하여 사문서위조·위조사문서행사·업무방해의 점에 관하여 징역 8월 및 집행유예 2년의 유죄 판결을, 업무상과실치상의 점에 관하여는 무죄를 선고받은 사건에서, 카카오톡상의 간단한 보고내용만으로 옥시토신을 성급하게 투여하고 태아의 상태가 악화되고 있었음에도 옥시토신을 줄이거나 중지하지 않은 과실, 분만 중 태아심박동수 및 자궁수축 감시 등 산모와 태아에 대한 감시, 관찰을 세심하게 할 주의의무를 게을리 한 부분의 의료과실을 인정하면서, 아울러 형사재판에서의 기록을 토대로 피고가 피고 병원의 간호기록지를 위조하고 이를 한국의료분쟁조정중재원 등에 제출하여 행사하였다는 사실을 별도의 불법행위로 인정하여 원고들의 정신적 손해 배상을 인정하였다. 대상 판결은 피고의 진료상 과실과 진료기록부 위조에 따른 정신적 손해배상금액을 산정하면서 원고가 피고보조참가인으로부터 3,200만 원의 합의금을 이미 지급받은 점 등을 고려하여 망아의 위자료로 3,000만 원, 망아의 부모의 위자료를 각 500만 원으로 산정하였다.

---

94) 제1심 서울중앙지방법원 2018. 5. 30. 선고 2015가합571955 판결.
95) 자연분만이 진행되는 최초 단계에 해당함.

031. 수인한도를 넘어설 만큼 불성실하게 진료를 한 경우 별도의 불법행위를 인정한 사건

- 서울고등법원 2020. 11. 19. 2019나2001570 판결[96]

1. 사실관계

원고는 2011. 6. 1. 일반건강검진결과 신장기능 정상이라는 판단, 2013. 8. 18. 건강검진결과 신장기능 정상이라는 판단, 2014. 8. 혈액검사결과 정상소견이라는 판단을 받았다. 원고는 2015. 4. 17.경 피고1 영상의학과에서 건강검진을 받았는데, 당시 원고의 상태는 혈청크레아티닌 2.1, 신사구체여과율 26(mL/min/1.73㎡), 혈색소 11.0, 단백뇨 양성이었으므로 이미 만성신장질환 4기에 해당하는 상태였다. 피고1 소속 의사는 원고에게 혈액검사 수치를 알려주며 "단백뇨 소견 있다, 신장기능의 적극적 관리가 필요하다"는 문구를 기재한 검진결과표를 교부하였을 뿐, 신장질환이 의심되니 추가적인 검사를 요하거나 치료를 요한다는 내용은 기재하지 않았다. 이후 원고가 다시 내원하여 유방초음파 검사를 하였으나, 피고1 영상의학과 의료진은 원고에게 단백뇨, 신장질환에 대한 추가 검사를 할 것을 고지하지 않았다. 원고는 2015. 5. 11. 피고2 내과에 내원하여 피고1 영상의학과에서 받은 건강검진결과지를 보여주었고, 피고2 내과 소속 의사는 원고에 대한 소변검사를 시행하고 그 결과 단백뇨가 검출되었음에도 신장질환을 의심하여 추가적인 검사를 실시하지 않았고 2016. 1. 19.까지 고지혈증, 빈혈에 대해서만 치료하였다.

한편, 원고는 2015. 6. 23. 피고3 의원에 내원하여 2015년 건강검진결과는 정상이라고 진술하였고 경추디스크 초기증상을 진단받았다. 피고3 의원

---

96) 제1심 의정부지방법원 고양지원 2018. 11. 2. 선고 2016가합74326 판결.

은 중증신장애 환자에게 금기시 되어 있는 클란자정, 트라몰정, 뉴마탈정 등을 처방했고, 장기간 복용하는 동안 신장기능에 대한 별도의 검사를 시행하지 않았다. 원고는 2016. 1. 19. 피고2 내과에 내원하여 자신이 무릎관절약 복용 중인데 몸이 붓는 증상이 있다고 호소하였고, 의사는 혈액검사를 하여 혈청크레아티닌, 혈색소 수치 이상소견을 발견, 원고를 상급병원으로 이송하였다. 원심 신체감정일 당시 원고는 혈청크레아티닌 3.86, 신사구체여과율 13.2(mL/min/1.73㎡)인 만성신장병 5기 상태였다.

2. 법원의 판단

원심 판결은 피고1 영상의학과의 건강검진 당시 단백뇨까지 검출된 만성신장병 4기에 해당하였으므로 비록 해당 검진이 국민건강보험공단의 위탁에 의한 통상적인 건강검진이라고 하더라도 질환의 심각성에 비추어 반드시 해당 질환을 일반인의 관점에서 인식할 수 있도록 고지할 필요가 있고, 종합소견란에 그에 관한 진단이나 추가검사의 필요성을 간략하게 기재하는 것은 의사에게 기대할 수 있는 일이라고 보았다. 따라서 피고1 영상의학과 의료진이 이와 같은 추가기재조차 하지 않은 행위는 의사에게 요구되는 통상적인 의료와 진단상의 의무를 현저히 불성실하게 위반한 것으로 그 정도가 일반인의 수인한도를 넘어서는 정도에 해당, 피고1에게 현저하게 불성실한 진료상의 과실이 있다고 인정하였다. 또한, 원고의 고지혈증을 장기간 진료한 피고2 내과의사 역시, 종전에 원고의 건강검진 상 단백뇨 소견을 확인하였고, 직접 시행한 혈액검사에서도 단백뇨가 검출되었으므로 조금만 주의를 기울였다면 원고의 신장질환을 의심하여 추가적인 검사를 시행할 수 있었음에도 이를 하지 아니하였으므로, 의사에게 요구되는 통상적인 의료와 진단상의 의무를 현저히 불성실하게 위반한 것으로 그 정도가 일반인의 수인한도를 넘어서는 정도로 보아, 피고2에게 현저하게 불성실한 진료상의 과실을 인정했다. 대상 판결 역시 원심의 위 판단을 그대로 유지하였다. 다만 원고가 피고1 영상의학과에서 검진을 받을 당시의 상태가 이미 만성신장질환 4기에 해당하는 상태였으므로 곧바로 치료가 이루어졌다 하더라도 비가역적 질환인 만성신장질환을 회복하기는 어려웠을 것으로 보이고, 원고의 상태가 자연적인 병의 진행경과에 비해서 급격하게 악화되었다고 보기도 어려워서 피고들의 과실과 원고의 신장상태 악화 사이의 인과관계는 부정하고 현저히 불성실한 진료에 대한 위자료의 지급만 인정하였다.

3. 판결의 의의

의료민사책임에서 의료진이 환자에 대하여 불성실한 의료행위를 하였음에도 불구하고 해당 의료과실과 환자에게 발생한 결과 사이에 인과관계를 확인하기 어려운 경우가 있다. 이와 같은 경우에 법원은 예외적으로 의료진의 불성실한 진료행위와 악결과 사이의 인과관계가 불분명해도 불성실한 의료행위 자체에 대한 위자료의 지급의무를 인정하는 경우가 있다. 이른바 '현저히 불성실한 진료'에 대한 위자료 인정 사례이다.

대법원이 2006년 의사의 주의의무 위반의 정도가 일반인의 처지에서 보아 수인한도를 넘어설 만큼 현저하게 불성실한 진료를 행한 것이라고 평가될 정도에 이른 경우라면 그 자체로서 불법행위를 구성하여 그로 말미암아 환자나 그 가족이 입은 정신적 고통에 대한 위자료의 배상을 명할 수 있으나, 이때 그 수인한도를 넘어서는 정도로 현저하게 불성실한 진료하였다는 점은 불법행위의 성립을 주장하는 피해자들이 이를 입증하여야 한다고 판시한 이래,[97] 현저히 불성실한 진료와 환자의 사망 사이에 인과관계가 부정되더라도 불성실한 진료 그 자체가 불법행위이므로 환자나 가족에게 위자료를 지급하여야 한다고 판시한 사례[98] 등 해당 법리를 적용한 몇 사례가 있었으나, 이른바 '현저히 불성실한 진료상의 과실'을 인정하여 불법행위 책임을 인정한 사례는 거의 발견되지 않았다.

대상 판결은 자신의 주 진료과목이 아니더라도 의사라면 환자에게 당연히 고지해야 하는 위험의 유형을 제시하며 현저히 불성실한 진료상의 과실에 해당할 수 있는 기준을 제시하였다는 점에서 의의가 있다.

---

97) 대법원 2006. 9. 28. 선고 2004다61402 판결.
98) 서울고등법원 2012. 10. 11. 선고 2011나78707 판결; 항암치료 중이던 환자와 당직의사, 주치의 사이에 5시간 가량 연락이 되지 않아 적절한 진료가 이루어지지 못해 환자가 사망한 사건이다.

032. 인과관계 추정기준을 정비한 사건
- 대법원 2023. 8. 31. 선고 2022다219427 판결[99)]

1. 사실관계

73세의 망인은 피고 병원에서 오른면 어깨 전층 회전근개파열과 어깨 충돌 증후군 소견으로 전신마취 및 국소마취 상태에서 관절경을 이용한 견봉하감압술과 이두건 절개술을 받았다. 피고 병원 마취과 의사는 환자에게 전신마취 등을 시행한 이후 간호사에게 환자의 상태를 지켜보도록 지시한 후 수술실을 이탈하였다. 피고 병원 간호사는 환자의 활력징후 감시장치에 경보가 울리자 위 마취과 의사에게 수차례 전화 연락을 하였는데, 마취과 의사는 즉시 수술실로 복귀하지 않고 에페드린 투여를 지시할 뿐이었고 이후에는 휴식을 취하면서 전화를 받지 않았다. 결국 환자의 심박수와 동맥혈산소포화도가 급격히 저하되었는데, 피고 병원 마취과 의사가 수술실에 복귀하여 심폐소생술을 시행하며 환자를 상급병원으로 전원시켰으나 환자는 회복하지 못하고 사망하였다. 망인의 유족들은 피고 병원 및 피고 병원 마취과 의사 등을 상대로 손해배상청구소송을 제기하였고, 피고 병원 마취과 의사를 업무상 과실치사죄로 고소하였다.

2. 법원의 판단

원심 판결은 피고 병원 마취과 의사가 마취 유지 중인 환자에 대한 감

---

99) 제1심 서울남부지방법원 2021. 5. 7. 선고 2019가단238514 판결, 제2심 서울남부지방법원 2022. 1. 21. 선고 2021나59999 판결.

시 업무를 적시에 하지 않았으며 제때 심폐소생술을 시행하지 않아 환자의 사망이라는 결과 발생의 위험성이 급격히 높아졌다고 판단하며 피고 병원 의료진의 과실 및 인과관계가 인정된다고 하였다.

대법원은 위 원심 판단을 유지하면서 인과관계 추정에 관한 새로운 법리를 제시하였다. 즉, "의료행위는 고도의 전문적 지식을 필요로 하는 분야로서 환자 측에서 의료진의 과실을 증명하는 것이 쉽지 않고, 현대의학 지식 자체의 불완전성 등 때문에 진료상 과실과 환자 측에게 발생한 손해(기존에 없던 건강상 결함 또는 사망의 결과가 발생하거나, 통상적으로 회복가능한 질병 등에서 회복하지 못하게 된 경우 등) 사이의 인과관계는 환자측 뿐만 아니라 의료진 측에서도 알기 어려운 경우가 많다. 이러한 증명의 어려움을 고려하면, 환자 측이 의료행위 당시 임상의학 분야에서 실천되고 있는 의료수준에서 통상의 의료인에게 요구되는 주의의무의 위반 즉 진료상 과실로 평가되는 행위의 존재를 증명하고, 그 과실이 환자 측의 손해를 발생시킬 개연성이 있다는 점을 증명한 경우에는, 진료상 과실과 손해 사이의 인과관계를 추정하여 인과관계 증명책임을 완화하는 것이 타당하다. 여기서 손해 발생의 개연성은 자연과학적, 의학적 측면에서 의심이 없을 정도로 증명될 필요는 없으나, 해당 과실과 손해 사이의 인과관계를 인정하는 것이 의학적 원리 등에 부합하지 않거나 해당 과실이 손해를 발생시킬 막연한 가능성이 있는 정도에 그치는 경우에는 증명되었다고 볼 수 없다. 한편 진료상 과실과 손해 사이의 인과관계가 추정되는 경우에도 의료행위를 한 측에서는 환자 측의 손해가 진료상 과실로 인하여 발생한 것이 아니라는 것을 증명하여 추정을 번복시킬 수 있다."고 판시하였다.

3. 판결의 의의

종래 대법원은 의료과오 사건에서 환자 측의 증명책임을 완화하는 2가지 법리를 제시했다. 하나는 간접사실에 의하여 과실 및 인과관계를 동시에 추정하는 것이고,[100] 다른 하나는 일반인의 상식에 바탕을 둔 의료상의 과실을 증명한 경우 인과관계를 추정해 주는 것이다.[101] 그런데 일반인의 상식에 바탕을 둔 의료상의 과실을 증명한 경우 인과관계를 추정하는 법리는 의료행위와 나쁜 결과 사이의 인과관계를 증명하면 의료과실과 악결과 사이의 인과관계를 추정한다는 것으로, 적극적 의료행위가 없는 경우 문언상 적용이 어렵고, 환자에게 건강상의 결함이 없는 경우에는 위 법리를 적용할 수 있는데 환자에게 건강상의 결함이 없는 경우가 드물기 때문에 법리 적용이 어렵다는 등의 비판을 받아 왔다.[102]

대상 판결은 의료상 과실이 나쁜 결과를 초래할 개연성이 있다는 정도를 증명하면 인과관계를 추정한다는 것으로, 위 일반인의 상식에 바탕을 둔 의료상의 과실을 증명한 경우 인과관계를 추정해 주는 법리와 궤를 같이하면서도 해당 법리에 대한 비판을 면할 수 있을 것으로 보인다. 대상 판결이 환자측의 입증책임을 경감하는 법리로 제시한 '개연성'은 기존의 환경 관련 사건에서의 입증책임 경감 법리[103]와 유사한 것으로 판단된다. 대상 판결은 개연성의 입증 정도에 대해서 "여기서 손해 발생의 개연성은

---

100) 대법원 2000. 7. 7. 선고 99다66328 판결.

101) 대법원 1995 2. 10. 선고 93다52402 판결.

102) 문현호, "의료과오 사건에서 인과관계 증명에 관한 최신 대법원 판결". 『의료법학』 제24권 제4호, 2023. 12.

103) 대법원은, '공해로 인한 불법행위에 있어서의 인과관계에 관하여 당해 행위가 없었더라면 결과가 발생하지 아니하였으리라는 정도의 개연성이 있으면 그로써 족하다. 다시 말하면 침해행위와 손해와의 사이에 인과관계가 존재하는 상당 정도의 가능성이 있다는 입증을 함으로써 족하고…'라고 판시한 바 있다(대법원 1974. 12. 10. 선고 72다1774 판결).

자연과학적, 의학적 측면에서 의심이 없을 정도로 증명될 필요는 없으나, 해당 과실과 손해 사이의 인과관계를 인정하는 것이 의학적 원리 등에 부합하지 않거나 해당 과실이 손해를 발생시킬 막연한 가능성이 있는 정도에 그치는 경우에는 증명되었다고 볼 수 없다."고 하였는데, 이 기준에 따른 구체적인 입증책임의 경감 정도는 같은 법리를 따르는 하급심 판결이 누적되어야 보다 명확해질 것이다.

4. 관련 판결

대법원 2023. 8. 31. 선고 2021도1833 판결[104]은 대상 판결 사례에 대하여 원심판결이 피고인(마취과 의사)의 업무상 과실치사죄 공소사실에 대하여 피고인이 수술실을 이탈하고 환자를 감시 중인 간호사의 연락을 일부 받지 않았던 사정 등을 근거로 유죄 판단을 한 데 대하여, 피고인의 업무상 과실 인정 부분에 대해서는 원심의 판단에 잘못이 없다고 하였으나 의사의 업무상 과실이 증명되었다는 사정만으로 인과관계가 추정되거나 증명 정도가 경감되는 것은 아니라는 기존 법리를 제시한 후[105], 피해자는 반복적인 혈압상승제 투여에도 불구하고 알 수 없는 원인으로 계속 혈압 저하 증상을 보이다가 사망하였는데, 검사가 제출한 증거만으로는 피고인인 직접 피해자를 관찰하거나 간호사의 호출을 받고 신속히 수술에 가서 대응하였다면 구체적으로 어떤 조치를 더 할 수 있는지, 그러한 조치를 취하였다면 피해자가 심정지에 이르지 않았을 것인지에 대하여 알기 어렵고, 피해자에게 심정지가 발생하였을 때 피고인이 피해자를 직접 관찰하고 있

---

104) 제1심 서울중앙지방법원 2019. 1. 17. 선고 2017고단2417 판결, 제2심 서울중앙지방법원 2021. 1. 21. 선고 2019노369 판결.
105) 대법원 2011. 4. 28. 선고 2010도14102 판결.

다가 심폐소생술 등의 조치를 하였더라면 피해자가 사망하지 않았을 것이라는 점에 대한 증명도 부족하다는 사정을 들어 피고인의 업무상 과실로 인하여 피해자가 사망하게 되었다는 점이 합리적인 의심의 여지가 없을 정도로 증명되었다고 보기 어렵다고 보아 원심을 파기하고 환송하는 판단을 하였다.

동일한 사안에 대하여 과실이나 인과관계에 관한 판단이 민사재판과 형사재판에서 달라질 수 있는데 이는 형사재판에서는 실체적 진실발견과 엄격한 죄형법정주의를 바탕으로 '의심스러울 때 피고인의 이익으로'라는 원칙에 따라 '합리적인 의심이 없을 정도'의 인과관계와 주의의무 위반에 대한 입증을 요하기 때문이다.[106] 즉, 형사사건에서는 민사사건과 달리 인과관계와 주의의무 위반에 대한 증명이 완화되는 법리를 적용할 수 없고 검사가 인과관계와 과실을 합리적인 의심이 없을 정도로 증명해야 한다. 그와 같은 이유로 대상 판결은 민사사건과 형사사건이 다른 판단을 하였다.[107]

---

106) 대법원 2021. 6. 10. 선고 2020도12371 판결.
107) 동일한 사안에 대하여 민사재판과 형사재판의 결과가 다른 사례로는 서울중앙지방법원 2014. 2. 14. 선고 2011가합96951 판결, 대법원 2014. 5. 29. 선고 2013도14079 판결(이 책 007번 판결) 참조.

제 3 장

손해배상액의 산정

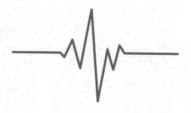

제1절 들어가며

의료소송에서 주된 쟁점은 누가 뭐라고 해도 과실과 인과관계이다. 소장을 작성하면서 가장 신경을 쓰는 부분도 피고측 과실을 어떻게 구성하고 그러한 과실이 나쁜 결과에 어떻게 연결되는지와 관련된 인과관계가 주된 관심사이다. 과실과 인과관계가 인정되어야 손해배상액이 얼마인지 문제된다. 추상적인 과실과 인과관계에 관한 문제보다, 구체적인 돈의 문제인 손해배상액의 범위는 그동안 그 중요성에 비하여 등한시되는 면이 있었다. 그러나 의료소송에 대한 판단 경험이 누적되면서 과실과 인과관계는 물론이고, 책임이 인정될 경우 노동능력상실률을 어떻게 산정할 것인지에 관하여 맥브라이드표의 한계를 극복하기 위해 우리나라에서 제작된 장해평가기준이 활용되고, 환자의 소득과 관련하여 장래 종사할 것으로 예상되는 직업의 소득 수준을 고려하는 판결이 선고되는 등 손해배상액의 범위와 관련된 법리도 계속 발전하고 있다. 뿐만 아니라 배상액의 산정에 있어서 피고측 책임제한의 근거를 구체적으로 제시하도록 하는 판결에 이어서 책임이 제한되는 경우 국민건강보험공단의 대위범위에 대한 판결, 기왕증 기여도와 기왕장해를 구분하여 판단한 판결 등 손해배상액의 산정에 관한 중요성이 점점 커지고 있다. 손해배상 범위와 관련하여 대법원은 일반 육체노동자의 가동연한을 종전의 60세에서 65세로 상향하였고,[1] 도시일용노임을 적용하여 일실수입을 산정할 경우 도시일용근로자의 월 가동일수를 종전의 22일에서 20일을 초과하여 인정하기는 어렵다고 판단하였다.[2]

제3장에서는 의료소송 사건에서 손해배상의 범위와 관련하여 2010년부터 선고된 주요 판결을 살펴보기로 한다.

---

1) 대법원 2019. 2. 21. 선고 2018다248909 전원합의체 판결.
2) 대법원 2024. 5. 30. 선고 2024다200649 판결.

033. 유방의 반흔 구축 및 변형을 흉부 장기에 발생한 장해로 인정한 사건

— 대법원 2017. 9. 7. 선고 2015다243002 판결[3]

1. 사실관계

원고(사고 당시 33세 여자)는 2006. 2. 성형외과전문의인 피고가 운영하는 의원에서 턱·광대축소술, 코 성형술, 식염수백을 이용한 유방확대술(1차 수술)을 시행 받은 후 2010. 8. 피고 의원에서 기존 식염수백 보형물을 코헤시브겔백으로 교체하는 수술(2차 수술)을 받았으며, 이후 2차 수술 부위에 구축이 발생되어 치료를 하였으나 상태가 개선되지 않자 2011. 4. 왼면 보형물 주위의 캡슐을 제거함과 동시에 왼면 보형물을 제거하는 수술(3차 수술)을 받았다. 이후 지속적인 치료에도 불편감이 사라지지 않자 피고는 원고의 재수술 요구에 따라 2011. 8. 원고의 왼면 겨드랑이 부분 구축을 제거하고 3차 수술 당시 절개한 왼면 유방 아래 부분의 절개부위를 다시 절개하여 구축을 제거하는 수술(4차 수술)을 시행하였는데, 4차 수술 당시 겨드랑이 부분의 구축을 제거하다 피부를 관통하였다. 이후 원고의 왼면 유두 전체와 유륜 일부에 피부괴사가 일어났으며, 2011. 9. 왼면 유방 하단의 피부를 떼어내어 유두에 이식하는 피부이식술을 시행하였지만 2011. 10. 유두와 유륜은 구축되어 함몰되었고, 2011. 11. 원고의 오른면 겨드랑

---

3) 제1심 서울중앙지방법원 2014. 2. 13. 선고 2012가단329421 판결, 제2심 서울중앙지방법원 2015. 9. 16. 선고 2014나13623 판결.

이 부분과 왼면 유방 아래 부분을 절개하여 양면 유방 보형물을 제거하는 수술(5차 수술)을 시행하였는데, 당시 배액관(hemovac)을 삽입하지 않았다가 원고의 수술 부위에 290cc의 출혈이 발생하자 같은 날 왼면 수술 부위를 다시 절개하여 혈종을 제거하고 배액관을 삽입하였다. 이후에도 삼출이 지속되자 종합병원 입원 권유에 따라 원고는 2011. 12. 왼면 유방 봉와직염으로 A병원에 입원하여 치료를 받았는데 이후 원고에게는 유방의 비대칭, 다발성 수술 반흔 및 반흔 구축에 의한 양면 유방 변형이 발생하였다. 이에 원고는 피고 측의 수술상 과실을 주장하며 소송을 제기하였고 소송에서 유두괴사 및 유방변형에 대하여 일실수입 배상을 청구하였다.

2. 법원의 판단

제1심 판결은 원고가 쉽게 구축이 발생되는 체질임에도 3차 수술 이후 4개월 밖에 지나지 않은 상태에서 4차 수술을 시행한 점, 4차 수술 당시 겨드랑이 부분의 구축을 제거하다가 피부를 관통한 점, 왼면 유방 부위에 대한 피고의 잦은 수술로 인해 4차 수술 후 유방 심부로부터 유륜과 유두 복합체로 이행하는 혈류가 차단 또는 저하되어 원고의 왼면 유두 전부 및 유륜의 일부가 괴사된 점, 5차 수술시 배액관을 삽입하지 아니한 채 수술 부위를 봉합하였다가 출혈이 발생하자 배액관 삽입을 위해 다시 수술 부위를 절개하는 등 잦은 수술부위의 절개로 원고의 왼면 유방에 봉와직염을 초래한 점 등을 기초로 피고의 과실을 인정하고, 손해배상의 범위와 관련하여 원고가 산업재해보상법 시행령 별표6 중 제11급 제11호 '흉복부 장기의 기능에 장해가 남은 사람'에 해당하여 노동능력상실율이 20%라는 신체감정의사의 감정결과를 그대로 적용하여 일실소득을 계산하고 책임비율을 50%로 적용하여 5,762만여 원의 손해배상책임을 인정하였다.

제2심 판결은 유방 변형 등은 외부로 노출되는 부위가 아니어서 추상장해로 인정될 수 없다는 취지의 피고 주장에 대하여, 산업재해보상보험법 시행령 별표6 중 제11급 제11호 "흉복부 장기의 기능에 장해가 남은 사람"에서 의미하는 흉복부 장기는 "심장, 신장, 폐장, 늑(흉)막, 횡격막 등"으로 유방이 여기에 명시적으로 열거되어 있지 않지만 명백한 흉부의 장기에 해당한다는 점, 항소심에서 시행된 진료기록감정은 원고를 직접 대면하지 않은 상태에서 원칙적인 견해를 밝힌 것뿐이고 원고를 직접 대면하여 신체감정을 한 신체감정의사는 원고가 흉복부 장기의 기능에 장해가 남은 사람에 해당한다며 20%의 노동능력상실을 인정한 점을 근거로 피고의 항소를 기각하였고, 피고가 상고하자 대법원은 항소심 판단을 그대로 인정하면서 피고의 상고를 기각하였다.

3. 판결의 의의

유방은 유아에게 모유를 제공하는 기능을 가진 기관이지만 심미학적 관점에서 여성의 아름다움 내지 여성다움을 표현하는 기능을 수행하고, 질병(유방암)을 치료하는 과정에서 불가피하게 전부 또는 일부 절제된 유방을 재건하거나 질병이 없더라도 유방의 모양이나 크기를 변화시키기 위한 수술이 널리 시행되고 있다. 그에 따라 수술의 후유증으로 유방에 변형이 발생하거나 수유기능에 장애4)가 발생한 경우 이에 따른 법적 분쟁도 많이

---

4) 장애는 신체의 생리학적 결손이나 손상, 생물학적인 기능장애를 의미하는 1차 장애(impairment), 1차 장애가 직접, 간접적인 원인이 되어 인간의 능력이 약화된 상태인 2차 장애(disability), 1, 2차 장애에 다시 사회, 환경적 요소가 결합되어 사회적으로 정상적인 생활을 할 수 없는 불리한 입장에 처한 상태를 의미하는 3차 장애(handicap)로 구분된다. 사전적으로는 각 장애에 대하여 모두 '장애'라는 용어를 사용하지만, 법률에서는 2차, 3차 장애를 '장해'라고 표현한다(예: 장해급여 등)(노태헌, "인신사고로 인한

발생하고 있다. 우리 법원은 손해액을 산정할 때 신체장해에 대한 평가에 있어서 맥브라이드 장해평가기준을 활용하고 있고, 맥브라이드 장해평가 기준에는 유방에 대한 평가기준이 없다. 법원은 국가배상법 시행령 별표나 산업재해보상법 시행령 별표의 신체장해등급을 보조수단으로 적용하고 있으나, 위 각 신체장해등급 기준에도 "흉복부 장기의 기능"에 장해가 발생한 경우라고 규정하고 있고 산업재해보상보험법 시행규칙 별표 장해등급 판정 세부기준 규정에 따르면 '흉복부 장기의 장해'에 대하여 '심장, 심낭, 폐장, 늑(흉막), 횡격막 등에 타각적으로 증명될 수 있는 변화가 인정되고 그 기능에도 장해가 증명된 것'이라고 정의하고 있어 유방이 '흉복부 장기'에 해당하는지 분명하지 않으며, 유방은 인체의 노출부위가 아니어서 추상장해로 평가하기 어려운 측면이 있다.

대상 판결은 신체감정의사가 원고의 유방에 발생한 후유증은 산업재해 보상보험법 시행령 별표6 중 제11급 제11호 "흉복부 장기의 기능에 장해 가 남은 사람"에 해당한다고 보아 20%로 평가한 장해율을 수용하면서 "흉복부 장기는 심장, 신장, 폐장, 늑(흉)막, 횡격막 등으로 유방이 여기에 명시적으로 열거되어 있지 않지만 명백한 흉부의 장기에 해당한다"고 판 시하였다. 이에 대하여 '흉복부 장기'의 문언적 해석에는 유방이 포함되기 어렵다고 비판하는 견해가 있다.[5]

손해배상에서 소극적 손해의 산정방법", 대법원·대한의료법학회 2024년 추계공동학술 대회 발제문 참조). 이 책에서는 1차 장애(impairment)만 '장애'라 하고, 2차, 3차 장 애는 법률용어인 '장해'라는 용어를 사용한다.

[5] 김봉겸, "신체장애 평가에서 유방의 법적 지위-장기 해당 여부, 수유장애, 노동력상실에 대하여", 의료법학(제18권 1호), 2017. 6. 30., 265-295면. 이 견해는 우리나라 어느 법령에서도 유방을 흉부의 장기로 규정한 곳이 없고, 국어사전에 따르면'흉부'란 '가슴을 전문적으로 이르는 말'이라고 정의하고 있고'가슴'은'배와 목 사이의 앞부분'이라고 정의하고 있으며, '장기'란'내장의 여러 기관'이라고 정의하고 있고,'내장'이란'척추동 물의 가슴 안이나 배 안 속에 있는 여러 가지 기관을 통틀어 이르는 말. 위, 창자, 간, 콩팥, 이자 따위가 있다'라고 정의하고 있으므로, 유방을 흉복부의 장기로 보기 어렵다고 주장한다.

대상 판결이 의사의 과실책임의 범위를 산정한 결론은 타당하지만, 별다른 논증 없이 유방이 흉복부 장기에 해당한다는 결론을 내린 과정은 수긍하기 어렵다. 이러한 허점은 결국 우리나라에 제대로 된 장해평가기준이 없기 때문인데, 이와 관련하여 현재 대한의학회가 의학계의 모든 과목 전문의와 관련 전문가들이 함께 수년간의 노력과 여러 논란 끝에 마련한 "대한의학회(KAMS) 장해평가기준"이 제2판까지 발간되었음에도 척추의 장해평가와 관련한 이견으로 우리 법원이 공식적으로 이를 장해평가기준으로 채택하지 않고 있다. 장해평가기준은 의료사고 분쟁뿐만 아니라 자동차사고를 포함한 보험사고 등 모든 손해배상분쟁에서 반드시 필요한 기준이므로, 하루빨리 이견이 없는 정확한 장해평가기준이 마련되어 합리적인 장해판단이 이루어지기를 희망한다.

034. 노동능력상실률 평가 기준으로 대한의학회 장해평가기준을 활용한 사례
- 서울중앙지방법원 2020. 10. 14. 선고 2018나58457 판결[6]

1. 사실관계

원고는 수년간 요통과 방사통 등으로 보존적 치료를 받아오다 2013. 11. 28. 피고 병원에 내원하여 추간판탈출증 진단을 받고 2회에 걸쳐 CT 유도 신경치료를 받았으나 증상이 악화되어 2015. 6. 4. 경막외 내시경하 신경감압술(이하 '1차 수술')을 받았다. 그런데 1차 수술 직후 원고는 좌측 엄지발가락과 좌측 발목에 힘을 줄 수 없었고 피고는 원고의 요추5번-천추1번 부위에 감압술 및 수핵 제거술(이하 '2차 수술')을 시행하여 남아 있던 디스크를 더 제거하였다. 원고는 2차 수술 이후 통증이 감소하고 좌측 발목 등의 근력이 다소 호전되었으나 족관절 신전근의 근약증으로 인한 족하수(신경손상 등으로 발목을 들지 못하는 증상)의 후유장애가 남자 피고를 상대로 손해배상을 청구하였다.

2. 법원의 판단

대상 판결은 피고가 위 1차 수술 과정에서 원고의 신경근을 손상시킴으로써 족하수라는 후유장애를 발생하게 하였다고 판단하였다. 종래 법원 실

---

6) 제1심 서울중앙지방법원 2018. 8. 21. 선고 2015가단5395319 판결. 대상 판결은 피고가 상고하였으나, 상고 기각되어 확정되었다(대법원 2023. 3. 16. 선고 2020다279975 판결).

무에서는 신체감정결과 감정서 기재 자체의 모순이나 불합리한 점이 없으면 감정결과를 그대로 수용하는 경향이 있었다. 그런데 대상 판결은 대한의학회 장해평가기준 2016년판을 기준으로 삼아 이에 어긋나는 감정인의 감정결과 및 사실조회결과를 채택하지 않았다. 대상 판결은 대한의학회 장해평가기준은 맥브라이드 평가표의 장해율 산정에 관한 불균형과 누락을 시정하고, 현실적인 우리나라 직업분포에 맞는 노동능력상실지수를 설정한 합리적이고 체계적인 기준이므로 맥브라이드 평가표가 아닌 대한의학회 장해평가기준을 통일적인 기준으로 삼아 노동능력상실률을 평가하여야 한다고 판시하였다. 또한 원고의 노동능력상실률 평가 과정에서 1차 수술 전 원고가 근력 약화로 인해 수술이 불가피한 상태였다는 점을 근거로 맥브라이드 평가표에 의할 때 기왕의 장해에 의한 노동능력상실률이 30%에 이른다는 감정결과를 채택하지 않은 채 원고에게 고정적인 장애가 있었음을 인정하기 어렵다는 취지로 기왕의 장해를 부정하였다.

3. 판결의 의의

맥브라이드 평가표는 1963년을 마지막으로 개정이 중단되었고, 현재 그 원전을 찾아보기 어려움에도 불구하고 2020년대가 될 때까지 사실상 유일한 노동능력상실률 평가 기준으로 사용되었다. 이 점에 대하여 우리나라의 사정에 맞는 현대적 기준이 필요하다는 문제가 꾸준히 제기되었고, 대한의학회는 보건복지부와 함께 2011년 장해평가기준을 완성하기도 하였다. 그러나 이 기준은 근골격계 부분에 심각한 오류가 발견되어 활용되지 못하였고 개정작업을 하여 2016년에 개정판이 나왔다. 대상 판결은 맥브라이드 평가표는 새로운 의료기술 및 수술기법을 반영하지 못하는 점, 정형외과 부분만 자세하고 나머지 분야는 추상적이어서 감정의의 개인적 견해나 주관에 크게 좌우되어 온 점, 그 결과 감정결과가 나와도 유사한 상황에서 유리한 감정결과가 있었던 다른 감정례를 제시하며 반론을 제시하는 사례가 많아 하급심에 혼란을 가져왔던 점 등의 이유를 들어 굳이 맥브라이드 평가표를 기준으로 해야 할 아무런 필요도 합리적인 이유도 없다고 판시하며, 대한의학회 장해평가기준은 맥브라이드 평가표의 단점을 보완하고 우리나라의 현실을 반영한 체계적인 기준이라고 평가하며 앞으로는 대한의학회의 평가기준을 따름이 타당하다고 판시하였다. 대상 판결은 단순히 평가기준을 대한의학회의 기준으로 변경한 것이 아니라 영국, 독일, 미국, 일본, 중국의 장해평가방식을 비교분석하고 맥브라이드 평가표의 단점과 대한의학회 장해평가기준의 제정 및 개정 경위와 장점을 비교분석하여 평가기준이 변경되어야 하는 점을 논증하였다는 데 큰 의의가 있다.

035. 예정된 장해에 관한 신체감정결과를 적용하지 않은 사건

– 서울고등법원 2023. 12. 14. 선고 2023나2018285 판결[7]

1. 사실관계

피고 병원 의료진은 원고의 폐좌하엽에 악성 종양이 있다는 폐암 진단을 하고 좌하엽에 대한 비디오흉강경하 절제술 및 종격동 림프절 박리술을 시행하기로 하였으나, 절제술을 하며 악성 종양이 있는 좌하엽이 아닌 좌상엽을 절제하고 원고를 퇴원시켰다. 피고 병원 의료진은 한 달여 경과 후 원고에게 수술이 잘못 시행된 것을 알리고 다시 폐 좌하엽을 절제하는 좌측 폐전절제술을 시행하였다.

2. 법원의 판단

대상 판결은 이 사건에서 좌하엽을 절제해야 하는데도 과실로 좌상엽을 절제한 사실은 당사자 사이에 다툼이 없다고 전제하고, 원고들은 피고 병원 의료진이 설명의무도 위반했다고 주장하나 이 사건 수술은 피고 병원 의료진이 착오로 다른 부위를 절제한 것일 뿐, 미리 좌상엽을 절제한 가능성을 예견한 것은 아니므로 그와 같은 설명을 할 것을 기대하기 어렵고 설명을 하지 않았다 하더라도 이를 이 사건 수술상 과실과 구분되는

---

7) 제1심 서울중앙지방법원 2023. 4. 19. 선고 2019가합566395 판결. 대상 판결은 원고들이 상고하였으나 심리불속행 기각으로 확정되었다(대법원 2024. 4. 12. 선고 2024다208759 판결).

설명의무 위반이라고 보기는 어렵다고 판단하였다.

대상 판결은 일실수입 판단과 관련하여 신체감정결과 "전체 폐는 총 18개의 구역(우상엽 3개, 우중엽 2개, 우하엽 5개, 좌상엽 4개, 좌하엽 4개)이 있는데 좌측 폐를 전부 절제한 경우 폐 기능이 약 56%가 되고, 이로 인한 노동능력상실률은 맥브라이드표 '흉곽의 손상과 질병 - Ⅳ. 만성 기관지염 - D. 폐확장부전증을 동반한 극심한 증상'항목을 준용하여 65%"라고 하면서, 신체감정의가 "기존 질병인 폐암으로 좌하엽 절제가 필요하였으므로 현재 장해에서 50%를 감하는 것이 타당하고, 원고의 현상태에 기왕증(폐암 등)이 기여한 정도는 50% 정도로 판단된다"고 한 데 대하여, 신체감정의의 감액 의견에 구체적인 근거가 없는 점, 신체감정의가 다른 한편으로는 좌하엽만 절제한 환자의 경우 약 78%의 폐 기능이 예상되어 노동능력상실률은 없거나 경미하다고 예상된다는 의견을 밝힌 점, 원고가 폐암을 발견한 것도 건강상 이상을 느껴 진찰을 받은 것이 아니라 장염으로 진료 받던 중 우연히 발견하게 된 것이고 그 병기도 종양의 크기가 작고 전이가 없는 1기였던 점, 수술 전 폐기능 검사도 정상이었던 점 등을 종합하여 신체감정의의 의견과 달리 기왕증의 기여가 없다고 보아 노동능력상실률을 56%로 인정하였다.[8]

---

8) 이 사건에서 원고는 향후 폐 이식 수술을 받을 것을 예정한 향후 치료비도 청구하였으나, 대상 판결은 신체감정의도 불필요한 좌상엽 절제에 대해 호전을 위한 추가적인 치료나 검사는 필요하지 않으며 현재 원고는 폐 이식 대상자가 되지 않는다고 답변한 점, 대한의사협회 의료감정원도 사실조회 회신에서 국내 기준으로 암 환자는 폐 이식이 금기되고 해외 기준으로도 일반적인 암인 경우 암 치료 후 5년간 재발이 없어야 하므로 원고는 국내는 물론 해외 기준으로도 폐 이식 금기에 해당하며, 한면 폐가 없더라도 일상생활이 가능하면 이식 대상자에 해당하지 않는다고 답변한 점, 설사 원고가 5년간 암이 재발하지 않는다 하여 곧바로 폐 이식의 적응증에 해당한다고 볼 사정이 없고 실제 폐의 이식을 받을 가능성이 높은 것도 아닌 점 등을 종합하여 이를 인정하지 않았다.

3. 판결의 의의

환자의 후유증이 사고와 기왕증이 경합하여 나타난 것이라면 사고가 후유증이라는 결과 발생에 기여하였다고 인정되는 정도에 따라 상응한 배상액을 부담하게 하는 것이 손해의 공평한 부담이라는 견지에서 타당하다(대법원 2022. 5. 13. 선고 2009다100920 판결 등). 대상 판결에서도 신체감정의에게 원고의 현 상태에 대한 노동능력상실률에 대한 의견 조회 및 기왕증 기여도에 대한 질문이 있었고 신체감정의는 원고의 폐암이라는 기왕증이 현재 상태에 기여한 정도를 50%라고 판단하였다. 그러나 법원은 기왕증의 기여도에 관하여 신체감정의의 의견을 그대로 수용하지 아니하고 신체감정의가 제시한 의견 자체의 모순점(원고가 폐 좌하엽만 절제하였다면 노동능력상실률은 없거나 경도로 예상된다고 감정한 점) 및 기타 객관적 사실들을 고려하여 판단하였다. 전문가의 감정 결과는 충분히 존중되어야 하지만 법원은 이 감정 결과를 그대로 수용할 것이 아니라 여러 가지 사정을 종합하여 합리적으로 판단해야 한다는 점을 다시 한번 확인한 판결이라는 점에서 의의가 있다.

4. 참고 판결

대법원 2023. 8. 31. 선고 2022다303995 판결[9]은 요추 4-5번 수핵제거술 등 이 사건 수술 직후 마미증후군이 발생한 사건에서, "불법행위로 인한 일실수입을 산정하기 위하여 노동능력상실률을 평가할 때 '기왕의

---

9) 제1심 인천지방법원 2021. 10. 12. 선고 2021가합52609 판결, 제2심 서울고등법원(인천) 2022. 11. 17. 선고 2021나16162 판결, 파기환송심 서울고등법원(인천) 2024. 3. 13. 선고 2023나14160 판결.

장해율', 즉 불법행위 전에 가지고 있던 기왕증으로 인한 노동능력상실의 정도는, '기왕증 기여도', 즉 기왕증이 후유증 발생에 기여한 정도와 구분되는 개념이다. 불법행위 전에 기왕의 장해가 있었다면, 불법행위 후 현재의 노동능력상실률(L2)에서 기왕의 장해로 인한 노동능력상실률(L1)을 빼고(L3 = L2 - L1), 기왕증이 후유증 발생에 기여하였다면 기왕의 장해율 외에 기왕증의 기여도도 참작하여 불법행위로 인한 노동능력상실률을 평가하여야 한다. 기왕의 장해와 기왕증 기여도가 동일한 부위에 문제 되는 경우, 기왕증 기여도는 기왕의 장해로 인한 노동능력상실률을 제외하고 증가된 노동능력상실률에 기왕증이 기여한 정도를 의미한다"고 판시하고, 이 사건에서 기왕증 기여도를 고려한 재활의학과 장해 노동능력상실률은 27%[= 예정된 장해로 인한 노동능력상실률 20% + 증가된 노동능력상실률 10% × (1 - 기왕증 기여도 0.3)]이고, 원고 A의 현재의 전신 복합노동능력상실률은, 비뇨기과 장해 노동능력상실률 10%와 재활의학과 장해 노동능력상실률을 비뇨기과 장해 계산 후 잔존 노동능력에 적용한 24.3%[= 27% × (1 - 10%)]을 합한 34.3%가 되며, 결국 이 사건 불법행위로 인한 전신 노동능력상실률은 위 34.3%에서 예정된 장해로 인한 전신 노동능력상실률 20%를 뺀 14.3%가 되므로, 이를 기초로 일실수입과 일실퇴직금을 산정하여야 한다고 판시하고 원심판결을 파기환송하였다. 이 판결은 대상판결과 달리 예정된 장해로 인한 노동능력상실률을 정확하게 판단하였다.

036. 학생의 일실수입 판단

○ 법과대학 재학생
- 서울고등법원 2010. 5. 13. 선고 2009나17587 판결[10]

대상 판결은 20세 법과대학 재학생이 종아리퇴축술을 받기 위해 국소마취제 리도카인을 투여받고 독성반응으로 저산소성 뇌손상이 발생한 사건에서, 원고가 이 사건 의료사고 당시 고려대학교 법학과에 재학 중이었고, 성적이 우수하여 최우등생으로 분류되었으므로, 위 의료사고를 당하지 않았다면 특별한 사정이 없는 한 법대를 우수한 성적으로 졸업할 수 있었으므로, 노동부 발간 임금구조기본통계조사보고서상 대졸이상 여성 20-24세 전경력자의 통계소득을 기초로 일실수입을 산정하여야 한다고 주장한 데 대하여, 그러한 사실만으로는 원고가 위 대학을 졸업한 후 대학졸업자의 경력과 연령에 따른 월평균수입을 얻을 것이 상당한 정도로 확실시된다고 볼 수 없다 하여 원고의 주장을 받아들이지 않았고, 전문대학 졸업자 초임을 기준으로 일실수입을 산정할 여지가 있으나, 불법행위로 인하여 피해자가 취득할 장래의 일실수익을 산정함에 있어서 직장의 급료보다 변론종결 당시의 일반 일용노임이 다액일 때에는 일반 일용노임을 선택하여 그 기준으로 삼을 수 있다는 대법원 1991. 1. 15. 선고 90다13710 판결에 따라 전문대학 졸업자 초임보다 다액인 도시일용노임에 기초하여 일실수입을 산정하였다.

---

10) 위 판결의 상세한 사실관계 및 과실판단에 대해서는 014번 판결 참조.

○ 법학전문대학원 재학생
  - 서울중앙지방법원 2015. 12. 15. 선고 2013가합554482 판결11)

대상 판결은 법학전문대학원 재학생이 필러시술 후 1급 시각장애인이 된 사건에서, 원고가 소송 중 변호사시험에 합격하여 재판연구원으로 근무하게 되자 2014년 고용형태별 근로실태조사보고서상 '26. 법률 및 행정 전문직' 1년 미만 경력에 해당하는 통계소득인 월 4,615,000원을 적용하고 가동연한 70세, 복합장해율 86.5%를 적용하여 일실수입을 산정하였다.

○ 경찰대학교 재학생
  - 서울고등법원 2013. 3. 28. 선고 2011나86845 판결12)

대상 판결은 치과병원에서 턱끝성형술을 위해 마취 후 호흡낭을 조작하던 중 기관지 경련이 발생하여 응급처치로 환자를 소생시킨 후 상급종합병원으로 이송하였으나 다발성장기부전으로 사망한 사건에서, 망인이 사고 당시 경찰대 2학년에 재학 중이었는데 경찰대학생은 졸업 후 경찰공무원이 되므로13) 경찰공무원의 호봉 승급 등을 고려하여 정년까지의 급여와 퇴직금을 산정하였다.

---

11) 대상 판결은 당사자 쌍방이 항소하지 아니하여 확정되었다.
12) 제1심 서울중앙지방법원 2011. 9. 20. 선고 2009가합81673 판결. 대상 판결은 피고가 상고하였으나, 상고 기각되어 확정되었다(대법원 2013. 12. 12. 선고 2013다31144 판결).
13) 경찰대학설치법 제8조 경찰대학의 졸업자는 「경찰공무원법」에 따른 경위(警衛)로 임명한다.

037. 외국인의 일실수입

○ 하와이주 일용노임 인정 및 손해3분설에 기초한 배상액 산정
　　- 대법원 2012. 1. 12. 선고 2010다106320 손해배상(의) 판결[14]

　　대상 판결은 상·하안검성형술, 외안각성형술, 유방확대술, 겨드랑이 앞부위 지방흡입술, 턱끝 절제술 등 성형수술 후 유방하수와 주름은 다소 개선되었으나, 턱밑·양면 귀·양면 눈 및 양면 가슴에 흉터가 남게 되었으며, 성형수술을 하더라도 현재 남아 있는 흉터의 흔적을 지울 수 없는 상태가 되고, 양면 눈이 잘 감기지 않아 안검외반증·토안과 안구건조증 등이 발생한 사건에서, 미국 시민권자인 원고가 신체감정결과를 토대로 60%의 노동능력상실률과 본인이 거주하는 미국 하와이주 여성도시노동자의 연평균수입 및 65세까지의 가동연한이 적용되어야 한다며 총 7억 원이 넘는 금액의 배상을 요구한 데 대하여, 외모에 남은 흉터를 현저한 추상이라 보기 어렵다며 신체감정결과를 배척하고 15%의 노동능력상실율을 인정한 다음, 이 사건 의료사고 당시인 2007. 7.의 미국 하와이주 여성도시일용노동자의 일용노임단가 미화 125.98달러(2011. 2. 23. 기준 142,224원)에 월평균 가동일수 22일을 곱한 금액을 기초로 60세가 되는 2024. 3. 9.까지의 일실수입을 산정하였다.[15]

---

14) 제2심 서울고등법원 2010. 11. 25. 선고 2009나82246 판결.
15) 대상 판결은 일반 육체노동자의 가동연한을 60세로 인정하던 시기의 판결로, 제1심 판결 중 소극적 손해(27,609,647원)와 위자료(3,000만원) 부분의 경우 항소심 인정 금액보다 적은 금액을, 적극적 손해(37,413,204)의 경우 더 많은 금액을 인용하였는데, 이 중 소극적 손해에 대하여는 원고가 항소를 하지 아니하고 피고만이 항소를 제기하여 불이익변경금지의 원칙에 따라 피고에게 불리하도록 제1심 판결을 변경할 수 없어, 인용 가능한 소극적 손해액은 1심에서 인용된 27,609,647원을 인정하고, 적극적 손해에 대한 피고의 항소에 의해 일부 책임제한 비율을 적용하여 26,138,242원으로 수정하였으며, 위자료에 대하여는 원고의 부대항소를 일부 받아들여 4,500만원이 인정되어

○ 미국 대학 재학생
- 대법원 2016. 6. 23. 선고 2015다55397 판결16)

대상 판결은 미국 영주권자인 원고(23세, 여)가 2010. 12. 2. '좌측 하악
과두 발육 부전을 동반한 상악 전돌증' 치료를 위해 '후방 분절 골절단술,
양측성 시상 분할 골절단술을 이용한 하악 전진술 및 중격 갑개성형술'을
받은 후 호흡곤란을 호소하였으나 적절한 조치를 받지 못한 채 이산화탄소
혼수에 의한 호흡정지 등으로 강직을 동반한 사지마비 상태가 되어 손해배
상을 청구한 사건에서, 제1심 판결이 신체감정결과에 따라 기대여명을
14.54년으로 보고, 원고가 미국 영주권자로서 사고 당시 미국 아칸소 대학
(University of Central Arkansas)에 재학 중이었는데, 의료사고가 없었다면
대학졸업 후 방사선 치료사로서 종사할 수 있었고, 2012. 5. 미국 직업별
고용 및 임금 추정치인 주급 877달러를 우리 돈으로 환산한 3,944,746원을
일실소득의 기준으로 삼아 6억원 가량의 일실소득을 인정하고, 원심 판결
이 이를 유지한 데 대하여, 외화채권을 우리나라 통화로 환산하는 경우 사
실심변론종결 당시의 외국환 시세를 우리나라 통화로 환산하는 기준시로
삼아야 함에도 불구하고 제1심 변론 종결 당시의 환율을 기준으로 삼은 것
은 법리를 오해한 것이라고 판시하고 원심판결을 파기하였다.

원금 98,747,889원 및 이자를 지급하도록 판결하였고, 피고가 다시 상고하였으나 기각
되어 항소심 판단이 최종 확정되었다.
16) 제1심 부산지방법원 2014. 11. 19. 선고 2013가합2002 판결, 제2심 부산고등법원 2015.
8. 27. 선고 2014나8608 판결. 한편, 대상 판결은 피고의 책임을 제한하지 않는 취지로
도 원심판결을 파기환송하였다. 이에 대하여는 이 책 책임제한 부분 043번 판결 참조.
이 사건에서 직업에 관한 판단은 상고이유에 포함되지 않았다.

○ **귀화한 중국인**
  - 서울고등법원 2017. 3. 23. 선고 2016나2008402 판결17)

대상 판결은 중국 국적자인 원고가 2006. 3.경부터 우리나라에 들어와 대학교와 대학원을 다니며 아르바이트를 하였고 한국에 귀화를 준비하던 중 2013. 9.경 성형외과 의사인 피고1로부터 안면지방이식술을 받은 직후 왼면 안동맥이 폐쇄되어 왼면 눈이 실명된 사건에서, 원고가 이 사건 사고 발생 당시에도 시간제 아르바이트를 하여 월 200만 원 가량의 수입이 있었고 2015. 1. 대한민국 국적을 취득한 후 현재까지 외국어 능력이 중요한 통역 및 외국인을 상대로 한 판매업무를 수행하여 월 230만 원의 소득이 있었으며 한국에서 경영학 석사를 취득하고 최소 2개 국어를 능통하게 구사할 수 있는 점을 고려하면 원고의 소득이 현재보다 증가할 것이 충분히 예상되므로 월 230만원을 기준으로 일실수입을 산정해야 한다고 주장한 데 대하여, 일시적으로 국내에 체류한 후 장래 출국할 것이 예정되어 있는 외국인의 일실이익을 산정함에 있어서 예상되는 국내에서의 취업가능기간 내지 체류가능기간 동안의 일실이익은 국내에서의 수입(실제 얻고 있던 수입 또는 통계소득)을 기초로 하고, 그 이후에는 외국인이 출국할 것으로 상정되는 국가(대개는 모국)에서 얻을 수 있는 수입을 기초로 하여 일실이익을 산정하여야 할 것이고, 국내에서의 취업가능기간은 입국 목적과 경위·사고 시점 본인의 의사·체류자격의 유무 및 내용·체류기간·체류기간 연장의 실적 내지 개연성·취업현황 등의 사실적 내지 규범적 제 요소를 고려하여 인정함이 상당하다는 대법원 판례(대법원 1998. 9. 18. 선고 98다25825 판결)를 인용하면서, 원고는 이 사건 시술 당시 비록 중국 국적자였지만 2006. 3.경부터 우리나라에 들어와 대학교와 대학원을 다니며 아르바이트

---

17) 제1심 서울중앙지방법원 2015. 12. 22. 선고 2014가합27147 판결. 대상 판결은 원·피고 쌍방이 상고하지 않아 그대로 확정되었다.

를 하여 그 소득이 우리나라 도시 보통인부의 일용노임 수준과 비슷하였던 점, 실제 유학비자로 주당 30시간의 아르바이트가 가능하였던 점, 원고는 이 사건 사고 직후인 2013. 9.경 '구직'을 체류자격으로 한 비자를 새로 발급받은 점, 원고는 우리나라에서 생활하면서 귀화 준비를 하여 2015. 1. 대한민국 국적을 취득한 점, 원고의 출국은 눈 치료를 위해 일시 출국한 것만 확인되고 비록 체류기간 연장이나 귀화 허가가 행정청의 재량이기는 하나 원고가 이 사건 시술 이전 이미 7년가량 한국에 적법하게 체류하고 있었고 달리 원고의 체류 연장신청이 불허될 것이라는 사정이 없는 점 등을 고려하여 원고의 한국 귀화 여부와 무관하게 국내 도시 보통인부의 일용노임 수준의 소득을 얻을 수 있다고 볼 수 있다고 판단하였고, 원고가 주장한 230만 원가량의 수입 부분은 모두 이 사건 사고 이후에 이루어진 것이고 그러한 수입이 계속될 것이라고 단정할 만한 증거가 없음을 이유로 배척하였다.

038. 직업별 일실수입 산정

○ 45세의 회사 대표
- 서울고등법원 2015. 7. 23. 선고 2014나2010777 판결[18]

대상 판결은 캐뉼러를 이용한 지방흡입 과정에서 근막을 손상시키고 장기에 천공을 발생시켜 대학병원으로 이송되었으나 사망한 사건에서, 망인이 사고 당시 45세의 회사 대표로 69,530,760원의 소득세를 납부한 원천징수 확인서를 근거로 월 580만원의 급여를 65세까지 얻을 수 있는 것으로 인정하였다.

○ 공인회계사
- 대구고등법원 2015. 8. 26. 선고 2014나20203(본소) 2014나20210(반소) 판결[19]

대상 판결은 신장이식 과정에서 이식신장의 동맥을 연결하는 혈관문합술 시행중 외장골동맥이 박리되지 않도록 세심한 주의를 기울여야 함에도 불구하고 이를 게을리하고 불필요한 외력을 가한 과실로 이식신장을 다시 떼어낸 사건에서, 원고가 공인회계사이고 최근 3년간 소득의 변동폭이 큰 점을 고려하여 3년간의 소득을 평균하여 월 8,227,153원의 소득을 인정하였다.

---

18) 제1심 서울중앙지방법원 2014. 2. 21. 선고 2012가합507373 판결. 대상 판결은 일반 육체노동자의 가동연한을 60세로 인정하던 시기의 판결이다.
19) 제1심 대구지방법원 포항지원 2014. 1. 10. 선고 2012가합1639 판결.

○ 연예인

 - 서울고등법원 2019. 1. 10. 선고 2017나2027417 판결[20)]

대상 판결은 1988년경부터 가수·작곡 및 작사가·프로듀서 등으로 활동하면서 한 시대를 대표한다고 평가할 수 있는 음악인으로 평가받았던 망인이 마비성 장폐색에 대한 유착박리술과 망인의 동의 없는 위축소술을 받은 후 소장이 천공되었고, 소장 내용물이 복강 내로 유출되어 복막염이 발생하였으며, 심낭천공으로 심낭염, 심낭압전 등이 발생하여 심장기능 이상으로 응급수술 시행에도 불구하고 뇌를 비롯한 다발성 장기부전으로 2014. 10. 27. 사망한 사건에서, ① 마비성 장폐색에 대하여 성급한 유착박리술과 망인의 동의 없는 위축소술을 시행한 과실, ② 이 사건 수술 시행 후 경과관찰상 과실 및 복부 및 흉부의 계속된 심한 통증의 원인을 규명하기 위한 적극적인 조치를 소홀히 한 과실에 따른 손해배상책임을 인정하였고, 일실수입 산정에 있어 ⓐ 가동연한과 관련하여, 한 시대를 대표한다고 평가할 수 있는 음악인의 경우 60~70세를 훨씬 넘어서도 그 음악활동을 지속하면서 꾸준히 수입을 얻고 있는 사례들이 있는 점, 사단법인 가수협회에 등록된 60~69세 사이의 가수는 180명, 70~79세 사이의 가수는 112명으로 60세를 넘은 가수들도 상당수 있는 점, 망인은 실제로 그 사망 이전까지도 꾸준히 음악활동을 계속해 오고 있었고, 방송인으로서의 활동도 점차 확대해 나가고 있었던 것으로 보이는 점, 의료수준의 향상에 따른 기대여명 및 가동연한이 연장되고 있는 점 등을 종합하여 망인의 가동연한을 70세로 인정하였고,[21)] ⓑ 소득과 관련하여, 망인이 사망 이전 약 4개월 동안 얻은 총수입 71,920,000원에서 비용을 공제하고 소속사와 수익을

---

20) 제1심 서울중앙지방법원 2017. 4. 25. 선고 2015가합531124 판결. 대상 판결은 원고가 상고하였으나 심리불속행 기각되어 확정되었다(대법원 2019. 5. 30. 선고 2019다212488 판결).

21) 대상 판결은 일반 육체노동자의 가동연한을 60세로 인정하던 시기의 판결이다.

분배한 후 망인이 개인적으로 지급해야 할 출연료를 공제한 망인의 실제 수입 31,086,800원에 대한 월 평균수입이 통계수입액과 상당한 차이가 있으므로, 통계자료를 기준으로 망인의 일실수입을 산정하지 않고 망인이 사망하기 전 약 4개월 동안의 월 평균수입 7,771,700원을 적용하여 일실수입을 산정하였다.[22] ⓒ 한편, 망인은 이 사건 사고 발생 당시 다수의 공연 및 방송출연 등 계약을 체결한 상태였는데, 대상 판결은 각 계약에 따른 예상 수입을 2015년에 한시적으로 지급받을 수 있는 금액으로 보아 2015년의 월 소득을 36,960,033원으로 적용하였으며, 2016.1.1.부터 여명까지는 다시 위 ⓑ에서 계산한 월 소득 7,771,700원을 적용하여 일실수입을 산정하였다.

○ **법무법인 파트너**
  - 서울고등법원 2020. 1. 9. 선고 2019나2019496 판결[23]

대상 판결은 폐질환 의심 하에 흉강경을 통한 폐조직검사(쐐기절제술)를 시행한 후 염증이 발생하여 우상엽 전체를 제거하는 폐엽절제술을 시행하였는데, 검체의 최종 병리판독결과는 '결핵'을 시사하는 소견이었던 사건에서, 내과적 약물 복용만으로 결핵 치료가 가능했을 것이기에 피고의 우상엽 전체 절제술은 주의의무를 위반한 것이라고 판단한 다음, 원고가 근무하는 법무법인의 파트너 변호사의 정년이 만 60세임에도 불구하고 그 이

---

22) 이는 자영업의 경우 통상 사고 발생 전 1~2년간의 소득을 참작하여 일실수입을 판단하는 것과 달리 사고 발생 전 단 4개월 동안의 자료만으로 일실수입을 산정한 것으로 이례적이라 할 수 있다. 대상 판결이 통상의 사례와 달리 판단을 한 법리적 근거를 보다 명확하게 설시하는 것이 필요하였을 것으로 보인다.

23) 제1심 서울중앙지방법원 2019. 4. 9. 선고 2018가합568417 판결. 대상 판결은 당사자 쌍방이 상고하였으나, 상고 기각되어 확정되었다(대법원 2021. 7. 8. 선고 2020다213401 판결).

후에도 일반 파트너 변호사의 지위로 계속 근무를 할 수 있고, 실제 위 법무법인에서 정년에 달하였다는 이유로 사직한 변호사는 그동안 한 명도 없으며, 파트너 변호사로서 75세까지 근무한 사례들도 있다고 주장한 데 대하여, 법무법인의 파트너 변호사인 원고의 가동연한은 대법원 1993. 2. 23. 선고 92다37642 판결에 따라 70세이며, 법무법인의 파트너 변호사의 급여 및 상여금은 변호사의 경력, 실적, 기타 기여도 등을 종합하여 매년 결정되어 순수한 고정급이 아닌 점, 만 60세 이후에는 일반 파트너 변호사의 급여 결정의 방식상 급여와 상여금이 전체적으로 하향하여 감소될 수 있는 점 등을 고려하여 볼 때 원고가 만 60세 이후에도 위 법무법인에서 현재와 같은 소득을 올릴 수 있다는 점에 대해서 원고가 상당한 개연성이 있는 정도로 증명하지 못하였다고 보고 만 60세까지는 사고 당시 원고의 소득인 월 3,000만 원을 기준으로, 그 이후부터 가동연한까지는 10년 이상 남자 변호사의 통계소득인 월 7,672,000원을 기준으로 일실수입을 산정하였다.

○ 산후조리원 사업주
  - 서울중앙지방법원 2023. 6. 7. 선고 2021나74961 판결[24]

  대상 판결은 척수낭종을 난소낭종으로 오진하여 척수에 난소낭종 경화술을 위한 알코올을 주입한 결과 마미증후군·신경인성 방광·하지마비 및 통증이 발생한 사건에서, 원고가 산후조리원의 사업주로서 관할세무서에 종합소득세 신고용 소득금액으로 2016년도에는 475,776,155원을, 2017년도에는 51,355,035원을 각 신고하였다고 주장한데 대하여, 원고가 운영한 산후조리원의 영업 매상고·필요경비 및 자본적 설비 등을 인정할 객관적 자료는 현출되어 있지 않고, 제출된 증거들만으로는 위 사업소득에서 공제

---

24) 제1심 서울중앙지방법원 2021. 10. 29. 선고 2019가단5255815 판결.

되어야 하는 자산소득이나 인적·물적 자본 기여도가 구체적으로 어느 정도인지, 원고의 개인적 노무 기여도가 구체적으로 어느 정도인지 특정하기 어려우므로 결국 사업소득에 기한 일실수입을 산정하기 곤란하다고 판단하여 보통인부 도시일용노임을 기준으로 일실수입을 산정하였다.

039. 소득의 변경이 있는 경우

○ 사고 당시 47세인 화가의 가동연한을 65세까지 인정하고 경력을 고려하여 통계소득을 인정한 사건
  - 서울고등법원 2013. 9. 5. 선고 2011나85422 판결[25]

대상 판결은 사고 당시 47세 5개월가량의 남자인 원고의 가동연한을 65세까지 인정하는 동시에, 1987. 2.경 대학교 사범대학 미술교육과를 졸업하고 1991년부터 2005년까지 4곳의 대학교에서 서양화과 강사 또는 겸임교수로 근무하고, 1987년부터 약 200회에 이르는 초대전 및 그룹전을 개최하는 등 화가로서 직업 활동을 해 온 사실, 통계청 고시 한국표준직업분류(6차 개정) 분류항목명 및 내용설명 상 화가는 문화 · 예술 · 스포츠 전문가 및 관련직에 해당하는 점에 비추어, 2006년 및 2007년 임금구조기본통계조사보고서의 문화·예술·스포츠 전문가 및 관련직에 종사하는 10년 이상의 경력을 가진 남자의 급여로 계산하여 원고의 소득을 월 3,256,123원을 기준으로 일실수입을 산정하였다.

○ 사고발생 후 취직하여 소득이 상향된 경우
  - 대법원 2017. 10. 22. 선고 2017다255634 판결[26]

대상 판결은 추석인 2006. 10. 6. 새벽에 오른팔의 정중신경, 요골신경 및 척골신경 3개가 모두 끊어지는 외상을 입고 다른 병원을 방문하였다가 수술 준비 시간이 오래 걸린다는 말을 듣고 응급수술을 받기 위해 피고

---

25) 제1심 서울중앙지방법원 2011. 9. 21. 선고 2009가합110793 판결. 대상 판결은 일반육체노동자의 가동연한을 60세로 인정하던 시기의 판결이다.
26) 제1심 서울중앙지방법원 2016. 4. 5. 선고 2014가합530148 판결, 제2심 서울고등법원 2017. 7. 13. 선고 2016나2024305 판결.

병원에 내원하여 신경접합술을 받았는데, 이후 볼크만 허혈성 구축증에 의한 오른면 상지 구축으로 장해가 발생한 사건에서, 원고가 사고 당시 만 26세로 일정한 직업이 없었다가 2010. 1.부터 A주식회사에 소속되어 소득을 올리고 있었음을 근거로 2007. 8. 11.부터 2009. 12. 31.까지는 도시일용노임을 기준으로, 2010. 1. 1.부터 가동연한까지는 원고의 근로소득을 기준으로 하여 일실소득을 청구한데 대하여, 원고의 나이, 직장 경력, 소득수준에 비추어 보면 원고가 이 사건 사고 당시 적어도 대학교를 졸업하였거나 특정기능 또는 자격을 가지고 있었을 가능성을 배제할 수 없고, 그 학력·경력에 따른 통계소득을 기준으로 일실수입을 산정할 여지가 있음에도 불구하고 원심판결이 원고의 학력, 경력, 자격증 소지 여부, 무직 상태에 있었던 기간과 그 사유 등에 관하여 석명하는 등으로 통계소득을 기준으로 일실수입 산정이 가능한지 여부를 심리하여 만일 통계소득이 일반노임보다 높다면 통계소득에 의해 일실수입을 산정하였어야 함에도 불구하고 도시일용노임을 적용한 원심 판단에는 일실수입 산정에 관한 법리를 오해하고 석명의무를 위반하여 필요한 심리를 다하지 않아 판결에 미친 잘못이 있다고 판시하면서 원심판결을 파기환송하였다.

○ 공무원 연금의 일실수입 청구가 인용된 사건
- 서울고등법원 2019. 1. 17. 선고 2018나2024378 판결[27]

대상 판결은 65세 5개월 남짓으로 가동연한을 경과한 환자가 흉막염과 패혈증 상태로 응급실에 내원한 망인에 대하여 구체적인 증상이나 상황을 정확하게 진찰하지 아니하여 사망한 사건에서, 망인은 사망 당시 65세 5개월

---

27) 제1심 서울남부지방법원 2018. 4. 17. 선고 2017가합101585 판결. 대상 판결은 원고들이 상고하였으나 심리불속행 기각으로 확정되었다(대법원 2019. 5. 30. 선고 2019다212488 판결).

남짓으로 가동연한을 경과하였으나, 매월 2,951,290원의 공무원연금을 받은 점을 근거로 망인의 사망일로부터 여명종료일까지의 공무원연금에 대하여 생계비 1/3을 공제한 금액 302,621,931원을 기초로 일실손해를 계산하였다.

○ 사망한 교육공무원의 일실퇴직급여 산정시 유족급여를 공제한 사건
  - 대법원 2020. 4. 29. 선고 2020다202173 판결[28)]

대상 판결은 55세 4개월의 중등학교 교육공무원이 2013. 9. 1. 심한 두통을 호소하며 여의도성모병원 응급실에 내원하였고 영상검사결과 뇌실내 출혈, 교뇌 및 연수 주변부 지주막하 출혈 진단하에 뇌실외배액술을 시행받고 상태가 호전되어 9. 4. 피고 병원으로 전원하여 보존적 치료를 받던 중 11. 2. 05:10경 침대에서 내려오다 떨어지는 사고로 경막하출혈을 일으켜 11. 11. 사망한 사건에서, 망인의 가동 연한을 만65세로 보고 정년(62세)까지 근무하였다면 받을 수 있었던 월소득에 더하여 정년 이후 망인이 만 65세가 될 때까지의 도시일용노동에 종사하는 보통인부의 소득까지도 인정하고, 망인의 일실퇴직금에 대해서는 공무원연금법상 퇴직연금 등 퇴직급여금과 유족연금 등 유족급여는 모두 수급권자의 생활안정과 복지향상을 도모하기 위한 동일한 목적과 성격을 지닌 급부라고 할 것이므로 재직 중인 공무원이 사망함으로써 그 유족이 유족급여를 지급받게 된 경우에는 이중보상을 방지하기 위하여 이를 공제하여 사망한 공무원의 일실퇴직급여손해액을 산정하여야 한다는 대법원의 판결(대법원 2000. 9. 26. 선고 98다50340 판결)에 따라 망인이 수령할 것으로 예상한 퇴직연금일시금 및 퇴직수당의 총액과 유족들이 수령할 유족급여의 총액을 비교한 결과 후자가 다액임이 계산상 명백하여 망인의 퇴직연금일시금 및 퇴직수당을 전액 부정한 원심판결을 그대로 유지하였다.

---

28) 제1심 서울중앙지방법원 2016. 11. 30. 선고 2014가합515101 판결, 제2심 서울고등법원 2019. 12. 5. 선고 2017나324 판결.

제3절 개호비

040. 변호사로 근무하고 있음에도 8시간 개호를 인정한 사건
- 서울고등법원 2018. 6. 21. 선고 2017나19557 판결[29)]

1. 사실관계

원고는 2002. 6. 수막종 아전절제술을 시행 후 마비 증상이 있었다가 회복되었는데, 2009. 7. 사법시험 응시 후 수막종 재발이 확인되어 2009. 8. 11.~14.까지 4일간 방사선치료를 받은 후 2010. 2. 22.부터 2일간 방사선치료를 추가로 받았다. 원고는 2010. 5.말경부터 왼면 어깨에 이상을 느껴 검사 결과 좌측 상완신경총 손상 소견이 있어 재활치료를 시행하였으나 좌측 경추부 척수 손상 및 상하지 근력저하, 소변장애 등이 있고, 사법연수원 수료 후 변호사로 근무 중이다. 원고는, 1, 2차 방사선 치료 시점의 수막종의 크기나 모양에 별 변화가 없어 2차 방사선 치료가 불필요함에도 이를 시행한 과실, 2차 방사선 치료 시에는 방사선량을 엄격히 제한하여야 함에도 불구하고 누적 방사선량에 관한 기준치를 넘어 과다한 양의 방사선을 조사한 과실 및 1, 2차 방사선 치료 시행 전에 예상되는 합병증 등에 관한 설명의무 위반 등의 과실로 현장애가 발생하였다며 손해배상을 청구하였다.

---

29) 제1심 서울중앙지방법원 2017. 7. 11. 선고 2012가합82591 판결. 대상 판결은 당사자 모두 상고하지 않아 확정되었다.

2. 법원의 판단

대상 판결은 1차 방사선치료 후 MRI결과를 기다리지 않고 2차 방사선치료를 시행한 과실, 2차 치료에서 기준치 2배 이상의 방사선을 조사한 과실 등을 인정하되 책임을 60%로 제한하고, 변호사로 근무하고 있는 점 등을 고려하여 노동능력상실율 61.33%, 가동연한 70세, 3~5년 미만 경력 여성변호사 통계소득 월 540여만 원을 적용한 원심판결을 유지하고, 증가된 통계소득을 반영하여 배상을 명하였다.

3. 판결의 의의

대상 판결은 원고가 변호사로 근무하고 있음에도 주변 사람들의 도움을 받아야 일상생활이 가능하다고 보아 1일 8시간의 개호를 여명까지 인정한 것이 특징이다. 개호란 피해자가 기본적인 일상생활의 동작을 혼자 힘으로 하는 것이 불가능한 경우를 상정한 것이고 이는 간호 또는 간병과 구별되는 개념이다. 따라서 교통사고나 의료사고와 같이 인신사고에 대한 손해배상액을 계산함에 있어서 개호비 인정에 관하여 법원은 비교적 엄격한 입장을 견지해 왔다. 즉 신체감정 절차에서 1~3인의 개호인이 필요하다는 회신이 제출되더라도, 1일 8시간 이하의 개호를 인정하는 경우가 많고, 1일 16시간의 개호를 인정한 경우는 드물었다. 1일 8시간 개호가 인정되는 사건도 저산소성 뇌손상 등으로 사지마비나 인지기능이 상당 정도 상실된 경우가 다수였다는 점을 고려하면, 본 사건에서 1일 8시간 개호를 인정한 것은 이례적으로 보인다. 이러한 법원의 판단은 피해자 보호라는 측면에서는 환영할 만한 일이지만, 개호비 인정에 대한 법원의 일관성 있는 기준 제시가 필요해 보인다.

4. 참고 판결

○ 서울고등법원 2013. 2. 21. 선고 2011나104583 판결[30]은 피고 병원에서 편평상피세포암 광범위절제술과 성형외과적 결손부위 제거술 시행 후 기관절개창 내 삽관된 튜브를 교체하는 과정에서 술기 미숙으로 삽관을 지연시킨 과실로 환자에게 저산소성 뇌손상을 일으킨 과실을 인정하면서, 신체감정 결과 24시간 개호가 필요하다는 회신이 제출되었으나 수면 시간 동안은 개호가 필요 없다는 점을 지적하며 2인 개호를 인정하였다.

○ 서울고등법원 2013. 1. 17. 선고 2011나46915 판결[31]은 출혈을 동반한 해면혈관종을 가진 환자가 수술 시행 후 손발에 힘이 들어가지 아니하고 마비가 온 것 같다고 호소하였음에도 불구하고 MRI실시가 늦고 20시간 이상 지나 수술을 한 과실을 인정하고 원고가 사지마비 상태로 혼자 일상생활을 영위할 수 없으므로 원고의 중한 마비 상태가 시작된 2008. 3. 3.부터 여명 종료일까지 성인 1인의 8시간 개호가 필요함을 인정하는 동시에, 기왕개호비와 관련하여, 원고가 사지마비 상태에 빠져 있어 개호가 필요하였으므로 누군가에 의하여 일상생활에 필요한 개호를 받아 왔던 것으로 보지 않을 수 없는바, 원고가 위 기간 중 일부 기간 동안 개호인을 고용하여 실제 개호비를 지출한 사실을 인정할 수 있고, 그러한 자료가 없는 기간 동안에도 적어도 가족의 개호를 받았을 것으로 봄이 상당하다며 기간 전부의 개호비를 인정하였다.

---

30) 대상 판결은 원피고 쌍방이 상고하지 않아 확정되었다. 제1심 서울동부지방법원 2011. 11. 24. 선고 2009가합15969 판결. 대상 판결은 원피고 쌍방이 상고하지 않아 확정되었다. 제1심 판결은 과실을 부정하여 원고 청구를 기각하였으나 대상 판결은 과실을 인정하였다.
31) 제1심 서울동부지방법원 2011. 5. 19. 선고 2009가합19978 판결.

제4절 책임제한

041. 과실과 책임제한 사유의 구분
- 대법원 2011. 11. 10. 선고 2009다45146 판결[32)]

1. 사실관계

망인은 2005년 개인의원에서 고혈압 진단 받은 이외에 다른 건강상 문제가 없었는데, 2006. 5. 23. 점심 식사 후 발생한 복통과 구토증세로 개인의원을 거쳐 다음 날 15:55경 피고 병원에 내원하여 복부전산화단층촬영 결과 장폐색 소견이 나타나 20:18경부터 장 폐색 완화를 위한 스텐트 삽입술을 시행 받던 중 상태가 악화되어, 당일 23:00경 혈중 칼륨농도 등을 확인하기 위하여 응급혈액검사를 시행받았고, 23:21경 시행된 흉부 방사선 검사에서 폐부종 소견을 보였으며, 23:30경에는 산소포화도가 80~85% 정도로 낮아지고 호흡수는 34회/분으로 높아졌으며 청색증 소견까지 보였다. 피고 병원 의료진은 당일 23:30 및 5. 25. 00:00경 동맥관 삽입을 시도하였으나 실패하고, 5. 25. 01:00경 동맥혈가스분석검사를 시행한 결과 pH 6.876(참고치 7.35~7.45), 중탄산염 8.3mmq/ℓ(참고치 21~27)로 심한 대사성 산혈증 소견을 보이자 이를 교정하기 위하여 비본(중탄산나트륨)을 투여하였다. 망인은 5. 25. 01:20경 심한 빈호흡 및 서맥 상태였고, 피고 병원 의료진은 그 무렵 응급혈액검사 결과를 확인하여 혈중 칼륨농도가 7.5mEq/ℓ(참고치 3.5~5.5)로 높아 고칼륨혈증을 교정하기 위하여

---

32) 제1심 서울북부지방법원 2007. 12. 18. 선고 2006가합8409 판결, 제2심 서울고등법원 2009. 5. 21. 선고 2008나16396 판결, 파기환송심 서울고등법원 2012. 9. 13. 선고 2011 나94129 판결(원고 일부승).

인슐린과 포도당을 투여하였으나, 01:30경 망인의 호흡이 정지되고 심폐소생술을 시행하였으나 04:25경 사망하였다. 이후 유족들이 피고 병원을 상대로 소송을 제기하였다.

2. 법원의 판단

제1심 판결은 망인이 내원 당시 전해질 이상소견이 없었고, 수액이 부족하였다고 보기 어려우며, 스텐트 삽입술이 후유증이나 합병증 발생 가능성이 낮아 더욱 보편적으로 시행되고 있어 수술방법 선택상의 과실을 인정할 수 없고 경과관찰 해태나 설명의무 위반도 인정하기 어렵다며 원고의 청구를 기각하였다. 항소심에서 원고측은 망인이 피고 병원 내원 당시 이미 신기능이 저하되어 있음에도 수액을 과다투여 하여 망인에게 폐울혈과 폐부종이 발생하게 하여 호흡정지에 이르게 하였다는 과실을 추가로 주장하였으나, 제2심 판결은 "망인이 피고 병원 내원 당시 이미 급성신부전과 패혈증의 증세를 보이고 있었고, 스텐트 삽입술 이후에도 장폐색의 진행으로 전해질의 불균형이 나타났다는 점 등에 비추어 볼 때, 망인에 대한 수액 과다 투여로 인한 폐울혈과 폐부종이 발생하여 사망하였다고 보기 어렵다"며 원고들의 항소를 기각하였다.

대법원은 원심 판결을 파기환송하면서 다음과 같이 판시하였다. "장폐색 환자에서는 고칼륨혈증 등 전해질불균형이 발생할 수 있고, 고칼륨혈증은 생명을 위협하는 응급상황으로서 즉시 치료를 요하므로, 피고 병원 의료진이 2006. 5. 24. 23:00경 장폐색 환자인 망인에 대하여 응급혈액검사를 시행하였다면 지체없이 그 결과를 확인하고, 그 밖에 실시간으로 모니터링이 가능한 심전도에서 높고 뾰족한 T파 등 고칼륨혈증의 특이한 소견이 나타나는지 여부도 면밀히 관찰하여 고칼륨혈증을 조기에 진단하고 교정할 의무가 있다. 피고 병원 의료진이 위 응급혈액검사를 시행한지 약 2시간 20분이 지난 2006. 5. 25. 01:20경에 이르러서야 혈중 칼륨농도가 7.5mEq/ℓ(참고치 3.5~5.5)로 높다는 것을 확인하고 고칼륨혈증을 진단하여 치료를 시작하였다면, 고칼륨혈증의 응급성 및 우리나라 대학병원에서 응급혈액검사를 통한 고칼륨혈증의 확인 시간이 통상 1시간 이내라는 점에 비추어 볼 때 피고 병원 의료진에게는 고칼륨혈증에 대한 경과관찰 및 치료를 소홀히 한 과실이 있다.

　폐부종은 발생원인과 상관없이 그 자체로 생명을 위협하는 응급상황으로서 원인질환에 대한 치료 외에 폐부종 자체를 치료하기 위하여 산소, 이뇨제, 기관지 확장제 등을 투여할 필요가 있고, 단순한 산소공급만으로 환자의 산소포화도가 제대로 유지되지 않으면 기관 내 삽관 및 인공호흡기 치료까지도 필요하므로, 망인이 스텐트 삽입술 과정에서 혈압이 떨어져 수액을 투여 받은 후 혈압은 회복되었으나 5. 24. 23:21 흉부 방사선검사에서 폐부종 소견이 발견되었고, 5. 24. 23:30 마스크를 통해 산소를 8ℓ/분의 속도로 공급받는 상황에서도 청색증을 보이면서 산소포화도가 80~85%로 낮았다면, 피고 병원 의료진으로서는 그 무렵에는 이뇨제 등을 투여하고, 동맥혈가스분석검사를 시행하여 필요한 경우 기관 내 삽관을 통한 산소공급 등 적극적 치료를 고려하였어야 할 것임에도 불구하고, 피고 병원 의료진은 망인에게 이뇨제를 투여하지 않았거나, 5. 25. 01:00경에 이르러서야 뒤늦게 이뇨제 투여와 동맥혈가스검사를 시행하였으므로, 피고 병원 의료진에게는 이뇨제 투여 및 동맥혈가스분석검사를 지체하여 산소공급을 충분히 하지 못하는 등 망인의 폐부종에 대한 경과관찰 및 치료를 제대로 하지 못한 과실이 있다.고칼륨혈증 및 폐부종은 그 자체로 사망을 일으킬 수 있는 중대한 응급질환으로서 즉시 치료되어야 하는 점, 망인은 사망 당시 중증 패혈증 상태가 아니었다는 점을 고려할 때, 피고 병원 의료진의 과실이 망인의 사망 원인이 되었다고 볼 수 있으므로, 위 과실과 망인의 사망 사이에 상당인과관계가 인정된다고 할 것이고, 다만 피고 병원 의료진의 과실이 없었더라도 망인의 상태가 중증 패혈증 등으로 악화되어 사망할 가능성이 높다고 한다면 이러한 사정을 책임제한사유로 삼을 수는 있을 것이다."

3. 판결의 의의

의료사고로 인한 손해배상청구소송에서 환자측의 청구를 인용하는 경우 거의 빠지지 않고 언급되는 항목 중 하나가 손해의 공평·타당한 분담이라는 이념을 근거로 하는 '책임제한'이다. 의료소송에서 병원측 과실이 인정되더라도, 그 손해가 의료행위의 과오와 피해자 측의 요인이 경합하여 손해가 발생하거나 확대된 경우에는 피해자 측의 요인이 체질적인 소인 또는 질병의 위험도와 같이 피해자 측의 귀책사유와 무관한 것이라고 할지라도, 그 질환의 태양·정도 등에 비추어 가해자에게 손해의 전부를 배상하게 하는 것이 공평의 이념에 반하는 경우에는, 법원은 손해배상액을 정하면서 과실상계의 법리를 유추적용하여 그 손해의 발생 또는 확대에 기여한 피해자 측의 요인을 참작할 수 있지만, 책임제한에 관한 사실인정이나 그 비율을 정하는 것이 형평의 원칙에 비추어 현저하게 불합리하여서는 아니된다는 것이 확립된 책임제한의 법리라고 할 수 있다.[33] 책임제한은 모든 판결에서 반드시 이루어져야 하는 것은 아니고, 담당 재판부의 재량에 의하여 환자나 망인이 의료기관에 내원하게 된 경위, 기왕병력이나 체질적 소인 등 여러 사정을 종합적으로 고려하여 책임제한을 할 것인지 여부와 비율을 결정하는데, 이 부분은 사실심 재판부의 전권에 속하는 영역이어서 대법원에서도 사실심의 판단을 존중하는 것이 통례이다.

---

33) 대법원 2014. 7. 10. 선고 2014다16968 판결.

그러나 대상 판결은 우리나라 대학병원에서 고칼륨혈증에 대한 검사 후 1시간 정도가 지나면 그 결과 확인 및 그에 따른 처치가 가능함을 명시하고, 이러한 일반적인 의료수준에서 이루어질 수 있는 처치를 이행하지 않아 환자가 사망한 경우 의료기관의 과실과 인과관계를 추정함으로써, 고칼륨혈증과 같이 위험성이 높은 전해질 이상 등의 경우 그에 대한 검사결과 확인 및 처치 지연은 의료기관의 과실 범주에서 판단되어야 하는 것임을 분명히 하였고, 환자 상태의 위중함 등은 책임제한 부분에서 판단할 수 있는 사유라는 점을 분명히 하였는바, 제1, 2심에서 환자가 앓고 있는 질병의 위중함 등에 비추어 과실 자체 및 인과관계가 부정되었던 사안에 대하여, 환자가 앓고 있는 질병의 위중함 등 책임제한 사유로 과실을 부정해서는 안된다고 판단함으로써 과실과 책임제한사유를 구분한 데 의의가 있다.

042. 의료과실 이후 발생한 진료비 손해가 책임제한 사유인지 여부

– 대법원 2015. 11. 27. 선고 2011다28939 판결[34)]

1. 사실관계

원고는 경추 제5~6번, 제6~7번 추간판 부분탈출증과 퇴행성 관절로 인한 척추공간협착 등의 질환(이하 '기왕질환'이라 한다)이 있었는데, 양팔, 목 부위의 통증으로 2004. 3.경 피고 병원에서 경추부 신경근차단술 시술(이하 '이 사건 시술'이라 한다)을 받았다. 원고는 이 사건 시술을 받기 전에는 보행이나 운동에 특별한 장해가 없었는데 이 사건 시술 직후 척수경색이 발생되면서 사지마비가 되어(이하 '이 사건 사고'라 한다) 영구적으로 100% 노동능력상실상태가 되었다. 원고는 피고 병원 의료진이 신경근차단술 과정에 주사바늘을 너무 깊이 찔러 원고의 경막 내부로 주사액이 들어가게 하였거나 시술에 사용한 바늘이나 조영제, 마취제 등으로 원고의 척수동맥을 과다하게 압박하여 손상시켜 원고에게 사지마비를 일으켰다는 등의 과실을 주장하며 손해배상을 청구하였다.

2. 법원의 판단

원심 판결은 제1심 판결 이유를 인용하여, 원고는 이 사건 시술 전에

---

34) 제1심 서울동부지방법원 2009. 11. 5. 선고 2007가합2921 판결, 제2심 서울고등법원 2011. 2. 24. 선고 2009나117463 판결, 파기환송심 서울고등법원 2016. 1. 28. 선고 2015나31713 판결.

양팔, 목 부위의 통증 등을 호소하였을 뿐 시술 직전까지도 스스로 보행하는 등 운동에 특별한 장애를 보이지 않다가 이 사건 시술 직후 시술 부위인 경추부 신경근동맥이 압박되거나 손상될 경우 나타나는 척수경색 및 이로 인한 마비 증상을 보인 점, 진료기록상 이 사건 시술 이전 원고1에게 동맥경화 내지 혈전증의 기왕증이 있었던 것은 아닌 점, 이 사건 시술 직전의 경막외 신경 차단술 등 시술 당시 원고에게 척수경색 등의 소견이 보이지 아니한 점, 원고에 대한 이 사건 시술 이전에 진단된 추간판탈출증 때문에 이 사건 시술 도중 갑자기 척수경색이 발생할 가능성은 매우 적은 점, 이 사건 시술 도중 시술상의 잘못 이외에 알 수 없는 원인으로 인해 호흡곤란, 사지마비 등의 증상이 나타날 가능성 역시 매우 적은 점 등을 종합하면 피고 병원의 의료진이 이 사건 시술을 시행하면서 원고의 신경근동맥을 바늘이나 조영제 등으로 지나치게 압박, 자극하여 동맥 수축이나 동맥 경련을 가져왔고, 이로 인해 발생한 척수경색으로 원고에게 사지마비 등의 장애를 입게 하였다고 추정되므로, 피고는 위와 같은 의료과실로 인하여 원고들이 입은 손해를 배상할 의무가 있다고 판단하였고, 이 사건 시술 당시 바늘이나 조영제, 마취제 또는 스테로이드에 의한 동맥 수축이나 동맥 경련이 원고의 체질적 소인이나 기왕증으로 인해 불가피하게 발생하였다는 피고의 주장에 대하여, 원고의 체질적 소인이나 기왕증으로 인하여 특별히 이 사건 시술로 인한 자극에 취약하였다는 점을 인정할 만한 증거가 없다는 이유를 들어 이를 배척한 다음, 원고가 기왕질환이 있었던 점, 이 사건 시술을 시행할 경우 신경근동맥 자극 등으로 불가피하게 척수경색이 발생할 가능성을 완전히 배제할 수는 없는 점, 피고 병원이 이 사건 사고 이후 현재까지 약 5년 여간 원고를 진료하여 왔고 그 진료비 총액이 9억6천602만여 원이고 그 중 환자부담총액이 7억2,655만여 원에 이른 점 등을 참작하여 손해배상책임을 60%로 제한하였다.

이에 대하여 대법원은 원심 판결이 인용한 제1심 판결에 의하면 원고에게 체질적 소인이나 기왕증으로 이 사건 사고가 불가피하게 발생하였다고 보기 어렵고, 위 질환에 의한 기왕증이 존재한다고 보기 어려우며, 오히려 신체감정촉탁 결과에서 원고의 현재 병적 증상의 원인이 되는 기왕증이 없었다고 하므로 원고의 체질적 소인이나 기왕증이 있음을 이유로 피고 병원의 손해배상책임을 제한할 수 없으며, 또한 원고에게 후유증 치료에 많은 비용이 들었거나 치료기간이 장기화되었다고 하더라도 이는 피고 병원 의료진의 과실로 발생한 손해전보의 일환일 뿐이고 손해의 발생, 확대에 기여한 피해자측 요인이라고 할 수 없다고 판시하고, 위와 같은 사정을 주된 감액사유로 참작하여 피고 병원 측의 책임비율을 정한 것은 손해배상사건에서 책임제한에 관한 법리를 오해하여 판결에 영향을 미친 위법이 있다고 하여 파기 환송하였다.[35]

3. 판결의 의의

의사의 과실로 환자에게 새롭게 손상이 발생한 경우 새롭게 발생한 손상에 대한 진료는 환자와 의사 사이의 진료계약의 본지에 따른 의사의 채무를 이행하는 것이 아니므로 의사는 이에 대한 진료비용을 환자에게 청구하지 못하는 것이 원칙이다. 그러나 의료행위에 있어서는 의료행위 그 자체에 수반된 위험성이 있고 의사나 환자 모두 그러한 위험성을 감안하고 환자의 질병치료나 증상완화를 위해 의료행위를 시행하는 것이므로 의료행위에 수반된 위험성이 현실화된 경우 그 책임을 모두 의료인에게 부담시키는 것은 공평의 원칙에 반하므로 다수의 판결에서는 위자료를 제외

---

35) 이에 따라 파기환송심에서는 피고 병원 측의 책임을 80%로 인정하는 판결을 하였는데(서울고등법원 2016. 1. 28. 선고 2015나31713 판결), 이에 대하여 원고가 다시 청구취지를 확장하며 상고를 제기하였으나 상고장각하명령으로 확정되었다.

한 재산적 손해액을 모두 산정한 후 일정 비율로 피고측의 책임을 제한하고 있다.[36] 그런데 대상 판결에서는 일실소득에는 책임제한을 적용하면서도 기왕치료비 부분에 대하여는 이를 배제하여 책임범위를 넘어서는 기왕치료비 부분까지 의료인에게 진료비부담 책임을 지우고 있다.[37] 이러한 판단은 기존의 일반적 판단형식과 다르면서 일실소득과 기왕치료비에 책임제한을 달리 적용해야 하는 논리적 근거가 부족하고, 기왕치료비에 책임제한을 적용한 기존의 판례 논지와도 배치된다.[38] 만일 환자가 사고발생 병원이 아닌 다른 병원에서 치료를 받았다면 기왕치료비에 대해 책임제한을 적용하였을 것으로 보이므로 이러한 우연한 사정에 따라 판결금액이 달라진다는 문제도 있어 이에 대한 대법원의 분명한 입장정리가 필요하다고 생각된다.

---

36) 박영호, "손해배상액 산정에 관한 최근 10년간 판례의 동향(하)", 『의료법학』 제11권 제1호, 2010. 412~413면.

37) 대상 판결에서는 원고 측이 향후치료비, 개호비 등을 청구하지 않아 이에 대한 판단은 설시되지 아니하였다. 만일 원고 측이 향후치료비와 개호비를 청구하였더라면 법원이 기왕치료비 부분과 같이 책임제한에서 배제하였을지 의문이다.

38) 대법원 2003. 4. 25. 선고 2002다70945 판결에서는 "후유증에 대한 치료비 중 상당 부분은 피고의 과실과 인과관계가 있다고 단정할 수 없을 뿐만 아니라, 가사 치료비 중 본인부담금 10,464,740원 전액이 피고의 과실과 상당인과관계가 있다고 하더라도 그 중 원고 측이 부담하여야할 금액은 금 7,325,318원(10,464,740원×0.7)이다"라고 판시한 원심을 그대로 인용한 바 있다(박영호, "손해배상액 산정에 관한 최근 10년간 판례의 동향(하)", 『의료법학』 제11권 제1호, 2010. 433~435면).

043. 병원측 책임을 100% 인정한 사건

- 대법원 2016. 6 23. 선고 2015다55397 판결[39]

1. 사실 관계

미국 영주권자인 원고(23세, 여)는 2010. 12. 2. 7:45경 피고 대학병원에서 '좌측 하악 과두 발육 부전을 동반한 상악 전돌증' 치료를 위하여 '후방 분절 골절단술, 양측성 시상 분할 골절단술을 이용한 하악 전진술 및 중격 갑개성형술'(이하 '이 사건 수술'이라 한다)을 받은 후 일반병실에서 세미파울러 자세로[40] 기도를 유지하고, 클로로헥시딘 용액으로 구강을 청결하게 하면서, 산소를 공급하고 산소포화도 모니터링·지혈제 투여·입코 부위 혈성 분비물 흡인 및 코기관 튜브 등의 조치를 받았다. 원고는 당일 22:00경부터 호흡곤란을 호소하여 산소포화도 체크 후 아티반(Ativan) 2㎎을 투여하였는데, 다음 날인 12. 3. 00:20경부터 계속하여 호흡에 어려움을 겪다 04:30경 호흡부전이 발생하여, 04:50경 아티반 길항제를 투여하였으나 반응이 없어 05:00경 수동식 인공호흡기(앰부 백, ambu bag)를 적용하였다. 그러나 맥박이 약해지고 혈압이 잡히지 않아 05:40경 심폐소생술을 실시하면서 경구기관을 삽관하고 응급의학과로 전과하고 중환자실로 이송하였으나 회복되지 못하고 이산화탄소 혼수에 의한 호흡정지 등으로 강직을 동반한 사지마비 상태가 되자 피고 대학병원을 상대로 손해배상을 청구하였다.

---

39) 제1심 부산지방법원 2014. 11. 19. 선고 2013가합2002 판결, 제2심 부산고등법원 2015. 8. 27. 선고 2014나8608 판결, 파기환송심 2017. 1. 19. 선고 2016나1755 판결.
40) 30도 정도 상체를 거상하는 체위, 반좌위.

2. 법원의 판단

　제1심 판결은 피고 병원 의료진이 이 사건 수술 후 출혈이나 부종으로 인하여 코에 삽관된 기관이 막히는 등 기도폐쇄의 위험성을 고려하여 중환자실에서의 경과 관찰을 고려하고, 환자가 호흡곤란을 호소할 경우에는 의사의 청진 및 동맥혈가스검사를 실시하여 환자 상태를 파악하며, 호흡부전이 발생한 경우 빠른 시간 내에 심폐소생술을 실시하는 등 적절한 조치를 취하여야 할 주의의무가 있음에도 불구하고, 산소포화도 모니터만을 신뢰하고 환자의 불편 호소를 만연히 수술 후 통증으로 인한 것으로 생각하여 특별한 조치를 하지 아니하고 호흡부전에 대한 조치를 지연하여 환자의 기도 확보 및 호흡 유지에 실패한 과실이 있고, 이러한 과실이 없이 중환자실 경과관찰 및 신속한 처치가 이루어졌다면 원고에게 호흡부전이 발생하지 않았을 것이므로 인과관계가 인정된다며 피고의 배상책임을 인정한 다음, 손해배상의 범위와 관련하여, 신체감정결과에 따라 기대여명을 14.54년으로 보고, 원고가 미국 영주권자로서 사고 당시 미국 아칸소 대학(University of Central Arkansas)에 재학 중이었는데, 의료사고가 없었다면 대학졸업 후 방사선 치료사로서 종사할 수 있었고,41) 2012. 5. 미국 직업별 고용 및 임금 추정치인 주급 877달러를 우리 돈으로 환산한 3,944,746원을 일실소득의 기준으로 삼아 6억원 가량의 일실소득을 인정하였으며, 가족에 의한 간병비가 개호비 수준을 넘지 않는 점을 고려하여 기왕개호비와42) 향후 개호를 인정하고 향후치료비를 더하되, 피고 병원에서 수술

---

41) 대법원 1989. 5. 23. 선고 88다카15970 사건은 사고 당시 간호대 2학년 재학중이면 대학졸업 후 간호사 면허를 취득하고 그 직종에 종사할 수 있다고 봄이 경험칙에 부합한다고 판단하였다. 한편 서울고등법원 2013. 3. 28. 선고 2011나86845 사건에서는, 경찰대생이 치과 턱끝 성형술을 받다가 사망한 사건인데, 경찰대생의 일실수입을 계산함에 있어서 경찰 임용 후 정년까지의 급여와 퇴직금까지도 일실수입으로 인정하였다.

42) 피해자가 사고로 입은 부상으로 말미암아 개호가 필요하게 되어 부모나 배우자 등 근

후 원고가 호소하는 증상의 원인이 무엇인지 감별하기 어려웠던 점 및 일반적으로 시행되는 기도확보와 호흡유지를 위하여 노력한 점을 고려하여 피고책임을 80%로 제한하고, 피고측에서 주장한 상급병실 사용료에 대한 상계 주장은 피고측에서 원고의 상급병실 사용을 묵인한 것임을 이유로 배척하고, 12억원 가량의 지급을 명하는 판결을 선고하였다.

이에 대해 당사자 쌍방이 항소하였는데, 제2심 판결은 제1심 판결의 판단을 기본적으로 유지하면서 책임제한과 관련하여 "의료행위의 특성상 수반되는 불가피한 위험 등 공평의 원칙을 근거로 한 책임의 제한임을 다시 한 번 밝히고, 통상 의료과오사건에서 행해지는 책임제한비율 등을 고려할 때" 원심의 책임인정 비율이 과다하다는 점을 지적하며 피고의 책임을 2/3로 제한하였다. 이에 원고가 상고하였다.

대법원은 책임제한 법리의 근거와 책임제한에 관한 사실인정이나 그 비율을 정하는 것이 형평의 원칙에 비추어 현저하게 불합리하여서는 아니 되는데,[43] 질병의 특성, 치료방법의 한계 등으로 당해 의료행위에 수반되는 위험을 감내해야 한다고 볼 만한 사정도 없이, 그 의료행위와 관련하여 일반적으로 요구되는 판단능력이나 의료기술 수준 등에 비추어 의사나 간호사 등에게 요구되는 통상적인 주의의무를 소홀히 하여 피해가 발생한 경우에는 단지 치료 과정에서 손해가 발생하였다는 등의 막연한 이유만으로 손해배상책임을 제한할 것은 아니라고 판시한 다음, 원고에게 체질적 소인 등 피해자측의 문제가 없고, 원고가 지속적으로 호흡곤란을 호소하였는데 피고 병원의 산소포화도 모니터링만으로는 호흡이상 여부를 제대로 확인할

친자가 그 개호를 위하여 휴업한 경우에는 그 근친자가 휴업으로 인한 상실이익의 배상청구를 하거나 피해자가 개호비로서 배상청구하거나에 관계없이 개호비 상당액의 배상청구를 할 수 있다고 할 것이나 그 경우 배상액은 개호비 상당액을 초과할 수 없고, 이를 초과하게 되면 그 초과부분은 상당인과관계가 있는 손해라고 볼 수 없다는 대법원 1988. 2. 23. 선고 87다카57 판결 참조.

43) 대법원 2014. 7. 10. 선고 2014다16968 판결 등 참조.

수 없고, 피고가 취한 응급조치는 이산화탄소 혼수에 대한 적절한 조치가 될 수 없는 것이므로, 04:30부터 06:15까지 이산화탄소 혼수에 대한 처치가 제대로 되지 않은 것인데, 이러한 호흡부전이 발생한 경위와 이후의 피고측 조치 등을 고려하면, 원심으로서는 이 사건 수술 후 예상되는 후유증과 위험성이 어느 정도이고, 그러한 위험을 회피할만한 적절한 대처방법은 무엇인지, 피고가 그러한 방법을 취하였는지 등을 면밀히 살펴본 뒤 피고의 책임비율을 제한하여야 함에도 불구하고 이러한 부분에 대한 심리를 진행하지 않고, 통상 의료과오사건에서 행해지는 책임제한 비율이라는 막연한 추측을 적용하여 피고측 책임을 제한한 것은 책임제한에 관한 법리를 오해하여 심리를 다하지 아니함으로써 판결에 영향을 미친 잘못이 있다는 이유로 원심판결을 파기환송하였다.[44]

그 후 파기환송심 판결은 책임제한사유 등에 대한 추가 심리를 거쳐 원고의 과실이나 체질적 소인 등 피해자측의 기여가 있다고 볼 만한 사정을 찾아볼 수 없고, 원고가 수술 후부터 지속적으로 호흡곤란을 호소하고 간호사도 원고의 코로 피가 흐르는 것을 확인하였음에도 호흡부전을 막기 위한 조치를 취하지 아니하였으며, 호흡부전이 발생한 이후에도 이산화탄소 혼수에 대한 적절한 조치를 취하지 아니한 점 등을 고려하여 보면 피고측의 책임을 제한할 사유가 없다고 판단하였고, 그 결과 인정된 손해배상금은 17억 원에 달하였다.[45]

---

44) 이외에도 대상 판결은 원심판결이 치료비를 상계한 데 대하여, 의사가 선량한 관리자의 주의의무를 다하지 아니하여 환자의 신체기능이 회복불가능하게 된 경우 병원측으로서는 수술비와 치료비의 지급을 구할 수 없음에도 제2심 재판부가 책임비율을 넘는 치료비와 상계한 것은 관련 법리를 오해하여 판결에 영향을 미친 잘못이 있다고 하였고, 외화채권을 우리나라 통화로 환산하는 경우 사실심변론종결 당시의 외국환 시세를 우리나라 통화로 환산하는 기준시로 삼아야 함에도 불구하고 제1심 변론 종결 당시의 환율을 기준으로 삼은 것은 법리를 오해한 것이라고 하였다.

45) 파기환송심 판결은 당사자 쌍방이 재상고하지 않아 확정되었다.

3. 판결의 의의

책임제한의 법리는 손해의 공평·타당한 분담이라는 이념 아래 이제는 의료소송을 다루는 관계자들에게는 일반적으로 받아들여지고 있다. 대상 판결은 원심판결이 통상 의료과오사건에서 행해지는 책임제한 비율이라는 막연한 추측을 적용하여 피고측 책임을 제한한 것은 책임제한에 관한 법리를 오해하였다고 판단하였고, 결국 피고의 책임이 100% 인정되었다. 대상 판결이 통상 의료과오사건에서 행해지는 책임제한 비율이라는 막연한 추측을 적용하여 피고측 책임을 제한하여서는 안된다고 명시한 것은 바람직하다 할수 있으나, 이 사건에서 시행된 '후방 분절 골절단술, 양측성 시상 분할 골절단술을 이용한 하악 전진술 및 중격 갑개성형술'등은 의료진의 과실 없이 시행되더라도 시술부위 등을 고려할 때 기도폐색으로 인한 호흡곤란 등의 합병증이 발생할 수 있는 시술임에도 불구하고, 대상 판결은 이러한 위험성을 고려하지 않았다. 과실이 없어도 수술에 따른 위험성이 현실화된 경우에는 공평의 이념에서 이를 피해자측 책임제한 사유로 삼을 수 있고 책임제한 사유가 있음에도 불구하고 이를 인정하지 않은 경우 이를 심리미진이라고 보는 것이 판례의 입장이라는 점, 선의성에 전제한 의료행위를 손해배상책임의 범위에 있어서는 사실상 고의에 의한 살인과 동일시한 점 및 손해의 공평한 부담이라는 손해배상의 이념에 반한다는 점 등을 고려할 때, 병원측에 100%의 책임을 부담하게 한 것은 문제가 있다고 판단된다.

의료행위의 특수성과 위험성에 관하여는 이미 설명의무의 대상으로서 환자가 알고 수인한 것이고, 의료행위는 그 자체에 침습적 성격을 가지는 위험성이 있으므로 그러한 위험성이 현실화되었을 때 그 책임을 전부 의료진에게 돌리는 것은 형평의 원칙에 반할 수 있으므로, 결국 개별 사건에서 책임제한을 인정하거나 부정할 경우, 그 이유에 대한 판단이 양면 당사자들이 납득할 수 있는 보다 구체적인 내용을 포함하고 있어야 할 것으로 보인다.

4. 참고 판결

○ 서울중앙지방법원 2016. 8. 18. 선고 2015나73363 판결은, 피부관리를 위해 얼굴에 스테로이드를 주사한 후 감염 및 추상장해가 발생한 사건에서, 시술방법 선택상 과실, 스테로이드 과다 사용 및 전원조치의무 불이행 과실 및 설명의무 위반 등을 인정하고 의사의 책임을 90%로 인정한 제1심 판결을 취소하고 의사의 책임을 100% 인정하였고, 쌍방이 상고를 하지 아니하여 확정되었다. 이 판결은 성형외과 영역이라는 점에서 차이가 있을 수 있지만, 대상 판결과 같이 원심 판결을 취소하고 병원측 책임을 100% 인정하였다.

○ 서울북부지방법원 2018. 6. 14. 선고 2016가합20743(본소), 2017가합27543(반소) 판결은, 대장내시경 중 천공으로 식물인간이 된 사건에서 손해의 100%를 배상하라는 취지로 2019년 9월까지 3억 8000만 원을 배상하고 환자가 사망할 때까지 매달 400만 원씩(정기금) 지급하도록 하였다.

제5절 위자료

044. 태아 사망시 위자료를 증액한 사건
- 서울고등법원 2012. 10. 11. 선고 2011나69505 판결[46]

1. 사실관계

2009. 3. 산모인 원고가 자간전증을 앓고 고혈압 증상을 보였음에도 피고 병원이 신속한 조치를 취하지 않아 당시 27주의 쌍태아가 사산되어, 쌍태아의 부모가 병원을 상대로 사망한 쌍태아와 본인들의 손해를 배상하라며 소송을 제기하여 1심에서 위자료 5,500만 원을 지급하라는 판결이 선고되었으나 이에 대하여 쌍방이 항소하였다.

2. 법원의 판단

대상 판결은 2000년 이후 우리나라 학계의 보고에 의하면 1,000g 미만의 초극소 저체중 출생아도 65~83%의 출생률을 보여 예상체중이 500g 이상일 때에는 생존을 예상하고 출산을 준비하고 있으며, 원고가 임신하고 있던 쌍태아는 사산 당시 체중이 647g 및 510g이었으므로, 피고가 원고를 마지막으로 진찰한 당시 쌍태아의 발육상황에 의하더라도 그 출생가능성이

---

46) 제1심 서울중앙지방법원 2011. 8. 9. 선고 2010가합50880 판결, 대상 판결은 피고가 상고하였으나 심리불속행 기각으로 확정되었다(대법원 2013. 2. 15. 선고 2012다105833 판결).

극히 희박하다고 할 수 없으며, 피고가 원고에게 적절히 진단하고 위험을 알려줌으로써 위 원고로하여금 안정을 취하도록 하였거나 전원조치하여 입원치료를 받을 수 있도록 하였다면, 원고가 쌍태아의 임신을 좀 더 유지한 후 분만할 수 있었을 것이고, 그 경우 쌍태아의 출생가능성은 더욱 높아졌을 것이어서, 피고의 과실과 쌍태아의 사망 간의 인과관계가 인정된다며 원심보다 위자료를 증액하여 총액 9,000만 원의 위자료를 인정하였다.

3. 판결의 의의

민법에서 자주 논의되는 사람의 시기와 관련하여, 통설과 판례가 취하고 있는 전부노출설을 취하면 태아를 사산한 경우 태아는 법률적으로 사람이었던 적이 없었으므로 손해배상 청구의 주체가 될 수 없다. 이에 법원에서는 그 상속인인 산모나 부모의 위자료 산정시 이를 배려하는 정도였으나, 최근 그 배상액을 증액하여 실질적 배상이 이루어지게 하는 노력이 나타나고 있고,[47] 이 사건 판결도 그러한 노력이 반영된 판결로 볼 수 있다.

4. 참고 판결

서울고등법원 2023. 4. 13. 선고 2021나2050919 판결[48]은 만 17세인 원고가 수면마취 하에 코끝에 23G 캐눌라를 삽입하고 히알루론산과 완충액을 구성성분으로 하는 필러 물질 0.7cc를 주입하는 시술을 받은 후 오

---

47) 서울고등법원 2007. 3. 15. 선고 2006나56833 판결은 병원 과실로 태아가 사산한 사건에서 제1심에서 인정된 위자료 4,500만 원보다 많은 7,500만 원을 지급하라고 판결하였다.
48) 제1심 서울중앙지방법원 2021. 11. 10. 선고 2020가합533223 판결.

른면 눈이 회복불가능한 실명에 준하는 심한 저시력 및 수술로 개선이 가능하나 재발가능성이 높은 외사시 상태이고, 미간 부위 가로 1cm, 새로 0.8cm 크기의 불균일한 위축성 흉터, 콧등의 가로 1.8cm, 세로 2.6cm 크기의 불균일한 위축성 흉터, 좌측 코날개 부위 선상의 길이 0.8cm의 위축성 흉터가 남은 사건에서, 피고의 필러 주입 시 술기상 과실 및 요양방법 지도의무 위반도 인정하는 한편, 필러 제품의 사용시 주의사항에 "미성년자에게 사용을 금지한다"는 문구를 필수적으로 포함시켜야 한다고 정하고 있는 점 등을 들어 시술 당시 만 17세였던 원고에게 미성년자에게 사용이 금지된 이 사건 필러 물질을 사용하여 필러 주입술 한 것 자체가 과실이라고 인정한 다음, 노동능력상실률을 피부과 5%, 안과 24%로 정하여 복합장해율 27.8%을 인정하고 피고의 책임은 90%로 제한하였고, 설명의무 위반으로 이 사건 필러 주입술 시행 여부에 관한 자기결정권을 전혀 행사하지 못하였고, 어린 나이에 오른면 눈을 실명하였을 뿐만 아니라, 우안 사시 및 얼굴 피부의 흉터를 입었다는 점, 원고가 상당한 정신적 고통을 받았을 것으로 보이고 향후 치료도 상당 부분 남아 있어 치료에 많은 시간과 노력이 필요해 보이며 향후 치료를 받고도 평생 오른면 눈의 실명과 우안 사시 및 얼굴 피부의 흉터로 인한 장해를 안고 살아가면서 사회에서 받을 편견, 직업의 선택 제한 또는 불이익 등으로 인하여 받을 정신적 고통은 이루 말할 수 없을 정도로 클 것으로 보이는 점 등을 종합하여 원고 본인에 대한 위자료 1억 원, 원고 모친에 대한 위자료 1,000만 원을 인정하였다.

제6절 기타 손해배상 관련 쟁점들

045. 기왕치료비 손해배상채권을 대위하는 국민건강보험공단의 대위범위(=공단부담금 중 가해자의 책임비율에 해당하는 금액) 등
- 대법원 2021. 3. 18. 선고 2018다287935 전원합의체 판결[49]

1. 사실관계

B(당시 만 16세)는 2012. 6. 5. 23:30경 혈중 알콜농도 0.061%의 주취 상태에서 오토바이를 운전하여 편도 1차로를 시속 70km로 진행하던 중, 전방을 제대로 살피지 않고 진행한 과실로 그곳 횡단보도에 인접한 도로를 횡단하던 A를 충격하였다. A는 위 사고로 경부척수 손상으로 인한 사지마비 등 상해를 입었다. 이에 A는 B와 B의 부모인 C, D를 상대로, B는 위 오토바이의 운전자로서 위 사고를 발생시킨 불법행위자이므로 자동차손해배상보장법 제3조 및 민법 제750조에 의하여, C, D는 B의 부모로서 B에 대한 보호·감독의무를 소홀히 하였으므로 민법 제750조에 의하여, 공동하여 A에게 위 사고로 인한 A의 손해를 배상할 책임이 있다고 주장하면서 손해배상을 구하는 소를 제기하였다.

---

49) 제1심 서울중앙지방법원 2017. 8. 8. 선고 2015가단5023386 판결, 제2심 서울중앙지방법원 2018. 10. 23. 선고 2017나60279 판결.

2. 법원의 판단

제1심 및 원심 판결은 B, C, D(이하 '피고들'이라 한다)의 책임을 모두 인정하고, A에게도 야간에 사고 장소 부근에 설치되어 있는 횡단보도로부터 약간 떨어진 지점에서 도로를 건넌 과실이 있으므로 피고들의 책임을 80%의 범위로 제한하였다. 그리고 손해배상책임 범위 중 기왕치료비와 관련하여 "국민건강보험법에 따라 보험급여를 받은 피해자가 제3자에 대하여 손해배상청구를 할 경우, 피해자의 제3자에 대한 손해배상청구권은 그 급여액의 한도에서 국민건강보험공단에 이전되어 손해배상채권의 범위 내에서 보험급여를 한 전액에 대하여 국민건강보험공단이 피해자의 가해자에 대한 손해배상채권을 대위 취득하게 되므로 피해자의 제3자에 대한 손해배상청구권은 그 범위 내에서 감축된다"고 하면서,[50] A의 기왕치료비 채권액은 전체 기왕치료비 합계 36,373,565원에 피고들의 책임비율 80%를 적용한 29,098,852원이고, 그중 국민건강보험공단(이하 '공단'이라 한다)이 A에게 지급한 보험급여액 합계 21,763,613원 부분은 위 공단이 대위 취득하므로, 결국 원고가 피고들에게 행사할 수 있는 기왕치료비 채권액은 7,335,239원(=29,098,852원-21,763,613원)으로 감축된다고 판단하였다.[51]

이에 대하여 대법원은 ① 공단이 불법행위의 피해자에게 보험급여를 한 다음 국민건강보험법 제58조 제1항에 따라 피해자의 가해자에 대한 기왕치료비 손해배상채권을 대위하는 경우 그 대위의 범위는, 가해자의 손해배상액을 한도로 한 공단부담금 전액이 아니라 그 중 가해자의 책임비율에 해당하는 금액으로 제한되고 나머지 금액(공단부담금 중 피해자의 과

---

50) 대법원 2002. 12. 26. 선고 2002다50149 판결 등.

51) 다만 원심 판결은 제출증거에 따라 전체 기왕치료비 액수 등을 약간 상향 인정하였다. 구체적으로는 전체 기왕치료비를 합계 37,460,205원으로, 그 중 국민건강보험공단이 A에게 지급한 보험급여액을 합계 22,521,023원으로, A가 피고들에게 행사할 수 있는 기왕치료비 채권액을 7,447,141원(=29,968,164원-22,521,023원)이라고 하였다.

실비율에 해당하는 금액)은 피해자를 위해 공단이 최종적으로 부담하고, ② 국민건강보험법에 따라 보험급여를 받은 피해자가 가해자를 상대로 손해배상을 청구할 경우 그 손해 발생에 피해자의 과실이 경합된 때에는, 기왕치료비와 관련한 피해자의 손해배상채권액은 전체 기왕치료비 손해액에서 먼저 공단부담금을 공제한 다음 과실상계를 하는 '공제 후 과실상계' 방식으로 산정하여야 하며, ③ 제3자의 손해배상 후 피해자가 보험급여를 받았다면 공단이 국민건강보험법 제57조에 따라 피해자에게 부당이득으로 징수할 수 있는 범위도 공단부담금 중 가해자의 책임비율에 해당하는 금액으로 한정된다고 판시하고 원심 판결을 파기환송하였다.

3. 판결의 의의

종래 대법원은 공단이 불법행위의 피해자에게 보험급여를 한 다음 피해자의 가해자에 대한 기왕치료비 손해배상채권을 대위하는 범위는 가해자의 손해배상액을 한도로 공단부담금 전액이고, 피해자의 가해자에 대한 손해배상채권액은 그만큼 감축된다고 하였다. 그리고 보험급여를 받은 피해자가 가해자에 대하여 손해배상청구를 할 경우 그 손해 발생에 피해자의 과실이 경합된 때에는, 기왕치료비 손해배상액을 산정함에 있어 먼저 전체 기왕치료비에서 과실상계를 한 다음 거기에서 공단부담금 전액을 공제하여야 한다고 하여 이른바 '과실상계 후 공제' 방식을 취하였다. 그런데 대상 판결은 종래 대법원 판결과 달리 불법행위 피해자에게 보험급여를 한 공단이 피해자의 가해자에 대한 기왕치료비 손해배상채권에 관하여 대위할 수 있는 범위는 공단부담금 전액이 아니라 공단부담금 중 가해자의 책임비율 해당금액이라고 견해를 변경하였다. 그리고 그에 따라 피해자의 과실이 있는 경우 기왕치료비와 관련한 피해자의 손해배상채권액 산정은 전체 기왕치료비 손해액이 아닌 본인부담금에서 과실상계를 해야 한다고 하면서 전체 기왕치료비 손해액에서 먼저 공단부담금을 공제한 다음 과실상계를 하는 '공제 후 과실상계' 방식으로 계산하여야 한다고 판시하였다. 또한, 공단부담금 중 피해자 책임비율 해당금액은 공단이 부담해야 하므로, 손해배상을 받은 피해자가 보험급여를 받은 경우에 공단이 부당이득으로 징수할 수 있는 범위도 공단부담금 중 가해자 책임비율 해당금액에 한정된다고 하였다. 결과적으로 공단부담금 중 피해자 책임비율에 해당하는 금액을 공단과 피해자 중 누가 부담하게 되는지에 관하여 종전 대법원 판결에 따르면 피해자가 부담하게 되는데 반해 대상 판결에 따르면 공단이 부담하게 된다. 건강보험의 사회보장적 성격과 보험급여 수급권의 성격 등을 고려하면 과실 있는 피해자에게 손해가 발생한 경우 그 손해발생과 관련하여 제3자의 불법행위가 개입된 경우가 피해자에게 더 불리한 결과가 되는 것은 부당하다는 견지에서 수급권자인 피해자를 두텁게 보호하는 방향으로 판례가 변경된 것으로, 이후 불법행위로 인한 손해배상 사건에서 의료급여법, 산업재해보상보험법, 국민연금과 같이 사회보장적 급여가 문제된 경우 같은 취지로 판례가 모두 변경되었다.[52]

---

[52] 의료급여법과 관련하여 대법원 2021. 6. 24. 선고 2020다225169 판결, 산업재해보상보험법과 관련하여 대법원 2022. 3. 24. 선고 2021다241618 전원합의체 판결, 국민연금법과 관련하여 대법원 2024. 6. 20. 선고 2021다299594 전원합의체 판결 각 참조.

046. 전소에서 인정된 여명종료일 이후 생존하자 정기금 배상을 명한 사건

— 서울중앙지방법원 2010. 8. 18. 선고 2010가합39760 판결[53]

1. 사실관계

원고는 2002. 1. 15. 태어나, 같은 해 5. 14. 장중첩증 진단 후 다음 날 시행한 공기압정복술 도중 발생한 우측 결장 천공 및 전신청색증 등으로 피고 병원에서 응급처치를 시행하였으나, 2002. 7. 23. 퇴원 당시 뇌성마비와 경련성질환 상태였다. 이후 원고는 피고 과실을 주장하며 소를 제기하여 서울중앙지방법원 2002가합49007호로 사건이 진행되고, 피고 병원의 공기압정복술 과정에서의 장천공과 산소공급지연 등의 과실이 인정되어 손해배상액으로 124,067,107원을 인정받았으나, 원피고 모두 항소하여 진행된 항소심에서 150,000,000원으로 강제조정이 확정되었다. 이후 원고는 위 사건의 전제가 된 여명종료일인 2008. 3. 13. 이 지난 변론종결시까지 생존하고 있음을 근거로 추가로 소송을 제기하였다.

2. 법원의 판단

대상 판결은 전소 담당 재판부가 인정한 과실에 대하여 동일하게 판단하고, 기판력 저촉문제와 관련하여, 기판력의 시적범위는 사실심변론종결시까지인데 그 이후에 새로운 사유가 발생한 경우이므로 기판력에 저촉된

---

53) 대상 판결은 당사자 쌍방이 항소하였으나 항소 기각되어 확정되었다(서울고등법원 2011. 4. 12. 선고 2010나92140 판결).

다고 할 수 없다고 판시하고 책임제한도 전소와 동일하게 50%를 인정하되, 지급방법과 관련하여 본 사건의 변론종결시까지는 일시금을, 그 이후에는 원고의 생존을 조건으로 정기금 배상을 명하였다.

3. 판결의 의의

의료소송에서 정기금 배상을 명하는 판결이 전혀 없는 것은 아니다. 그러나 본건과 같이 전소의 판단을 받아 기판력이 발생한 이후에 전소의 전제가 되었던 신체감정상의 여명기간보다 오래 생존한 것을 이유로 한 추가 청구가 인용된 것은 그 유례를 찾아보기 어렵다는 점에서, 주목할 만한 판결이다.

047. 부제소 합의의 효력 부정
- 서울고등법원 2013. 6. 27. 선고 2012나49348 판결[54)

1. 사실관계 및 법원의 판단

원고는 코젤백을 삽입하는 방식의 유방확대술을 시행 받은 후 출혈·통증 등을 호소하여 재수술을 시행하였음에도 불구하고 수술부위가 괴사되면서 우측 유방을 거의 소실하게 됨에 따라 손해배상청구소송을 제기하였는데, 소제기 당시 "이 사건 수술 및 이 사건 수술 부위에서의 코젤백 제거 수술로 인한 후유증 등에 대하여 향후 피고에 대하여 일체의 민·형사상 책임을 묻지 않겠다.", "흡연으로 발생한 피부 괴사 부위의 염증이 남아 있으니 코젤백을 제거해 주기를 요청한다. 코젤백 제거 후 유방형태의 변형이나 내부 조직의 변형 등 어떠한 결과에 대해서도 민·형사상 이의를 제기하지 않겠다."는 내용의 1차, 2차 확인증을 각 작성하여 주고 피고로부터 후유증에 대한 치료를 받고 있었다.

2. 법원의 판단

대상 판결은 부제소 합의가 존재한다는 피고의 항변에 대하여 ① 원고는 의학적 지식이 전무하였던 관계로 이 사건 수술 후 발생한 염증 및 피부괴사에 대한 치료를 위하여 의료전문가인 피고에게 전적으로 의지할 수밖에 없었고, ② 이 사건 수술 부위의 염증 및 피부 괴사 등은 피고의 수술 중 및 수술 후 처치상의 과실에 의하여 발생한 것임에도 불구하고, 피고는 그 모든 책임

---

54) 제1심 서울중앙지방법원 2012. 5. 22. 선고 2010가합31308 판결.

이 원고의 흡연으로 인해 생겼다고 하면서 원고가 이 사건 1, 2차 확인증에 서명을 하여야만 이 사건 수술 부위의 염증 및 피부 괴사에 대한 치료를 하여 주겠다고 하여 그 밑에 서명할 것을 강요하여 원고가 서명하였으며, ③ 이 사건 1, 2차 확인증에 의해 원고는 이 사건 수술 부위의 염증 및 피부괴사에 대한 치료비 상당액의 이익을 얻을 수 있을 뿐임에 반하여 피고의 과실로 인해 원고에게 모든 손해배상채권을 포기하게 되는 결과를 초래하게 되는 점 등을 거론하며, 위 인정사실 및 제반 사정에 비추어 보면 이 사건 1, 2차 확인증에 기한 부제소합의는 원고의 궁박·경솔 또는 무경험으로 인하여 현저하게 공정을 잃은 법률행위로서 무효이거나 선량한 풍속 기타 사회질서에 반하는 행위로서 무효라고 봄이 상당하다고 판단하며 부제소특약의 효력을 부정하였다.

3. 판결의 의의

부제소합의는 쟁점이 된 사항에 대하여 이후에 소송을 제기할 수 없도록 하기 위하여 작성되는 합의서라는 점에서, 합의내용에 위배하여 소송을 제기할 경우 각하되어야 하는 것이 원칙이지만, 의료사건에서 작성된 합의서는 그 효력을 제한적으로 판단하는 경향이 있다.[55] 대상 판결 역시 부제소 합의가 2회나 있었음에도 불구하고 부제소합의의 경위를 살펴 그 효력을 제한하였다는 점에서 환자의 권리를 중시한 판결로 볼 수 있다.

4. 참고 판결

부산고등법원 2018. 8. 16. 선고 2017나124 판결[56]은, 1999년 피고 병

---

55) 대법원 2000. 3. 23. 선고 99다63176 판결 등 참조.

원 이비인후과 과장으로부터 설하신경 종양 제거술(이하 '이 사건 수술'이라고 한다)을 받은 후 오른면 설신경초종의 후유증이 발생하여 피고 병원에 "원고는 1999. 2. 10. 피고 병원 이비인후과 과장으로부터 우측 설하신경 종양 제거술을 시행 받은 사람으로서 본 수술에 대하여 차후 피고 병원에 민, 형사상의 어떠한 법적 이의도 제기하지 않을 것을 서약합니다. 단 향후 본건으로 인한 진료비는 피고 병원에서 부담한다."라는 내용의 각서를 작성하여 준 후 이 사건 수술로 발생한 통증에 대해 복합부위통증증후군 (CRPS) 치료를 받아온 원고가 피고 병원과 다른 병원에서 다니면서 지급한 치료비와 향후치료비 등 5억2천만 원을 약정금으로 청구한 사건에서, 제1심 법원이 ① 약정서가 수술 후 원고의 우측 혀 부위 통증 및 마비 증상을 지속적으로 호소하여 4개월가량 지난 후 양측의 협의하에 작성된 것이고, ② 피고측에서 다른 병원 진료비까지도 지급해 왔으며, ③ 원고는 향후치료비를 제외한 일실수입의 청구를 포기하고, 피고 병원에서의 수술과 상당 인과관계가 인정되는 치료비를 지출한 경우 피고가 이를 부담하는 내용이 포함되어 있고, ④ 한편 이러한 각서가 작성되는 경우가 드문 점 등을 고려할 때, 피고 병원에서 발생한 진료비만 지급하겠다는 것으로 볼 수 없다고 판단한 데 대하여, 기본적으로 제1심 판결과 판단을 같이하면서, 원고의 소화기 및 대상포진 관련 치료비는 인과관계를 부정하여 배척하되, 정신과 신체감정을 통해 인정된 기왕치료비의 추가 지급을 명하였다.[57]

---

56) 제1심 울산지방법원 2016. 12. 22. 선고 2014가합7090 판결. 대상 판결은 당사자 쌍방이 상고하지 않아 확정되었다.

57) 이 사건에서 병원측에서 각서 작성 당사자로 나선 사람은 의사가 아닌 병원 사무장이었고, 후에 판결이 확정될 무렵에는 이미 병원을 퇴사하였다고 한다. 대상 판결로 인정된 치료비가 3억 2천만 원가량이었는바, 예상치 못한 책임의 근거가 될 수 있는 각서를 작성할 때에는 법률적 검토가 필요함을 알 수 있다.

제 4 장

설명의무

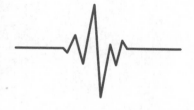

제1절 들어가며

의료소송에서 1979년 자기결정권을 강조하는 설명의무에 관한 최초의
판결[1]이 선고된 후 기본 법리가 집대성되었던 93다52402 판결[2] 이후에
도, 의료소송에서 설명의무의 지위는 날이 갈수록 그 영향력을 확장해 왔
다. 의료법에 명문 규정이 없음에도 불구하고 이렇게 그 영역을 확대해 온
것은 증거의 편재로 인한 증명책임 완화의 필요성, 사망 또는 중장해가 대
부분인 의료사고 결과의 심각성 등을 고려하여, 법원이 위자료의 조절적
기능을 적극적으로 활용하여 분쟁해결을 위해 노력해 왔기 때문으로 이해
된다.

---

1) 김필수, 「의료단계에 따른 의사의 설명의무에 대한 실증적 연구」, 고려대학교 석사학위
   논문, 2009, 제2면 이하 참조, 위 논문에서는 국내에서 설명의무가 최초로 문제된 판결
   을 1979. 8. 14. 선고 78다488 사건으로 보고 있다. 위 논문에 의하면, 위 사건은 환자
   가 후유증이 수반되는 수술을 승낙한 것으로 볼 수 없는 경우에는 환자의 승낙권을 침
   해함으로써 위법한 수술을 한 것이어서 불법행위가 성립된다고 판시하였다고 한다.
2) 대법원 1995. 2. 10. 선고 93다52402 판결. 이 판결에서는 (i) 의사가 환자에게 수술 등
   인체에 위험을 가하는 행위를 함에 있어 그에 대한 승낙을 얻기 위한 전제로서 환자 본
   인 또는 그 가족에게 그 질병의 증상, 치료방법의 내용 및 필요성, 발생이 예상되는 위험
   등에 관하여 당시의 의료수준에 비추어 상당하다고 생각되는 사항을 설명하여 그 환자가
   필요성이나 위험성을 충분히 비교하여 그 의료행위를 받을 것인가의 여부를 선택할 수
   있도록 하여야 할 의무가 있다고 설명의무의 개념을 설시하고, (ii) 의사가 설명의무를 위
   반한 채 수술 등을 하여 환자에게 사망 등의 중대한 결과가 발생한 경우에 환자 측에서
   선택의 기회를 잃고 자기결정권을 행사할 수 없게 된 데 대한 위자료만을 청구하는 경우
   에는 의사의 설명결여 내지 부족으로 선택의 기회를 상실하였다는 사실만을 증명함으로
   써 족하고, 설명을 받았더라면 사망 등의 결과는 생기지 않았을 것이라는 관계까지 증명
   할 필요는 없으나, 그 결과로 인한 모든 손해를 청구하는 경우에는 그 중대한 결과와 의
   사의 설명의무 위반 내지 승낙취득 과정에서의 잘못과의 사이에 상당인과관계가 존재하
   여야 하며, 그때의 의사의 설명의무 위반은 환자의 자기결정권 내지 치료행위에 대한 선
   택의 기회를 보호하기 위한 점에 비추어 환자의 생명, 신체에 대한 구체적 치료과정에서
   요구되는 의사의 주의의무 위반과 동일시 할 정도의 것이어야 한다는 법리를 설시하여,
   이후 설명의무 위반이 인정될 경우 배상액 산정의 기준이 되는 판결이 되었고, 설명의무
   관련 판결 중에서 최근까지도 가장 많이 언급되는 판결 중의 하나이다.

2013. 3. 4. 기준 법원도서관에서 검색되는 전체 판결문 1,017,827건 중 특정 영역 제한 없이 설명의무라는 용어로 검색되는 판결은 14,962건이고, 여기에 기한 제한을 두어 2012년 한 해 동안 선고된 판결 중 '설명의무'로 검색되는 사건수는 1,281건이며, 이 중 손해배상(의)로 사건명 제한을 둘 경우 294건이었다. 언뜻 보아 설명의무의 위상이 잘 느껴지지 않지만, 같은 기간 손해배상(의)라는 사건명으로 검색되는 총수가 536건인 것에 비추어 보면, 의료사건 관련 판결 중 54.8%에서 설명의무가 언급되고 있는 것이므로, 설명의무가 의료소송에서 차지하는 위상을 짐작할 수 있다.[3]

최근에는 설명의무의 위상이 더욱 높아졌는데, 과거에 손해배상(의) 사건에서 설명의무는 주된 부분인 의료과실을 다투면서, 만약 의료과실이 인정되지 않더라도 위자료를 청구하기 위하여 주장하는 부수적인 청구의 성격이 강하였고, 의료과실만 다투고 설명의무 위반을 따로 주장하지 않는 경우도 많았다. 그러나 현재는 거의 모든 손해배상(의) 사건에서 의료과실과 함께 설명의무 위반에 관하여 다투고 있고, 경우에 따라 의료과실 여부보다 설명의무 위반 여부가 더욱 중요한 쟁점이 되기도 한다. 또한, 설명의무 위반으로 인하여 재산상 및 정신상 손해 전부의 배상을 인정받는 사례도 있으므로, 설명의무는 현재 손해배상(의) 소송 실무에서 아주 중요한 쟁점 중 하나라고 할 수 있다.

---

3) 물론 손해배상(의)라는 사건명으로 검색되는 수가 의료관련 소송 전체를 의미하지는 않는다. 의료와 관련된 소송이 손해배상(기)나 채무부존재 소송으로 제기되기도 하고, 위 사건 수에는 임의비급여나 면허자격정지처분취소, 과징금부과처분취소 등과 같은 행정소송과 업무상과실치(사)상, 의료법위반, 공단보험관련 사기 관련 형사사건의 수는 포함되어 있지 않기 때문이다. 반면 의료소송의 상당수가 설명의무 위반을 고려한 위자료 금액을 지급하는 내용으로 조정되는 점을 고려하면, 의료사건 중 설명의무 관련 부분의 비중은 더욱 크다고 볼 여지가 있다. 그러나 설명의무의 비중과 관련한 정확한 통계가 확인되지 않는 상황에서 위와 같은 수치가 설명의무의 비중을 일부나마 가늠하는데 도움이 될 수 있을 것으로 생각된다.

현재 설명의무에 관한 법리는 상당 부분 확립되었다고 볼 수 있으나, 손해배상(의) 사건에서 설명의무 위반을 쟁점으로 하는 다양한 사건들과 다양한 주장들이 계속 등장하고 있기 때문에, 설명의무의 범위가 점차 확대 혹은 제한되고 세부적인 부분에서 새로운 판단들이 추가되면서 법리가 계속 발전하고 있다.

　제4장에서는 점점 세부적이고 다양해지는 설명의무 관련 판례들을 다루고자 한다.

제2절 설명의 주체 및 상대방

048. 간호사도 설명의무의 이행 주체로 인정한 사례
- 광주고등법원 2018. 1. 12. 선고 2015나14524 판결[4)]

1. 사실관계

망인은 발열, 오한, 어깨 및 경부 통증으로 입원치료 중 복부초음파에서 우측 간에 6cm 농양이 발견되어 피고 병원으로 전원되었다. 피고 병원에서는 망인에게 항생제 세프트리악손 투약을 위해 피부반응검사를 시행하였고, 음성반응을 확인한 후 세프트리악손을 정맥주사 하였는데, 망인은 세프트리악손 투약 직후 아나필락시스 쇼크로 사망하였다.

2. 법원의 판단

대상 판결은 진료기록에 의료진이 세프트리악손을 투약하면서 그로 인한 부작용 등에 관한 설명을 하였다는 기재가 없고, 세프트리악손을 투약하면서 망인에게 "따끔하다"라는 말만 했을 뿐이라는 같은 병실 환자의 증언에도 불구하고, 피부반응검사 이전과 세프트리악손 투여 직전에도 부작용 발생 가능성을 충분히 설명하였다는 간호사의 사실확인서가 제출된 점, 피부반응검사는 병실이 아닌 간호사실에서 실시되었으므로 같은 병실

---

4) 제1심 광주지방법원 2015. 10. 8. 선고 2014가합58254 판결. 대상 판결은 당사자들이 상고하지 않아 확정되었다.

환자의 증언만으로 설명의무 위반이라 단정할 수 없는 점, 망인은 피부반응 검사의 실시와 그 결과에 대하여 별다른 문제를 제기하지 않은 것으로 보이는 점, 의료진에게 아나필락시스 쇼크 등 응급상황이 발생하였을 경우의 예상 처치법과 그로 인한 부작용까지 설명할 것을 기대하기는 어려운 점 등에 비추어 세프트리악손 투약과정에서 부작용 등에 관하여 설명을 하였다고 보았다.

3. 판결의 의의

대법원은 일관되게 설명의무의 주체는 원칙적으로 당해 처치의사라 할 것이나 특별한 사정이 없는 한 처치의사가 아닌 주치의 또는 다른 의사를 통한 설명으로도 충분하다 하여(대법원 1999. 9. 3. 선고 99다10479 판결 등 참조) 설명의무의 주체는 의사라고 판시하여왔다. 그러나 대상 판결은 의사가 아닌 간호사의 설명으로 설명의무를 이행하였다고 인정하였다.

간농양에 대한 항생제 치료 시 항생제 투여로 인하여 아나필락시스로 사망할 수 있다는 사실은 매우 치명적이고도 중대한 부작용이므로 의사에 의한 설명이 이루어져야 한다고 볼 수도 있으나, 의료기관에서 흔히 이루어지는 항생제 투여라는 행위의 특성, 모든 투약행위에 대하여 일일이 설명을 다 하기 어려운 임상현실, 간호사는 진료보조행위를 할 수 있고, 통상적인 항생제 부작용에 대한 설명은 진료보조행위에 포함된다고 볼 수 있는 점 등에 비추어 간호사를 설명의 주체로 인정한 것은 타당하다고 판단된다.

다만 대상 판결은 동의서가 명시적으로 존재하지 않더라도 부가 정황으로 설명사실을 인정하였는데, 세프트리악손 투여 시 같은 병실에 있던 환자의 증언에도 불구하고 문제가 된 의료행위를 시행한 간호사의 사실확인서로 설명사실을 인정한 점, 망인이 피부반응검사의 실시와 그 결과에 대하여 별다른 문제를 제기하지 않았다면 이는 불충분한 설명에 기한 것일 가능성이 큰 점에 비추어 그와 같은 사실인정은 쉽게 이해하기 어렵다. 법리적으로는 설명의무 위반사실을 인정하되, 그와 같은 설명을 들었더라도 환자가 항생제치료를 거부하였을 것으로 보이지 않으므로 자기결정권이 문제되지 아니한다는 이유로 설명의무 위반에 따른 손해배상책임을 부정하는 것이 타당하다고 생각된다.

049. 사지마비이나 정신이 명료한 본인이 아닌 가족의 동의를 받은 사례
- 서울고등법원 2018. 7. 12. 선고 2017나2037919 판결[5]

1. 사실관계

　　망인은 만 25세가 되던 1997년 뇌기저부 종양(척삭종) 진단을 받고 경추 제1번 부위에 대한 척삭종 절제술 및 방사선치료를 받았는데, 2004년 척삭종이 재발하여 경추 2, 3번 부위에 대한 2차례의 절제술 및 방사선치료, 2007년 재차 종양절제술 및 방사선치료를 받았다. 망인은 2008. 2. 28. 경추3~4번 등에 척삭종이 재발하여 피고1 병원에서 해당 부위의 경막 내 척삭종을 제거하는 수술을 시행 받았다. 망인은 수술 후 재활치료를 받던 중 2008. 6. 20. 코에서 뇌척수액이 나와 피고1 병원 응급실에 내원하여 진료를 받던 도중 같은 달 24. 약 9분간 발작을 보이다가 같은 날 사지마비 상태에 이르렀다. 그 후 망인은 재활치료를 받던 중 시력 및 청력저하를 호소하였고, 2012. 12. 17. 피고2 병원으로 전원하여 시행한 뇌MRI 검사 결과 척삭종이 뇌 기저부위를 침범하여 시신경을 압박하는 수준으로 악화되어 두개골을 절개하여 해당 부위 척삭종을 제거하는 수술을 시행받았는데, 망인은 수술 직후 급성 뇌지주막하출혈과 뇌경색이 발생하여 추가 수술 시행에도 불구하고 2013. 1. 16. 사망하였다. 피고2 병원이 척삭종 제거수술 전 받은 수술동의서에는 망인의 동생의 서명이 되어 있었고, 환자 본인이 서명하지 않은 이유에 대한 아무런 기록이 없었다.

---

5) 제1심 서울동부지방법원 2017. 6. 22. 선고 2013가합10973 판결. 이 사건은 원·피고 모두 상고하였으나 심리불속행 기각되었다(대법원 2018. 12. 13. 2018다262080 판결).

2. 법원의 판단

제1심 판결은 피고들의 과실 및 설명의무 위반을 모두 부정하여 원고의 청구를 기각하였다. 이에 원고가 피고2 병원을 상대로 항소하였는데, 대상 판결은 치료방법 선택상 과실과 수술상 과실은 부정하였으나, 피고2 병원 의료진이 망인에 대한 수술 전 설명을 망인의 동생에게 한 후 동생 명의 의 동의서를 받은 것에 대하여 설명의무 위반을 인정하고 위자료 2,000만 원을 인정하였다. 대상 판결은 환자 본인이 당시 성인으로, 사지마비이기 는 하나 의식이 명료했으므로 판단능력을 상실하였다거나, 설명을 들었으 나 사지마비 상태에 있어 동의서상 서명만 동생이 하도록 하였다거나, 동 생으로부터 설명 내용을 충실히 전해 듣고 자기결정권을 행사하였음을 인 정할 증거가 없으며, 동생이 망인의 부모를 대신하여 망인의 법정대리인 지위에 있지도 않았던 점을 들어 설명의무 위반으로 망인의 자기결정권을 침해하였다고 판시하였다. 또한 대상 판결은 의사의 설명은 환자의 승낙에 대한 전제조건으로 그 상대방은 환자이고, 특별한 사정이 없는 한 환자의 가족은 그 상대방이 될 수 없다는 이유로, 망인이 아닌 유족의 고유의 위 자료청구는 배척하였다.

3. 판결의 의의

수술 등 침습적 의료행위는 환자의 생명과 신체에 위해를 가할 수 있으 므로 반드시 환자 본인의 동의가 전제되어야 한다. 따라서 의사의 설명은 환자의 승낙에 대한 전제조건으로 그 상대방은 환자 본인이어야 하고, 승 낙 또한 환자 자신이 하여야 한다(대법원 2002. 9. 4. 선고 2002다16781, 16798 판결, 대법원 2015. 10. 29. 선고 2015다13843 판결 등 참조). 그러나 환자가 성인이고 동의능력이 있음에도 불구하고 환자가 아닌 가족에게 설명을 하고 동의서를 받는 사례가 드물지만 여전히 발생하고 있다.

대상 판결은 성인이고 의식이 명료하였던 망인을 대신하여 망인의 동생에게 수술동의서를 받은 데 대하여 설명의무 위반을 인정한 것으로, 환자가 동의를 할 수 있는 경우에도 가족에게 동의서를 받는 것은 설명의무 위반이 성립한다는 것을 확인한 타당한 판결이다. 같은 취지의 판결로는 62세로 의식수준이 명료하였던 원고를 대신하여 아들이 수술동의서에 서명한 사건에서 설명의무 위반을 인정한 서울고등법원 2018. 9. 20. 선고 2016나2021238 판결, 간호사가 환자의 남편에게 동의서를 받은 데 대하여 설명의무 위반을 인정한 서울고등법원 2018. 9. 13. 선고 2017나2035029 판결이 선고되었다.

050. 의사능력 있는 미성년 환자에 대한 침습적 의료행위 동의의 주체

— 대법원 2023. 3. 9. 선고 2020다218925 판결[6]

1. 사실관계

원고1(11세 7개월)은 2016. 6. 17. 모야모야병 치료를 위해 피고 병원에 내원하였고, 원고1의 어머니 원고2는 피고 병원 의료진으로부터 모야모야병 치료를 위한 간접 우회로 조성술 시행 전 검사로서 뇌혈관 조영술(이하 '이 사건 조영술'이라 한다)을 하여야 한다는 설명을 들었다. 원고1은 2016. 7. 1. 09:00경부터 10:20경까지 이 사건 조영술을 받은 후 10:37경 병실로 옮겨졌는데, 같은 날 12:02경부터 간헐적으로 입술을 실룩이면서 경련 증상을 보이기 시작했다. 원고1은 17:26경 시행한 뇌 MRI 검사결과 좌측 중대뇌동맥에 급성 뇌경색 소견이 보여 중환자실 집중치료, 간접 우회로 조성술을 받았으나, 영구적인 우측 편마비 및 언어기능 저하가 후유장애로 남게 되었다.

2. 법원의 판단

제1심 판결은 모야모야병 치료를 위해서는 이 사건 조영술 시행이 불가피하였고, 원고1의 증상은 모야모야병의 자연경과로 볼 여지가 크다는 등

---

6) 제1심 서울중앙지방법원 2019. 6. 11. 선고 2019가합505956 판결, 제2심 서울고등법원 2020. 1. 23. 선고 2019나2028025 판결, 파기환송심 서울고등법원 2023. 10. 12. 선고 2023나2012720 판결.

의 이유로 피고 병원 의료진의 과실로 인한 손해배상책임을 부정하였고, 이 사건 조영술로 뇌경색이 발생할 수 있다는 사실을 원고1의 법정대리인 원고2에게 설명하였으므로 설명의무를 다하였다고 판단하였다.

이에 대해 원고들이 항소하였고, 제2심 판결은 피고 병원 의료진의 과실로 인한 손해배상책임을 부정하였으나, 설명의무 위반과 관련하여 당시 12세인 원고1에게 위 조영술을 시행하는 이유 및 그로 인하여 뇌경색 등의 부작용이 발생할 가능성에 대하여 직접 설명하였음을 인정할 수 있는 진료기록상 기재를 찾기 어려운 점 등을 들어 설명의무 위반을 인정하고 원고1의 자기결정권이 침해된 데에 대한 위자료로 2천만 원을 인정하였다.

이에 대해 대법원은 환자가 미성년자라도 의사결정능력이 있는 이상 자신의 신체에 위험을 가하는 의료행위에 관한 자기결정권을 가질 수 있으므로 원칙적으로 의사는 미성년자인 환자에 대해서 의료행위에 관하여 설명할 의무를 부담한다고 전제한 다음, 아직 정신적이나 신체적으로 성숙하지 않은 미성년자에게는 언제나 의사가 직접 의료행위를 설명하고 선택하도록 하는 것보다는 미성년자와 유대관계가 있는 친권자나 법정대리인을 통하여 설명이 전달되어 수용하게 하는 것이 미성년자의 복리를 위해서 더 바람직할 수 있으므로, 의사가 미성년자인 환자의 친권자나 법정대리인에게 의료행위에 관하여 설명하였다면, 그러한 설명이 친권자나 법정대리인을 통하여 미성년자인 환자에게 전달됨으로써 의사는 미성년자인 환자에 대한 설명의무를 이행하였다고 볼 수 있다고 판시하였다.

대법원은 '다만 친권자나 법정대리인에게 설명하더라도 미성년자에게 전달되지 않아 의료행위 결정과 시행에 미성년자의 의사가 배제될 것이 명백한 경우나 미성년자인 환자가 의료행위에 대하여 적극적으로 거부 의사를 보이는 경우처럼 의사가 미성년자인 환자에게 직접 의료행위에 관하여 설명하고 승낙을 받을 필요가 있는 특별한 사정이 있으면 의사는 친권자나 법정대리인에 대한 설명만으로 설명의무를 다하였다고 볼 수는 없고,

미성년자인 환자에게 직접 의료행위를 설명하여야 한다'고 하면서, 피고 병원 의료진이 이 사건 조영술에 관한 설명의무를 이행하지 않았음을 문제 삼아 원고1의 자기결정권이 침해되었다고 판단하려면, 우선 원고1에게 의료행위의 의미를 이해하고 선택, 승낙할 수 있는 결정능력이 있는지를 심리하여야 하고, 원고1이 그러한 능력을 가지고 있다고 판단된다면 원고2에게 이 사건 조영술에 관한 설명을 하였더라도 원고1에게 직접 설명하여야 하는 특별한 사정이 있었는지를 심리하였어야 한다고 하면서 원심판결을 파기환송하였다.

이에 대해 파기환송심은 원고1에게 의료행위의 의미를 이해하고 선택·승낙할 수 있는 결정능력이 있는지에 대한 심리는 하지 않은 채 원고1에게 직접 설명하여야 하는 특별한 사정을 인정할 만한 증거가 없다 하여 원고1의 항소를 기각하였다.

3. 판결의 의의

대상 판결은 환자가 의사능력 있는 미성년자인 경우 침습적 의료행위에 관한 동의권자는 환자 본인임을 명확히 한 다음, 미성년자인 환자는 친권자나 법정대리인의 보호 아래 병원에 방문하여 의사의 설명을 듣고 의료행위를 선택·승낙하는 상황이 많을 것인데, 이 경우 의사의 설명은 친권자나 법정대리인에게 이루어지고 미성년자인 환자는 설명 상황에 같이 있으면서 그 내용을 듣거나 친권자나 법정대리인으로부터 의료행위에 관한 구체적인 설명을 전해 들음으로써 의료행위를 수용하는 것이 일반적이므로, 의사가 미성년자인 환자에게 직접 의료행위에 관하여 설명하고 승낙을 받을 필요가 있는 특별한 사정이 없는 한 법정대리인인 친권자에게 설명의무를 이행하고 그 설명이 미성년자인 환자에게 전달되도록 함으로써 미성년자인 환자에 대한 설명의무를 이행하였다고 볼 수 있다 하여, 의사능력 있는 미성년 환자의 경우 설명의무 이행 여부는 구체적 사실관계에 따라 판단해야 함을 명확히 한 데 의의가 있다.

그러나 대상 판결은 원칙적으로 미성년 환자가 동의권자임을 확인하면서도 '미성년 환자자 본인에게 설명해야 할 특별한 사정'이 없는 한 친권자 등에게 설명함으로써 설명의무를 다한 것으로 판단하였는바, 이 논리에 따르면 사실상 미성년 환자의 경우 친권자 등에게 설명을 하면 미성년 환자에게 실제 설명을 하였는지 여부를 살펴보지 아니하고도 설명의무를 다하였다고 판단될 가능성이 높은바, 대상 판결에 제시한 원칙이 의료현장에서 지켜질지 의문이다.

나아가 이 사건에서 뇌혈관 조영술에 대한 설명이 이루어진 사정을 살펴보면 인쇄된 용지에 미성년 환자의 친권자만이 서명하는 방식으로 설명 및 동의가 이루어졌는데 통상 인쇄된 용지에 서명만이 있는 경우에는 구체적으로 설명의무를 이행하였다고 인정하지 않았던 기존 판결[7]의 태도와 배치됨에도 이에 대한 구체적 심리가 이루어지지 않은 점에도 아쉬움이 있다.

4. 참고 판결

수원지방법원 2023. 5. 25. 선고 2022나55125 판결[8]은 담관암으로 담관근치절제술(동의서는 며느리가 서명함)을 시행받은 73세 환자가 수술 후 감염증상이 발생하여 감염내과 협진 결과 흉부 CT 검사, 복부 CT 검사를 확인하라는 의견에도 1개월 이상 해당 검사를 시행하지 아니하여 패혈증

---

7) 대법원 1994. 11. 25. 선고 94다35671 판결 등.
8) 제1심 수원지방법원 안양지원 2022. 1. 14. 선고 2018가단113537 판결. 대상 판결은 당사자들이 상고하지 않아 확정되었다.

쇼크가 발생하였고, 그 후 수차례의 경피적배액술(1차 배액술 당시 아들에게 동의서 받고 그 후 동의서 안받음)을 시행하였음에도 사망한 사건에서, 복부 CT 검사 등 감염검사 및 치료 지연 과실과 담관근치절제술에 대한 설명 의무 위반에 따른 책임을 인정하였으나, 경피적배액술에 관해서는 ① 당시 망인이 의식을 회복하지 못한 점, ② 망인에게 설명하였다 하더라도 망인 이 이를 거부하였을 것이라고 단정할 수 없는 점 등에 비추어 설명의무 위반에 따른 책임을 부정한 원심판결에 대해 피고가 항소하였으나, 항소를 기각하였다.

제3절 설명의무의 대상(내용)

051. 줄기세포 시술효과 과장 사건
- 대법원 2010. 10. 14. 선고 2007다3162 판결[9]

1. 사실관계

원고 등은 간경화증이나 하지마비증 환자들로, 피고의사와 피고회사가 제대혈 줄기세포이식술의 결과가 간이식수술보다 수술방법·비용·부작용 및 치료효과에서 장점이 있다는 점에 관하여 신문 방송 등을 통해 홍보하자, 피고들에게 시술의 효과 등을 확인하였으나, 치료효과만 부각시킬 뿐 부작용이나 시술 실패 사례 등에 대한 설명이 없어 수천만 원의 줄기세포 구입비와 수백만 원의 치료비를 지불하고 시술을 받았는데, 이후 병세가 악화되거나 부작용이 발생하지는 않았지만 질병이 호전되거나 진행속도가 완화되지도 않았다.

이에 원고들은 피고들을 상대로 ① 의약품을 투여함에 있어서는 식약청의 허가를 득한 후 시술해야 함에도 불구하고 이러한 허가 없이 시술한 것이 약사법 위반인 동시에 불법행위이고, ② 줄기세포 시술의 효과를 과장하고 부작용 등에 대한 설명을 하지 않아 원고들의 자기결정권을 침해하였다며 손해배상청구소송을 제기하였다.

---

9) 제1심 서울동부지방법원 2005. 12. 1. 선고 2004가합8263 판결, 제2심 서울동부지방법원 2006. 12. 14. 선고 2006나15474 판결.

2. 법원의 판단

대상 판결은 사람의 신체에서 분리된 세포가 사람의 질병 치료를 목적으로 인체조직이 아닌 세포단위로 사용되는 경우, 이는 약사법 해당 규정에 따른 의약품에 해당하므로, 약사법의 규제대상이 되고, 중간엽 줄기세포는 저온보관 중인 제대혈의 백혈구(단핵구)에서 조혈모세포 등과 구분하여 선별한 다음 성장인자 등을 첨가하여 체외에서 증식·배양한 후 사람의 질병 치료를 목적으로 세포단위로 인체에 투여되는 것이므로 약사법의 규제를 받는 의약품에 해당한다고 판단한 다음, 사람을 대상으로 한 중간엽 줄기세포 이식술은 당시까지의 지식·경험에 의하여 안정성 및 유효성이 충분히 검증되지 않은 시술로서 임상시험에 해당하고, 식품의약품안전청장의 승인을 얻지 않고 중간엽 줄기세포를 이식하는 행위는 구 약사법에 위배된다고 판단하였다.

그러나, 관계 법령에 따라 감독관청의 승인이 요구됨에도 이를 위반하여 승인 없이 임상시험에 해당하는 의료행위를 하였더라도 그 자체가 의료상의 주의의무 위반행위는 아니므로, 당해 의료행위에 있어 구체적인 의료상의 주의의무 위반이 인정되지 아니한다면 그것만으로 불법행위책임을 지지는 아니한다[10]고 하여 의료상 주의의무 위반은 부정하였다.

설명의무 위반에 관하여, 대상 판결은 '의사는 의료행위에 앞서 환자나 그 법정대리인에게 질병의 증상, 치료방법의 내용 및 필요성, 발생이 예상

---

10) 이 사건의 원심 판결인 서울고등법원 2006. 12. 14. 선고 2006나15474 판결은 "이 사건 줄기세포가 약사법 소정의 의약품에 해당하는 이상, 식품의약품안전청장의 의약품 품목허가를 받지 아니한 상태에서 이를 인체에 사용하려면, 약사법이 정한 바에 따라 식품의약품안전청장으로부터 임상시험계획승인을 받아야 함에도, 이를 받지 아니한 상태에서 피고들이 원고 등 및 원고 6에 대하여 이 사건 줄기세포치료제를 주입하는 이식수술을 시행한 것은 약사법에 위반되는 불법행위에 해당된다고 할 것이다"라고 판시하여, 약사법 위반이 곧 손해배상책임의 발생원인인 불법행위에 해당한다고 보았는데, 대법원은 이러한 원심의 판단이 잘못되었음을 지적하고 있다.

되는 위험 등 당시의 의료 수준에 비추어 상당하다고 인정되는 사항을 설명하여 환자가 그 필요성이나 위험성을 충분히 비교해 보고 그 의료행위를 받을 것인지 여부를 선택할 수 있도록 할 의무가 있고, 특히 그러한 의료행위가 임상시험의 단계에서 이루어지는 것이라면 해당 의료행위의 안전성 및 유효성(치료효과)에 관하여 그 시행 당시 임상에서 실천되는 일반적·표준적 의료행위와 비교하여 설명할 의무가 있다'고 하면서,[11] 의사가 간경화증이 상당히 진행되어 간이식 수술 외에 효과적인 치료방법이 없는 상태의 환자 등에게 임상단계에 있는 중간엽 줄기세포 이식술을 시행하면서 환자들의 의사결정에 영향을 줄 수 있는 중요한 사정인 치료 효과에 관하여 객관적으로 확인해 보려는 노력을 기울이지 아니한 채 줄기세포 공급업체 대표이사와의 공동기자회견, 병원 홈페이지 광고, 상담 등을 통하여 그릇된 정보를 제공하는 등 환자들에 대한 설명의무를 위반한 잘못이 있고, 위와 같은 기자회견의 경위, 홈페이지 내용의 관련성, 환자들이 줄기세포 구입 및 이식술을 받은 경위 등에 비추어 보면 의사와 줄기세포 공급업체 대표이사[12]의 불법행위는 서로 객관적 관련공동성이 있어 공동불법행위를 구성한다고 판시하였다.

---

11) 대상 판결은 또한 '의약품 공급자는 임상시험 단계에 있는 의약품을 공급함에 있어 해당 의약품의 안전성 및 유효성(치료효과) 등 그 구입 여부의 의사결정에 영향을 줄 수 있는 중요한 사정을 수요자에게 고지할 신의칙상의 의무가 있다'고 하였다.

12) 줄기세포 공급업체 대표이사 역시 임상시험 단계에 있는 줄기세포를 판매함에 있어, 줄기세포 구입자들의 의사결정에 영향을 줄 수 있는 중요한 사정인 치료효과에 관하여 객관적으로 확인해 보려는 노력을 기울이지 아니한 채 위 의사와의 공동기자회견, 탯줄은행 홈페이지 광고, 상담 등을 통하여 그릇된 정보를 제공하는 등 줄기세포 구입자들에 대한 설명의무 내지 고지의무를 위반한 잘못이 있다고 판단하였다.

3. 판결의 의의

대상 판결은 줄기세포 시술의 손해배상책임과 관련된 최초의 판결이고, 줄기세포 시술이 의약품 투여행위인지 여부와 식약청의 허가를 받아야 하는 사항임을 확인하였다는 점에서 의의가 있다. 또한 대상 판결은 약사법 등 타법 위반이 민법 제750조의 손해배상책임발생의 필요조건은 될 수 있어도 충분조건은 아님을 명시적으로 판시하였다. 원심판결에서는 피고들의 행위가 약사법 위반에 해당하므로 곧 불법행위책임을 진다는 취로 판시하고 있으나, 대상 판결은 원심의 판시가 잘못되었음을 지적하고 있다.

손해배상의 범위에 관련하여 원심에서는 불법행위책임이 인정되므로 "재산적 및 정신적 손해를 배상해야 한다"고 판시하고 기왕치료비에 대하여도 피고가 반환해야 하는 것으로 판시하였고, 대상 판결 역시 "이 사건 줄기세포 이식술의 치료효과에 관하여 그릇된 정보를 제공하지 않았다면, 원고 등이 고액을 지불하면서까지 임상시험 단계에 있는 이 사건 줄기세포를 구입하여 이식술을 받지는 않았을 것이므로, 원고 등이 지출한 줄기세포 구입비, 치료비 등의 재산상 손해와 피고 2등의 공동불법행위 사이에 상당인과관계가 있다고 본 원심의 판단은 정당한 것"이라고 하여 원심의 판단을 수긍하였는바, 대상판결은 설명의무 위반에 대하여 일반적으로 인정되는 자기결정권 침해로 인한 위자료를 넘어서 재산적 손해까지 배상을 인정하였다는 점에서 의의가 있다.[13]

---

13) 대상 판결과 마찬가지로 임상단계에 불과한 눈미백수술과 관련하여 대법원은 의료진에게 '해당 의료행위의 안전성 및 유효성(치료효과)에 관하여 그 시행 당시 임상에서 실천되는 일반적·표준적 의료행위와 비교하여 설명할 의무가 있다'고 한 다음, '원고들이 피고로부터 안과의 임상의학에서 이 사건 시술이 평가받고 있는 정확한 실태 등에 관한 설명을 들었더라면 특별한 사정이 없는 한 이 사건 시술을 받지 않았을 것이라고 추정할 수 있'다고 판단하여 설명의무 위반에 따른 시술의 시행과 시술 후 원고들이 겪게 된 증상 사이에 상당인과관계가 있다고 인정하여 설명의무 위반으로 인한 위자료를 포함한 원고들의 모든 손해를 배상할 책임이 있다고 인정한 원심의 결론을 수긍하였다(대법원 2015. 10. 29 선고 2014다22871 판결, 대법원 2015. 10. 29 선고 2013다89662 판결). 눈미백수술에 관하여는 이 책 062번 판결 참조.

052. 한의사의 설명의무

- 대법원 2011. 10. 13. 선고 2009다102209 판결[14]

1. 사실관계

원고는 2002. 3.경부터 당뇨와 혈압 치료를 위해 병원에서 외래진료를 받으면서 혈당강하제 Amaryl(glimepride), Diabex(metformin), 아스피린과 Enalapril(ACE inhibitor) 및 Lipitor(atroavstatin calcium) 등을 복용하여 오다가, 2005. 1.경 알게 된 피고 한의사로부터 2005. 1. 18.부터 2005. 3. 말경까지 피고가 처방한 한약을 1일 2팩씩 복용하였다.

원고는 2005. 3. 말경부터 소변이 노랗고 몸 상태가 좋지 않다가, 2005. 4. 10. 얼굴과 눈에 황달 증세가 나타나 기존 치료병원에서 검사를 받고 당일 입원하였고, 4. 19. 뇌부종을 동반한 전격성 간부전이라는 진단을 받아 중환자실로 옮겨졌으며, 2005. 4. 20. 간이식 수술을 위해 대학병원으로 이송되어 같은 달 22. 간이식 수술을 받고 치료를 받으면서 위 한의사를 상대로 손해배상청구소송을 제기하였다.

2. 법원의 판단

원고는 한약에 수은 등 중금속이 들어 있을 가능성, 처방상 오류 및 한약재의 구입·관리 소홀, 한약에 의하여 전격성 간부전이 발생하였을 가능성과 전원지연 및 설명의무 위반 등을 주장하였으나, 제1심 판결은 원고의

---

14) 제1심 서울동부지방법원 2008. 7. 17. 선고 2006가합2993 판결, 제2심 서울고등법원 2009. 9. 3. 선고 2008나74156 판결.

주장을 받아들이지 않았고, 특히 설명의무 위반 주장과 관련하여, "피고가 간 손상의 가능성에 대하여 설명하지 아니한 점은 다툼이 없으나, 문제된 한약의 구성 재료 중 간 손상을 초래할 만한 성분이 없고, 한약복용 후 이상증상이 있을 경우 의사에게 알릴 것을 설명하였으며, 원피고가 가끔 골프장에서 만나 한약복용 및 건강상태에 대하여 확인하였고, 간독성이 거의 없는 한약을 처방하면서 한약복용에 따른 일반적인 설명 외에 한약으로 인하여 전격성 간부전이 발생할 수 있음을 설명하여야 할 의무가 있다고 보기 어렵다."며 원고의 청구를 기각하였다.

이에 원고가 항소하자, 제2심 판결은 제1심 판결과 같이 피고의 처치상의 과실은 인정하지 않았지만, 설명의무 위반 주장과 관련하여 "피고가 이 사건 한약을 처방하기 이전부터 일부 양의사나 한의사로부터 이 사건 한약인 열다한소탕을 포함한 한약 또는 한약과 양약의 복합작용에 의한 간 손상 보고가 있었고, 피고는 원고에게 당뇨조절을 위하여 한약을 처방하면서 소화 장애, 설사, 복통, 두통 등 불편한 점이 있으면 연락하라고만 하였을 뿐 위 한약의 복용으로 인한 간 기능 손상 가능성에 관하여 설명한 바 없는 반면, 피고가 처방한 한약에는 간 손상을 야기할 수 있는 황금이라는 약재가 포함되어 있고, 원고가 한약을 복용할 당시 간 손상 등을 야기할 수 있는 양약을 길게는 약 1년 3개월에서 짧게는 5개월 반 남짓 복용하고 있었던 사실 등을 고려할 때, 한의사인 피고는 한약을 처방할 당시 원고가 복용하던 양약이 어떤 것인지를 확인하여 한약 또는 한약과 양약의 복합작용에 의해 간 손상이 일어날 수 있음을 설명하여 줄 의무와 위 원고로 하여금 양방병원에서 간 기능 검사를 받게 하여 간 기능의 이상 유무를 살펴 이 사건 한약을 복용하도록 지도할 의무가 있음에도, 피고가 설명 및 지도의무를 이행하지 아니하여 원고가 한약의 복용 여부를 선택할 기회를 잃고 자기결정권을 행사할 수 없게 한 위법이 있으므로, 피고는 원고에게 설명의무위반으로 인한 손해를 배상할 책임이 있다."며 위자료 2,000만

원의 지급을 명하였고, 이에 대하여 피고가 상고하였다.

대법원은 "통상적으로 의약품의 위험성에 대한 연구는 위험성의 존부가 먼저 밝혀진 다음에야 위험성이 발현되는 기전이 밝혀지게 되나, 의약품의 위험성이 발현되는 구체적 기전보다는 위험성의 존부가 환자의 의사결정을 위하여 중요한 사항이므로, 의약품에 위험성이 있다는 점이 밝혀졌을 뿐 그 위험성의 구체적인 발현기전이 밝혀지지 아니한 단계에서도, 의사로서는 환자에게 해당 의약품에 위험성이 있다는 점을 설명할 필요가 있고, 이는 한의사가 한약을 투여하는 경우에도 마찬가지이다."라고 하면서, "한약의 위험성은 한약의 단독작용으로 발생할 수도 있지만 환자가 복용하던 양약과의 상호작용에 의하여 발생할 수도 있고, 한약의 위험성이 한약의 단독작용에 의하여 발생할 가능성뿐만 아니라 한약과 양약의 상호작용에 의하여 발생할 가능성이 있더라도, 한의사가 환자에게 양약과의 상호작용으로 발생할 수 있는 한약의 위험성에 대하여 설명하는 행위는 한의사에게 면허된 것 이외의 의료행위라고 할 수 없고, 한의사는 한약을 투여하기 전에 환자에게 해당 한약으로 인하여 발생할 수 있는 위와 같은 위험성을 설명하여야 할 것이다."라고 하여 피고의 상고를 기각하였다.

3. 판결의 의의

대상 판결은 한의사의 설명의무에 관하여 명시적으로 설명한 최초의 판결이라는 점 외에, 의약품이 가지고 있는 위험성의 기전이 명확히 규명되지 않았더라도 위험성이 있다는 점이 확인되었다면 의료인은 이에 대하여 환자에게 설명해야 한다고 판시하여, 설명의무의 가장 큰 의의라고 할 수 있는 환자의 자기결정권 보장을 강조하고 있다. 즉, 의학자들에게는 의약품이 가지고 있는 위험성의 원인규명과 그 위험성을 제거할 수 있는 방법의 탐구가 주요관심사일 수 있지만, 환자로서는 그러한 기전보다는 "위험성이 있다는 사실" 자체가 해당 의약품의 투여 여부를 결정하는 요소이므로 위험성이 있다는 점이 확인된 경우에는 그에 대하여는 빠짐없이 설명하는 것이 환자의 자기결정권 보호라는 측면에서 중요하다는 점을 확인한 것이다. 대상 판결은 특히 양약과 한약의 복합 작용에 의한 위험성이 있을 경우에도, 환자에게 충분한 설명을 거쳐 투약 여부를 결정할 수 있도록 해야 한다는 점을 명시하였는데, 대상 판결에 의할 때 한의사에게는 환자들이 기존에 복용했거나 하고 있는 양약의 종류와 투여량을 확인하여 본인이 처방, 투여하고자 하는 한약과 어떤 상호작용을 할 것인지를 검토해야 하는 부담이 발생한다. 반면, 의사가 자신이 어떠한 약을 처방하려고 할 때, 처방하려는 양약과 정확한 약재의 구성과 처방을 알기 어려운 한약과의 복합 작용의 위험성을 고려하는 것은 사실상 불가능하다는 점에서,[15] 대상 판결은 실질적으로는 한의사들에게 일방적으로 양약과의 복합 작용에 대한 검토 의무를 부과하는 부담을 지우는 것으로 해석되며, 임상에서 일반적으로 받아들여질 수 있을 것인가에 대한 의문이 있다.

더불어 원심 판결은 "피고가 설명 및 지도의무를 이행하지 아니하여 원고가 한약의 복용 여부를 선택할 기회를 잃고 자기결정권을 행사할 수 없게 한 위법이 있으므로"라고 판시하여, 조언설명의무 뿐만 아니라 지도설명의무 위반을 인정하는 듯한 표현을 사용하면서도 통상의 조언설명의무 위반으로 인한 위자료 금액의 지급만을 인정하였는바, 이는 대법원이 설명의무 위반에 대하여 기존에 인정하여 오던 내용과 달리 볼 수 있는 여지가 있어[16] 이에 대한 추가 설시가 있었으면 하는 아쉬움이 있다.

---

15) 일반적으로 병원에서 처방되는 의약품은 그 명칭과 성분, 복용량을 공개하도록 되어 있어 쉽게 확인이 가능하나, 한약은 처방과 구체적인 약재의 구성 등을 공개할 의무가 없기 때문에 의사들이 환자들이 복용하고 있는 한약이 어떠한 성분을 포함하고 있는 것인지 알 수 없다.

16) 지도설명의무에 관한 제7절에서 자세히 다루는 바와 같이, 대법원은 조언설명의무와

053. 임의비급여진료 동의의 전제로서 설명의무[17)

- 대법원 2016. 3. 24. 선고 2014두779 판결[18)

1. 사실관계

급성 골수성 백혈병을 앓고 있던 환자1과 만성 림프구성 백혈병을 앓고 있던 환자2는 2005년부터 2006년 사이에 원고 병원에 입원하여 각 조혈모세포이식 수술 및 관련 진료를 받았다. 위 환자들은 각 입원 당시 각 입원약정서[19)를 원고 병원에 제출하였다. 그 후 위 환자들의 보호자들은 조혈모세포이식 수술 전에 주치의들과 면담(이하 '이 사건 면담'이라 한다)을 통해 향후 필요한 임의 비급여 진료행위가 있을 수 있고 그 비용은 전액 환자가 부담해야 한다는 취지의 설명을 들었고, 이에 따라 동종조혈모세포

달리 지도설명의무 위반의 경우 위자료뿐만 아니라 재산적 손해배상까지 인정하는 태도를 취하고 있기 때문이다.

17) 이 사건 판결을 비롯한 예외적으로 임의비급여가 허용되는 것인지 문제되는 사건에 관한 판결에서 환자측의 동의의 전제로서 설명이 필요하다고 판시하고 있으나, 이를 '설명의무'라고 표현하고 있지는 않다. 그러나 동의의 전제로서 설명이 이루어져야 한다면 이를 '설명의무'라고 표현해도 무리는 없을 것이고, 이 사건 판결에서도 임의비급여 허용요건으로서 동의의 전제인 설명내용을 판시하면서 "임의 비급여 진료행위에 대한 요양기관의 설명은 일반적으로 의사가 하여야 하는 진료행위의 의학적 안전성과 유효성을 포함한 위와 같은 설명 외에 해당 진료행위가 요양급여의 대상이 아니라는 사정, 요양급여 인정 기준 등을 벗어나 진료하여야 할 의학적 필요성 및 가입자 등이 부담하여야 할 대략적인 비용 등의 사항들에 관하여"도 설명해야 한다고 하여 일반적인 진료에서의 설명의무를 전제로 하고 있으므로 이하에서는 '설명의무'라고 표현한다.

18) 제1심 서울행정법원 2011. 8. 25. 선고 2010구합40540 판결, 제2심 서울고등법원 2013. 12. 18. 선고 2011누32210 판결, 파기환송심 서울고등법원 2016. 11. 17. 선고 2016누423 판결.

19) "입원치료 중 긴급수술이나 검사가 필요한 경우, 귀 병원에서 보호자의 사전 동의 없이 시행한 진료행위(국민건강보험요양급여 대상에서 제외되고 진료상의 진단 및 치료에 필요한 비급여 항목 포함)에 대해 이의를 제기하지 않는다."라고 기재되어 있었다.

이식신청서[20]를 작성하여 원고 병원에 제출하였다. 또한 환자2의 배우자는 위 주치의와의 면담 당일인 2006. 1. 5. 비급여약제사용동의서[21]를 작성하였고, 2006. 1. 6. 위 동종조혈모세포이식신청서에 인증을 받아 제출하기도 하였다. 이에 따라 조혈모세포 이식술을 받은 위 환자들을 치료하기 위하여, 위 입원약정서, 조혈모세포이식신청서, 비급여약제사용동의서 등에 기초하여 '별도산정 불가 부분'[22] 및 '허가사항 외 투약 부분'[23]과 같은 개별적인 임의 비급여 진료행위가 행하여졌다.

이후 환자들은 건강보험심사평가원에 과다본인부담금 여부 확인신청을 하였고 건강보험심사평가원은 원고 병원에 대해 임의비급여 부분을 환자들에게 환불하라고 통보하였다. 이에 원고 병원은 위 통보처분의 취소를 구하는 소를 제기하였다. 이 사건에서는 예외적인 임의비급여의 허용요건 중 상황적인 요건 및 의학적 요건 부분은 크게 다툼이 없었고, 세 번째 요건인 환자 측의 동의가 있었는지 여부가 쟁점이었다.[24]

---

20) "조혈모세포이식 승인이 되었더라도 건강보험 요양급여기준에서 인정하지 않는 급여 제한 부분이 발생할 수 있으며 이는 전액 피보험자(환자) 부담으로 이에 대해 이의를 제기하지 않고, 공증에 동의한다."라는 내용이 포함되어 있었다.

21) "환자의 혈액질환의 진료 및 치료와 관련하여 사용하게 되는 약제와 치료법 중 아래에 표기된 약제와 치료법들은 비급여 대상 품목입니다. 이러한 약제와 치료법의 사용 후 얻을 수 있는 장점들과 기존의 약제와 치료법들 간의 차이에 관하여 설명을 들었고 이해하였으며 비급여 사항임에 대하여 설명을 듣고 사용에 동의합니다."라는 내용이었다.

22) 요양급여기준상 요양급여비용에 치료재료나 장비 등의 비용이 이미 포함되어 있어 이를 별도로 산정할 수 없음에도, 치료재료나 장비 등의 비용을 이 사건 수진자들로부터 별도로 징수한 부분을 말한다.

23) 원고 병원이 의약품의 효능·효과 및 용법·용량 등에 관한 요양급여기준을 위반하여 이 사건 수진자들에게 의약품을 사용하고 그 비용을 징수한 부분을 말한다.

24) 현행 국민건강보험제도는 요양급여와 관련하여 급여대상과 비급여대상을 구분하고 있다. 요양급여대상은 건강보험의 적용을 받아 요양급여기준을 준수해야 하고 그 비용도 관리되며 환자는 일정비율 또는 일정금액의 본인부담금만 부담하는 반면, 비급여대상은 건강보험법령의 적용이 없어 충족해야 할 요양급여기준이 없고 비용도 의료기관이 책정한 금액을 환자가 전액 부담한다. 그리고 비급여대상은 현재 건강보험법령이 정하고 있는데(법정비급여), 요양기관이 급여 또는 비급여대상으로 정해진 것 외의 진료행위를 하

2. 법원의 판단

대상 판결은 설명의무에 관한 일반론을 설시한 다음, "임의 비급여 진료행위에 대한 요양기관의 설명은 일반적으로 의사가 하여야 하는 진료행위의 의학적 안전성과 유효성을 포함한 위와 같은 설명 외에 해당 진료행위가 요양급여의 대상이 아니라는 사정, 요양급여 인정 기준 등을 벗어나 진료하여야 할 의학적 필요성 및 가입자 등이 부담하여야 할 대략적인 비용 등의 사항들에 관하여 이루어져야 하며, 그에 관하여 충분히 설명하여 동의가 이루어졌는지 여부는 위와 같은 사항들의 내용과 진료행위의 긴급성 및 설명의 정도 등을 비롯하여 변론에 나타난 제반 사정을 고려하여 가입자 등의 수급권과 임의 비급여 진료행위에 대한 선택권이 실질적으로 보장되었다고 볼 수 있는지 여부에 따라 판단되어야 한다. 그리고 이러한 법리는 특정한 질병 또는 치료행위와 관련하여 장래 여러 비급여 진료행위가 반복될 것으로 예상되는 경우에 요양기관이 한꺼번에 가입자 등에게 여러 진료행위에 관하여 위와 같은 사항들을 설명하고 동의를 받는 경우에도 마찬가지로 적용될 수 있다고 봄이 타당하다."라고 판시하였다.

고 임의로 비급여로 처리하는 것을 임의비급여라고 한다. 임의비급여는 원칙적으로 허용되지 않지만, 대법원 2012. 6. 18. 선고 2010두27639 전원합의체 판결은 '요양기관이 국민건강보험의 틀 밖에서 임의로 비급여 진료행위를 하고 비용을 가입자 등으로부터 지급받은 경우라도 ① 진료행위 당시 시행되는 관계 법령상 이를 국민건강보험 틀 내의 요양급여대상 또는 비급여대상으로 편입시키거나 관련 요양급여비용을 합리적으로 조정할 수 있는 등의 절차가 마련되어 있지 않은 상황에서, 또는 그 절차가 마련되어 있다고 하더라도 비급여 진료행위의 내용 및 시급성과 함께 절차의 내용과 이에 소요되는 기간, 절차의 진행 과정 등 구체적 사정을 고려해 볼 때 이를 회피하였다고 보기 어려운 상황에서, ② 진료행위가 의학적 안전성과 유효성뿐 아니라 요양급여 인정기준 등을 벗어나 진료해야 할 의학적 필요성을 갖추었고, ③ 가입자 등에게 미리 내용과 비용을 충분히 설명하여 본인 부담으로 진료받는 데 대하여 동의를 받았다면, 이러한 경우까지 '사위 기타 부당한 방법으로 가입자 등으로부터 요양급여비용을 받거나 가입자 등에게 이를 부담하게 한 때'에 해당한다고 볼 수는 없다'고 하여 위 세 가지 요건을 갖추면 예외적으로 임의비급여라도 환자로부터 비용을 전액 받을 수 있다고 허용하였다.

그리고 위와 같은 기준에 따라 임의비급여 진료행위 중 이 사건 면담 전에 이루어진 부분에 대해서는 임의비급여 진료행위의 내용과 비용에 대해 충분히 설명하여 환자들이 동의하였다고 볼 수 없다고 하면서, "또한 원고 병원이 이와 같은 설명이 불가능하지 아니하였음에도 이를 하지 아니한 이상 이 사건 수진자들의 동의가 예상될 수 있다는 사정만으로 이 사건 수진자들의 국민건강보험 수급권 및 진료선택권이 보장될 수 있을 정도로 충분한 설명 및 동의가 이루어졌다고 할 수 없다."고 판시하였다.

반면 이 사건 면담 후에 이루어진 부분에 대해서는 "① 비록 원고 병원 주치의들이 이 사건 수진자들에게 개별 임의 비급여 진료행위 시마다 그에 앞서 진료의 내용과 그 비용에 관하여 상세하고 구체적으로 설명하지는 않았더라도, 조혈모세포이식 및 관련 치료과정의 특수성에 비추어 볼 때 늦어도 이 사건 면담 무렵에는 이 사건 수진자들의 국민건강보험 수급권 및 진료선택권이 보장될 수 있을 정도로 해당 진료행위가 요양급여의 대상이 아니라는 사정, 요양급여 인정 기준 등을 벗어나 진료하여야 할 의학적 필요성 및 비용 부담 등의 핵심적인 사항에 관하여 충분히 설명하였다고 볼 수 있고, ② 이 사건 수진자들 측이 그 면담 후에 자신들의 비용으로 임의 비급여 진료행위를 받았으며 공증에도 동의한다는 내용의 동종 조혈모세포이식신청서를 직접 작성하여 제출한 이상 임의 비급여 진료행위에 대한 실질적인 동의도 있었다고 봄이 타당"하다고 판시하였다.

3. 판결의 의의

대상 판결은 비급여 진료행위 동의의 전제인 설명의무 이행에 있어 일반적인 진료에서의 설명의무의 내용인 의학적 안전성, 유효성 이외에도 "해당 진료행위가 요양급여의 대상이 아니라는 사정, 요양급여 인정 기준 등을 벗어나 진료하여야 할 의학적 필요성 및 가입자 등이 부담하여야 할 대략적인 비용 등의 사항들"에 대해서도 설명해야 한다고 설명의 대상을 분명히 밝힌 데 의미가 있어 보인다.[25) 그뿐만 아니라 "특정한 질병 또는 치료행위와 관련하여 장래 여러 비급여 진료행위가 반복될 것으로 예상되는 경우에 요양기관이 한꺼번에 가입자 등에게 여러 진료행위에 관하여 위와 같은 사항들을 설명하고 동의를 받는 경우"에 "가입자 등의 수급권과 임의 비급여 진료행위에 대한 선택권이 실질적으로 보장되었다고 볼 수 있는지 여부"에 따라 동의요건 충족 여부를 판단함으로써 임의비급여가 문제되는 모든 경우에 "미리 모든 비급여 약제나 치료재료 등에 대하여 개별적으로 구체적인 설명을 하고 각각의 진료행위마다 사전 동의를 받"아야 하는 것은 아니고 개별적인 사안마다 설명의 정도가 달라질 수 있음을 밝힌 데 의미가 있다.

또한 일반적인 진료에서의 설명의무의 주체는 적어도 의료인이어야 하므로[26) 해당 진료행위의 안전성과 유효성을 비롯한 요양급여기준을 벗어나 진료하여야 할 필요성 등 의학적인 부분은 의료인이 설명해야 할 것이다. 그러나 임의비급여의 허용요건인 동의의 전제로서의 설명은 '요양기관의 설명'이라고 판시하고 있고, 진료행위의 의학적 안전성과 유효성에 대해서는 의사가 하여야 한다는 점을 분명히 판시하고 있음에 비추어 볼 때

---

25) 한편, 대법원 2015. 10. 29. 선고 2014다22871 판결은 임상시험 단계의 의료행위에 대한 설명의무에 관해 "의료행위가 임상시험의 단계에서 이루어지는 것이라면 해당 의료행위의 안전성 및 유효성(치료효과)에 관하여 그 시행 당시 임상에서 실천되는 일반적·표준적 의료행위와 비교하여 설명할 의무가 있다(대법원 2010. 10. 14. 선고 2007다3162 판결 등 참조)."고 판시하였다(대법원 2015. 10. 29. 선고 2013다89662 판결도 동일함).

26) 대법원 1999. 9. 3. 선고 99다10479 판결은 "설명의무의 주체는 원칙적으로 당해 처치의사라 할 것이나 특별한 사정이 없는 한 처치의사가 아닌 주치의 또는 다른 의사를 통한 설명으로도 충분하다"고 판시하였고, 광주고등법원 2018. 1. 12. 선고 2015다14524 판결은 항생제 투약과 관련하여 간호사의 설명으로 설명의무 이행을 인정하였다.

대상 판결에서 쟁점이 되지는 않았으나 위 사항 이외에 해당 진료행위가 요양급여의 대상이 아니라는 사정 및 가입자 등이 부담하여야 할 대략적인 비용 등 의학적 처치 내용과 밀접한 관련이 있는 내용이 아닌 경우에는 반드시 의료인이어야 할 것을 요구하는 것은 아닌 것으로 보인다. 상급종합병원과 같이 대규모 의료기관에서는 의료인이 진료비용 등에 대해 대략적으로도 알기 어려운 사정이 있다는 점이나 그와 같은 비용 등의 부분까지 반드시 의료인이 설명할 필요성이 인정된다고 보기는 어려운 점 등을 감안하면 의학적인 부분 이외의 사항까지 의료인이 설명해야 한다고 보는 것은 부당할 것이다.

그리고 대상 판결은 "수진자들의 동의가 예상될 수 있다는 사정만으로 이 사건 수진자들의 국민건강보험 수급권 및 진료선택권이 보장될 수 있을 정도로 충분한 설명 및 동의가 이루어졌다고 할 수 없다"고 하여 가정적 동의는 인정될 수 없다고 판시하였는바, 이는 일반적인 진료에서의 설명의무의 경우 환자의 승낙이 명백히 예상되는 경우에는 가정적 승낙을 허용하고 있는 대법원의 태도와는 구분된다.[27]

---

27) 대법원 1994. 4. 15. 선고 92다25885 판결은 "환자가 의사로부터 올바른 설명을 들었더라도 위 투약에 동의하였을 것이라는 이른바 가정적 승낙에 의한 의사의 면책은 의사측의 항변사항으로서 환자의 승낙이 명백히 예상되는 경우에만 허용된다"고 판시하였다. 또한 대법원 2020. 8. 13. 선고 2017다248919 판결은 소음순 제거술 시행시 사마귀 제거에 관하여 원고가 동의하였을 것으로 보인다고 하였다.

054. 1차 수술에 대한 설명의 효력이 2차 수술에도 영향을 미치는지 여부

– 대구고등법원 2020. 10. 28. 선고 2019나26152[28]

1. 사실관계

원고는 피고로부터 젖꽃판(유륜)이 넓은 것을 교정하고, 흉터가 최소화되는 방법으로 가슴축소수술(이하 '1차 수술'이라 한다)을 받았으나, 1차 수술 이후 원고의 가슴 봉합 부위가 붓고 농성 염증이 발생하면서 봉합 부위가 점차 벌어지게 되었다. 피고는 원고의 요구에 따라 '벌어진 피부경계 절제, 합성흡수 봉합사로 중심선에서 심부 및 진피 봉합, 혈행 및 피부 상태가 약해 스테이플러로 봉합' 등의 흉터제거수술(이하 '2차 수술'이라 한다)을 시행하였다. 그 후 수술 부위에 감염상태가 계속되었고, 원고는 타병원에서 감염증 치료 및 재건을 위해 지속적인 치료가 필요하다는 진단을 받았다.

2. 법원의 판단

제1심 판결은, 2차 수술이 1차 수술 보다 더 침습적인 성격이 있어 더욱 세심한 설명이 요구되므로, 피고는 비록 환자인 원고가 2차 수술을 요구하였더라도 그 시행의 시급 여부와 위험, 스스로의 수술 시행 가능성이나 상급병원에서 입원수술 등의 필요성 등에 대하여 설명할 필요가 있고, 피고가 1차 수술 당시 원고로부터 수술동의서를 받았던 사정만으로는 2회

---

28) 제1심 대구지방법원 포항지원 2019. 10. 28. 선고 2019가합10427 판결.

에 걸친 수술로 인하여 발생할 수 있는 후유증이나 부작용, 시술로 인한 합병증 발생 가능성 및 그 정도와 예방 가능성, 향후 치료의 방향 등에 관하여 구체적인 설명을 한 것이라거나, 수술 시행 여부에 대한 선택의 기회를 준 것이라고 보기 어렵다고 판단하였다. 대상 판결은 제1심 판결과 동일한 판시를 하면서, 피고의 설명의무 위반을 인정하였다.

3. 판결의 의의

우리 대법원은 미용성형 영역에서의 설명의무에 대하여 더 충분히 설명하여야 하고 환자의 인식도 보다 정확해야 한다는 점에서 다른 의료행위보다 설명의 방법 등을 더욱 엄격히 판단하는 경향을 보여왔는바,[29] 대상 판결은 미용성형영역에서의 설명의무 관련 법리를 언급하면서, 환자가 2차 수술을 요구하였다고 하더라도 1차 수술에 대한 설명의 효력이 2차 수술에 미치지 않는다고 하였다. 응급의료에 관한 법률 제9조 제1항 제2호에 따르면, 설명 및 동의 절차로 인하여 응급의료가 지체되면 환자의 생명이 위험하여지거나 심신상의 중대한 장애를 가져오는 경우에는 설명의무가 면제될 수 있고, 대법원도 일부 긴급한 경우에는 설명의무를 면제하

---

29) 미용성형술은 외모상의 개인적인 심미적 만족감을 얻거나 증대할 목적에서 이루어지는 것으로서 질병 치료 목적의 다른 의료행위에 비하여 긴급성이나 불가피성이 매우 약한 특성이 있으므로 이에 관한 시술 등을 의뢰받은 의사로서는 의뢰인 자신의 외모에 대한 불만감과 의뢰인이 원하는 구체적 결과에 관하여 충분히 경청한 다음 전문적 지식에 입각하여 의뢰인이 원하는 구체적 결과를 실현시킬 수 있는 시술법 등을 신중히 선택하여 권유하여야 하고, 당해 시술의 필요성, 난이도, 시술 방법, 당해 시술에 의하여 환자의 외모가 어느 정도 변화하는지, 발생이 예상되는 위험, 부작용 등에 관하여 의뢰인의 성별, 연령, 직업, 미용성형 시술의 경험 여부 등을 참조하여 의뢰인이 충분히 이해할 수 있도록 상세한 설명을 함으로써 의뢰인이 그 필요성이나 위험성을 충분히 비교해 보고 그 시술을 받을 것인지를 선택할 수 있도록 할 의무가 있다(대법원 1994. 4. 15. 선고 92다25885 판결, 대법원 2013. 6. 13. 선고 2012다94865 판결 등 참조).

고 있으나, 일반적으로 미용성형수술은 의료행위의 목적상 긴급성이 있다고 보기 어려워 설명의무가 면제되기는 어렵다. 또한, 대상 판결의 사안과 같이 2차 수술이 1차 수술의 부작용이나 악결과를 개선하기 위한 것이더라도 2차 수술 자체의 위험성과 부작용 발생 가능성이 존재하는 한, 2차 수술 전에도 반드시 해당 수술의 내용과 위험성, 부작용 가능성 등에 대하여 설명할 필요가 있음을 분명히 한 판결이다.

4. 참고 판결

청주지방법원 2023. 10. 26. 선고 2022나57705 판결[30]은 좌측 사랑니 발치 후 11개월이 지나 우측 사랑니를 발치하였는데(이 사건 수술), 이 사건 수술 후 하악신경 손상이 발생한 사건에서, 제1심 판결이 이 사건 수술상 과실을 부정한 다음, 설명의무 위반 여부에 관하여 11개월 전의 좌측 사랑니 발치에 대한 동의서를 작성하였고, 우측 사랑니를 발치하는 이 사건 수술도 수술의 목적, 방법, 발생할 수 있는 일반적인 합병증 등이 동일하며, 이 사건 수술 전 진료기록지에 사랑니 수술에 관해 설명한 사실이 기재되어 있다는 이유로 설명의무 위반을 부정한데 대하여, 11개월 전의 수술과 이 사건 수술은 별개의 수술이고, 이 사건 수술 전 진료기록지에 사랑니 수술에 관해 설명한 사실이 기재되어 있다는 것만으로 설명의무를 이행한 것이라고 볼 수 없다 하여 피고측의 설명의무 위반 책임을 인정하고 위자료 명목으로 350만 원을 지급하라고 판단하였다.

---

30) 제1심 청주지방법원 2022. 8. 19. 선고 2018가단34582 판결. 대상 판결은 원고가 상고하고 피고가 부대상고하였으나 심리불속행 기각으로 확정되었다(대법원 2023다309747 판결).

055. 위험 발생 가능성이 희소한 경우 설명의 대상인지 여부

- 대법원 2020. 11. 26. 선고 2018다217974 판결[31)

1. 사실관계

원고는 다리통증 등으로 피고 병원에 내원하였는데, 요추 MRI 검사에서 척추관협착증, 경추 추간판탈출 및 척수압박 의증, 관상동맥 조영술 결과 불안정성 협심증 및 좌측 쇄골하 정맥 완전 폐색을 진단받았고, 심장질환의 치료를 위하여 개흉관상동맥우회로술 및 좌측쇄골하동맥우회로술(이하 '이 사건 수술'이라 한다)을 받기로 하였다. 피고 병원 의료진은 이 사건 수술 전 원고에게 합병증에 대해 설명하였으나, 마취 및 수술 과정에서 원고의 경추부 질환이 악화되어 경추부 척수병증 또는 사지마비가 발생될 가능성이 있다는 점은 설명하지 않았다. 이 사건 수술은 전신마취 하에 흉부거상 및 두부하강의 자세로 이루어졌고, 수술시간은 10시간 가량 소요되었다. 원고는 이 사건 수술 이후 양측 손의 섬세한 기능장애, 양측 하지 근력 저하 등의 사지마비 및 배뇨 시 잔뇨가 남은 신경인성 방광 등의 후유장해를 입게 되었다.

2. 법원의 판단

제1심 및 항소심 판결은 이 사건 수술로 인한 경추부 척수병으로 인한 사지마비의 발생 가능성에 관하여 설명하지 않은 사실은 인정하면서도, 원

---

31) 제1심 서울서부지방법원 2014. 9. 26. 선고 2012가합31406 판결, 제2심 서울고등법원 2018. 1. 25. 선고 2014나2038089 판결. 이 사건은 파기환송심에서 조정으로 종결되었다(서울고등법원 2020나2043747 사건).

고와 같이 자각증상 없는 경추부 관련 질환 환자에게 경추부 척수병증으로 인한 사지마비가 발생하는 경우는 매우 희귀하여, 경추부 척수병증으로 인한 사지마비는 위 수술에서 통상 예견되는 합병증의 범위를 벗어나는 것이므로 이 사건 수술로 인한 경추부 척수병으로 인한 사지마비의 발생가능성은 설명의무의 대상이 되지 아니한다고 하였다.

대법원은 일반적으로 기관삽관을 하는 과정에서 목을 과신전시키는 경우 경추 추간판탈출증을 악화시킬 수 있고, 흉부거상 및 두부하강 자세는 경추부를 저절로 신전시켜 경추에 외력으로 작용할 수 있으므로, 척수압박이 의심되는 경추 추간판탈출증이 확인된 환자에 대하여 약 10시간 동안 위 자세를 지속시키는 경우 기존의 추간판탈출증이 악화되어 추간판이 파열될 가능성이 있고 파열된 추간판 등은 경부척수를 압박하여 척수병증으로 사지마비의 원인이 될 수 있으므로, 경추 추간판탈출증 등의 기왕증이 있는 환자가 기관삽관을 이용한 전신마취와 흉부거상 및 두부하강의 자세로 장시간 수술을 받는 경우 경추부 척수병증에 따른 사지마비의 후유증이 발생할 위험은 이 사건 수술 당시의 의료수준에 비추어 이 사건 수술로 예상되는 것이고 발생빈도가 낮다고 하더라도 발생할 경우 환자에게 중대한 생명·신체·건강의 침해를 야기할 수 있는 것이므로, 이 사건 수술을 받지 않을 경우에 생길 것으로 예견되는 결과와 대체 가능한 차선의 치료방법 등과 함께 원고 본인에게 구체적으로 설명할 의무가 있다고 판시하면서, 원심 판결을 파기하였다.

3. 판결의 의의

대상 판결은 후유증이나 부작용 등의 위험 발생 가능성이 희소하다는 사정만으로 설명의무가 면제될 수 없고, 후유증이나 부작용이 당해 치료행위에 전형적으로 발생하는 위험이거나 회복할 수 없는 중대한 것인 경우에는 그 발생 가능성의 희소성에도 불구하고 설명의 대상이 된다는 대법원의 확립된 견해[32]를 재확인한 것으로, 설명의무는 의료행위에 대한 환자 동의권의 전제라는 점에서 지극히 타당하다.

한편, 독일 민법은 설명의무의 면제사유로 '긴급하거나 환자가 설명을 명시적으로 포기한 경우'를 규정하고 있는바(독일 민법 제630조의e 제3항[33]), 우리도 설명의무가 면제되는 상황과 요건을 법률로 보다 명확히 확립하는 것을 검토해 볼 필요가 있다.

---

32) 대법원 2007. 5. 31. 선고 2005다5867 판결; 대법원 2007. 9. 7. 선고 2005다69540 판결 등.
33) 독일민법 제630조의 e 설명의무(Aufklärungspflichten) 제3항 설명이 예외적으로 특별한 사정으로 인하여 불가결하지 않은 한, 특히 처치를 미룰 수 없거나 환자가 설명을 명백히 포기한 때에는 환자에 대한 설명은 요하지 아니한다{(3) Der Aufklärung des Patienten bedarf es nicht, soweit diese ausnahmsweise aufgrund besonderer Umstände entbehrlich ist, insbesondere wenn die Maßnahme unaufschiebbar ist oder der Patient auf die Aufklärung ausdrücklich verzichtet hat}.

제4절 설명의무 이행의 정도 및 방법

056. 의료전문가인 간호사에 대한 설명의 정도
— 대법원 2011. 11. 24. 선고 2009다70906 판결[34]

1. 사실관계

피고 병원의 경력 10년차 간호사인 원고는 체외수정을 통해 3쌍둥이를 임신하였는데, 태아 1명이 자궁 내 사망을 하였다. 원고는 임신 29주 무렵 호흡곤란 증세 등으로 응급실에 내원하여 산소공급 등을 받은 후, 원인에 대한 정확한 진단을 위하여 의료진으로부터 흉부방사선 촬영 등을 권유받았으나 임신부임을 이유로 거부하고, 다시 분만장 입원을 권유받았으나 호흡곤란이 더 문제라면서 분만장 입원을 거부하다가, 산소포화도가 48%까지 떨어진 후 방사선 촬영 등에 동의하여 검사를 실시하였다. 그 결과 울혈성 심부전 및 폐부종이 의심되어 피고 병원 의료진은 이뇨제 투여와 기관내 삽관을 시행하였으나 심정지가 발생, 제왕절개수술을 시행하였으나 쌍생아 중 1명은 바로 사망하였고, 나머지 1명은 저산소성 뇌손상 증상을 보이다 2년 후 사망하였으며, 원고는 치료를 거쳐 회복된 후 병원을 상대로 손해배상소송을 제기하였다.

---

34) 제1심 서울중앙지방법원 2008. 8. 19. 선고 2007가합20636 판결, 제2심 서울고등법원 2009. 8. 20. 선고 2008나83761 판결.

2. 법원의 판단

제1심 판결은 피고 병원의 책임을 30% 인정하였으나, 제2심 판결은 의료진의 과실을 부정하였고, 환자 측이 상고하였다. 대법원은 "의료진의 설명은 의학지식의 미비 등을 보완하여 실질적인 자기결정권을 보장하기 위한 것이므로, 환자가 이미 알고 있거나 상식적인 내용까지 설명할 필요는 없고, 환자가 위험성을 알면서도 스스로의 결정에 따라 진료를 거부한 경우에는 특별한 사정이 없는 한 위와 같은 설명을 하지 아니한 데 대하여 의료진의 책임을 물을 수는 없다. 그리고 이 경우 환자가 이미 알고 있는 내용인지는 해당 의학지식의 전문성, 환자의 기존 경험, 환자의 교육수준 등을 종합하여 판단할 수 있다."고 하면서, 피고 병원에서 원고의 이해정도에 상응한 설명이 있었을 것으로 보이나, 원고 당사자가 스스로의 결정에 따라 흉부방사선 촬영 등을 거부한 것이고, 환자가 의료진이 권유하는 진료의 필요성과 그 진료 또는 진료거절의 위험성을 인식하면서 스스로의 결정에 따라 진료를 거절한 경우 의료진으로서는 환자의 선택권을 존중할 수밖에 없고, 그 환자가 임신부여서 그 진료거절로 태아에게 위험이 발생할 우려가 있다고 해도 이는 마찬가지라 할 것이라고 판시하여, 의료과실 및 설명의무 위반을 부정하고 원고의 청구를 기각한 원심 판결이 정당하다고 판단하였다.

3. 판결의 의의

대상 판결은 의료소송에서 환자 측의 공격방법으로 가장 많이 사용되는 설명의무 위반 주장과 관련하여, 의료인인 간호사가 환자가 되었을 경우에 대한 설명의무 이행의 정도는 일반인에 대한 그것과 비교했을 때 완화될 수 있다는 점을 제시한 판결로 볼 수 있다. 간호사라는 의료관련 전문 직역에 종사한 환자에게 의료기관의 설명이 일정 수준에 이르도록 이루어졌다면, 본인의 지식과 결합하여 의료기관이 권유하는 처치를 받을 것인지 여부에 대해서는 자기결정권이 충분히 보장된 것이어서, 의료기관의 권유에도 불구하고 필요한 처치를 거부한 경우 자기결정권이 침해된 것이라고 볼 수 없다는 대법원의 지적은 설명의무에서 가장 중요한 자기결정권 보장 측면에서 타당하다고 할 수 있다.

4. 참고 판결

대법원 2018. 5. 30. 선고 2018다211853 판결[35])은 치과에서 근무하던 간호조무사인 원고가 F성형외과 의원에서 광대축소술과 사각턱절제술을 받은 후(이하 '1차 수술') 별다른 효과가 없자 다시 D 성형외과의원에서 광대축소술 및 앞턱성형술을 받았는데(이하 '2차 수술'), 2차 수술 후 우측 광대의 비대칭 소견이 보이자, 과거 C치과에서 함께 근무하였던 E치과의 원장인 피고로부터 우측 광대를 다듬는 재수술과 옆광대축소술과 턱 끝 금속판 제거술까지 받은 후(이하 '3차 수술') 개구장애, 턱관절 잡음, 통증 및 감각저하 증상이 나타나자 피고를 상대로 손해배상을 청구한 사건에서, 원심판결이 3차 수술은 이미 앞선 수술 부작용의 교정을 위한 것이고, 원고는 다른 신체부위에도 여러 차례 성형수술을 받은 경험이 있으며, 자신이 겪은 의료행위를 옆에서 지켜본 경험이 있었기 때문에 다소간의 부작용이 발생한다 하더라도 이를 감수하고 상태의 개선을 위한 3차 수술에 동의하였을 것이 명백히 예상된다는 이유로 설명의무 위반을 부정한데 대하여,

---

35) 제1심 서울중앙지방법원 2016. 5. 17. 선고 2016가합500813 판결, 제2심 서울고등법원 2018. 1. 25. 선고 2016나2034067 판결.

1, 2차 수술 후 원고에게 특별한 이상소견이 있었음을 발견할 수 없고, 이로 인하여 나타난 부작용도 심하지 않아 3차 수술을 받아야 할 필요성이 상대적으로 크지 않았다는 사정을 고려하면, 원고가 피고로부터 수술의 부작용등에 대한 구체적이고 상세한 설명을 들었다면 위험을 감수하면서 3차 수술에 동의할 것이 명백히 예상되었다고 단정하기는 어렵다고 판시하여 설명의무 위반을 인정하였다.

057. 미용수술에 있어서 설명의무의 범위

- 서울중앙지방법원 2014. 5. 14. 선고 2013나41010 판결[36)

1. 사실관계

원고는 피고로부터 가슴확대술을 받은 후 우측 구축 이완을 위한 피막절개술을 2차례 받고, 수술 후 조치를 수차례 받았으나, 양면 가슴에 피막이 구축되고 유륜에 반흔이 있으며, 유두 감각이 떨어져 회복되지 않자, 피고의 수술이 잘못되었고 설명의무 이행도 제대로 되지 않았다며 피고를 상대로 손해배상을 청구하였다.

2. 법원의 판단

대상 판결은, 미용성형술은 외모상의 개인적인 심미적 만족감을 얻거나 증대할 목적에서 이루어지는 것으로서 질병 치료 목적의 다른 의료행위에 비하여 긴급성이나 불가피성이 매우 약한 특성이 있으므로 이에 관한 시술 등을 의뢰받은 의사로서는 의뢰인 자신의 외모에 대한 불만감과 의뢰인이 원하는 구체적 결과에 관하여 충분히 경청한 다음 전문적 지식에 입각하여 의뢰인이 원하는 구체적 결과를 실현시킬 수 있는 시술법 등을 신중히 선택하여 권유하여야 하고, 당해 시술의 필요성, 난이도, 시술 방법, 당해 시술에 의하여 환자의 외모가 어느 정도 변화하는지, 발생이 예상되는 위험, 부작용 등에 관하여 의뢰인의 성별, 연령, 직업, 미용성형 시술의

---

36) 제1심 서울중앙지방법원 2013. 7. 25. 선고 2011가소119936 판결.

경험 여부 등을 참조하여 의뢰인이 충분히 이해할 수 있도록 상세한 설명을 함으로써 의뢰인이 그 필요성이나 위험성을 충분히 비교해 보고 그 시술을 받을 것인지를 선택할 수 있도록 할 의무가 있다(대법원 2013. 6. 13. 선고 2012다94865 판결 등 참조)는 법리를 인용하면서, 원고가 각 수술동의서를 작성하는 등 피고가 수술에 관하여는 어느 정도 설명의무를 이행하였다고 볼 수 있으나, 보형물 종류나 차이점, 구형구축을 예방하기 위한 마사지의 필요성에 대해 충분히 설명하였다고 인정하기 어렵다며 원고의 자기결정권 침해를 이유로 1,000만 원을 배상하라고 판시하였다.

3. 판결의 의의

대상 판결은 가슴성형수술을 시행함에 있어서는 보형물 종류나 차이점, 구형구축을 예방하기 위한 마사지 필요성 등에 관하여 "충분히" 설명하였어야 함에도 불구하고 이를 이행하지 아니하였다고 지적하면서도, "충분히"라는 의미가 무엇이고, 어느 정도까지의 설명을 의미하는 것인지 명확하지 않아 논란의 소지가 있기는 하나, 성형수술에서 설명의무의 범위는 일반적인 의료행위에 비하여 그 대상이 확대되고, 환자의 인식 정도도 높아야 함을 지적하고 있다는 점에서, 성형수술에 관하여 법원이 요구하는 설명의무 수준이 높아지고 있음을 보여준다.

058. 시술의 부작용 설명 후 숙고할 시간적 여유 없이 시술에 들어간 경우 설명의무가 이행되지 않았다고 본 사례

- 대법원 2022. 1. 27. 선고 2021다265010 판결[37]

1. 사실관계

원고는 2018. 6. 7. 피고 병원에 처음 내원하였는데, '며칠 전 넘어져 통증이 심화되었으며, 통증이 너무 심하고 움직일 때마다 엉덩이부터 다리까지 아파서 힘들다'며 통증을 호소하면서 적극적 치료를 원한다는 의사를 밝혔다. 피고 병원은 X-ray 및 MRI 검사로 척추관협착증, 전방전위증, 추간판탈출증으로 진단하였고, 피고 병원 척추센터 의사는 2018. 6. 7. '즉시 수술이 필요한 요추 4-5번 외에 향후 악화 소지가 있는 곳인 요추 3-4번, 요추 5번-천추1번에 관해서도 근본적인 치료를 위해서는 수술이 필요하다'고 설명하였고, 원고 보호자인 아들에게 수술의 목적과 방법, 발생 가능한 합병증 등을 설명하면서 2018. 6. 11.로 수술일정을 잡았다. 수술일인 2018. 6. 11. 10:30경 피고 병원 내과의사가 경동맥 및 심장 초음파 검사를 한 다음 원고의 보호자인 배우자에게 '원고가 동맥경화가 없는 사람들에 비하여 뇌졸중의 위험이 상대적으로 높다'는 사정을 설명하였고, 같은 날 11:10 경 수술을 위한 마취를 시작하였다. 피고 병원 의료진은 원고에게 전방접근으로 요추 3-4번에 추간판치환술(인공디스크), 요추 5번-천추 1번에 케이지 삽입 융합술을 각 시행하고, 다시 후방접근을 하여 요추 4-5번에 융합술, 요

---

37) 제1심 수원지방법원 평택지원 2020. 7. 9. 선고 2020가합10024 판결, 제2심 수원고등법원 2021. 8. 5. 선고 2020나17661 판결, 파기환송심 수원고등법원 2022. 10. 13. 선고 2022나11797 판결.

추 5번-천추 1번에 후방고정술을 각 시행하였으며, 수술에는 약 6시간 반이 소요되었다. 수술 직후 원고에게는 뇌경색이 발생하였고, 좌측 편마비로 모든 일상생활에 도움이 필요한 상황(인지장애로 의사소통이 되지 않으며, 스스로 대소변 조절 및 관리를 할 수 없는 상태)이 되었다. 이에 원고는 응급한 상황이 아니었으므로 뇌졸중 위험을 낮추는 조치를 한 후에 수술을 해야 했다거나, 수술 후 경과관찰을 소홀히 한 과실 및 지나치게 과다하게 수술을 한 과실 등을 주장하였고, 피고가 합병증 발생 가능성 등에 관한 설명의무를 이행하지 않았다고 주장하며 손해배상을 청구하였다.

2. 법원의 판단

제1심과 제2심 판결은 피고 측의 의료상 과실을 부정하면서, 설명의무에 관하여 '피고 병원이 2018. 6. 7. 원고의 아들에게 수술의 위험성, 부작용 등에 대하여 설명하였고, 수술 당일인 2018. 6. 11. 내과의사가 원고의 배우자에게 동맥경화가 없는 사람들에 비하여 뇌졸중의 위험이 상대적으로 높을 수 있다는 사실을 설명하였으므로, 설명의무를 이행하였다'고 판단하였다.

이에 반하여 대법원은 의료진은 '인체에 위험을 가하는 의료행위를 할 경우 그에 대한 승낙을 얻기 위한 전제로서 환자에게 질병의 증상, 치료방법의 내용 및 필요성, 발생이 예상되는 생명, 신체에 대한 위험과 부작용 등에 관하여 당시의 의료수준에 비추어 환자가 의사결정을 함에 있어 중요하다고 생각되는 사항을 구체적으로 설명하여 환자로 하여금 수술 등의 의료행위에 응할 것인지 스스로 결정할 기회를 가지도록 할 의무가 있다' (대법원 1994. 4. 15. 선고 93다60953 판결, 대법원 1998. 2. 13. 선고 96다7854 판결 등 참조)는 법리를 인용한 다음, "이와 같은 의사의 설명의무는 그 의료행위가 행해질 때까지 적절한 시간적 여유를 두고 이행되어야 한다. 환자가 의료행위에 응할 것인지를 합리적으로 결정할 수 있기 위해서는 그 의료행위의 필요성 등을 환자 스스로 숙고하고 필요하다면 가족 등 주변 사람과 상의하고 결정할 시간적 여유가 환자에게 주어져야 하기 때문이다. 의사가 환자에게 의사를 결정함에 충분한 시간을 주지 않고 의료행위에 관한 설명을 한 다음 곧바로 의료행위로 나아간다면 이는 환자가 의료행위에 응할 것인지 선택할 기회를 침해한 것으로서 의사의 설명의무가 이행되었다고 볼 수 없다. 이때 적절한 시간적 여유를 두고 설명의무를 이행하였는지는 의료행위의 내용과 방법, 그 의료행위의 위험성과 긴급성의 정도, 의료행위 전 환자의 상태 등 여러 가지 사정을 종합하여 개별적·구체적으로 판단하여야 한다."고 판시하면서, 수술 당일 마취 약 40분 전에 동맥경화로 인하여 뇌졸중의 위험이 높다는 사실을 설명하였으므로 원고가 충분히 숙고하지 못한 채 수술에 나아갔을 가능성이 있고, 원심은 원고가 숙고를 거쳐 수술을 결정하였는지를 심리하여 설명의무가 이행되었는지 여부를 판단하였어야 한다는 취지로 파기 환송하였다.

3. 판결의 의의

그동안 대법원은 ① 침습적 의료행위 전 환자에게 충분한 설명을 하여 환자가 의료행위에 응할 것인지 여부를 스스로 결정할 수 있게 하여야 하고,[38] ② 환자가 성인으로서의 판단능력을 가지고 있는 이상 친족의 승낙으로써 환자의 승낙에 갈음하는 것은 허용되지 아니하며,[39] ③ 의료진의 설명은 명확하여야 하고, 환자의 이해부족 등을 탓하여서는 안된다[40]면서

---

[38] 대법원 1994. 4. 15. 선고 93다60953 판결, 대법원 1998. 2. 13. 선고 96다7854 판결 등.
[39] 대법원 1994. 11. 25. 선고 94다35671 판결 등.
[40] 대법원 2020. 8. 13. 선고 2017다248919 판결. 의사는 수술을 시행하기 전에 환자에

일관되게 설명의무가 이행되었는지 여부는 환자 본인이 현재 병증의 상태, 의료진이 제안하는 치료의 효과, 치료의 위험성이나 후유증, 선택할 수 있는 다른 대안 등을 종합하여 스스로 의료행위 여부를 결정할 수 있었는지 여부에 따라 판단하여야 한다는 취지로 판시하여 왔다. 대상 판결은 위 법리들과 같은 맥락에서, 환자의 자기결정권 행사를 보장하기 위하여 구체적인 상황에서 환자에게 의료행위의 위험성과 부작용 등에 관하여 충분히 숙고한 후 결정할 수 있는 시간적 여유가 주어져야 한다는 점을 명시하여 실질적인 자기결정권 행사를 보장하였다는 점에서 의의가 있다.[41]

4. 참고 판결

대전지방법원 2022. 5. 27. 선고 2021나109507 판결[42]은 3개월 전부터 발생한 좌측 흉부 통증으로 응급실에 내원한 환자에게 불안정 협심증에 의한 급성관상동맥증후군 진단 하에 경피적 관상동맥중재술(이 사건 시술)을 시행하였으나, 스텐트 중간 부위에서 조영제가 혈관 외로 유출되고, 심정지가 발생하여 심폐소생술, 기관내 삽관에도 불구하고 심낭유출, 좌주간

게 수술 내용과 방법, 후유증 등에 관하여 명확히 설명하고 동의를 받아야 하며, 수술 명칭을 명확하게 구분하지 않은 채 원고에게 설명하였다면 피고가 설명의무를 제대로 이행한 것으로 볼 수 없고, 원고의 이해부족 등을 탓하여서는 안 된다고 하였다.

41) 특히 위 판결은 응급수술도 아니었고 지금 당장 치료가 필요한 부분 외에 추후 악화의 가능성을 고려하여 미리 수술을 시행한 부분도 있었는데, 후자의 경우 반드시 필요한 치료가 아니었기 때문에 환자나 그 가족들이 뇌졸중의 위험성을 충분히 숙고하였다면 다른 결정을 하였을 가능성이 높다는 점에서 더욱더 시간적 여유를 두고 설명하였어야 한다고 판단한 것으로 보인다.

42) 제1심 대전지방법원 2021. 4. 15. 선고 2018가단214606 판결. 제1심 판결에서 설명의무 위반 위자료가 인정되었고, 피고만 항소하였으므로 항소심의 심리범위는 설명의무 위반 여부에 한정되었다. 이 사건은 대법원에서 심리불속행 기각되었다(대법원 2022다246184 판결).

지 급성 스텐트 혈전증 발생, 출혈 지속으로 인조혈관 스텐트 삽입 및 추가 풍선 성형술 시행, 대동맥 내 풍선펌프를 삽입, 승압제 투여, 인공호흡기 적용, 수혈 등 계속해서 치료하였으나 결국 시술 다음날 다발성 장기부전으로 사망하였는데, 14:07경 망인이 응급실에 내원하였을 당시부터 시술 시까지 망인의 의식이 명료하였고 판단능력이 있었던 사실은 다툼이 없고, CCTV 영상을 통해 16:04~09까지 망인과 배우자가 동석한 가운데 약 5분간 의사가 설명을 하였고 그 중 약 1분 정도는 망인이 시술 준비를 위해 옷을 갈아입으면서 들었던 점이 인정되었으며, 부동문자로 인쇄된 망인의 시술 동의서에는 망인이 아니라 배우자가 서명을 하였고, 대리인이 서명하게 된 사유에 관하여 '환자의 신체, 정신적 장애로 인하여 약정 내용에 대하여 이해하지 못함'이라고 기재되어 있었으며, 의사가 설명하면서 기재한 것으로 보이는 밑줄이나 동그라미가 있었던 사건에서, 환자가 성인으로서의 판단능력을 가지고 있는 이상 보호자의 승낙으로써 환자의 승낙에 갈음하는 것은 허용되지 않는다는 법리를 들면서, 망인 본인에게 설명의무를 다하였다고 볼 수 없다고 판단하고 위자료 1400만 원을 인정한 원심판결을 파기하고, CCTV 영상과 의무기록 기재 등을 종합할 때, 피고 병원 의사가 관상동맥중재술 동의서와 관상동맥조영술 동의서를 들고 망인이 누워있는 침대로 직접 가 약 5분간 침상 옆에서 동의서에 대해 설명한 사실, 동의서에는 시술의 위험성과 관련한 내용이 포함된 사실, 동의서에 설명 과정에서 표시한 것으로 보이는 밑줄, 동그라미 등이 있고 망인의 보호자가 서명한 사실이 인정되는데, 망인은 이 사건 시술에 관한 설명 당시 판단능력이 있었고, 배우자나 의료진에게 자기의 의사를 표시할 수 있는 상황이었으므로, 환자 본인이 직접 서명을 하지 않았다거나, 동의서의 대리인 서명 사유 항목 표시를 잘못했다는 사정만으로 바로 망인 본인에게 설명의무가 이행되지 않아 자기결정권이 침해된 것이라고 보기 어렵다고 판단하였다.

제5절 설명의무의 제한

059. 예상할 수 없는 부작용에 대한 설명의무 부정
- 서울중앙지방법원 2014. 4. 29. 선고 2012가합65558 판결[43)]

1. 사실관계

임신 중 임신성 고혈압 소견을 확인하지 못하여 혈압조절 없이 제왕절 개수술을 하여 아이를 정상으로 낳았으나 산모가 뇌출혈 후 장애상태에 이르자 손해배상을 청구한 사건에서, 환자 측은 피고 병원 의료진이 원고에게 산전 진찰을 하는 과정에서 혈압이 정상범위보다 높아졌다는 사실과 임신성 고혈압이 무엇인지, 악화될 경우 어떤 질환이 생길 수 있는지, 예방하기 위해 어떤 검사와 처치가 필요한지에 대해 전혀 설명하지 않았고, 수술방법과 관련하여서도 분만방법 선택 및 수술 전 혈압상태와 제왕절개 술로 인한 합병증에 대해 설명하지 않았다고 주장하였다.

2. 법원의 판단

대상 판결은 추가검사 등 의료행위를 시행하지 않고 경과관찰을 선택한 의사의 판단이 합리적인 범위에 있다면, 환자의 상태가 당시의 의료수준에서 예상할 수 있는 통상의 예후와는 달리 갑자기 악화될 예외적 가능성까지 고려하여 환자의 상태가 갑자기 악화될 수 있다거나 그에 대비한

---

43) 이 판결은 쌍방이 항소하지 아니하여 그대로 확정되었다.

추가검사를 받을 것인지에 관한 설명을 하지 않았다고 하더라도, 의사가 설명의무를 위반하여 환자의 치료기회를 상실시켰다거나 자기결정권을 침해하였다고 할 수 없다며 원고의 청구를 기각하였다.

3. 판결의 의의

대상 판결은 설명의무 범위의 한계를 언급하고 있는 판결로, 환자의 상태가 갑자기 악화될 예외적 가능성까지 고려하여 설명해야 하는 것은 아니라고 판시하여, 설명의무 확장에도 일정한 한계가 있음을 밝히고 있다는 점에서 의미가 있는 판결이라고 할 수 있다.

4. 참고 판결

서울고등법원 2017. 7. 13. 선고 2016나2024305 판결44)은, 우측 전완부 및 주관절부 다발성 심부열상 및 출혈로 내원한 원고가 우측 전완부 및 주관절부의 정중, 척골, 요골 신경 파열, 상완 동맥 및 요측 피정맥 파열, 상완 이두근, 상완 요골근, 장장근, 요수근 굴곡근, 척수근 굴곡근 파열의 진단하에 상기 파열부의 봉합술(상완동맥 및 요측 피정맥 문합술, 상완 이두근, 상완 요골근, 장장근, 요수근, 굴곡근, 척수근, 굴곡근 봉합술 및 피부 봉합술, 관절막 봉합술)을 받은 후 전완부 구획증후군이 발생하자, 이러한 수술은 정형외과 전문의 중에서도 수부외과 세부 전문의가 시행하여야 하는

---

44) 이 사건에서는 사고발생 후 소득이 상향되는 사정이 생긴 경우 일실수입 산정도 문제되었으며, 원고가 일실수입 산정에 관한 부분을 상고하여 진행된 대법원 2017. 12. 22. 선고 2017다255634 판결에서 일실수입 부분에 관한 원고패소 부분이 파기환송되었다.

어려운 수술이므로 피고는 자신이 마취과 전문의라는 사실을 설명하여 환자를 전원하도록 하는 등 위험에서 벗어날 기회를 주었어야 함에도 그러지 아니하여 설명의무를 위반하였다고 주장한데 대하여, "비전문의가 다른 전문의의 전문영역에 속하는 의료행위를 한 경우에도, 의사가 전문 과목 이외 분야에 대하여 진료를 한 사실만으로 과실이 추정되지는 않으나, 전문 외라고 하는 것 때문에 주의의무가 감경된다고 할 수는 없다"[45]고 하면서, "위 법리에 비추어 살피건대, 피고가 정형외과 전문의가 아닌 마취과 전문의라는 사실만으로 수술상 과실이 추정된다거나, 위 피고에게 원고를 타 병원으로 전원하여야할 의무가 있다고 보기는 어렵다"고 판시하여 환자를 전원시키지 않고 스스로 전문의가 아닌 분야의 수술을 한 것 자체를 과실로 볼 수는 없다고 판단하고, 설명의무에 관하여도, "의사가 어떤 분야의 전문의가 아니고, 진료에 자신이 없는 경우 환자에게 이를 설명하고 전원을 권유하여야 함이 마땅하지만, 의사가 자신의 전문분야가 아닌 분야의 진료를 하는 것이 가능한 이상, 특별한 사정이 있는 경우가 아니라면 환자에게 자신의 전문 분야에 대하여 설명할 의무가 있다고 보기는 어렵다"고 하여 자신의 전문분야에 대하여 설명할 의무가 없다고 하면서, 마취과 전문의인 피고가 정형외과를 운영하며 현미경을 통한 미세신경 및 혈관봉합술을 할 수 있는 시설을 갖추고 수술을 포함한 여러 차례의 신경접합 등 외과 수술의 임상경험이 있었기 때문에 굳이 전문분야에 대해 설명할 필요가 없다고 보았다.

---

45) 이러한 취지의 판결로 대법원 1974. 5. 14. 선고 73다2027 판결 참조.

060. 설명의무 위반과 중한 결과 사이에 인과관계가 부정되는 경우

- 서울고등법원 2017. 10. 26. 선고 2016나208473 판결[46]

1. 사실관계

망인에게 2회의 흉관삽관술과 2회의 흉막유착술, 1회의 중심정맥삽관술이 시행되었는데, 1차 흉관삽관술시에는 필요성과 방법, 문제점 및 우발적 사고 가능성이 설명되기는 하였으나 환자가 아닌 손자며느리만이 동의서에 서명하였다. 또한, 1차 흉막유착술에 대해서는 수술동의서가 없었고 간호일지상 수술 후 흉통이나 열감 등 이상증상이 있을 때 알릴 것을 교육한 사실만 기재되어 있었다. 망인은 중심정맥삽관술에도 불구하고 사망하였고 가족들은 의료진이 위 수술들의 시행 전에 설명의무를 다하지 아니하여 환자의 자기결정권이 침해당했다고 주장하였다.

2. 법원의 판단

대상 판결은 망인에게 위 수술들로 인하여 어떠한 합병증이나 중한 결과가 발생하였다는 주장이나 증명이 없었고, 수술 후 발열증상이 있기는 하였으나 진료기록에 따르면 단순한 약물 반응 증상일 뿐이었으므로 설사 수술에 대한 설명이 이루어지지 아니하였다 하더라도 수술과 나쁜 결과 사이에 인과관계가 없어 환자의 자기결정권을 침해하지 아니하였으므로

---

46) 제1심 인천지방법원 2016. 8. 31. 선고 2015가단30793 판결. 대상 판결은 당사자 쌍방이 상고하지 아니하여 확정되었다.

설명의무위반은 아니라고 판시하였다.

3. 대상 판결의 의의

  대법원에서 "의사의 환자에 대한 설명의무가 소론과 같이 수술시에만 한하지 않고, 검사, 진단, 치료등 진료의 모든 단계에서 각각 발생한다 하더라도 위 설명의무위반에 대하여 의사에게 위자료등의 지급의무를 부담시키는 것은 의사가 환자에게 제대로 설명하지 아니한 채 수술등을 시행하여 환자에게 예기치 못한 중대한 결과가 발생하였을 경우에 의사가 그 행위에 앞서 환자에게 질병의 증상, 치료나 진단방법의 내용 및 필요성과 그로 인하여 발생이 예상되는 위험성등을 설명하여 주었더라면 환자가 스스로 자기결정권을 행사하여 그 의료행위를 받을 것인지 여부를 선택함으로써 중대한 결과의 발생을 회피할 수 있었음에도 불구하고, 의사가 위 설명을 하지 아니하여 그 기회를 상실하게 된 데에 따른 정신적 고통을 위자하는 것"이라고 하면서, "이러한 의미에서의 의사의 설명은 모든 의료과정 전반을 대상으로 하는 것이 아니라 수술등 침습(侵襲)을 과하는 과정 및 그 후에 나쁜 결과 발생의 개연성이 있는 의료행위를 하는 경우 또는 사망등의 중대한 결과발생이 예측되는 의료행위를 하는 경우 등과 같이 환자에게 자기결정에 의한 선택이 요구되는 경우만을 대상으로 하여야 할 것이고, 따라서 환자에게 발생한 중대한 결과가 의사의 침습행위로 인한 것이 아니거나 또는 환자의 자기결정권이 문제되지 아니하는 사항에 관한 것은 위자료 지급대상으로서의 설명의무 위반이 문제될 여지는 없다고 봄이 상당할 것"[47)]이라고 판시한 이후, 법원은 의사가 설명을 충분히 하지 않은 경우라 할지라도, 환자에게 발생한 중대한 결과가 불충분한 설명이

---

47) 대법원 1995. 4. 25. 선고 94다27151 판결.

있었던 당해 의료행위로 인한 것이 아니거나 자기결정권이 문제되지 아니하는 사항에 관한 것이라는 점을 이유로 설명의무 위반으로 인한 위자료 지급의무를 부정하여 왔다. 대상 판결 역시 그러한 법리를 근거로 하여, 설명의무가 이행되지 않았다고 하더라도 그러한 의료행위와 나쁜 결과 사이의 인과관계를 부정하여 설명의무 위반으로 인한 위자료 청구를 부정한 사례이다.

061. 의료과실이 없고 설명의무 위반만 있는 경우 손해배상액 산정의 기준
- 대법원 2013. 4. 26. 선고 2011다29666 판결[48]

1. 사실관계

원고는 인터넷 홈페이지 이메일을 통하여 비뇨기과 전문의인 피고에게 조루증 수술치료에 대해 상담한 후 2006. 4.경 피고 병원에 내원하여 피고로부터 포경수술과 함께 음경배부신경 부분절제시술을 받았는데 수술직후 발생한 음경의 붓기와 멍은 점차 호전되었으나 약 3주 후부터 음경에 감각이상 증상이 나타나면서 귀두 및 음경 부위가 속옷에 스치거나 샤워 물이 닿는 등 가벼운 접촉에도 심한 통증이 발생하였다. 이후 원고는 여러 병원에서 진료를 받다가 결국 2007. 3.경 대학병원에서 복합부위통증증후군 제2형으로 진단 받고 영구적 척수신경자극기 삽입시술을 받았으나 귀두 및 음경에 이질통, 감각저하 등으로 주기적인 치료와 극심한 통증이 있는 경우 응급진료를 받게 되자 피고를 상대로 손해배상소송을 제기하였고, 신체감정 결과 우울, 불안, 심한 자존감 저하 등으로 정신과 치료도 필요한 상태임이 확인되었다.

---

48) 제1심 서울동부지방법원 2009. 12. 24. 선고 2009가합5405 판결, 제2심 서울고등법원 2011. 2. 24. 선고 2010나15983 판결, 파기환송심 서울고등법원 2013. 9. 12. 선고 2013나288980 판결.

2. 법원의 판단

제1심 판결은 다른 치료법을 강구하지 않고 수술적 치료를 실시한 과실, 수술 후 발생한 통증에 대하여 조기에 적절한 조치를 취하지 않은 과실 등의 원고 주장을 모두 배척하였고, 나아가 조루증 수술 후 복합부위통증증후군이 발생할 수 있다는 점에 대해서는 의학적 예견가능성이 없다고 하여 이에 대한 설명의무위반 주장도 배척하였다. 다만, 배부신경 부분차단술의 수술방법 및 일반적인 부작용을 충분히 설명하지 않고 장점만 강조한 점을 인정하여 2,000만 원의 위자료 배상판결을 하였다. 원·피고 쌍방이 항소하자 제2심 판결은 과실 및 설명의무 위반의 점에 관하여 1심과 동일한 판단을 하였으나, 위자료 판단에서는 제1심 판결과 달리 수술로 인해 복합부위통증증후군이 발생하였고 자살충동, 우울증 등 정신과적 문제로 피해가 확대된 점을 참작하여 위자료 액수를 제1심 판결 인정 금액의 3.5배인 7,000만 원으로 증액하였다.

이에 대하여 대법원은 "설명의무 위반으로 인하여 지급할 의무가 있는 위자료에는, 설명의무 위반이 인정되지 않은 부분과 관련된 자기결정권 상실에 따른 정신적 고통을 위자하는 금액 또는 중대한 결과의 발생 자체에 따른 정신적 고통을 위자하는 금액 등은 포함되지 아니한다고 보아야 한다."고 전제하고, "의료행위로 인하여 환자에게 나쁜 결과가 발생하였는데 의사의 진료상 과실은 인정되지 않고 설명의무 위반만 인정되는 경우, 설명의무 위반에 대한 위자료 명목 아래 사실상 재산적 손해의 전보를 꾀하여서는 아니된다."고 하여 제2심 판결을 파기, 환송하였다. 파기환송심은 대법원의 판결취지를 반영하여 위자료 액수를 3,000만 원으로 정하였고, 그대로 확정되었다.

3. 판결의 의의

설명의무 위반에 따른 손해배상의 범위에 대하여 법원은 중대한 결과와 의사의 설명의무 위반 내지 승낙 취득과정에서의 잘못과의 사이에 상당인과관계가 존재하고 이때 설명의무위반의 정도가 환자의 생명, 신체에 대한 구체적 치료과정에서 요구되는 의사의 주의의무 위반과 동일시할 정도의 것일 때에는 중대한 결과에 대한 전손해배상의무가 발생하지만, 그렇지 않은 경우에는 환자가 선택의 기회를 잃고 자기결정권을 행사할 수 없게 된 데에 대한 위자료 배상만을 인정하고 있다. 대상 판결은 복합부위통증증후군 발생 가능성에 대한 설명의무 위반은 인정되지 않고, 수술방법 및 일반적 부작용에 대한 설명의무위반과 관련된 자기결정권 침해만 문제된 경우, 침해된 자기결정권에 대한 합당한 위자료의 범위를 넘어서 복합부위통증증후군 발생에 따른 현재의 손해까지 전보할 목적으로 위자료를 산정해서는 안 된다는 점을 분명히 하여, 설명의무위반에 있어 인과관계에 따른 위자료산정의 기준을 다시 확인한 점에 의미가 있다.

한편 아래 참고 판결은 설명의무 위반과 현재의 손해 사이에 상당인과관계가 있지만 손해배상의 범위를 특정하기 어려운 경우 위자료를 증액함으로써 어느 정도 손해를 전보하는 것을 인정한 사례로, 대상 판결과 구별하여 음미해 볼 필요가 있다.

4. 참고 판결

서울고등법원 2013. 6. 13. 선고 2012나106227 판결[49]은, 대상포진 치

---

49) 이 사건에 대하여 당사자 쌍방이 상고하였으나, 피고 상고 취하, 원고 소취하로 종결되었다.

료를 위해 입원한 51세 남자환자인 원고에게 기본적으로 실시한 흉부 X-선 검사에서 약 2cm 크기의 폐결절이 발견되어 영상의학과 전문의는 이에 대하여 흉부 CT 검사를 실시할 것을 권유하는 내용의 판독을 하였으나 주치의가 이를 간과하고 환자에게 알리지 않음으로써 원고가 약 1년 8개월 후에 폐암 4기로 진행되어 항암치료를 받던 중 손해배상소송을 제기한 사건에서, 원고가 폐암의 완치가 불가능하고 향후 2년 내 암이 재발하여 이후 6개월 후 사망이 예견된다고 주장하며 일실소득, 개호비 등을 계산하여 청구한데 대하여, 사망이 예견된다는 점만으로 예상 생존기간을 확정할 수 없어 향후 손해금액을 명확히 특정할 수 없다고 하여 일실소득과 개호비 등의 청구를 배척한 다음, 재산상 손해의 발생이 인정되는 데에도 입증곤란 등의 이유로 그 손해액의 확정이 불가능하여 그 배상을 받을 수 없는 경우에는 이러한 사정을 위자료 증액사유로 참작할 수 있다고 전제하고 6,500만 원의 위자료 배상판결을 선고하였다.

062. 안전성이 검증되지 않은 의료행위(눈미백수술)에 대하여 설명의무 위반으로 전손해배상을 인정한 사건

- 대법원 2015. 10. 29. 선고 2014다83319 판결[50][51]

1. 사실관계

원고들은 안구가 충혈되거나 건조하고 익상편을 가진 사람들로서, 피고가 스스로 개발한 이른바 '눈미백수술'로 그러한 증상을 고칠 수 있다는

---

50) 제1심 서울중앙지방법원 2013. 4. 2. 선고 2010가합49217 판결, 제2심 서울고등법원 2014. 10. 16. 선고 2013나28249 판결.

51) 이 사건과 관련하여 보건복지부가 신의료기술평가위원회의 심의결과 눈미백수술은 안전성이 미흡한 의료기술이고 국민건강에 중대한 위해를 초래할 우려가 있다는 이유로 의료법 제59조 제1항에 따라 피고에게 눈미백수술의 중단을 명하자(최초의 시술중단명령임) 피고가 제기한 수술중단명령처분 취소의 소에서 대법원은, 신의료기술의 안전성, 유효성 평가나 신의료기술의 시술로 국민보건에 중대한 위해가 발생하거나 발생할 우려가 있는지에 대한 판단은 고도의 의료, 보건상의 전문성을 요하므로, 행정청이 국민의 건강을 보호하고 증진하려는 목적에서 의료법 등 관계 법령이 정하는 바에 따라 전문적인 판단을 하였다면 판단의 기초가 된 사실인정에 중대한 오류가 있거나 판단이 객관적으로 불합리하거나 부당하다는 등의 특별한 사정이 없는 한 존중되어야 한다는 이유로 보건복지부의 처분이 위법하다고 판단한 원심판결을 파기환송하였다(대법원 2016. 1. 28. 선고 2013두21120 판결).

한편, 눈미백시술의 피해자들이 업무상과실치상으로 고소한 사건에서 서울중앙지방법원 2013. 10. 1. 선고 2013노2371 판결은, 이 사건 시술법에 대하여 연구가 미흡한 것은 사실이나, 다른 분야에서의 연구결과와 비교하여 피고인의 과실 여부를 가늠할 수 있다는 전제 하에 피고인이 절제한 결막은 이미 혈관의 이상 증식과 관련이 있는 만성충혈 상태이므로 정상적인 결막은 아니었고, 결막 절제가 이 사건 시술의 전유물은 아니며, 결막 절제 자체가 금지되는 것은 아니고 결막은 재생되는 속성이 있으므로 결막 절제 범위에 대한 과실은 없다고 판단하였고, 마이토마이신 및 베바시주맙 사용에 대하여도 이 약물들이 안과에서 사용되고 있으며, 피고인이 사용한 용량이 특이 과다하다고 판단하기 어렵다는 이유 등에 비추어 약물 사용에 있어서의 과실도 부정하였으며, 피해자들에게 나타난 부작용도 각 피해자들의 각자의 체질이나 시술법에서 요구하는 내용을 지키지 않은 것 때문에 나타났을 수도 있다는 이유로 형사상 업무상과실치상의 책임을 지우지는 아니하였다.

광고를 보고 피고가 개설한 의료기관을 찾아왔다. 종래 익상편 치료를 위하여 퇴행성 병변이 있는 결막을 3~4mm 정도 절제하여 결막의 자연적인 재생을 도모하는 '공막노출법'이 시행되고 있었으나, 피고가 시행한 눈미백수술은 안구건조증, 충혈, 변색 환자를 대상으로 내·외측 결막을 7~10mm 제거하고 수술 부위에 베바시주맙(bevacizumab)[52]을 주사하며, 수술을 마친 후 환자들로 하여금 마이토마이신(mitomycin)[53]을 0.02% 농도로 하루 4회씩 2~5일 점안하도록 하는 것이었다.

원고들은 눈미백수술을 받은 후 충혈, 공막 석회화, 익상편 재발 등의 증상이 나타났고 피고는 이들에 대하여 석회 제거, 결막 이식, 양막 이식 등의 추가 수술을 시행하였으나 원고들의 석회화 및 공막 얇아짐 현상은 지속되고 심지어 사시 증상까지 발생하였다. 원고들은 상급 의료기관인 대학병원에서 석회화 제거술, 공막연화에 따른 결막 이식술, 사시 수술 등을 받았다. 신체감정 결과 원고들에게는 대부분 공막연화증, 공막석회화, 약간 정도의 복시 증상이 남았다. 그리고 신체 감정 당시의 상태는 안정적이었으나 향후 공막연화증이 더 진행되는 경우 안구내용물이 탈출하거나 공막석회화가 심해지면 제거수술을 하여야 하는 등 심각한 상태로 진행할 가능성이 있는 상황이었다.

원고들은 피고를 상대로 안전성이 입증되지 않은 시술을 시행하였고, 특히 시술 후 원고들에게 장기간 고농도의 마이토마이신이나 스테로이드 성분의 안약을 사용하도록 처방한 것이 원고들의 부작용을 발생시킨 직접적인 원인이고, 이 사건 시술 후 원고들에게 부작용이 발생하였음에도 정밀 검사 등 그 원인을 찾는 조치를 하지 않았으며, 심각한 부작용이 발생

---

52) 혈관신생 억제제의 일종.
53) 세포핵 분열억제제의 일종. 안과 영역에서 익상편절제술, 녹내장, 라섹 수술 등에 사용되며 악성종양세포의 증식을 저해하는 데 효험이 있으나, 정상조직이 위 약제에 노출되면 조직이 괴사되기도 한다.

하였음에도 원고들을 상급병원으로 제때 전원하지 아니하였고, 원고들에게 충분히 설명의무를 이행하지 아니하였다는 이유로 피고를 상대로 원고들이 입은 모든 손해를 배상하라는 소를 제기하였다.

한편, 보건복지부 산하 신의료기술평가위원회는 2011. 2.경 눈미백수술로 인하여 섬유화 증식, 석회화, 공막연화를 비롯한 중증 합병증들이 발생할 수 있다고 보고하였고, 결국 보건복지부는 2011. 3. 3. 피고를 상대로 눈미백수술에 대한 중단명령을 내렸다.

2. 법원의 판단

원심 판결은 피고가 시행한 의료행위의 정당성 여부에 관하여 의료행위의 정당성은 신체의 침해나 다른 치료를 받을 기회의 상실 등으로 인하여 발생할 수 있는 위험 내지 불이익보다 의료행위로 인하여 얻을 수 있는 효과가 큰 경우에 인정되고, 위험 내지 불이익을 초과하는 효과가 있는지 여부(이하 '비용대비 효과')는 임상적인 자료를 통하여 과학적, 통계적인 방법으로 입증되거나 적어도 임상 의사들의 임상경험에 기초한 합의에 의하여 인정되는 것이 원칙이며, 임상적인 자료를 통하여 비용 대비 효과가 없는 것으로 확인된 의료행위라면 특별한 사정이 없는 한 이를 시술하는 것 자체만으로도 의료상의 주의의무를 위반한 것으로 평가할 수 있다고 판시하였다. 그러나 어떠한 의료행위이건 처음 시행될 때에는 임상적 자료가 없기 때문에 이러한 자료가 부족하여 비용 대비 효과를 판단할 수 없다는 이유만으로 그 의료행위가 일률적으로 금지되는 것은 아니라고 하였다. 즉, 의학적 측면에서 그 행위가 환자에게 이익이 될 이론적 가능성이 있다면 그 행위의 시행 자체를 위법하게 평가할 수 없다는 것이다.

위와 같은 논리를 바탕으로 원심 판결은, 눈미백수술의 경우 피고가 다년간 임상경험을 통하여 연구논문을 작성하였고, 그 논문이 국제적인 학회나 의료학술지에 등재된 사실만을 가지고 시술의 비용 대비 효과가 입증되었다거나 안과의학계의 임상경험에 기초한 합의가 있었다고 보기는 어렵다고 지적하였다. 그러나 눈미백수술은 기존에 시행되던 공막노출법 등과 치료원리가 같은 것으로 보이고, 피고가 사용한 마이토마이신 등도 안과 수술 후 재발방지나 각막 혼탁 방지 목적으로 사용되고 있으며, 피고가 사용하도록 한 용량이나 기간도 지나치게 과도한 것은 아니고, 비록 보건복지부가 눈미백수술 중단명령을 내렸으나 어떠한 의료행위라도 초창기에는 환자에게 유용할 수 있다는 가능성만을 바탕으로 임상시험을 확대하여 자료를 축적하고, 안전성과 유효성에 대한 피드백을 받아 보편적 채용 여부를 결정하는 것인데, 눈미백수술의 경우 이러한 통상의 과정이 거부된 것일 뿐이므로 그 시도 자체가 위법하다고 볼 수는 없다고 판단하였다.

그러나 원심 판결은 피고가 원고들로부터 수술 전 설명하고 동의를 받은 범위는 단지 수술 후 각종 부작용의 발생가능성에 한정될 뿐, 눈미백수술이 시행 당시 사실상 임상시험 단계에 있다는 사실, 아직 임상적인 자료에 의하여 비용 대비 효과가 확립되어 있지 않다는 사실은 포함되지 않았으므로 이에 대한 피고의 설명의무 위반을 인정하였다. 원심 판결은 더 나아가 눈미백수술은 주로 미용 또는 환자의 불편을 덜어주기 위하여 시행되는 것이므로 원고들이 수술의 비용 대비 효과를 인정할 만한 임상적 자료가 축적되지 않았다는 사정을 알았더라면 특별한 사정이 없는 한 이 사건 수술을 받지 않았을 것이라고 봄이 합리적이라며 피고의 설명의무 위반과 수술로 인한 부작용 사이의 상당인과관계까지 인정하여 설명의무위반에 따른 위자료를 넘어선 전 손해의 배상책임을 인정하였다.

대법원은 위와 같은 원심 판결에 대하여 피고가 이 사건 시술에서 요구되는 설명의무를 다하지 아니하였다고 판단한 것은 정당하고, 설명의무 위반에 따른 이 사건 수술의 시행과 수술 후 원고들이 겪게 된 증상 사이에 상당인과관계가 있다고 보아 원심이 원고들의 위자료 청구뿐 아니라 치료비 청구까지 받아들인 조치는 정당하다고 판시하였다.

3. 판결의 의의

피고는 눈미백수술을 자신이 세계 최초로 창안하였다거나, 이러한 수술을 통하여 아기와 같은 하얀 눈을 가질 수 있다거나, 각종 공해와 스트레스로 자극을 받은 눈은 자주 충혈되고 흰자위가 깨끗하지 않아 누렇게 변하게 되며 심한 경우 토끼 눈처럼 항상 충혈되어 있으나 피고의 수술을 통하여 보다 깨끗하고 자신감 있는 생활을 할 수 있다는 내용 등으로 광고를 하였고, 피고의 광고를 보고 많은 환자들이 눈미백수술을 받았다.54) 그러나 그 광고에는 수술로 인하여 심각한 부작용이 발생할 수 있다는 정보는 누락되어 있었고, 피고는 수술을 받은 환자들에게도 눈미백수술이 아직 안전성을 인정받은 의료행위가 아니라는 점에 대해서는 설명하지 않았다.

대상 판결은 이러한 비용 대비 효과가 증명되지 아니한 의료행위의 시행 자체가 위법하지는 않다는 점을 지적하면서도 의료인에게 비용 대비 효과가 증명되지 아니하였다는 점에 대한 설명의무를 부과하고, 이에 위반하였을 경우 전손해의 배상을 인정함으로써 검증되지 않은 의료행위로 인한 피해를 예방할 수 있도록 하였다. 설명의무 위반만이 인정되는 경우 주로 위자료의 배상책임만 인정되고, 예외적으로 중대한 결과와 의사의 설명의무 위반 사이에 상당인과관계가 존재하고 설명의무의 위반이 의료적 침습과정에서 요구되는 의사의 주의의무의 위반과 동일시할 정도의 것이면

---

54) 이와 같은 과장광고 행위에 대하여 피고는 의료법위반죄의 유죄 판결을 받았고, 확정되었다(서울중앙지방법원 2013. 7. 4. 선고 2011고단5723 판결, 서울중앙지방법원 2013. 10. 1. 선고 2013노2371 판결).

재산적 손해와 위자료 배상책임이 모두 인정된다.[55]

　대상 판결의 이러한 태도는 의료행위가 기본적으로 신체에 침해를 입힐 수 있다는 점, 그럼에도 불구하고 침해보다 건강개선 효과가 큰 경우 불가피하게 시행되어야 하는 점, 어떠한 의료행위가 신체 침해보다 건강개선효과가 큰지 여부는 어느 정도 임상시험도 진행하고 실제 시행해 보아야 알 수 있는 점, 따라서 비용 대비 효과가 증명되지 아니한 의료행위를 시행하였다고 곧바로 위법성을 인정한다면 의료기술 발달이 위축될 수 있다는 점을 고려하여 환자의 건강과 의료기술의 진보 사이의 균형을 맞춘 판시로 해석된다. 또한, 질병의 치료보다는 미용을 목적으로 한 측면이 큰 수술을 행할 때에는 환자들에게 미용적 측면의 개선가능성과 병적인 위험 발생 가능성을 충분히 설명하고 이를 토대로 수술 시행 여부를 선택하도록 하여야 한다는 점, 그 과정에서 과장광고행위가 개입하여서는 안 된다는 점을 경고하는 의미도 담고 있는 것으로 보인다.[56]

4. 참고 판결

　서울고등법원 2023. 7. 13. 선고 2020나2016585 판결[57]은, 30대 여성인

---

55) 김계현·김한나, "의사의 설명의무 위반과 손해배상책임의 범위", 『가천법학』 제6권 제4호, 2013, 112면; 전병남, "의사의 설명의무 위반과 손해배상책임", 『의료법학』 제3권 제1호, 대한의료법학회, 2002, 284면; 대법원 1996. 4. 12. 선고 95다56095 판결; 대법원 2004. 10. 28. 선고 2002다45185 판결; 대법원 2015. 10. 29. 선고 2014다22871 판결 등.

56) 유사한 사례에서 미용 목적 종아리 근육 퇴축술을 시행하며 종아리에 병적 상태를 초래할 가능성이 있다는 내용에 대한 설명을 등한시하고, 이 수술이 매우 안전하다는 점만 강조하여 광고한 경우, 서울고등법원은 '환자가 시술 전에 종아리 근육 퇴축술의 방법, 필요성, 부작용 등에 관하여 충분히 설명을 들었다면 시술을 받지 않았을 것으로 보여 의사의 설명의무 위반과 환자의 현 장애 사이에 상당인과관계가 인정되므로 시술 의사는 환자의 자기결정권 침해에 대한 위자료뿐만 아니라 재산상 손해에 대하여도 배상할 책임이 있다'는 취지로 판시한바 있다(서울고등법원 2011. 8. 30. 선고 2010나82334 판결).

57) 제1심 서울서부지방법원 2020. 5. 13. 선고 2018가합36014 판결. 대상 판결은 피고가 상

원고가 자궁경부암 정기검사 결과 약 6.2×6×5.7cm의 상대적으로 큰 편인 신경초종을 발견하여 피고 병원에서 로봇수술을 통한 종양제거술을 받은 후 궁둥신경 손상으로 18.5%의 노동능력상실이 발생한 사건에서, 피고 병원 의료진의 의료상 과실을 부정하였으나, 이 사건 수술 후 의사가 원고에게 설명한 내용에 비추어 의사가 이 사건 수술 후 원고에게 신경손상에 따른 마비증상이 발생할 것을 예상하지 못한 것으로 보이고 원고가 수술동의서에 서명한 뒤 피고 병원 의료진이 동의서에 추가로 기재한 부분이 있음이 밝혀진 점 등에 비추어 설명의무 위반을 인정하였다. 설명의무 위반으로 인한 손해배상범위와 관련하여 신경초종의 크기가 커 이 사건 수술로 인하여 신경 손상이 발생할 가능성이 매우 높았고, 로봇수술은 집도의가 촉감을 느끼지 못하여 신경손상을 주고 있는지 정확히 알 수 없는 단점이 있어 신경외과에서 로봇수술을 시행하는 경우는 매우 드문데다가, 집도의도 로봇수술을 통해 난소의 신경초종을 제거하는 수술은 처음이라는 점, 신경초종은 성장하는 양성종양이고, 원고는 이 사건 수술 전 종양으로 인한 통증이 없었던 것으로 보이는 점 등을 고려할 때, 피고 병원 의료진이 원고에게 이 사건 수술로 인하여 발생할 신경 손상의 개연성 등을 구체적으로 설명함으로써 설명의무를 다하였다면, 원고가 이 사건 수술을 선택하지는 않았을 것이라고 충분히 인정할 수 있으므로, 원고에게 발생한 이 사건 장해와 피고 병원 의료진의 설명의무 위반 사이에 상당인과관계가 존재한다고 볼 수 있고, 그 설명의무 위반의 정도가 피고 병원 의료진이 이 사건 수술을 함에 있어서 주의의무를 위반한 것과 동일시할 수 있을 정도로 중하다고 봄이 타당하다 하여 설명의무 위반으로 인한 전손해배상 책임을 인정하였다.

고하였으나 심리불속행 기각되어 확정되었다(대법원 2023. 12. 13. 선고 2023다269948 판결).

제7절 지도설명의무

063. 지도설명의무 위반과 나쁜 결과 사이에 상당인과관계를 인정한 사건

– 대법원 2010. 7. 22. 선고 2007다70445 판결[58]

1. 사실관계

망인은 9세 때인 1977년경 호흡곤란 증세로 피고 병원(대학병원) 소아과에서 치료받은 것을 시작으로, 계속해서 소아과, 내과, 흉부외과에서 정기적으로 검진 및 처방을 받아왔고, 심방세동 중등도, 승모판 역류, 좌심방 확장, 좌심실 확장 등의 증상을 보여왔다. 2004년에는 심한 승모판 역류 증상을 보였고, 심박출계수는 69%였다. 이에 피고 병원은 망인에게 수술을 권하였고, 원고는 2004. 5. 12. 피고 병원에서 인공판막치환술(이하 '이 사건 수술'이라고 한다)을 받았다. 이 사건 수술 후 망인의 수술 부위에서 출혈이 생겨 같은 날 밤 지혈을 위한 재수술을 시행하였고, 망인은 수술 다음 날인 2004. 5. 13. 의식을 회복하여 2004. 5. 27. 퇴원하였다. 망인은 약 일주일 후인 2004. 6. 3. 피고 병원에서 외래 진료를 받았고, 2주 후에 다시 피고 병원을 방문하도록 예정되어 있었었다.

망인은 2004. 6. 12. 19:00경 가슴에 통증을 느끼고 숨을 쉬기 힘들어 하였는데 이를 심각하게 생각하지 않아 즉시 병원에 가지 않았으나, 그 후 21:30경 호흡곤란을 일으켰다. 망인은 22:50 피고 병원 응급실로 전원되

---

58) 제1심 대구지방법원 2006. 9. 5. 선고 2004가합15038 판결, 제2심 대구고등법원 2007. 9. 5. 선고 2006나8543 판결. 이 사건은 파기환송심에서 화해권고결정으로 종결되었다.

었을 당시, 심수축, 맥박, 자발호흡이 없고 동공이 완전히 산대되어 있는 상태였고, 결국 2004. 6. 13. 01:30경 선행사인 승모판 폐쇄부전, 중간선 행사인 심실빈맥, 직접사인 폐부종에 의한 질식으로 사망하였다.

2. 법원의 판단

제1심 판결은 피고 병원 간호사의 과실로 의사의 처방보다 적은 양의 항응고제(와파린)를 투여하게 되었고, 금속판막에 혈전이 형성되어 갑작스러운 판막의 기능 부전으로 심한 협착이나 폐쇄부전이 있을 때 그 발생 초기에 호흡곤란, 쇼크 증상이 나타나는데 망인 역시 이러한 증상이 나타났음을 들어 항응고제 투여를 잘못한 과실을 인정하였고, 망인에게 수술부위의 통증과 심장의 통증을 구분하여 설명하지 않고 수술 후 몇 개월간 아플 수 있다는 정도로 가볍게 설명함으로써, 심장의 통증을 느꼈던 망인의 판단을 흐리게 하는 등 심장판막 수술 후 환자가 주의해야 할 사항 및 이를 방치했을 경우의 위험성 등에 대한 설명을 하지 않아 설명의무 위반도 있다고 판단하였다. 제2심 판결 역시 항응고제 관리를 소홀히 하여 망인에 대한 INR[59] 수치를 낮게 유지하는 바람에 인공판막에 혈전 형성을 유발시켜 망인에게 호흡곤란, 쇼크 등의 증상이 나타난 것으로 추정되고, 수술 후 주의사항에 관하여 충분히 설명하지 않아 망인이 빠른 시간 내에 병원에서 적절한 응급처치를 받을 수 없도록 한 잘못이 있다고 하여 의료상의 과실과 설명의무 위반을 모두 인정하였다.

그러나 대법원은 INR 수치를 너무 높게 유지할 경우 출혈의 위험성이 있는 등 피고 병원 의료진의 항응고제 사용에 관하여 과실을 인정할 수 없

---

59) International Normalized Ratio, 국제혈액표준 위원회가 1983년 경구 항응고제 요법을 위한 혈액응고시간을 국제적으로 표준화한 단위로, 그 수치의 증가는 혈액응고시간이 늘어나는 것을 의미한다.

다고 하여 의료상 과실을 부정한 다음, '의사가 진찰·치료 등의 의료행위를 함에 있어서는 사람의 생명·신체·건강을 관리하는 업무의 성질에 비추어 환자의 구체적인 증상이나 상황에 따라 위험을 방지하기 위하여 요구되는 최선의 조치를 취하여야 할 주의의무가 있고, 이와 같은 주의의무는 환자에 대한 수술 등 침습행위가 종료함으로써 끝나는 것이 아니라, 그 진료 목적의 달성을 위하여 환자가 의사의 업무범위 이외의 영역에서 생활을 영위함에 있어 예견되는 위험을 회피할 수 있도록 환자에 대한 요양의 방법 기타 건강관리에 필요한 사항을 지도설명하는 데까지도 미친다 할 것이므로(의료법 제24조 참조), 의사는 수술 등의 당해 의료행위의 결과로 후유 질환이 발생하거나 아니면 그 후의 요양과정에서 후유 질환이 발생할 가능성이 있으면, 비록 그 가능성이 크지 않다고 하더라도 이를 억제하기 위한 요양의 방법이나 일단 발생한 후유 질환으로 인해 중대한 결과가 초래되는 것을 막기위하여 필요한 조치가 무엇인지를 환자 스스로 판단·대처할 수 있도록, 그와 같은 요양방법, 후유 질환의 증상과 그 악화 방지나 치료를 위한 대처방법 등을 환자의 연령, 교육 정도, 심신상태 등의 사정에 맞추어 구체적인 정보의 제공과 함께 설명·지도할 의무가 있고[60], 이러한 지도설명의무는 그 목적 및 내용상 진료행위의 본질적 구성부분이므로, 지도설명의무 위반과 상당인과관계가 있다면 그로 인한 생명·신체상의 손해에 대하여 배상할 책임을 면할 수 없다'고 판시하고, 피고들은 망인에게 항응고제의 효과, INR 수치를 일정하게 유지해야 하는 이유, 항응고제 부작용 및 그 위험성 등을 명확하게 설명해 줌으로써 망인으로 하여금 가슴 통증 등 안내서에 기재된 일정한 상황이 발생한 경우 그 위험성 및 심각성을 정확하게 인식하고 즉시 응급실에 내원하는 조치를 취할 수 있도록 구체적인 정보의 제공과 함께 이를 지도·설명할 의무가 있고, 이러한 지도·설명의무는 단순하게 안내서의

---

60) 대법원 2005. 4. 29. 선고 2004다64067 판결 참조.

교부만으로 대체할 수는 없다고 할 것인데, 피고들은 위와 같은 설명·지도의무를 전혀 이행하지 않았고, 그로 인하여 망인이 가슴 통증의 심각성을 제대로 인식하지 못함으로써 통증을 느끼고도 약 2시간 30분이나 지체한 관계로 적절한 응급처치 등을 받지 못하여 사망에 이르렀으므로, 피고들의 지도·설명의무 위반과 이 사건 사고 사이에는 상당인과관계가 인정된다고 하여 전손해의 배상을 인정하였다.

3. 판결의 의의

대상 판결은 지도설명의무 위반을 인정하여 배상을 명한 경우이다. 지도설명의무는 결핵약 에탐부톨 복용 후 발생한 전격성 간염이 문제되었던 대표적인 사건들61) 이후 발전을 거듭하고 있는데, 대상 판결에서 명시적으로 조언설명의무와 지도설명의무를 구별하지는 않았지만, 지도설명의무는 그 목적 및 내용상 진료행위의 본질적 구성부분이라고 판단한 점, 지도설명의무 위반과 상당인과관계가 있다면 그로 인한 생명·신체상의 손해에 대하여 배상할 책임을 져야 한다고 판시한 점 등에 비추어 대상 판결은 조언설명의무와 지도설명의무를 구별하는 입장에서 위와 같은 판시를 한 것으로 볼 수 있다.

지도설명의무의 입증책임에 관하여 대상 판결은 '피고들이 망인에게 항응고제의 효과, INR 수치를 일정하게 유지해야 하는 이유, 항응고제 부작용 및 그 위험성 등을 명확하게 설명해 줌으로써 망인으로 하여금 가슴 통증 등 안내서에 기재된 일정한 상황이 발생한 경우 그 위험성 및 심각성을 정확하게 인식하고 즉시 응급실에 내원하는 조치를 취할 수 있도록 구체적인 정보의 제공과 함께 이를 지도·설명할 의무가 있고, 이러한 지도·설명의무

---

61) 대법원 2005. 4. 29. 선고 2004다64067 판결, 대법원 2010. 7. 22. 선고 2007다70445 판결.

는 단순하게 안내서의 교부만으로 대체할 수는 없다고 할 것인데, 피고들은 위와 같은 설명·지도의무를 전혀 이행하지 않았다'고 판시하여 지도설명의무의 입증책임이 누구에게 있는지 명시하지 않았으나, 지도설명의무를 진료행위의 본질적 구성부분으로 보고 있는 점, 재산상 손해배상 책임을 인정하고 있는 점 등에 비추어 볼 때 입증책임이 환자측에 있다고 판단하는 입장으로 해석할 수 있다.

대상 판결은 '지도설명의무는 그 목적 및 내용상 진료행위의 본질적 구성부분이므로, 지도설명의무 위반과 상당인과관계가 있다면 그로 인한 생명·신체상의 손해에 대하여 배상할 책임을 면할 수 없다'고 판시하여 설명이 불충분한 경우에는 그 자체가 진료상의 과오가 되고, 지도설명의무 위반과 사고 사이에 상당인과관계가 있다면 재산상의 손해를 포함한 전손해의 책임을 진다는 것을 명확히 한데 의의가 있다.[62]

4. 참고 판결

부산지방법원 2012. 5. 30. 선고 2010가합12657 판결[63]은, 친구들과 야구를 하던 중 야구방망이에 오른면 눈 부위를 맞아 눈썹 부위가 찢어지고 시야가 흐려지는 증상으로 응급실에 내원한 원고에 대하여 안압이 36 ㎜Hg(정상범위: 15~25㎜Hg), 전방출혈이 4㎜가량 발생한 상태에서 안압치

---

62) 창원지방법원 2011. 11. 24. 선고 2011가합733 손해배상(의) 사건에서도 결핵약 에탐부톨 복용 후 시신경염이 발생한 환자에게 의료기관에서 에탐부톨 복용 후 후유증이 발생하면 즉시 병원에 내원하여 추가로 받아야 할 진료내용 등에 대한 충분한 설명이 이루어지지 않아 환자의 실명상태에 가까운 부작용이 발생하였다며 43,550,000원과 그에 대한 이자를 지급하라는 판결이 선고되었고, 이에 대하여 원피고 양측이 모두 항소하지 않아 확정되었는바, 위 사건의 경우도 지도설명의무를 인정하면서 손해배상의 범위를 일반 주의의무 위반과 동일하게 산정하였다.
63) 이 판결은 당사자 쌍방이 항소하지 않아 확정되었다.

료를 위해 만니톨 등을 주사하고 안압약을 점안한 후 안압이 20㎜Hg으로 떨어지고 전방출혈로 인해 안저가 확인되지 않았으며, 초음파촬영 결과 유리체, 망막, 맥락막 등에서 별다른 이상이 발견되지 않자 약물 처방하에 퇴원시켰는데, 그 다음날 두통과 구토 증상이 발생하였으나 성형외과 의원 치료만 받았을 뿐 피고 병원에 내원하지 않았고, 그 2일 후 오른면 눈 부위의 극심한 통증으로 피고 병원에 내원하여 출혈로 인해 안압이 45㎜Hg 까지 상승하고, 홍채해리, 외상성 백내장, 이차성 녹내장 및 각막혼탁 등까지 발생하여 다음 날 전방세척술을 받은 것을 비롯하여 그 이후 수차례에 걸쳐 전방출혈에 대한 세척술, 백내장 및 녹내장에 대한 인공수정체 삽입술 등의 수술을 받았으나, 오른면 눈 부위의 각막 혼탁으로 사실상 실명상태이고, 녹내장 치료에 별다른 효과가 없어 안구 통증이 올 경우 안구적출이 필요할 수도 있게 되자 피고를 상대로 소를 제기한 사건에서, 진료과정상의 과실을 부정하였으나, "피고는 환자와 보호자에게 외상성 전방출혈의 위험성, 발생 가능한 합병증의 종류, 증상 및 심각성, 증상발생시 필요한 조치 등을 명확하게 설명하여 그 위험성 및 심각성을 정확하게 인식하고, 통증이 재발할 경우 즉시 피고 병원에 내원하여 치료를 받도록 구체적인 정보의 제공과 함께 이를 지도·설명할 의무가 있었음에도 불구하고 이를 제대로 이행하지 않았고, 그로 인하여 원고가 퇴원 후 전방출혈의 위험성을 제대로 인식하지 못한 채 재출혈이 광범위하게 발생할 때까지 적절한 치료를 받을 수 있는 기회를 상실함으로써 이 사건 사고가 발생하였다고 보이므로, 피고의 지도설명의무 위반과 이 사건 사고 사이에는 상당인과관계가 있다."고 판시하였고, 다만 원고가 입은 외상성 전방출혈이 이 사건 사고의 주요한 원인이고, 피고가 실시한 진료 자체에는 어떤 과실이 있다고 보기 어려운 점, 외상성 전방출혈은 대개의 경우 별다른 합병증 없이 증상이 완화되고 재출혈이 발생할 가능성은 비교적 드문 점 등을 고려하여 피고의 책임비율을 60%로 제한하였다.

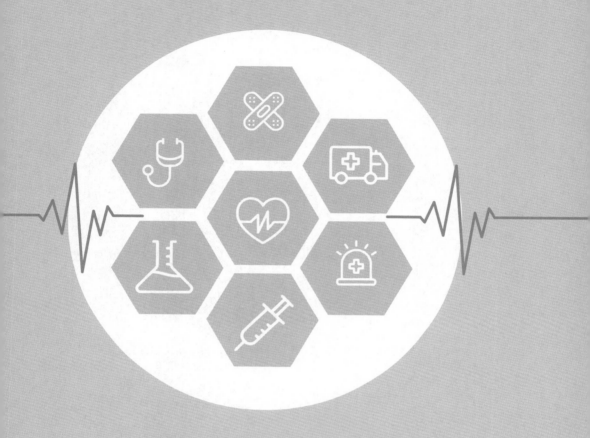

의료형사 및 행정사건

의료과실 관련 형사사건

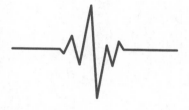

의료분야 판례백선

064. 분업화된 의료기관에서 각 진료과목 의사들 간의 협력의무를 인정한 사례

- 부산지방법원 2012. 5. 21. 선고 2010고합507 판결[1]

1. 사실관계

피해자는 2009. 8. 29. 06:30경 승용차를 운전하던 중 가드레일을 충격하는 교통사고가 발생하여 ㅈ대학교병원에서 CT 촬영 검사결과 하악골 골절로 진단받고 양악고정술 등 임시치료를 받은 다음 ㄷ대학교병원 응급실로 전원되었다. ㄷ대학교병원 이비인후과 전공의 1년차인 피고인1과 흉부외과 전공의 3년차인 피고인2가 피해자의 진료를 담당하게 되었는데, 피고인들은 피해자에게 경추 앞면과 종격동 상부에 기종이 있고, 후두개골 혈종과 인두 후방의 부종과 발적이 있음을 확인하였음에도 혈종 크기 증가로 인한 기도폐쇄 가능성과 관련된 의견을 제시한 것 외에는 '피해자에게 이비인후과와 흉부외과적으로 특이 소견이 없고, 수술 금기 사항이 없으므로 성형외과 수술이 우선'이라는 의견을 제시하였고, 염증 발생 가능성이나 그와 관련하여 관찰해야 하는 사항 등에 대해서는 따로 주의를 주지 않았다.

이에 성형외과 병동으로 입원한 피해자가 계속하여 목 부위 이물감, 흉부와 경부의 통증, 호흡곤란 등의 증상을 호소하였고 피해자의 활력징후가 불안정함에도 성형외과 의사들은 감염에 대비한 적절한 협진을 요청하지 못한 채 수술에 필요한 정도의 항생제만 투여하였다. 또한 피고인2는 2009. 9. 2. 3:30경 피해자를 직접 진료하고 피해자의 흉부 CT를 새로 촬영하였음에도 '(종격동에) 공기량이 많지 않고 특별한 감염 소견도 보이지

---

1) 제2심 부산고등법원 2013. 2. 21. 선고 2012노301 판결.

제5장 의료과실 관련 형사사건 **305**

않으므로 다른 과에 문의하라.'라는 의견만 제시하였고 피고인1 역시 피해자의 상태가 급속하게 나빠지기 시작한 후인 2009. 9. 2. 21:30경 피해자를 진료하면서도 기관절개 필요성에 대해서만 판단하고 인후부 손상이나 염증 가능성에 대해서는 알려주지 않았는데, 피해자는 결국 2009. 9. 3. 하방 인두파열에 의한 경추부와 흉추부의 화농성 염증 및 패혈증으로 사망하였다. 이에 검찰은 위 피고인1, 2 및 성형외과 전공의 4명, 성형외과 부교수 1명 등 총 7명을 업무상과실치사죄로 기소하였다.

2. 법원의 판단

대상 판결은 "복합적인 증상을 가진 환자의 치료를 분담한 의사들 사이의 과실을 판단함에 있어서는 개개 의사가 자신이 분담한 영역에서 진료상 요구되는 주의의무를 다하였는지 뿐만 아니라, 분업화된 의료행위에 있어 필수적으로 요구되는 의사소통과 협력 의무를 다하였는지도 충분히 고려하여야 한다. 따라서 피고인들의 과실을 판단함에 있어서는, 피고인들이 각자 맡은 분야에서 의사로서 요구되는 주의의무를 다하여 환자를 진료하였는지 뿐만 아니라, 그와 같은 진료 결과, 의심되는 증상, 치료방법, 주의 깊게 관찰해야 할 사항 등에 관한 정보를 치료에 참여한 다른 의사들에게 충분히 제공하고 협력을 요청했는지 여부나 다른 의사들의 협력 요청에 적절하게 응했는지 여부 등을 종합적으로 고려하여야 한다."라고 판시하였다.

대상 판결은 이어서 ① 피고인1, 2에 대하여 피해자에 대한 진료과정상의 직접적인 주의의무 위반과 아울러 ② 피고인1의 경우 흉부외과 의사 등 진료에 참여한 다른 의사들과 피해자에 대한 진찰결과를 공유하고, 성형외과에 인후부 손상이나 감염의 징후가 나타날 경우 피고인1에게 통보하도록 주의를 줌으로써, 흉부외과 의사들이 종격동 기종에 대해 적정한 진단을 하는데 필요한 정보를 제공함과 동시에 성형외과 의사 등과 협력하여 인후부 손상이나 감염 가능성에 대해 적절하게 대처하도록 해야 할 업무상 주의의무를 위반하였음을 인정하였고, ③ 피고인2의 경우 이비인후과 의사들에게 경부 기종의 원인과 인후부 손상 가능성을 문의하는 방법으로 종격동 기종의 원인이 무엇인지, 그것이 경부에서 기인한 것이 아닌지 등을 확인하고 성형외과 의사들에게 종격동염 증상이 나타날 경우 즉시 피고인2에게 알려달라고 하고, 경과기록지에 인후부 부종과 발적에 관한 기재가 있었으므로 이비인후과에 인후부 손상과 감염 가능성에 대해 문의하는 것은 물론 종격동염과 관련된 사항을 알려주어 이비인후과 의사들로 하여금 인두 손상이나 염증 가능성을 조금 더 면밀하게 검사하도록 하였어야 하고, 3년차 전공의로서 지식과 경험이 부족하므로 선배 전공의나 전문의에게 진료내용을 보고하고 자문을 구했어야 하나 이를 게을리한 주의의무 위반을 인정하여 모두 유죄판결을 선고하였다.[2]

3. 판결의 의의

오늘날 의학지식과 의료기술 발전에 따라 의학은 점점 더 전문화, 분업화, 세분화하고 있고, 그 결과 종전보다 효율적이고 수준 높은 의료서비스를 제공하는 것이 가능하게 된 반면, 진료를 분담한 의료인들 사이에 긴밀하고 효율적인 의사소통과 협력이 이루어지지 않을 경우 지식과 정보, 책임이 분산됨으로써 오히려 분업화되지 않은 의료에서는 경험할 수 없었던

---

[2] 성형외과 전공의 4명과 성형외과 부교수 1명에 대해서는 성형외과 영역에서의 진료상 과실이 없고 다른 과목의 의사에 대한 협진 요청을 소홀히 한 사실이 없으며 다른 전문과목 의사의 의견에 따라 진료한 부분에 과실이 없다는 취지로 모두 무죄판결을 하였다. 한편, 제1심 판결에 대하여 검찰, 피고인 1, 2 모두 항소하였으나, 검찰 항소는 모두 기각되었고, 피고인 1, 2는 감액된 벌금의 유죄판결이 확정되었다(부산고등법원 2013. 2. 21. 선고 2012노301 판결).

새로운 위험을 환자에게 초래할 우려가 있다. 대상 판결은 다수의 전문과목 의료진이 협진하는 경우 자신의 영역 이외의 전문과목에 대한 지식이 부족한 다른 과목의 의사를 전적으로 신뢰하여서는 아니 되며, 협진을 하는 경우 다른 과목의 의사들에 대해서 적극적으로 정보를 제공하고 협력을 요청해야 할 주의의무를 인정하는 취지의 판결로서, 신뢰의 원칙의 적용 범위를 제한하고 의사의 주의의무를 전문화, 세분화 되는 임상의학 현실에 맞게 확대하여 환자 보호에 소홀함이 없도록 한 점에 의의가 있다.

4. 참고 판결

대법원 2011. 7. 4. 선고 2009다65416 손해배상(의) 판결[3]은 환자가 A병원에서 유방 혹에 대한 조직검사 후 침윤성유방암으로 진단받고 유방절제술을 권유받았으나 환자가 이를 믿지 못하여 B대학병원을 방문하였는데, B대학병원에서 A병원의 진단결과를 믿고 유방절제술을 시행한 후 시행한 조직검사에서 암세포가 검출되지 않아 확인한 결과 A병원에서 검체가 뒤바뀐 사실이 확인된 유방암 오진 사건에서, 대법원은 A병원의 손해배상책임을 인정하면서도 같은 병원 소속 주치의가 병리과 전문의의 판단을 신뢰한 것은 과실로 볼 수 없다며 주치의의 책임을 부정하였다. 위 유방암 오진사건은 전문의의 최종판단을 신뢰한 것에 과실을 인정할 수 없다고 판시하였는바, 신뢰의 원칙이 적용된 결과라 판단된다. 반면 본 사건 판결에서는 여러 과목의 협진이 필요하고 환자의 질병 진행 추이에 따라 각 진료과목 사이의 진료결과를 서로 공유하여 종합적인 진료가 필요한 경우에는 각 과목별 의사 상호간에 적극적인 의사소통, 정보제공과 협력요청의 중요성을 강조한 점에 차이가 있다.

---

3) 이 책 021번 판결 참조.

065. 여호와의 증인 수혈거부 사건

- 대법원 2014. 6. 29. 선고 2009도14407 판결[4]

1. 사실관계

　망인(1945년생 여자)은 1975년경 오른면 고관절 부위에 결핵성 관절염을 앓아 골반과 대퇴골 유합 수술을 받았는데, 그 유합 부위에 통증 등이 있자 인공 고관절로 바꾸는 수술을 원하였다. 망인은 여호와의 증인 신도로 타인 혈액 수혈(이하 '수혈'이라 함)을 받아서는 안 된다는 신념을 갖고 있어 인공 고관절 수술을 받더라도 절대 수혈을 받지 않도록 하기 위해 무수혈방식 고관절수술을 시행하고 있는 병원 3곳을 방문하여 상의하였으나 3곳 병원 모두 망인에 대한 무수혈방식 수술을 거부하였다. 이에 망인은 정형외과 의사인 피고인을 방문하여 진료를 받았으며 피고인이 혈액종양내과의 자문을 토대로 무수혈방식 수술이 가능하다는 답변을 하자 입원한 후 '수혈이 필요한 상황이 되더라도 수혈을 받지 않으며 그 결과에 대한 어떤 책임도 의료진에게 묻지 않겠다'는 취지의 각서를 작성, 제출하고 셀세이버 장치[5]를 이용한 인공 고관절 수술을 받았다. 수술 과정에서 피고인의 고관절 부분이 X-선 사진에서보다 실제로 훨씬 심하게 유착되어 있음이 확인되었고, 주의를 기울여 대퇴골부를 절단하였지만, 그 과정에 혈관이 파열되었고 급히 혈관외과 의사가 혈관봉합술을 시행하였으나 절단된 대퇴골부와 그 주변조직에서 출혈이 계속되었다. 이에 의료진이 망인의 가족에게 수혈 여부를 의논하였는데 망인의 남편은 수혈을 거부하고

---

[4] 제1심 광주지방법원 2009. 6. 26. 선고 2008고단2679 판결, 제2심 광주지방법원 2009. 12. 2. 선고 2009노1622 판결.

[5] 실혈된 환자의 혈액을 회수하여 다시 투여하는 장치.

망인의 자녀는 수혈을 강력히 원하는 등 의견이 엇갈려 수혈을 하지 않았으며 출혈이 지속되어 수술을 중단하고 중환자실로 이송한 이후 망인의 남편이 뒤늦게 수혈에 동의하였지만, 망인이 범발성 응고장애로 진행되고 있어 수혈하지 못하고 망인은 결국 다량 실혈로 사망하였다. 이에 검찰이 수술 의사인 피고인을 업무상과실치사죄로 기소하였다.

2. 법원의 판단

제1심과 제2심 판결은, 우리 헌법이 인간의 존엄과 가치 및 행복추구권을 보장함으로써 자기결정권을 보호하고 있는데, 이러한 자기결정권의 행사내용이 비록 비합리적이고 다른 사람의 판단과 다르다고 하더라도 그 결정 변경을 강요하거나 침해하여서는 안 되지만 자기결정권이라고 하더라도 타인의 권리를 침해할 수 없으며 특히 중요한 생명에 관한 자기결정권이라고 하더라도 헌법적 한계가 있으며 자살과 같이 자기의 생명을 자유롭게 처분할 권리는 인정되지 않는다고 전제하고, 환자가 자살을 목적으로 하는 것이 아니라 자신의 생명이나 신체의 치료를 위해 특정한 치료방법을 선택하는 경우라면 그 선택된 치료방법이 다른 치료방법에 비해 환자 자신의 생명에 더 큰 위험이 따른다고 하더라도 그 치료방법의 궁극적 목적이 건강회복을 목표로 하면서 그 수단으로써 환자 자신의 신념, 종교에 반하지 않는 방법을 선택한 경우라면 의사는 환자의 자기결정권을 존중해야 하며 환자의 선택에 따라 수혈을 하지 않은 것은 형법 제24조에 규정된 피해자 승낙에 의한 행위로 범죄로 되지 않는다고 판결하였다.

이에 대하여 대법원은 환자가 수혈 대체 의료방법을 선택하였다고 하더라도 이는 생명에 대한 위험이 현실화되지 않을 것이라는 기대에서의 결정일 가능성이 크므로 위험 발생 가능성이 현실화된 상태에서도 그 위험을 무릅쓰고 수혈을 하지 않고 수술을 계속하는 것이 환자의 자기결정권에 기초한 진료라고 쉽게 단정해서는 안 된다고 하여, 생명을 구할 의무와 환자의 자기결정권이 충돌하는 상황이 발생하는 경우 원칙적으로 자기결정권의 행사를 의사의 의무보다 우위에 두어야 한다는 원심의 설시가 부적절하다고 판시하였다. 다만, 환자가 자살을 의도한 것이 아니라 질병을 치료할 목적이면서 자신의 신념에 따라 위험성이 더 높은 치료방법을 선택함에 의사가 그 선택을 존중하기 위해서는, 환자가 거부하는 치료방법의 안정성, 생명에 대한 위험성, 한계 등에 관한 의사의 설명의무가 충실히 이행되어야 하고, 그러한 설명을 듣고도 환자가 진지한 의사결정을 해야 하고,[6] 그 설명 및 자기결정권 행사과정에서 예상한 범위 내에서의 위험 상황이 발생되어야 하며, 의사는 실제로 발생된 상황 아래에서도 환자의 자기결정을 철회할 의사가 없는지 재확인해야 한다고 판시하면서, 환자가 자기결정권을 행사하게 된 배경, 목적, 종교적 또는 양심적 신념의 확실성과 지속성, 제3자의 이익침해 가능성 등을 진지하게 고려하여 환자의 생명과 환자의 자기결정권 어느 면에도 우위를 둘 수 없을 정도라면 의사는 자신의 직업적 양심에 따라 환자의 생명, 아니면 환자의 자기결정권 어느 하나를 선택하더라도 그 행위를 처벌할 수 없다고 판시하였다. 이 사건의 경우 환자에 대한 사전 설명, 환자의 나이, 가족관계, 수술에 이르게 된 경위, 수혈 거부라는 자기결정권을 행사하게 된 배경, 망인의 확고한 종교적 신념, 환자의 진지한 의사결정, 수술 도중 수혈에 대한 가족의사 재확인 등 제반 사정을 종합할 때 환자의 생명과 자기결정권을 비교형량하기 어려운 특별한 사정이 있으므로 결론적으로 피고인 의사가 무죄라는 원심의 결론을 유지하였다.

---

6) 이 부분까지는 원심에도 설시되어 있다.

3. 판결의 의의

의사가 환자를 진료하다 보면 환자의 자기결정권과 의사의 진료의무 사이에 충돌이 발생하여 의사도 혼란스러울 때가 많으며 자칫 불이익 처분을 받을까 우려하여 의사의 진료의무를 무조건적으로 우선시 하는 경우도 발생하고 있다. 환자 본인이 아닌 가족의 의사로 환자 본인의 의사를 추정할 수 있는지가 쟁점이 되었던 이른바 보라매병원 사건7)과 무의미한 생명유지장치 제거사건8)과는 달리 이 사건은 환자 본인이 정상 성인으로서 예상되는 합병증에 대한 설명을 미리 충분히 듣고서도 위험한 치료방법 선택에 대한 당사자 본인의 신념과 의사가 명백히 확인된 사안으로, 개인의 기본권이 점차 두텁게 보장됨에 따라 자기결정권의 중요성이 더욱 강조되고 있는 상황에서, 생명권과의 충돌에 있어 자기결정권 행사의 요건과 한계를 검토한 의미 있는 사례이다.

대상 판결의 제1심과 원심 판결은 요건을 갖춘 환자의 자기결정권 행사를 형법 제24조의 위법성 조각사유인 피해자의 승낙으로 보아 수혈을 하지 않은 의사에게 죄책을 인정하지 않았다. 그리고 만일 의사가 환자의 결정을 무시하고 생명이 위험한 상황에서 수혈을 강행하였다면, 더 나아가 그 수혈로 인해 부작용까지 발생하였다면 해당 의사는 죄책을 지게 되는지에 대해 원심은 형법 제20조의 정당행위에 해당한다고도 판시하였다.

그런데 대법원은 환자가 자기결정권을 행사했다고 하더라도 막상 예상된 위험이 현실화 된 경우라면 환자의 자기결정권을 우위에 두어서는 안되고 의사의 생명을 구할 의무와 다시 신중히 비교형량을 해야 하며 이 사건의 경우 망인의 생명과 자기결정권을 비교형량 하기 어려운 특별한 사정이 있으므로 피고인 의사의 선택에 죄책을 물을 수 없다고 판시하여

---

7) 대법원 2004. 6. 24. 선고 2002도995 판결.
8) 대법원 2009. 5. 21. 선고 2009다174107 판결.

위법성 조각의 논거를 의무의 충돌에 가깝게 해석한 것으로 보인다. 이 사건의 경우 환자가 이미 확고한 종교적 신념을 갖고 있고 사전에 여러 병원 진료를 통해 충분히 검토하여 수혈을 하지 않을 경우 생명을 잃을 가능성이 있다는 점을 알았으며,[9] 그럼에도 종교적 신념에 따라 생명의 위험을 감수하고 무수혈 방식의 수술법을 선택한 것이므로, 설사 생명을 잃을 위험이 현실화 되었다고 하더라도 이는 이미 환자가 예상한 위험으로서 그러한 위험을 감수하고도 종교적 신념에 따라 수혈을 거부한 경우까지 의사의 구명의무를 강조하는 것보다는 의사가 환자의 의사에 반하여 강제로 의료행위를 할 법적 권한이 없는 현실에서는 환자의 자기결정권을 우선시하는 것이 정당하다고 할 것이므로, 이 부분에 관한 한 오히려 원심판결의 논리가 더 적절하다고 생각된다.

한편, 법원은 환자가 더 위험한 치료방법을 선택하였을 경우 의사는 발생할 위험성에 대해 더욱 세심하게 주의를 기울여 그 치료방법에 과연 환자를 위한 최선의 진료방법인지 신중하게 판단해야 할 주의의무가 있다고 보았는데, 이 사건에서 검찰이 피고인 의사의 무수혈 수술 선택에 대한 과실을 주장하였지만 제1심과 제2심 판결은 피고인이 무수혈 방식에 의한 인공관절 치환술 경험이 많지 않아 고관절 주위 유착정도가 심했던 환자에게 무수혈 방식 수술을 선택한 것은 오판일 가능성이 있다는 점을 인정하면서도 제반 증거들을 종합할 때 피고인의 판단에 유죄를 인정할 정도의 증명이 있다고 보기는 어렵다고 하여 무죄를 선고하였다. 그런데 검찰이 무수혈 방식 수술을 선택한 부분에 대하여 상고이유서에 주장을 하지 아니하고 상고유보충서에 비로소 주장함으로써 대법원이 이를 판단대상으로 하지 않아 상고심에서 이에 대한 최종판단이 되지 않은 점이 아쉽다.

---

9) 피고인 병원 이전에 3곳의 대형병원에서 위험성 때문에 무수혈 방식 수술을 거부함.

066. 횡격막 탈장 오진 사건
- 수원지방법원 성남지원 2018. 10. 2. 선고 2016고단4090 판결[10]

1. 사실관계

피해자(8세 소아)가 2013. 5. 27. 00:53경 복통으로 A병원 응급실로 내원하였는데, 피고인1(응급의학과 전문의)은 피해자에게 흉·복부 X-선 검사를 시행하였으며 흉부 X-선 검사에서 '좌측 폐야 흉수를 동반한 폐렴 소견'이 있었지만 이를 진단하지 못하고 추가검사 없이 '비특이적 복부 통증'으로 진단하고 투약 처방 후 외래진료를 안내하고 퇴원 조치하였다. 그에 따라 피해자는 같은 날인 5. 27. 14:27경 같은 병원 소아청소년과 외래로 내원하여 피고인2(소아청소년과 전문의)의 진료를 받았는데, 피고인2(소아청소년과 전문의)는 응급실 검사 결과와 진료기록 등 확인하지 않고 단순 변비로 진단하고 투약 처방을 한 후 5. 29. 내원하도록 안내하였다. 피해자는 5. 30. 다시 피고인2(소아청소년과 전문의)의 진료를 받았는데, 피고인2(소아청소년과 전문의)는 피해자의 흉부 X-선 검사 영상의학과 전문의의 판독 소견('흉수를 동반한 폐렴) 등을 확인하지 않고, 이학적 검사만 시행하여 변비로 진단하고 추가 검사 없이 투약 처방을 하였다.

피해자는 다시 6. 8. 15:04경 복통으로 같은 병원 응급실로 내원하였는데, 응급실에 근무하고 있던 피고인3(가정의학과 전공의)은 피해자의 이전 내원 당시 의무기록과 X-선 검사 판독 결과 등을 확인하지 아니하고 이날

---

10) 항소심 수원지방법원 2019. 2. 15. 선고 2018노6435 판결, 상고심 대법원 2019. 5. 30. 선고 2019도4079 판결.

응급실에서 시행한 복부 X-선 검사에서 흉수의 양이 늘고 비정상적인 공기 음영이 새롭게 보여 '횡격막 탈장'에 부합하는 소견이 있었으나 이를 인지하지 못하고 추가 검사나 전문의에 대한 보고 없이 변비로 진단하여 치료 조치 후 귀가 조치하였다. 이후 피해자는 6. 9. 대학병원에서 '횡격막 탈장 및 혈흉'을 원인으로 저혈량성 쇼크로 인한 심정지로 사망하였다. 한편 관련 민사소송에서는 법원이 의료진의 과실을 인정하고 책임을 60%로 인정하여 민사 판결에 따른 손해배상금이 지급되었다.

2. 법원의 판단

가. 제1심 판결

피고인1(응급의학과 전문의)은 초기 응급처치를 다 하였고 흉수에 대한 미처치가 업무상 과실이라고 볼 수 없으며, 당시 횡격막 탈장 여부가 불확실했고 응급수술이 필요한 상황이 아니어서 관장만 실시하였다고 하여 사망에 대한 죄책을 부담할 수 없다는 등을 주장하였고, 피고인2(소아청소년과 전문의)는 피해자의 사망원인이 불분명하고 흉부 X-ray 사진을 보더라도 횡격막탈장 증상이 있었다고 볼 수 없으며, 추가 검사를 하더라도 횡격막탈장을 예견하거나 방지할 수 없었고 이후의 사정에 의해 사망했을 가능성이 크다는 등의 주장을 하였으며, 피고인3(가정의학과 전공의)은 피해자가 당일 병원에 내원하여 진료받았고, 피고인3(가정의학과 전공의)이 이상 소견을 발견하여 바로 상급 병원에 전원하여 수술받았더라도 사망을 피하기 어려웠다는 등의 주장을 하였다.

이에 대하여 대상 판결은 피고인들의 주장을 모두 배척하고 업무상과실치사죄를 인정하고는 "관련 민사소송에서 피해자 측 책임 요인을 60% 정도 인정하였으나, 횡격막 탈장의 적절한 시기를 놓쳐 병원 측의 과실이 인정되는 경우에는 환자에게 병이 있다는 사실 자체가 과실 요인이 될 수 없다는 점 등에 비추어 위 책임 요인 비율을 수긍하기 어려워 피해자 유족 측이 적절한 배상 내지 보상을 받았다고 보기 어렵다"라는 취지로 판시하면서 피고인1(응급의학과 전문의), 피고인3(가정의학과 전공의)에게는 금고 1년, 피고인2(소아청소년과 전문의)에게는 금고 1년 6월을 선고하고 법정구속하였다.

나. 항소심 판결

대상 판결에 대해 피고인들과 검사 모두 항소하였는데, 항소심에서 피고인1(응급의학과 전문의)은 '당시 A병원 전산시스템 오류로 피해자의 흉부 X-ray 검사결과를 열람할 수 없었고, 피해자가 2013. 5. 27. 새벽에 내원하였을 당시 이미 횡격막 탈장이 발생하였는지도 의문이며, 흉수가 일부 관찰되기는 하나 피해자의 호흡에 이상이 없어 흉수에 대한 적극적 조치가 필요한 상황이 아니었다'는 등의 주장하였고, 피고인2(소아청소년과 전문의)는 '피해자가 2013. 5. 27. 오후 외래 내원 당시 호흡곤란, 흉통 등을 호소하지 않아 이때 횡격막 탈장이 발생하였다고 보기 어렵고, 당시 진료기록에는 흉수를 동반한 폐렴 소견의 영상의학 보고서가 첨부되어 있지 않았으며, 피해자에게 2013. 5. 29. 내원할 것을 권유하였음에도 5. 30. 내원하였고 이후에도 2013. 6. 4. 내원할 것을 권유하였으나 내원하지 않다가 2013. 6. 8. 다른 병원 응급실로 내원하여 이후 사망하였으므로 피고인2(소아청소년과 전문의)로서도 피해자에 대한 추적 관찰이 불가능하여 횡격막 탈장을 예견할 수 없었다'는 등의 주장을 하였으며, 피고인3(가정의학과 전공의)은 '진료 당시 피해자가 A병원에서 몇 차례 진료받은 사실을 알지 못했으므로 초진 환자로 오인하여 종전 진료기록을 확인하지 않은 것을 과실이라고 보기 어렵고, 피해자가 2013. 6. 8. 응급실 내원 당시 복통을 호소하였을 뿐 활력징후가 정상이었으므로 흉부 이상 소견을 의심할 수 없었다'는 등의 주장을 하였다.

이에 대하여 제2심 판결은 피고인1(응급의학과 전문의)에 대해서 '피고인의 평가와 처치가 잘못된 것이 아닌가 하는 의심이 들기는 하지만, 최초 응급실 내원 당시 피해자의 활력징후가 정상이고 의식이 명료하였던 점, 복부 통증 외 자각증세는 없었으며, 복부가 편평하였고 장음도 정상이었던 점, 흉부 X-ray 사진에 관한 판독 소견은 다음 날인 2013. 5. 28.자로 작성되어 있어 피고인이 당시 참고할 수 없었고 피고인에게 따로 전달된 것도 아니었던 점 등의 상황에서 변비로 인한 복통으로 진단하고 추적 관찰을 위해 외래 진료를 권유한 피고인의 판단에 응급의학과 전문의로서 주의의무를 다한 과실이 없다고 볼 수 없다'라고 판시하면서 무죄를 선고하였고, 피고인2(소아청소년과 전문의), 피고인3(가정의학과 전공의)에 대해서는 피고인들의 주장을 배척하고 피고인2(소아청소년과 전문의)에 대해서는 금고 1년 6월 및 집행유예 3년, 40시간 사회봉사 명령을 선고하였으며, 피고인3(가정의학과 전공의)에 대해서는 금고 1년 및 집행유예 3년을 선고하였다.[11]

다. 대법원 판결

항소심 판결에 대하여 피고인2(소아청소년과 전문의)는 대법원에 상고하였다가 상고를 취하하였으며, 피고인3(가정의학과 전공의)은 상고를 포기하여 항소심판결이 확정되었고, 피고인1(응급의학과 전문의)에 대해서는 검사가 대법원에 상고하였는데, 대법원은 항소심의 무죄판결이 정당하다고 검사의 상고를 기각함으로써 무죄가 확정되었다.[12]

---

11) 수원지방법원 2019. 2. 15. 선고 2018노6435 판결.
12) 대법원 2019. 5. 30. 선고 2019도4079 판결.

3. 대상 판결의 의의

의료인의 과실로 인하여 환자가 상해 또는 사망의 결과에 이르게 되면 민사상 손해배상책임과 별도로 형사상 업무상과실치사상죄가 문제된다. 과거에 비해 최근 법원은 이러한 의료인의 업무상과실치사상죄에 대하여 형량이 높아지는 경향이 있는 것 같다. 의료인의 과실로 환자에게 손해가 발생하였다면 민사상으로 합당한 손해배상이 이루어지도록 하는 것은 당연한 데, 일벌백계를 통해 같은 범죄가 재발하지 않도록 예방하려는 형법의 취지를 고려하더라도 진료 과정에서 발생한 의료인의 업무상 과실에 대하여 과실, 인과관계 추정을 넓게 하거나 처벌 수위를 높이는 것은 재고되어야 한다. 고도로 전문화된 분야 중 하나인 임상의학에서는 의학적 판단에 의사마다 견해 차이가 있을 수 있고 그에 따라 한 의사의 의견만으로 다른 의사의 의학적 판단이 잘못된 것인지를 함부로 재단할 수도 없거니와 고의범이 아닌 과실범에서 처벌 수위를 높인다고 하더라도 인간인 이상 일정 비율로 발생할 수 있는 실수를 크게 줄일 수도 없을 뿐 아니라, 오히려 중한 환자에 대한 진료나 환자의 생명과 직결되는 이른바 필수의료 분야의 진료를 기피하는 현상만 가중시킬 뿐이기 때문이다.

대상 판결에서 피고인1(응급의학과 전문의)은 응급실에서 응급처치를 담당하는 의사이지, 환자의 전반적 문제를 모두 진단, 처치하는 의사가 아니므로 응급처치 과정에 문제가 없고 일반 진료과목으로 진료를 의뢰하였다면 형사책임을 묻기 어려울 것으로 보인다. 반면에 피고인2(소아청소년과 전문의)나 피고인3(가정의학과 전공의)의 경우 이미 이루어진 검사 결과나 진료 경과 등을 한 번도 검토하지 아니함으로써 제대로 판단하지 못한 과실 책임을 피하기 어려울 것으로 보인다. 하지만 법적 판단에는 우리나라의 의료현실을 당연히 고려해야 하고 특히 소아청소년과의 경우 낮은 건강보험수가로 인해 하루에 수십 명 또는 그 이상 진료해야만 수지를 맞출 수 있는 현실에서는 모든 환자에 대해 제대로 된 진료를 제공하는 것이 사실상 불가능할 수 있다. 그런데 대상 판결이 피고인1(응급의학과 전문의)에 대해 환자에 대한 응급처치 임무를 넘어서 환자의 질병 전반에 대한 진단, 처치 책임을 물었으며, 나아가 이 사건 관련 민사재판에서 피고인들의 과실 책임을 60%로 인정하여 손해배상 금액이 확정되었음에도 이를 부적절하다고 판시하고 3명의 피고인 모두에게 실형을 선고하여 법정 구속을 한 것은, 피해자 측의 보복 욕구를 충족시킬 수는 있을지언정 합리적이고 적절한 판결이라고 볼 수 없으며 담당 판사의 개인적 감정이 투영된 과도한 판결이라는 비판을 면하기 어렵다.

067. 신생아중환자실에서 지질영양제 분할주사 후 4명의 신생아가 사망한 사건

- 서울남부지방법원 2019. 2. 21. 선고 2018고합237 판결[13]

1. 사실관계

피고인1은 대학병원 신생아중환자실 임상교수이자 2015. 3.부터 신생아중환자실 책임자인 신생아중환자실 실장으로 재직 중이이면서 신생아중환자실에 입원해 있는 생후 1개월 신생아 2명, 생후 23일 신생아 1명, 생후 9일 신생아 1명 등 4명의 신생아 피해자(이하 '피해자들'이라 함)에 대한 주치의였으며 피해자들에게 투여할 지질영양제인 스모프리피드(이하 '스모프리피드'라고 함)를 소분하고 방치할 당시 오전 시간대의 전담 전문의였고, 피고인2는 피해자들 담당 전공의로서 피해자들이 사망하기 전날인 2017. 12. 15. 피해자들에게 위 스모프리피드를 처방한 담당 의사였다. 피고인3은 2014. 2.부터 신생아중환자실 수간호사를 맡고 있었고 피고인 4, 5는 신생아중환자실 수행 간호사들로서 이 사건 발생 전날인 2017. 12. 15. 처방된 스모프리피드를 주사기에 나누어 담는 등의 주사제 준비행위를 공동으로 하였다. 피고인6은 대학병원 임상교수로 2010. 3. 1.경부터 2015. 2.경까지 신생아중환자실 실장으로 근무하였는데 근무 당시 피해자들에 대한 공동주치의로서 피해자들을 진료하면서 전공의, 간호사들을 지도·감독하는 위치에 있었고, 2017. 12. 15. 17:00 이후 간호사들이 피해자들에게 스모프리피드를 투여 개시할 당시 오후 시간대 담당 전문의였으며, 피고인7은 피해자들이 입원했을 때부터 2017. 11. 30.까지 피해자들의 주치의였

---

13) 항소심 서울고등법원 2022. 2. 16. 선고 2019노868 판결, 상고심 대법원 2022. 12. 15. 선고 2022도3501 판결.

고, 2017. 12.부터는 피해자들의 공동주치의로서 피고인 1, 6과 공동 또는 단독으로 피해자들을 진료하면서 전공의, 간호사들을 직접 지도·감독하는 위치에 있는 담당 전문의였다.

피고인2(전공의)는 2017. 12. 15. 주간 근무 당시 피해자들에게 스모프리피드를 일정량씩 투여하도록 처방하였는데, 피고인5(수행 간호사)는 같은 날 11:25경 평소의 관행대로 주사 준비실에서 스모프리피드 500㎖ 한 병을 꺼내어 수액세트를 이용하여 스모프리피드의 입구를 뚫어 50cc 주사기에 소분할 수 있도록 세팅하였고, 피고인4(간호사)는 같은 날 11:30경 50cc 주사기 2개에 스모프리피드를 소분하여 담는 행위를 하였고 피고인5(간호사)는 남은 스모프리피드 주사제를 50cc 주사기 5개에 소분하여 담는 행위를 한 후 18 게이지 주삿바늘로 주사기 입구를 막은 후 트레이에 담아 주사준비실(평균온도 24~28℃) 싱크대 개수대 옆에 두었으며, 그사이 피고인4(간호사)는 자신이 준비한 2개의 주사기로 11:40경 피해자 중 1명과 다른 1명의 신생아에게 각각 투여하였다. 이후 같은 날 이브닝 근무 간호사 최○○가 16:30경 주사준비실에 들어가 위와 같이 준비해 둔 5개의 주사기에 주사용 라인을 연결하고 주사기에 환아들 이름표를 붙인 다음 신생아중환자실 중앙 간호사 스테이션 옆 이동 카트 위에 놓아두었고, 이브닝 간호사들이 17:00경 피해자 중 2명에게, 18:00경 피해자 중 1명에게, 20:00경 나머지 피해자 1명에게 각각 준비된 스모프리피드를 투여하였다.

피해자들은 2017. 12. 16. 각각 새벽~오후부터 산소포화도가 저하되는 등의 상태변화를 보이다 같은 날 21:32부터 22:53 사이에 순차적으로 사망하였고, 국립과학수사연구원 부검 결과 시트로박터 프룬디균 감염에 의한 패혈증이 사망원인으로 추정되었다. 이에 검찰이 피고인1, 6(담당 교수)과 피고인3(수간호사), 피고인4(간호사)에 대해 구속영장을 신청하였는데, 피고인 1, 3, 6 세 명에 대해 증거인멸 우려를 사유로 구속영장이 발부되어 구속되었다. 이어 검찰은 피고인 4, 5(간호사)에 대하여 ① 불명확한 피고인2(전공의)의 처방 내용을 확인하지 않고 임의로 수행한 과실, ② 무균실이 아닌 곳에서 지질영양제를 소분하고 최소한의 무균조작도 하지 아니하고, 준비과정에서 다수의 의료인 접촉 및 준비자와 투여자를 일치시키지 아니한 과실, ③ 1병 1인 사용인 지질영양제를 1병 다인 사용을 위해 소분하고, 개봉 즉시 사용해야 함에도 5시간 이상 상온 방치 후 사용한 과실이, 피고인3(수간호사)은 ① 위와 같은 지질영양제 분할주사 및 지연 투여 관행을 방치·묵인한 과실과 ② 수간호사로서 간호사들의 감염관리와 감염교육을 실시하지 아니한 과실이, 피고인2(전공의)는 ① 간호사의 지질주사제 준비·투여 과정에 전반적인 관리·감독을 소홀히 한 과실, ② 로타바이러스 검출을 간과하고 격리조치 등을 실시하지 아니한 과실, ③ 담당의로서 간호사들의 분할주사, 지연 사용 관행을 방치 또는 묵인한 과실, ④ 불명확한 처방을 한 후 추가적인 지시나 확인을 하지 아니한 과실이, 피고인 1, 6, 7은 ① 지도교수로서 전공의에 대한 지도·감독 및 전공의를 통한 간호사에 대한 전반적인 관리·감독 소홀 과실, ② 신생아중환자실 실장이자 피해자들의 주치의로서 간호사들의 분할주사, 지연 사용 관행을 방치 또는 묵인한 과실, ③ 간호사의 지질주사제 준비, 투약과정에 대한 전반적인 관리·감독 소홀 및 로타바이러스 검출을 간과하고 격리조치 등을 실시하지 아니한 과실, ④ 신생아중환자실 실장으로서 간호사들의 주사제 준비행위와 관련된 감염관리, 관련 교육을 실시하지 아니한 과실이 각각 있고 그러한 과실로 인해 피해자들이 시트로박터 프룬디균 감염되고 패혈증으로 사망하였다고 보아 피고인들을 모두 업무상과실치사죄로 기소하였다.

2. 법원의 판단

대상 판결은 ① 지질영양제인 스모프리피드는 개봉 후 즉시 사용해야 하고 즉시 사용하지 않았다면 통상 2~8℃에서 24시간을 초과하지 말도록 정하고 있는 점, 병원 내부 지침에서 주사제 준비 후 늦어도 1시간 이내에 투여하고 일회용 주사기에 주입된 주사제는 지체없이 환자에게 사용하도록 정하고 있는 점, 건강보험 약가 산정에서 환자 1명당 1주일에 2병까지만 된다는 제한은 1994. 4. 보건복지부 행정해석으로 없어졌고, 이 사건 대학병원에서도 2010년부터 '투약할 때마다 환아 당 1회 1병'으로 처방하도록 전산입력 방법을 변경하였으며 건강보험심사평가원에서 신생아중환자실에서 환자 1명당 1주일에 2병을 초과하였다는 이유로 요양급여비용이 삭감된 사실이 없는 점, 스모프리피드는 100㎖ 용량으로 출시되고 있으므로 이를 사용하는 등의 방안을 고려할 것이지 500㎖ 1병을 분주하여 사용해야 할 이유가 없는 점에서 스모프리피드를 분할 주사하여 사용함으로써 감염의 위험을 높인 과실이 있고, ② 스모프리피드를 주사기에 분할하는 준비과정에 관여하는 의료진의 수와 횟수를 증가시켰으며, 스모프리피드 병을 무균영역에서 벗어난 싱크대 위면 수액걸이에 걸어두어 수액라인 등이 싱크대 등에 접촉하게 하였고, 스모프리피드를 천공하거나 수액라인과 주사기를 연결하는 과정에 멸균장갑을 착용해야 함에도 그러하지 않았고, 개봉 후 즉시 사용해야 함에도 예정된 투여 시간보다 5시간 이상 먼저 분할하여 상온에 5시간 이상 보관하였으며, 약물 준비자와 투약자가 불일치하게 하는 등 분할주사 시 준수해야 할 주의의무를 소홀히 한 과실이 있다고 판단하였다.

대상 판결은 피고인1, 6, 7(각 담당교수)와 피고인3(수간호사)는 스모프리피드 분할주사 및 투여 과정에서의 감염방지 조치에 관한 간호사 지도·감독을 소홀히 하였음을 인정(피고인1에 대해서는 로타바이러스 검사 결과를 직접 또는 전공의에게 지시하여 확인할 주의의무 위반 과실 추가 인정)하였으나, 피고인2(전공의)에 대해서는 과실을 인정하지 않았으며, 피고인4(간호사)에 대해서는 투약 개시 시간 등 처방의 의미를 확인해야 할 주의의무를 위반한 과실을 인정하였고, 피고인5(수행 간호사)에 대해서는 12. 15. 오후에 2명의 신생아에게 스모프리피드를 추가로 분주한 사실은 있지만 두 환아의 담당 간호사가 아니고 나머지 투여에 관여한 사실이 없으므로 과실을 인정하지 않았다.

그런데 대상 판결은 인과관계에 관한 판단에서, 국립과학수사연구원 부검감정서, 부검의의 증언, 대한소아감염학회 감정촉탁 결과 및 감정의 증언, 감정인 ○○에 대한 감정촉탁 결과 및 법정 증언 등을 종합할 때, 피해자들이 시트로박터 프룬디균에 의한 패혈증으로 사망에 이른 것으로 보이기는 하지만, ① 시트로박터 프룬디균이 검출된 피해자 1명에 대한 주사기는 수거 당시 의료물 폐기물함에서 수액세트와 연결된 상태로 있었고 폐기물함 안에는 신생아중환자실 입원 환아들이 사용한 기저귀, 혈액 등이 묻은 거즈, 사용한 주사기, 수액 병, 수액 라인 등이 함께 있었으며, 위 주사기가 수거될 때까지 오염원들과 혼재되어 있었고 위 스모프리피드는 12. 20.경에서야 세균 및 바이러스 검사가 의뢰된 것으로 보이며 그사이 오염 확산을 방지하기 위한 조치가 있었다는 증거가 확인되지 않는 점, ② 국립과학수사연구원과 경찰 과학수사대의 검체 수거 과정을 목격한 증인들의 증언에 따르면 '바닥에 뭔가를 깔고 쓰레기통을 엎어서 장갑 낀 손으로 검체를 수거하면서 검체별로 또는 쓰레기통별로 장갑을 갈아끼거나 검체별로 분리하여 담지 않는 등 균 검사를 하기 위한 적절한 조치로 보이지 않는다'는 취지로 진술한 점, ③ 스모프리피드와 동일하게 수액세트에 연결되어 수액라인 끝의 쓰리웨이가 잠겨 있던 다른 피해자에 대한 12. 16. 스모프리피드 주사기에서도 바실루스 세레우스균이 검출되었고, 이 균이 외부 오염에 의한 것이 아니라고 단정할 사정이 없으며, 감정인 등의 법정 증언에 따르면 쓰리웨이가 막혀있더라도 반대 방향인 주사기 면으로 증식된 균들이 수액줄을 타고 위로 올라갈 수밖에 없다는 취지로 증언한 점 등에서 스모프리피드 주사기가 의료물 폐기물함에 폐기된 상태 또는 검체 수거 과정에서 다른 오염원에 의해 오염되었을 가능성을 배제하기 어려운 점, ④ 감정촉탁 결과 패혈증의 발현 시점을 정확히 파악하기 어렵고 신생아의 경우 패혈증의 임상증상이 나타난 시점은 이미 패혈증이 상당히 진행된 시점으로 보는 것이 타당하다고 하였으며 이러한 점을 고려할 때 피해자들에게 시트로박터 프룬디균에 의한 혈행성 감염이 발생한 시점이 12. 15. 스모프리피드 투여 이후라고 단정하기 어려움에도 불구하고 역학조사 결과보고서는 피해자들에게 투여된 약물제제 중 12. 15.과 12. 16. 상태 악화 전에 투여된 것에 한정하여 통계적 연관성을 산출하였으며, 나아가 피해자들 사망과 관련하여 검사가 의뢰된 주사기 등 관련 검체들은 검체 수거 당시 의료폐기물 폐기함에 남아 있는 것들에 한하여 검체로 검사가 이루어진 점 등을 종합할 때 12. 15. 이전에 투여되었거나 검체 수거 당시 이미 신생아중환자실 외부로 배출되어 수거되지 않은 약물 제제 등이 피해자들의 패혈증 원인이 되었을 가능성을 배제하기 어려운 점, ⑤ 역학조사 결과보고서상 12. 15. 투여한 스모프리피드에서 유의미한 통계적 연관성이 확인되었으나 당시 신생아중환자실에 입원한 16명을 대상으로 분석한 것이어서 인과관계를 인정하는 증거로서의 가치에 한계가 있고, 감정인에 대한 감정촉탁 결과에서 같은 과정으로 분주된 스모프리피드를 두 배나 투여받았음에도 배양검사가 음성인 환자가 있고 16일 TPN 제제에서도 동일한 균이 검출되고 덱스트로스 수액에서도 동일한 균이 검출되었으며 스모프리피드 배양검사 결과가 P4에게만 있고 P1, P2, P4에서는 없어서 시트로박터균의 감염 경로가 스모프리피드 분주과정에서의 오염이라고 단정하는 것이 어렵다는 것이라는 점, ⑥ 신생아중환자실의 김○○ 아기는 피해자들과 함께 12. 15. 동일한 준비 과정을 거친 스모프리피드를 투여받았으나 패혈증의 임상증상이 나타나지 않았고 피해자들의 사망 이후 실시한 혈액검사에서도 시트로박터 프룬디균이 전혀 검출되지 않았는데, 증인의 법정 진술을 종합하여 볼 때, 동일한 준비자가 동일한 스모프리피드 병,

수액라인, 쓰리웨이 등을 조작하여 순차적으로 주사제를 준비하는 과정에 특정 주사기만 선별적으로 오염되어 하나의 주사기는 전혀 오염되지 않거나 상온에서 상당 시간 방치되어 균이 증식될 기회가 충분하였음에도 혈액검사에서 균이 배양되지 않을 정도로 오염의 정도가 극히 낮을 가능성을 완전히 배제할 수 없다고 하더라도 그 가능성은 극히 낮을 것으로 보이는 점 등에 비추어 스모프리피드 준비 과정에서의 과실로 인하여 스모프리피드가 시트로박터균에 오염되었고 그로 인하여 피해자들에게 시트로박터 프룬디균에 의한 패혈증이 발생하여 사망에 이르렀다는 공소사실 기재 인과관계 역시 합리적 의심 없이 입증되었다고 보기 어렵다고 판시하면서 피고인들 모두에게 무죄를 선고하였다.

이에 대하여 검사가 항소하면서 대상 판결 내용 전부를 다투었는데, 항소심 판결은 "손해배상책임에 관한 민사재판의 법리는 실체적 진실발견과 엄격한 죄형법정주의를 바탕으로 '의심스러울 때는 피고인의 이익으로'라는 원칙에 따라 '합리적인 의심이 없을 정도'의 인과관계와 주의의무 위반에 대한 입증이 필요한 형사재판에 있어서는 이를 그대로 받아들일 수 없는바(대법원 2000. 12. 22. 선고 99도44 판결 등 참조), 형사재판에서 공소가 제기된 범죄사실은 검사가 입증하여야 하고, 법관은 합리적인 의심을 할 여지가 없을 정도로 공소사실이 진실한 것이라는 확신을 가지게 하는 증명력을 가진 증거를 가지고 유죄를 인정하여야 하므로, 그와 같은 증거가 없다면 설령 피고인에게 유죄의 의심이 간다고 하더라도 피고인의 이익으로 판단할 수밖에 없다. 더욱이 이 사건은 사망의 원인과 감염의 경로 등 객관적 사실관계는 대체로 모두 밝혀진 상태에서 과연 의료인의 주의의무 위반과 환자의 사망 사이에 인과관계를 인정할 수 있는지의 판단이 문제되는 사건이 아니라, 사망의 원인이 된 감염의 물리적 경로 자체에 관한 사실인정이 문제되는 사건인바, 이러한 형태의 의료과실 사망사건에 있어서는 통상의 의료과실 사망사건에 비하여 더욱 엄격한 원칙적 증거판단이 필요하다."라고 판시하고 제반 증거들을 모두 종합하여 "이 사건에서 12. 15. 스모프리피드가 시트로박터 프룬디균에 오염되었을 가능성이 있는 것은 분명하고 다른 가능성보다 높아 보이기도 하지만 스모프리피드가 시트로박터 프룬디균에 오염되었다고 보더라도 그것이 반드시 분주, 지연투여로 인하여 발생하였다고 단정하기 어려운 상황에서, 단순히 국가기관의 선의와 가능성의 상대적 우월에 근거하여 유죄 판단을 할 수는 없다"라고 판시하면서 피고인들의 과실 여부와 무관하게 공소사실이 증명되었다고 할 수 없다고 판단하여 검사의 항소를 기각하였다.

이에 대하여 검사가 대법원에 상고하였으나 대법원은 원심의 판단에 논리와 경험의 법칙을 위반하여 자유심증주의의 한계를 벗어나거나 채증법칙을 위반한 잘못이 없다고 상고를 기각하여 피고인들의 무죄가 확정되었다.

3. 판결의 의의

이 사건은 신생아중환자실에 입원해 있던 신생아 4명이 한 날에 패혈증으로 사망하고 수사 과정에 소아청소년과 전문의 교수 2명과 수간호사가 구속되어 사회적으로 이목 집중되었던 사건이다. 의사단체에서는 수사기관의 무리한 수사로서 전공의들의 소아청소년과 지원과 중환자 진료 기피를 촉진시켰다고 반발하였으나, 사실관계를 살펴보면 세균 증식에 취약한 지질영양제를 50cc 주사기에 분할하여 담은 다음 5시간 이상 실온에 방치하였다가 감염에 취약한 신생아들에게 투여한 부분에는 과실을 부인하기 어렵다고 판단된다. 그렇더라도 무죄추정의 원칙이 적용되고 엄격한 증거를 요하는 형사재판에서는 과실과 피해자에게 발생한 결과 사이의 인과관계에 대해서도 엄격한 증명이 있어야 한다. 근래 일부 하급심 형사판결에서는 의료사고 민사재판에서 과실과 인과관계 추정에 관한 법리와 형사재판의 법리를 구별하지 못하고 민사재판에서의 판결 논리대로 형사판결을 하는 사례까지 존재하는데, 대상 판결은 자세한 심리를 통해 사실관계를 매우 상세하고 꼼꼼하게 파악하였을 뿐 아니라 형사재판에서 무죄추정의 원칙과 엄격한 증명 원칙을 적용하여 형사재판의 본보기를 보여준 사례로, 의료사고에서 민사재판과 형사재판의 차이점을 이해하는 데 그 의미가 크다.

068. 전공의와 지도교수 사이의 신뢰의 원칙 적용 한계 관련 사례

- 대법원 2022. 12. 1. 선고 2022도1499 판결[14]

1. 사실관계

망인(82세)은 뇌경색으로 신경과에 입원해 있다가 2016. 6. 24. 복부 엑스레이와 CT 촬영 등을 통해 '회맹판을 침범한 상행 대장 종양, 마비성 장폐색, 회맹장판 폐색에 의한 소장 확장'이라는 내용의 영상의학과 1차 판독 소견을 받자 대장암 치료를 위해 2016. 6. 25. 소화기내과 위장관 파트로 전과됐고 피고인2 전공의가 피해자에 대한 주치의로 지정되었으며, 피고인1 임상교수의 지도하에 망인의 진료를 함께 담당하게 되었다.

피고인1 임상교수는 회진하면서 망인에게 '부분 장 폐색을 일으킨 원인을 감별하기 위해 대장내시경이 필요하고, 내시경 진행은 추후 망인의 상태를 보아 진행할 것'이라고 설명하고 가족들과 시술 진행 여부에 대해 상의해보라고 권유하였는데, 피고인2 전공의는 다음 날인 6. 26.(일요일)에 이학적 검사를 통해 망인의 복부 상태를 확인하고 배변이 진행되고 있음을 확인하여 대장내시경 검사가 가능하다고 판단한 후, 망인 가족에게는 "대장내시경 검사가 아니라 간단한 조직검사를 한다"라고 설명하고, 주말이라 출근하지 않고 집에 있던 피고인1 임상교수에게 진찰소견(대장내시경 검사가 가능하다고 판단)과 함께 가족 동의를 받았다고 보고하여, 피고인1 임상교수는 대장내시경 검사를 위한 정정결제 투약을 승인하였다.

---

14) 제1심 서울중앙지방법원 2020. 9. 10. 선고 2018고단8530 판결, 제2심 서울중앙지방법원 2022. 1. 13. 선고 2020노2928 판결, 파기환송심 서울중앙지방법원 2023. 4. 28. 선고 2022노3159 판결.

피고인2 전공의는 '배변 양상 관찰할 것'이라는 부가설명 없이, 장정결제 투약 처방을 한 후 구체적 사항 인수인계 없이 11:00경 퇴근하였으며, 피고인2 처방에 따라 당직의가 망인의 가족을 찾아가 대장내시경 동의서를 받았고, 망인 가족이 "주치의(피고인1)의 확실한 컨펌 없이는 대장내시경을 받을 수 없다"라고 하자, 당직의가 피고인2 전공의에게 전화를 연결하였으며, 피고인2 전공의는 "대장내시경 검사를 받는 것이 아니라 간단한 생체 조직검사를 실시한다"라는 취지로 설명하였다.

간호사 등은 6. 26.(일요일) 20:00경부터 피고인2 전공의의 처방에 따라 약 3시간에 걸쳐 망인의 비위관을 통해 총 2L의 장정결제를 투여하였는데, 6. 27. 01:00경 이후 장 천공이 발생하여 호흡곤란, 혈압 저하의 응급상황이 발생하고 망인은 다발성 장기부전으로 6. 27. 21:37경 사망하였다.

2. 법원의 판단

가. 제1심 판결

제1심 판결은 장내 물질을 설사 형태의 다량의 배변을 통해 강제적으로 배출하는 장정결제의 약리작용에 비추어 고령자, 쇠약자에게는 신중하게 투여해야 하고, 특히 장폐색이 있는 환자에게 투여하면 장내 압력이 상승하고 결국 장천공 등 치명적인 부작용이 발생할 수 있어 원칙적으로 투여가 금지되어 있으며, 장폐색이 의심되는 고령의 환자를 치료하는 의사는 CT 검사결과 판독 등을 통해 환자의 장폐색 여부를 구체적으로 확인한 후 장폐색이 발생했을 가능성이 있는 경우 외과적인 진단방법 등 대장내시경이 아닌 대안을 강구하거나 장폐색 소실을 확인한 후 장정결제를 투여하는 등으로 부작용이 발생하지 않도록 해야 했으며, CT 판독 등을 통해 장폐색 가능성이 낮다고 판단해 환자에게 장정결제를 투여하기로 한 경우에도 장정결제 투여에 따른 장천공 등의 부작용·위험성을 충분히 설명하여야 할 업무상 주의의무가 있음에도 이를 소홀히 하여 망인이 사망에 이르게 한 과실이 있다고 판단하고 피고인1 임상교수에 대해서는 업무상과실치사죄를 인정하여 금고 10월을 선고하고 법정에서 구속하였으며, 피고인2 전공의에 대해서는 금고 10월 및 집행유예 2년을 선고하였다.

나. 제2심 판결

제1심 판결에 대하여 피고인들이 항소하였는데 항소심 법원인 원심법원은 "망인에 대한 장정결제 투약은 적절하였고, 소량씩 조심스럽게 장정결제를 투여하도록 지시하였으며, 장정결제 투약 후 정상적으로 배변한 것을 확인하였으므로 장정결제 투약에 과실이 없고, 망인에 대한 설명의무 여부와 망인의 사망 사이에는 인과관계가 인정될 수 없다"는 취지의 피고인들 주장을 배척하고 1심판결과 유사한 취지로 피고인들의 업무상과실치사죄 죄책을 인정하였으며, 다만 피고인1 임상교수에 대한 형을 금고 1년에 집행유예 3년으로 감경하여 선고하였다.

다. 대상 판결

대법원은 "수련병원의 전문의와 전공의 등의 관계처럼 의료기관 내의 직책상 주된 의사의 지위에서 지휘·감독 관계에 있는 다른 의사에게 특정 의료행위를 위임하는 수직적 분업의 경우에는, 그 다른 의사에게 전적으로 위임된 것이 아닌 이상 주된 의사는 자신이 주로 담당하는 환자에 대하여 다른 의사가 하는 의료행위의 내용이 적절한 것인지 여부를 확인하고 감독하여야 할 업무상 주의의무가 있고, 만약 의사가 이와 같은 업무상 주의의무를 소홀히 하여 환자에게 위해가 발생하였다면 주된 의사는 그에 대한 과실 책임을 면할 수 없다."라고 수직관계에서의 신뢰의 원칙을 설시한 다음, "이때 그 의료행위가 지휘·감독 관계에 있는 다른 의사에게 전적으로 위임된 것으로 볼 수 있는지 여부는 위임받은 의사의 자격 내지 자질과 평소 수행한 업무, 위임의 경위 및 당시 상황, 그 의료행위가 전문적인 의료영역 및 해당 의료기관의 의료시스템 내에서 위임 하에 이루어질 수 있는 성격의 것이고 실제로도 그와 같이 이루어져 왔는지 여부 등 여러 사정에 비추어 해당 의료행위가 위임을 통해 분담 가능한 내용의 것이고 실제로도 그에 관한 위임이 있었다면, 그 위임 당시 구체적인 상황 하에서 위임의 합리성을 인정하기 어려운 사정이 존재하고 이를 인식하였거나 인식할 수 있었다고 볼 만한 다른 사정에 대한 증명이 없는 한, 위임한 의사는 위임받은 의사의 과실로 환자에게 발생한 결과에 대한 책임이 있다고 할 수 없다."라고 하여 이른바 수직관계에서도 신뢰의 원칙 적용을 세분화하여 구체적인 판단을 해야 함을 천명하였다.

이러한 원칙에 따라 대법원은 "피고인1 임상교수가 망인에 대한 진료에서 직접 관여한 부분은 환자 상태에 대한 진단, 대장내시경 검사의 필요성 여부 판단, 그 시행 여부 결정에 한정되고, 장정결제 투여 조치와 그에 관한 설명은 피고인2 전공의에게 위임하여 직접 관여하지 않았으며, 피고인2 전공의는 비록 수련받는 지위에 있지만, 의사면허를 가진 전문 의료인으로서 처방권이 있고, 수련병원에서 시시각각으로 변하는 환자 상태를 파악하고 이에 상응하는 구체적인 처방도 상당 부분 전공의에 의해 이루어지는바, 피고인2 전공의는 내과 2년차로서 1년 반가량 입원환자 진찰, 처방을 담당하였으므로 대장내시경에 앞서 장 정결 시행은 이례적이거나 내과 전공의가 통상적으로 담당, 경험하기 어렵거나, 장 정결 세부 시행방법이 전문의의 구체적, 개별적, 직접적 지시가 필요할 정도로 고도의 의학적 지식, 경험이 필요한 의료행위라 볼 수 없다"라고 판시하면서 "당시 망인은 부분 장 폐색상태로 장 폐색 원인 감별을 위해 대장내시경 검사가 필요하다는 판단이 이미 내려진 상태에서 그 진단, 조치에는 잘못이 없고, 부분 장 폐색 증상이 있는 경우 장 정결 실시에 보다 주의를 요하는 것일 뿐,

금기시되는 것은 아니므로 피고인1 임상교수로서는 피고인2 전공의로부터 '환자 배변 진행 상태 확인 등 경과에 비추어 대장내시경 검사 및 사전 절차로서 장 정결을 시행할 때가 되었고, 환자 측의 동의도 받았다'고 보고받았는바, 망인에게 발생한 사고는 피고인2 전공의의 의료적 지식 부족 내지 경험 부족이라기보다는 단순 착오에 의한 것으로 볼 여지가 많으므로 원심이 피고인1 임상교수가 피고인2 전공의를 지휘·감독하는 지위에 있다는 사정만으로 직접 수행하지 않은 장정결제 처방과 장정결제로 발생할 수 있는 위험성에 관한 설명에 대하여 책임이 있다고 단정한 것에는 의사의 의료행위 분담에 관한 법리를 오해하고 필요한 심리를 제대로 하지 아니함으로써 판결에 영향을 미친 잘못이 있다."라고 판시하면서 피고인1 임상교수에 대해서 무죄 취지로 파기 환송하였다.[15]

3. 대상 판결의 의의

신뢰의 원칙은 애당초 교통규칙을 자발적으로 준수하는 운전자는 다른 사람도 교통규칙을 준수할 것이라고 신뢰하는 것으로 족하고 다른 사람이 비이성적인 행동을 하거나 규칙을 위반하여 행동하는 것을 예견하여 조치할 의무가 없다는 것으로 과실범의 구성요건 해당성을 배제하는 형법상의 법리로서 현재는 전문적으로 분업화된 공동 업무 분야에서도 적용되고 있다. 하지만 의사-간호사와의 관계나 지도교수-수련의와의 관계처럼 지휘·감독 관계에 있는 이른바 '수직적 분업'에서는 신뢰의 원칙 적용이 제한되고 그동안 전공의의 과실에 대해서는 대부분 지도교수의 지도·감독 소홀의 책임을 인정하여왔다. 하지만 대상 판결에서는 수직적 분업 관계에서도 구

---

15) 대상 판결의 파기환송심에서 피고인1 임상교수는 무죄로 판결되어 확정되었다(서울중앙지방법원 2023. 4. 28. 선고 2022노3159 판결).

체적 사정을 고려하여 의사인 전공의에 대해 전적으로 위임할 수 있는 성격의 업무인지를 자세히 심리해야 함을 명시하면서 피고인1 임상교수에 대해 무죄 취지의 판시를 하였는바, 신뢰의 원칙과 신뢰의 원칙 적용 제한에서의 판단기준을 상세히 구분하여 명시하였다는 점에 큰 의미가 있다.

제 6 장

의료법 위반사건

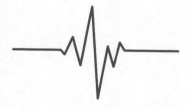

의료분야 판례백선

제1절 무면허의료행위

069. 의사의 IMS[1]시술 허용 여부
- 대법원 2011. 5. 13. 선고 2007두18710 판결[2]

1. 사실관계

　의사인 원고는 2004. 6. 28. 자신이 운영하던 의원에서 7명의 내원 환자의 몸에 침을 꽂는 내용의 이 사건 시술행위를 하였는데, 태백시 보건소 소속 공무원들에게 적발될 당시 위 7명의 환자들은 진료실이 아닌 별도의 장소에서 침대에 눕거나 엎드린 상태로 얼굴, 머리, 목, 어깨, 등, 상복부 (배꼽 위), 하복부(배꼽 아래), 손등, 팔목, 무릎, 발목, 발등 등에 수십 개에 이르는 침을 꽂고 적외선조사기를 쬐고 있었다. 침이 꽂혀 있던 위와 같은 부위들은 한의 침술행위에서 통상적으로 시술하는 부위인 경혈에 해당하고, 침이 꽂혀 있던 방법도 경혈 부위에 따라 나란히 또는 한 부위에 몇 개씩 집중적으로 꽂혀 있고 피부 표면에 얕게 직각 또는 경사진 방법으로 꽂혀 있었다. 원고는 "침을 이용해 진료한다."는 이유로 검찰에 의료법 위반으로 고발되어 기소유예처분을 받았다. 원고는 보건복지부로부터 1개월 15일간의 의사면허자격정지처분을 받자 행정소송을 제기하였고 제1심에서 패소하였다.

---

1) Intramuscular Stimulation(근육 내 자극치료).
2) 제1심 서울행정법원 2006. 7. 6. 선고 2003구합111 판결, 제2심 서울고등법원 2007. 8. 10. 선고 2006누17293 판결, 파기환송심 서울고등법원 2011. 12. 11. 선고 2011누16928 판결, 이에 대해 원고가 재상고를 하였으나 심리불속행기각으로 파기환송심이 확정되었다.

2. 법원의 판단

원심 판결은 "IMS 시술을 위한 플런저, 전기자극기 등 제반 장비들을 구비하고 있었던 것으로 보이는 점, IMS 시술을 위한 이학적 검사는 반드시 CT, MRI 등에 의하여 이루어져야 하는 것은 아니므로, 비록 원고가 환자들에 대하여 CT, MRI 등 정밀한 검사기구를 이용하여 검사를 시행하지 아니한 채 이 사건 시술행위를 하였다고 하여 곧바로 IMS 시술의 범위를 넘어 한방 의료행위를 하였다고 단정할 수 없는 점, 한의사들이 사용하는 경혈의 상당 부분이 의사들이 사용하는 압통점이나 운동점과 중복되는 점, 태백시 보건소 소속 공무원들이 이 사건 시술행위를 적발할 당시 촬영한 사진에 나타난 바늘의 자입 정도가 일정하지 아니하여 이 사건 시술행위시 자입된 바늘이 모두 근육의 심부가 아닌 표피 바로 밑에 위치해 있다고 보기도 어려운 점 등을 근거로 원고에 대한 자격정지 처분은 위법하다."고 판단하였다.

대법원은 "침이 꽂혀 있던 위와 같은 부위들은 침술행위에서 통상적으로 시술하는 부위인 경혈에 해당하고, 침이 꽂혀 있던 방법도 경혈 부위에 따라 나란히 또는 한 부위에 몇 개씩 집중적으로 꽂혀 있고 피부 표면에 얕게 직각 또는 경사진 방법으로 꽂혀 있었는데, 이는 침술행위의 자침방법과 차이가 없다고 할 것인 점 등을 이유로 이 사건 시술행위는 한방의료행위인 침술행위라고 볼 여지가 많다."고 판단하면서 원심판결을 파기하였다.

파기환송심에서는 대상 판결의 파기환송 취지에 따라 "침이 꽂혀 있던 부위들은 침술행위에서 통상적으로 시술하는 부위인 경혈에 해당하고, 일반적으로 시술 부위가 통증유발점(Trigger point)에 한정되고, 하나의 바늘을 통증유발점인 근육 부위에 깊숙이 삽입하는 IMS 시술의 방법과는 차이를 보이는 점, 이 사건 적발당시 일부 환자들은 전기적 자극을 가하지 아니하면서 일정시간 자침된 그대로 눕거나 엎드린 자세를 취하고 있었는데, 일반적인 IMS 시술 과정에는 위와 같이 전기적 자극을 가하지도 아니하는 유침(留鍼) 상태를 상정하기 어렵고, 위 7명의 환자들은 통상적으로 시술의 마지막 단계라고 보이는 적외선 조사기를 쬐고 있었던 상태이었기 때문에 원고가 그 후에 전기적인 자극을 가하려고 하였다고 보기도 어려운 점, 적발 당시 촬영된 사진 및 원고의 진료기록부 등에 의하면 일부 환자들의 얼굴 및 머리 부위에 시술이 되어 있고 뇌경색(안면신경마비) 등에도 IMS 시술을 한 것으로 기재되어 있는 바, 얼굴 및 머리 부위가 통상적인 IMS 시술부위라고 보기 어려울 뿐 아니라 뇌경색(안면신경마비)이 IMS 시술에 적합한 만성통증을 유발하는 병증(적응증)이라고 볼 수도 없는 점, 원고가 대한보완의학회 및 대한IMS학회 등이 실시한 대체의학강의 등을 수강한 적은 있으나, 대한침구사협의의 학술위원장을 역임한 경력도 있는 등 한방의료행위, 특히 침술행위와 관련된 상당한 지식을 습득하였다고 보이는 점 등을 종합할 때 이 사건 시술행위는 한방의료행위인 침술행위이므로 이 사건 처분은 적법하다."고 판단하였다.

3. 판결의 의의

한방의료행위란 "우리 선조들로부터 전통적으로 내려오는 한의학을 기초로 한 질병의 예방이나 치료행위"로 의료법의 관련 규정에 따라 한의사만이 할 수 있고, 이에 속하는 침술행위는 "침을 이용하여 질병을 예방, 완화, 치료하는 한방의료행위"로 의사가 위와 같은 침술행위를 하는 것은 면허된 이외의 의료행위를 한 경우에 해당한다.

대상 판결은 의료계와 한의계가 첨예한 입장차를 보이며 대립각을 세웠던 IMS 시술과 관련하여 'IMS라는 시술 자체'가 한방의료행위인지 여부를 판단한 것은 아니었으며, 대상 판결의 사실관계에 나타난 '구체적인 진료행위'가 한방의료행위인지 여부를 살펴보라는 취지에서 파기환송하였고, 파기환송심도 '구체적인 진료행위'가 한방의료행위에 속한다는 취지로 판단하였다. 대상 판결 이후에도 IMS 시술 자체에 대한 한의사들과 의사들의 의견 대립이 분분하였으며, 한의사들은 "IMS 시술을 함에 있어 침을 자입하는 부위가 한의학 아시혈의 협의 개념과 일치하고, IMS 시술에서 이학적 검사란 촉진이 주가 되므로 한의학에서 침술을 위한 검사보다 세밀하지도 넓지도 않을 뿐 아니라, IMS 시술에서 근육, 신경, 근건에의 자침 깊이는 한의학의 경근 질환의 자침 심도와 일치하는 등 IMS 시술은 한의학 침요법의 가장 초보적인 행태에 지나지 않는다."고 주장하였고, 의사들은 "통상의 침술은 침을 경혈에 놓고 손으로 보사법 등의 조작을 가하여 시술하지만, IMS 시술은 이상이 있는 부위의 신경에 정확하게 위치시킨 다음 신경의 유착부위를 제거하거나 자극하는 추가적인 조작을 통하여 만성통증을 제거하는 점에서 차이가 있고, 또한 한의사들이 시술하는 침은 보통 깊이 찌르지 않으나, IMS 시술의 경우 통증을 유발하는 신경의 이상이 몸의 깊은 부위에 위치하기 때문에 4cm 이상 깊이 찌르게 되며, 침술은 경락이론 등 아직 과학적으로 입증되지 못한 전통 한의학 이론에 따르고 있으나 IMS 시술은 신경의 경로와 신경생리 등 현대의학의 기초의학인 해부학과 생리학에 바탕을 두고 있다는 이유로 침술행위와는 다른 것"이라고 주장하였다.

대상 판결의 해석을 두고도 의학계에서는 법원이 IMS 치료가 한방 침술행위와는 구별되는 별개의 의료행위라는 최종판단을 내렸고, IMS의 정체성을 둘러싼 7년간의 논쟁이 사법부의 최종정리로 종지부를 찍게 됐다고 평가하였다.[3] 그러나 정확하게 말한다면 대상 판결의 파기환송심 판결은 '원고의 행위가 침술행위에 해당한다.'고 판단한 것이지 'IMS 시술이

---

3) 의협신문, 고법 "IMS와 한방침술은 서로 다른 의료행위", 2011. 10. 11.

침술행위는 아니다'라고 명시적으로 판단한 것은 아니다. 판결문 전체의 취지로 보면 침술행위와는 구별되는 IMS 시술은 허용되는 것으로 해석될 여지는 있지만 논란은 남아 있고 실무에서의 혼선도 여전했다.

그 후로도 법원은 거듭된 관련 사건에서 IMS라는 시술행위 자체가 어느 면허의 영역에 속하는지 여부를 판단하기보다는 환자에게 실시된 구체적인 시술행위를 기준으로 면허 범위를 정하는 판단을 해왔다. IMS 시술은 Dr. Chan Gunn에 의해 창안되어 우리나라에 소개된 이래 의료기술의 발전과 새로운 시술 방법의 개발 등으로 다양하게 세분화됨에 따라 그 개념을 일의적으로 정의하기는 어렵기 때문에, IMS 시술이라는 이름으로 널리 침을 이용하여 행해지는 침술 유사행위는 그 실질에 있어 한의학적 침술행위의 전통적 의미와 본질 및 그 현대적 다양성, 그리고 전문적인 교육과 지식의 습득을 거쳐 면허를 받은 의사 또는 한의사에 의하여 이루어지는 정식의 의료행위나 한방의료행위의 의미 등을 종합하여 사회통념에 비추어 합리적으로 판단하여야 한다는 것이다. IMS라는 이름 하에 행해지는 시술의 모습이 다양할 수 있는 만큼, 법원 역시 각 진료행위의 실질에 따라 한방의료행위 또는 의료행위인지 여부를 판단할 수 있을 것이다.

4. 참고 판결

대법원 2021. 12. 30. 선고 2016도928 판결[4] 사례는, 의사인 피고인이 디스크, 어깨 저림 등으로 통증을 호소하여 치료를 요구하는 내원 환자의

---

[4] 제1심 부산지방법원 동부지원 2013. 11. 25. 선고 2012고정1371 판결, 제2심 부산지방법원 2014. 2. 14. 선고 2013노4053 판결, 제3심 대법원 2014. 10. 30. 선고 2014도3285 판결, 파기환송심 부산지방법원 2015. 12. 24. 선고 2014노3865 판결, 파기환송심에 대한 상고심 대법원 2021. 12. 30. 선고 2016도928 판결(대상 판결), 재파기환송심 부산지방법원 2022노92 판결(판결문이 비공개 결정되어 판결 선고일자 등을 확인하기 어렵다).

허리 부위 근육과 신경 면에 30mm부터 60mm 길이의 침을 꽂는 방법으로 시술을 하였고, 제1심과 제2심에서 각 무죄를 선고받은데 대하여, "의사가 IMS 시술이라고 주장하는 시술이 과연 침술행위인 한방의료행위에 해당하는지 아니면 침술행위와 구별되는 별개의 시술에 해당하는지 여부를 가리기 위해서는 해당 시술행위의 구체적인 시술방법, 시술도구, 시술부위 등을 면밀히 검토하여 개별 사안에 따라 이원적 의료체계의 입법목적 등에 부합하게끔 사회통념에 비추어 합리적으로 판단"하여야 하는데 위 2심에서는 이러한 판단이 이루어지지 않았다는 이유로 파기환송하였다.[5]

이어진 파기환송심에서는 피고인의 진료행위를 구체적으로 검토한 다음, 침이 꽂힌 부위가 IMS에서 시술하는 부위인 통증유발점에 해당하고, 침이 꽂힌 방법도 통증유발점인 근육 부위에 깊숙이 삽입하는 방식인 점, 한방에서는 주로 짧은 침을 사용하는 것과 달리 피고인은 신경을 압박하고 있는 단축 또는 연축된 근육 또는 그 속에 있는 신경 부위를 자극하기 위해 주로 30mm 내지 60mm의 IMS 시술용 침과 plunger를 사용하였던 점, 피고인은 전기 자극기를 사용하여 위와 같이 삽입한 침에 전기 자극을 가하여 치료한 점, 피고인이 시술한 부위는 허리 부위로 통상적인 IMS 시술부위라고 볼 수 있고, 디스크, 어깨 저림이 IMS 시술에 적합한 만성통증을 유발하는 병증(적응증)이라고 볼 수 있는 점 등을 종합하여 이는 한방의료행위가 아니었다고 하며 피고인에게 무죄를 선고하였다.[6] 그러나 이 파기환송심에 대하여 검사가 다시 상고하였고, 대상 판결은 한방의료행위에서도 아시혈이라는 통증 부위에 침을 놓기 때문에 피고인이 시술한 부위가 한방침술행위의 시술부위에 해당한다고 볼 여지도 많은 점, 한방의 침술에서도 근육 깊숙이 침을 꽂기도 하고 피고인이 사용한 IMS 시술용 침은 한의원에서 침술을 위하여 널리 일반적으로 사용되고 있는

---

5) 대법원 2014. 10. 30. 선고 2014도3285 판결.
6) 부산지방법원 2015. 12. 24. 선고 2014노3865 판결.

호침과 그 길이, 두께 재질 등에 있어서 큰 차이가 있다고 보이지 않는 점, 피고인이 IMS 시술에 사용되는 유도관인 플런저(Plunger)를 이 사건 시술 행위에 사용하였는지 여부도 기록상 불분명한 점, 전기 자극기에 의한 전기적 자극은 전자침술, 침전기 자극술 등 한방 의료행위에서도 널리 사용되고 있으므로, 그와 같은 시술 방법이 침술과 구별되는 본질적인 차이라고 보기도 어려운 점 등에 비추어 피고인의 시술행위와 한방의 침술행위 사이의 유사성을 찾을 수 있다는 취지로 또다시 파기환송 결정을 하였으며7) 피고인은 결국 벌금형의 선고를 받았다.8)

---

7) 대법원 2021. 12. 30. 선고 2016도928 판결.
8) 부산지방법원 2022노92 판결.

070. 침사자격자가 침뜸연구원을 설립하여 강의하고 수강료를 받은 것이 무면허 한방의료행위에 해당하는지 여부

- 서울북부지방법원 2012. 4. 20. 선고 2011고단1354[9)

1. 사실관계

    침사자격을 가진 피고인은 침뜸연구원을 설립하고 전국에 지부를 설립한 후, 침뜸연구원에서 발간한 월간지 등 책이나 인터넷 사이트 등을 보고 찾아온 불특정 다수의 수강생을 상대로 기본과정 3개월, 본과정 3개월, 전문과정 6개월로 구성된 침뜸 정규과정을 강의하였다. 피고인은 강의 과정에서 총 5~8회에 걸쳐 강사들이 직접 자신의 신체에 침이나 뜸을 시연하거나 수강생들이 강의 내용에 따라 제대로 경혈을 하는지 지시 감독하였고, 수강생들로 하여금 서로 조를 이루어 길이 7센티미터 또는 15센티미터에 해당하는 침 또는 뜸을 이용하여 자신 또는 상대방의 신체 부위에 뜸을 놓거나 침을 찌르게 하는 실습교육을 하였다. 그리고 위 수강생들 중 전문과정 수강생들은 각 지부 봉사실을 찾아오는 65세 이상 고령의 환자 등을 대상으로 의료봉사 명분으로 신체 365개 경혈 중에서 필요한 8개의 경혈을 선택하여 그곳에 수십 개의 뜸과 침을 놓게 하는 등 총 30회의 침뜸 임상실습과정을 거치게 하는 방법으로 침뜸 교육을 한 후 수강생 1인당 교육비 명목으로 기본과정 55만원, 본과정 65만원, 전문과정 120만원을 지급받는 등 수강료 명목으로 합계 143억 상당을 교부받았다. 결국 피

---

9) 항소심 서울북부지방법원 2012. 7. 26. 선고 2012노561 판결, 상고심 대법원 2017. 8. 18. 선고 2012도9992 판결(대상 판결에 대하여 피고인이 항소 및 상고하였으나 모두 기각되어 확정되었다).

고인은 영리를 목적으로 무면허 한방의료행위를 업으로 하였다는 공소사실로 기소되었다.

2. 법원의 판단

대상 판결은, 의료법상 "의료행위"란 '의료인이 하지 아니하면 보건위생상 위해를 가져올 우려가 있는 일체의 행위'를 모두 뜻하는 것은 아니고 그 중에서도 국민의 보건위생과 직접 관련이 있는 "질병의 예방이나 치료행위 및 이를 위하여 필수적으로 필요한 행위"(예컨대 진찰, 검안행위 등) 만을 말한다고 판시하였다. 즉, 의료행위를 정의내릴 때에는 위험한 모든 행위를 포함시킬 것이 아니며 "의료행위"라는 문언적 의미를 벗어날 정도가 되어서는 아니 된다고 판시하였다.

대상 판결은, 피고인의 행위 중 의료 관련 교육을 시행한 것 자체와 교육행위 과정에서 수강생들끼리 침뜸 시술을 하거나 65세 이상 고령의 환자들에게 시술을 한 것을 분리하여, 전자의 경우는 교육행위 또는 질병예방 및 치료의 준비행위일 뿐 질병의 예방이나 치료행위 또는 그에 필수적으로 필요한 행위라고 볼 수 없으므로 보건위생상 위해를 가져올 행위는 아니라고 판단하였다. 그러나 후자는 명백히 의학의 전문적 지식을 기초로 질병의 예방이나 치료행위 또는 이에 필수적으로 필요한 행위로서 의료인이 하지 아니하면 보건위생상 위해를 가져올 행위라고 보아 이러한 시술이 피고인의 지시와 감독 하에 그 교육과정 내에서 이루어진 이상 피고인의 무면허의료행위에 해당한다고 판시하였다.[10]

---

10) 보건범죄단속에 관한 특별조치법 적용에 관하여도 무면허 의료행위에 해당하는 실습행위 및 그 교육비도 수강료에 당연히 포함되므로 수강료 상당의 이득을 취득, 영리성도 인정된다고 판시하였다.

3. 판결의 의의

　의료행위는 국민건강보호 및 증진에 매우 중대한 영향을 미치기 때문에, 국가는 무면허 의료행위를 하는 사람을 형벌에 처하고 영리 목적 무면허 의료행위를 업으로 하는 경우 보건범죄단속에 관한 특별조치법에 의하여 가중처벌 한다. 또한 의료인만이 '의료'에 관한 광고를 시행할 수 있도록 의료법이 규정하고 있고 이에 위반하는 행위를 한 경우에는 형사상, 행정상 처분을 받게 된다.[11] 이와 같이 의료 또는 의료행위라는 개념에 따라 국민의 입장에서는 건강이 좌우될 수 있고 행위자의 입장에서는 형사처벌 여부가 결정됨에도 의료행위에 대한 명쾌한 정의가 의료법에 존재하지 않는다.

　대상 판결은, 판례에 의하여 형성되고 있는 의료행위의 개념을 확인하는 동시에 그 판결의 의미를 더욱 구체화하였다는 데 의미가 있다. 의료행위란 보건위생상 위해를 가져올 우려가 있는 행위임은 당연하지만, 그러한 모든 행위가 의료행위는 아니고 '질병의 예방이나 치료 및 그에 필수적인 행위' 라는 전제에 해당하여야 의료행위라는 것이다. 위 판결은 일정한 전제를 예정하여 보건위생상 위해를 끼칠 수 있는 행위 중 어떠한 것이 의료행위인지 판단할 수 있는 기준을 제시하려 하였다.[12] 그러나 대상 판결의 기준에 따르면 질병의 예방 및 치료와 직접 연관은 없으나 국민의 보건위생 및 안전을 위하여 의료행위로 취급하여야 하는 행위들을 의료행위

---

11) 의료인이 아닌 자가 '키 성장 맞춤 운동법과 그 보조기구'에 대한 광고를 시행한 것은 의료인이 아닌 자가 의료에 관한 광고를 한 경우에 해당하므로 의료법에 위반된다는 취지로 기소된 사건에서 대법원은 동 광고의 내용에 비추어 질환자에 대한 진단, 치료 등을 내용으로 하는 광고라기보다는 체육 혹은 운동생리학적 관점에서 운동 및 자세교정을 통한 성장촉진에 관한 광고이므로 의료법 제56조가 금지하는 '의료에 관한 광고'가 아니라고 판시하였다(대법원 2009. 11. 12. 선고 2009도7455 판결).

12) 극단적인 예로 재료에 이상이 있을 경우 식중독을 일으킬 수 있는 요리행위도 국민의 보건위생에 위해를 끼칠 수 있으나 이러한 행위는 의료행위가 아니다. 이는 질병의 예방이나 치료가 전제되는 행위가 아니기 때문이다.

로 인정할 수 없게 되는 문제점이 있다.[13]

한편, 대상 판결 사안에서 피고인은 의료법 제27조 제1항과 보건범죄단속에관한특별법 제5조가 의료인이 아니면 의료행위를 할 수 없도록 하고 이를 위반한 경우 형사처벌하도록 하고있는 것은 의료소비자의 생명권, 보건권 및 자기결정권으로서의 의료행위 선택권과 비의료인의 직업선택의 자유 및 일반적 행동의 자유 등을 침해하고, 과잉금지원칙에 반하여 위헌이라고 인정할 만한 상당한 이유가 있다는 취지로 위헌법률심판제청신청을 하였으나 1심 법원은 이를 기각하였고 피고인은 이에 대하여 헌법소원심판청구를 하였다. 헌법재판소는 과거 동일한 조항들에 대하여 합헌 결정을 하였던 선례와 달리 판단해야 할 사정변경이 없다는 이유로 기각 결정을 하였으나 재판관 2인(이정미, 서기석)은 심판대상조항이 '사람의 생명·신체나 공중위생에 대한 위 해발생 가능성이 낮은 의료행위'에 대하여 이에 상응한 적절한 자격제도를 마련하지 아니한 채, 비의료인에 의한 의료행위를 일률적으로 금지하는 것은 과잉금지원칙을 위반하여 비의료인의 직업선택의 자유를 침해하는 것으로서 헌법에 위반한다는 의견을 밝히기도 하였다.[14]

---

13) 위 판결의 견해에 따르면 미용성형의 경우 질병의 예방 및 치료행위가 아니므로 이를 전제로 하는 경우 의료행위에 해당하지 않게 된다. 서울지방법원은 위와 같은 이유로 미용성형은 의학상 의료행위라고 단정할 수 없다고 판시한바 있으나(서울지방법원 1974. 3. 6. 선고 73노3246 판결), 동 서울지방법원 판결에 대하여 대법원은 "의료법의 목적 즉 의학상의 전문지식이 있는 의사가 아닌 일반사람에게 어떤 시술행위를 하게 함으로써 사람의 생명, 신체상의 위험이나 일반공중위생상의 위험이 발생할 수 있는 여부 등을 감안한 사회통념에 비추어 의료행위 내용을 판단하여야 할 것이다."라고 판시하며 미용성형수술이 의료기술의 시행방법으로 행하여지고 시술과정에서 미균이 침입할 가능성을 내포하고 있는 것이므로 성형수술행위도 의료행위에 해당한다고 판단하였다(대법원 1974. 11. 26. 선고 74도1114 전원합의체 판결). 이러한 논지는 계속되어 최근에도 대법원은 질병의 치료와 관계없는 미용성형술도 사람의 생명, 신체나 공중위생에 위해를 발생시킬 우려가 있는 행위에 해당하는 때에는 의료행위에 해당한다고 판시하고 있다(대법원 2007. 6. 28. 선고 2005도8317 판결).

14) 헌법재판소 2013. 8. 29.자 2012헌바174 결정.

071. 한의사의 안압측정기 등 사용이 무면허의료행위에 해당하는지 여부

- 헌법재판소 2013. 12. 26.자 2012헌마551,
  2012헌마561(병합) 결정

1. 사실관계

한의원을 운영하는 한의사들이 의료기기인 안압측정기, 안굴절 검사기, 세극등현미경, 자동시야측정장비, 청력검사기 등을 이용하여 시력, 안질환 검사, 청력검사를 한 후 그 결과를 토대로 한약처방을 하는 등 면허된 것 이외의 의료행위를 하였다는 이유로 수사를 받게 되었다. 검찰은 피의사실을 모두 인정함을 전제로, 한의사의 면허 범위에 대한 명확한 법규정이 없고, 이 사건 기기는 안경점, 보청기 판매점 등에서도 사용하고 있는 점 등을 근거로 기소유예의 불기소처분을 하였다.

이에 대하여 한의사들은 의료기기의 사용이 한의사 면허 범위 내의 행위라는 것을 전제로 자신들의 평등권과 행복추구권이 침해되었다고 주장하며 각 기소유예처분의 취소를 구하는 헌법소원심판을 청구하였다.

2. 헌법재판소의 판단

대상 결정에서 헌법재판소는 위 안압측정기 등 의료기기의 사용이 한의사에게 면허된 것 이외의 의료행위인지 여부에 대하여 전원의 일치된 의견으로 ① 면허에 따른 의료행위 여부는 의료법 제1조가 정하는바와 같이 '국민의 건강을 보호하고 증진'하는 데 중점을 두고 해석하여야 한다는 점, ② 과학기술의 발달로 의료기기의 성능이 향상되어 보건위생상 위해의 우려 없이 진단이 이루어질 수 있다면 의료인에게 그 사용권한을 부여하는 방향으로 해석되어야 하며, 형사처벌이 수반되는 규정은 그 수범자의 입장에서 엄격하게 적용되어야 하는 점, ③ 이 사건 의료기기들이 각 별다른 위해를 미칠 염려가 없고 사용방법이 간단하며 결과 도출도 기계적으로 이루어지는 점, ④ 한의학에서도 전통적으로 안질환과 이비인후과질환에 대한 원인 및 치료법을 제시하고 있는 점, ⑤ 한의대 교과과정에서 위 의료기기들의 사용법을 가르치고 있으며 한의학계에서 마련한 진료편람, 의료행위 분류 등에도 위 기기 사용을 통한 검사를 진료의 내용으로 기재하고 있는 점 등을 종합하여 한의사 역시 위 의료기기를 사용하여 진단 및 치료를 할 수 있다고 판단하였다. 이에 따라 한의사의 면허 외 행위라는 것을 전제로 한 이 사건 각 기소유예처분은 정의와 형평에 반하는 자의적인 처분이므로 이를 취소한다고 결정하였다.

3. 결정의 의의

대상 결정은 한의학과 서양의학이 학문적 기초가 서로 달라 자신이 익힌 분야에 한하여 의료행위를 하도록 하는 것이 필요하며, 의료행위의 태양 및 목적, 행위의 학문적 기초가 되는 전문지식이 양·한방 중 어디에 기초하고 있는지에 따라 한의사의 면허 범위를 판단하여야 한다는 기본 입장은 견지하되, 한의사가 사용하더라도 위험이 없는 의료기기의 경우 활용할 수 있도록 하는 것이 국민건강 보호 및 증진이라는 의료법의 입법목적에 맞는다고 보았다.[15]

---

15) 그러나 헌법재판소가 전문적인 분야에 대한 결정을 하는 경우 관계인들의 의견을 두루 청취하던 과거 사례와 달리, 이 사건에서는 청구인 측인 한의사의 의견 및 피청구인인

우리나라 법규정상 의료행위와 한방의료행위는[16] 이원적으로 구별되어 있으나, 헌법재판소 혹은 법원이 제시하는 기준과 같이 어떠한 '수단'을 사용하였는지 혹은 어떠한 '원리'에 기초하였는지에 따라 두 가지 행위가 늘 명백히 구별될 수 있는 것은 아니다.[17] 그러나 우리나라 의료제도는 의료행위와 한방의료행위를 엄격하게 분리하여 상호간의 이해와 협력이 부족할 뿐만 아니라, 국민들도 더 나은 의료를 제공받을 기회를 상실하고 있다고 볼 여지가 있다.[18] 우리나라만큼이나 한방의료의 역사가 긴 중국도 서양의학과 중의학을 학문체계상으로는 구별하나, 직업 면허로서 서양의학과 중의학을 구별하지 않고, 단지 의사라는 공통된 의사면허제도만을 시행하고 있다.[19] 우리나라도 양방과 한방의 상호 협력을 증진시켜 국민건강의 보호 및 증진이라는 의료법의 입법취지를 고양시킬 방안을 강구해야 할 것이다.[20]

검찰 측의 답변만을 청취하였을 뿐, 서양의학의 입장을 대변하는 의견을 인용하지 아니하였고, 이 점은 다소 의문이다.

16) 일각에서는 '양방의료행위, 한방의료행위'라고 부르기도 하나, 의료관계법령에는 '의료'와 '한방의료'라고 규정하고 있는바, 이에 따라 기술하기로 한다.

17) 김나경, "의료의 철학과 법정책 : 양방-한방의료의 경계설정과 무면허 의료행위의 규율", 『법철학연구』 제13권 제1호, 2010, 제177면 이하 참조.

18) 선정원, 『의료직업의 규제-의사와 한의사의 직역한계』, 2010, 제364면 이하 참조.

19) 선정원, 앞의 도서, 제357면 이하 참조.

20) 한편, 헌법재판소의 기소유예처분 취소의 기속력과 관련하여, 헌법재판소가 불기소 처분을 취소하는 경우에도 증거와 사실관계에 대한 조사를 제대로 할 수 있는 지위에 있지 않고 대부분 수사기록상 현출된 사실관계 및 법령의 적용만을 자의금지의 측면에서 심사하는데 불과한 점, 헌법재판소도 헌법재판소의 기소유예처분 취소 결정에 따라 검사가 수사를 재기하여 사건을 조사한 결과, 다시 불기소처분사유에 해당한다고 인정하는 경우에는 불기소처분을 할 수 있다고 결정한 점, 대법원도 기판력의 객관적 범위에 대하여 그 판결의 주문에 포함된 것에만 미치는 것이고, 판결이유에 설시된 그 전제가 되는 법률관계에 존부에까지 미치는 것은 아니라고 판시한바 있는 점 등을 종합할 때, 헌법소원의 인용결정은 결정의 주문에만 기속력이 있다고 해석하는 것이 권력분립의 원칙 등에 어긋나지 않을 것이다. 따라서 헌법재판소가 이 사건 결정에서 한의사의 면허범위에 대하여 일응의 기준을 제시하고는 있으나, 기소유예 취소결정에 따라 검사

072. 치과의사의 안면보톡스 시술이 무면허의료행위에 해당하는지 여부

- 대법원 2016. 7. 21. 선고 2013도850 전원합의체 판결[21]

1. 사실관계

치과의사인 피고인은 2011. 10. 7. 자신이 운영하는 치과병원에서 보톡스 시술법을 이용하여 눈가와 미간의 주름 치료를 하여 치과의사에게 면허된 것 이외의 의료행위를 하였다는 이유로 기소되었다(의료법 위반). 제1, 2심은, 의료법상 치과 의료행위는 치아와 주위 조직 및 구강을 포함한 악안면 부분에 한정되는데 이 사건 보톡스 시술은 눈가와 미간에 한 것으로서 치아 주위 및 악안면 부분에 시술한 것에 해당하지 아니한다는 등의 이유로 피고인에게 유죄를 선고하였다.

2. 법원의 판단

대상 판결의 다수의견은, "의사나 치과의사의 의료행위가 '면허된 것 이외의 의료행위'에 해당하는지는 구체적 사안에 따라 의사와 치과의사의 면허를 구분한 의료법의 입법 목적, 해당 의료행위에 관련된 법령의 규정 및

가 재기하여 수사한 결과, 이 사건 의료기기의 사용이 보건에 위해를 가져올 우려가 있고, 한의사의 면허범위 밖이라고 판단되는 경우라면 다시 기소유예처분 혹은 기소처분을 할 수도 있을 것이다(이경렬, "검사의 기소유예 처분에 대한 헌법소원 인용결정의 비판적 검토", 『홍익법학』 제14권 제1호, 2013, 제160면 이하 참조).

21) 제1심 서울중앙지방법원 2012. 10. 26. 선고 2012고정3766 판결, 제2심 서울중앙지방법원 2013. 1. 10. 선고 2012노3688 판결.

취지, 해당 의료행위의 기초가 되는 학문적 원리, 해당 의료행위의 경위·목적·태양, 의과대학 등의 교육과정이나 국가시험 등을 통하여 해당 의료행위의 전문성을 확보할 수 있는지 등을 종합적으로 고려하여 사회통념에 비추어 합리적으로 판단하여야 한다는 것이다"고 하면서, "의료법의 목적은 모든 국민이 수준 높은 의료 혜택을 받을 수 있도록 하여 국민의 건강을 보호하고 증진하자는 것이고, 면허된 것 이외의 의료행위를 한 의료인을 처벌하는 이유도 사람의 생명·신체나 일반 공중위생에 발생할 수 있는 위험을 방지하여 국민의 건강을 보호하고 증진하기 위한 데 있다. …… 치아, 구강 그리고 턱과 관련되지 아니한 안면부에 대한 의료행위라는 이유만으로 치과 의료행위의 대상에서 배제할 수는 없고, 치과대학이나 치의학전문대학원에서는 악안면에 대한 진단 및 처치에 관하여 중점적으로 교육하고 있으므로 치과의사의 안면에 대한 보톡스 시술이 의사의 동일한 의료행위와 비교하여 사람의 생명·신체나 일반 공중위생에 더 큰 위험을 발생시킬 우려가 있다고 보기도 어렵다. 관련 의료법 규정을 해석할 때 전체적인 의료 수준을 향상시켜 그 혜택이 국민에게 돌아갈 수 있도록 하는 것 역시 우선적으로 고려할 필요가 있다. 보톡스를 이용한 시술이 이미 치과에서 다양한 용도로 활용되고 있는 상황에서, 그로 인한 공중보건위생에 대한 위험이 현실적으로 높지 아니하고 전문 직역에 대한 체계적 교육 및 검증과 규율이 이루어지고 있는 한, 의료의 발전과 의료서비스의 수준 향상을 위하여 의료소비자의 선택가능성을 널리 열어두는 방향으로 관련 법률규정을 해석하는 것이 바람직할 것이다. 결국 환자의 안면부인 눈가와 미간에 보톡스를 시술한 피고인의 행위가 치과의사에게 면허된 것 이외의 의료행위라고 볼 수는 없고, 그 시술이 미용 목적이라 하여 달리 볼 것은 아니다."라고 판시하였다.

　이에 대해 대상 판결의 반대의견은 의사와 치과의사는 치료부위나 치료목적에 따라 양적으로 면허범위가 구분될 뿐이므로 의료시술의 학문적 원리나 방법론에 따른 질적으로 구분되는 의사와 한의사의 면허범위 구분에 대한 기준을 적용하는 것은 부당하고, '생명 신체상의 위험이나 일반 공중위생상 위험 발생' 여부는 의료인과 비의료인에게 허용되는 행위의 한계에 관한 기준이므로 의료인인 의사와 치과의사의 면허범위 판단기준으로 삼는 것도 부당하다고 하면서, "의료법 문언, 취지와 개념 정의에 비추어 보면, 원칙적으로 치아와 구강, 위턱뼈, 아래턱뼈, 그리고 턱뼈를 덮고 있는 안면조직 등 씹는 기능을 담당하는 치아 및 그와 관련된 인접 조직기관 등이 치과적 예방·진단·치료·재활의 대상이 되는 부위라 할 것이고, 구강보건의 대상 범위 역시 치아를 포함한 구강 일체에 미친다고 해석된다. …… 치과의사 면허 범위를 확정하는 전제가 되는 의료행위는 치아와 구강, 위턱뼈, 아래턱뼈, 그리고 턱뼈를 덮고 있는 안면조직 등 씹는 기능을 담당하는 치아 및 그와 관련된 인접 조직기관 등에 대한 치과적 예방·진단·치료·재활과 구강보건(이하 이를 통칭하여 '치과적 치료'라 한다)을 목적으로 하는 의료행위를 뜻한다고 해석된다. 그리고 이러한 치과적 치료를 목적으로 하는 의료행위라면, 그 목적이 직접적인 경우뿐 아니라 간접적인 경우에도 이를 치과의사 면허 범위에 포함할 수 있다. 예컨대 치아와 구강에 대한 치과치료가 안면 부위의 조직에도 영향을 미친다면, 그 부분에 대하여 치과의사가 시술할 수 있는 경우도 있을 것이다. 그렇지만 그 경우에도 치과적 치료 목적이라는 범위 내에서 제한적으로 허용되는 것에 불과하고, 치과적 치료 목적을 벗어나 시술이 이루어진다면 이는 치과의사의 면허 범위를 벗어난 것으로 보아야 한다."고 설시하였다.

3. 판결의 의의

대상 판결의 다수의견은 치아, 구강이나 턱과 관련되지 않은 안면부라 하더라도 치과 의료행위의 대상으로 보면서 치료목적 등에 따른 제한도

하지 않은 반면, 반대의견은 직·간접적으로 치과적 치료를 목적으로 하는 경우에 한해 치아, 구강이나 턱과 관련되지 않은 안면부도 치과치료의 목적 범위 내에서 치과 의료행위의 대상이 될 수 있다고 보고 있다.[22]

다수의견이 안면부의 경우 해당 시술이 치과의사가 한다고 하여 더 큰 위험을 초래하는 것이 아니고 해당 의료행위에 대한 검증과 규율이 이루어지고 있다면 의료소비자의 선택가능성을 중시해야 하므로 치과의사의 면허범위에 해당하는 것으로 보아야 하므로 면허범위가 유동적이라고 보는 입장이라면, 반대의견은 치과의사의 면허범위는 의료법령이 안면부에 대한 치과적 진료목적에 따른 진료에 한하는 것으로 이미 정하고 있으므로 유동적일 수 없다는 입장으로 보인다.

대법원은 보도자료[23])에서 "위 전원합의체 판결은 모든 안면부 시술을 치과의사의 면허 범위 내라고 단정한 사안은 아니고, 치과의사의 면허 범위 내인지는 구체적 사안에 따라 여러 사정을 종합적으로 고려하여 판단하여야 한다고 보았음"이라고 밝혔으나, 위와 같은 다수의견에 따르면 안면부의 경우 치과의사가 행하더라도 더 큰 위험이 초래되지는 않는 행위이기만 하면 치과의사의 면허범위 내 의료행위라고 보게 될 가능성이 높을 것이다.

그러나 의료법 제2조 제2항 제1, 2호가 의사는 의료와 보건지도를 임무로 하고, 치과의사는 치과 의료와 구강 보건지도를 임무로 한다고 규정하고 있음에 비추어 볼 때 치과나 구강과 무관한 눈가와 미간에 시행한 보

---

22) 이후 대법원 2016. 8. 29. 선고 2013도7796 판결은 대상 판결과 같은 취지에서 치과 치료 목적이 아닌 미용 목적의 치과의사의 피부 레이저 시술이 치과의사의 면허 범위 외의 행위가 아니라고 판시하였고, 서울고등법원 2016. 8. 19. 선고 2013누50878 판결은 한의사가 사용하더라도 보건위생상 위해의 우려가 없는 점 등을 근거로 뇌파계를 파킨슨병 및 치매 진단 등에 사용한 행위가 한의사로서 면허된 것 이외의 의료행위에 해당하지 않는다고 판시하여 대상 판결의 취지를 따르고 있다.

23) http://www.scourt.go.kr/portal/news/NewsViewAction.work?gubun=6&seqnum =1161: 대법원 2016. 8. 29. 선고 2013도7796 치과의사 레이저 시술 사건 보도자료.

톡스 시술도 치과의사의 면허범위 내의 행위라고 한 다수의견은 법 문언의 가능한 의미를 벗어나고,[24] 반대의견이 지적한 바와 같이 치과대학이나 치의학전문대학원에서 악안면에 대해 중점적으로 교육하는 것은 치과진료와 밀접한 관련을 가지고 있어 당연히 교육이 필요하기 때문이라는 점을 간과한 문제점이 있어 보인다. 또한 의사와 한의사의 면허범위 내 의료행위인지 여부를 판단함에 있어 구체적인 의료행위의 목적을 고려하고,[25] 국민건강보험법 상 요양급여대상과 비급여대상을 구별함에 있어서도 진료목적을 고려하고 있는[26] 일련의 대법원 판결을 감안하면 유독 안면부에 대한 의료행위에 대해서만 치과의사의 면허범위 내인지 여부를 판단함에 있어 의료행위의 목적을 고려하지 않는 것은 납득하기 어렵다.

4. 참고 판결[27]

위 대상 판결 선고 전에 의료인의 면허범위가 문제된 것은 주로 의사와 한의사의 면허 범위였다. 의사와 한의사 사이에 특정 행위가 허용되는지 여부에 대해 대법원은 "구체적 사안에 따라 이원적 의료체계의 입법목적, 당해 의료행위에 관련된 법령의 규정 및 취지, 당해 의료행위의 기초가 되

---

24) 대법원 2006. 5. 12. 선고 2005도6525 판결 등은 "형벌법규의 해석에서도 법률문언의 통상적인 의미를 벗어나지 않는 한 그 법률의 입법취지와 목적, 입법연혁 등을 고려한 목적론적 해석이 배제되는 것은 아니라고 할 것이다"라고 하여, 형벌법규의 해석에서도 목적론적 해석이 가능하지만, 그 경우에도 법률문언의 통상적인 의미를 벗어나지 않아야 한다고 판시하고 있다.
25) 대법원 2011. 5. 26. 2009도6980 판결, 대법원 2014. 9. 4. 2013도7572 판결 등.
26) 대법원 2012. 11. 29. 2009두3637 판결 등.
27) 의료인과 비의료인 사이의 허용되는 행위의 한계에 관한 기준으로는 해당 행위가 '의료행위에 해당하는지 여부'가 문제되었으나, 면허종별에 따른 각 의료인이 해당 행위를 할 수 있는지 여부는 해당 행위가 의료행위에 해당함을 전제로 '각 의료인의 면허범위 내의 것인지 여부'가 문제된다.

는 학문적 원리, 당해 의료행위의 경위·목적·태양, 의과대학 및 한의과대학의 교육과정이나 국가시험 등을 통해 당해 의료행위의 전문성을 확보할 수 있는지 여부 등을 종합적으로 고려하여 사회통념에 비추어 합리적으로 판단하여야 한다"고 판시하였다.[28]

위와 같은 기준에 따라 대법원은 한의사가 잡티제거 등 피부질환 치료를 위한 광선조사기인 아이피엘(IPL, Intense Pulse Light)을 이용하거나,[29] 필러 시술[30]을 하는 것, '한의사가 진단용 방사선 발생장치인 X-선 골밀도측정기를 이용하여 환자들에 대하여 성장판검사를 한 것',[31] '한의사가 환자에게 주사한 것'[32], '한의사가 방사선사로 하여금 전산화단층촬영장치(CT기기)로 촬영하게 하고 이를 이용하여 방사선진단행위를 한 것'[33]은 한의사의 면허범위 외의 행위라고 판시하였고, '의사가 침술행위를 하는 것',[34] '한방의 소위 팔상의학에 따라 환자체질을 진단하고 한방의서에 따라 약제를 조제 및 투약한 것'[35]은 의사의 면허 범위 외의 행위라고 판시하였다.

---

28) 대법원 2014. 2. 13. 선고 2010도10352 판결 등.
29) 대법원 2014. 2. 13. 선고 2010도10352 판결.
30) 대법원 2014. 1. 16. 선고 2011도16649 판결.
31) 대법원 2011. 5. 26. 선고 2009도6980 판결.
32) 대법원 1987. 12. 8. 선고 87도2108 판결.
33) 서울고등법원 2006. 6. 30. 선고 2005누1758 판결.
34) 대법원 2014. 9. 4. 선고 2013도7572 판결.
35) 대법원 1989. 12. 26. 선고 87도840 판결.

073. 한의사의 초음파 의료기기 사용이 무면허의료행위에 해당하는지 여부

- 대법원 2022. 12. 22. 선고 2016도21314 판결[36]

1. 사실관계

피고인인 한의사는 환자를 치료하면서 초음파 진단기기를 사용하여 환자의 신체 내부를 촬영하고, 촬영 과정에서 화면에 나타나는 모습을 보고 환자의 질병을 진단하였다. 이에 대해서 검찰은 한의사가 초음파 진단기기를 통해서 진료를 하는 것은 의료법이 금지하는 '의료인이 면허된 것 이외의 의료행위를 하는 것'으로 보아 해당 한의사를 의료법 위반으로 기소하였다.

2. 법원의 판단

원심 판결은 한의사가 현대적인 의료기기를 사용하는 것은 한의사에게 면허된 것 이외의 의료행위를 한 것으로 보아, 한의사의 초음파기기를 이용한 진료행위를 의료법 위반으로 유죄로 판단한 1심의 판단을 그대로 유지하였다. 원심은 ① 초음파 검사는 영상을 판독하는 과정이 필수적인데 이를 위해서는 서양의학적인 전문지식이 필요하고, ② 의료행위에서 진단의 중요성에 비추어 볼 때, 피고인이 진단에 관해 서양의학의 전형적인 방

---

36) 제1심 서울중앙지방법원 2016. 2. 16. 선고 2014고정4277 판결, 제2심 서울중앙지방법원 2016. 12. 6. 선고 2016노817 판결, 파기환송심 서울중앙지방법원 2023. 9. 14. 선고 2023노10 판결. 파기환송심 판결은 검사가 상고하였으나 상고기각되어 확정되었다 (대법원 2024. 6. 18.자 2023도13537 결정).

법인 초음파 검사를 시행한 이상 치료방법으로 침이나 한약 등을 사용하였다는 사정만으로 초음파 진단기기를 사용하는 의료행위가 한의학의 이론이나 원리의 응용 또는 적용을 위한 것이라 보기 어렵다고 보았다, 그리고 ③ 초음파 진단기기 사용 자체로 인한 위험성은 크지 않으나, 진단은 중요한 의료행위여서 검사 내지 진단을 하는 과정에서 환자의 상태를 정확히 판독하지 못하면 사람의 생명이나 신체상의 위험을 발생시킬 우려가 있고, 이는 초음파 진단기기를 사용하는 경우에도 마찬가지라고 보았다.

대법원은 원심의 판단과는 달리 한의사의 초음파기기를 사용한 진료행위가 의료법 위반에 해당한다고 볼 수 없다는 취지로 원심을 파기했다. 한의사의 '면허된 것 이외의 의료행위'에 해당하는지 여부는 관련 법령에 한의사의 해당 의료기기 사용을 금지하는 규정이 있는지, 해당 진단용 의료기기의 특성과 그 사용에 필요한 기본적·전문적 지식과 기술 수준에 비추어 한의사가 진단의 보조수단으로 사용하게 되면 의료행위에 통상적으로 수반되는 수준을 넘어서는 보건위생상 위해가 생길 우려가 있는지, 전체 의료행위의 경위·목적·태양에 비추어 한의사가 그 진단용 의료기기를 사용하는 것이 한의학적 의료행위의 원리에 입각하여 이를 적용 내지 응용하는 행위와 무관한 것임이 명백한지 등을 종합적으로 고려하여 사회통념에 따라 합리적으로 판단하여야 한다고 보았다. 즉 진단용 의료기기가 한의학적 의료행위 원리와 관련 없음이 명백한 경우가 아닌 한 형사 처벌 대상에서 제외된다고 본 것이다.

그런데 초음파진단기기는 관련 법령에서 한의사의 사용을 금지하는 취지의 규정이 존재하지 않고, 초음파 투입에 따라 인체 내에서 어떠한 생화학적 반응이나 조직의 특성 변화가 일어나지 않으며, 의료기기의 등급으로 보더라도 초음파기기는 인체에 대한 잠재적인 위험성이 낮은 의료기기의 등급인 2등급의 의료기기로 지정되어 있다고 보았다. 그리고 국내의 한의과대학과 한의학 전문대학원은 모두 진단학과 영상의학을 전공필수 과목으로 포함하고 있으며 국가시험에도 영상의학 관련 문제가 출제되고 있음에 주목하였다. 그리고 한의학의 전문적인 진찰법에는 망진(望診), 문진(聞診), 문진(問診), 절진(切診)의 방법이 있는데, 한의사가 환자의 복부에 초음파 진단기기를 사용하는 것은 과거 전통적인 한의학적 진찰법으로 사용하던 절진(切診, 한의사가 손을 이용하여 환자의 신체 표면을 만져보거나 더듬어보고 눌러봄으로써 필요한 자료를 얻어내는 진찰법)의 일종인 복진(腹診)을 기본적으로 시행하면서, 그 변증유형 판정의 정확성과 안전성을 높이기 위해 초음파 진단기기를 복진과 같은 방법으로 부가하여 사용하는 것이라고 보았다.

결국 대상 판결은 한의사의 초음파 진단기기 사용은 한의사의 면허 범위를 넘어서는 의료행위가 아니라고 보되, 이 판결이 한의사로 하여금 침습정도를 불문하고 모든 현대적 의료기기 사용을 허용하는 취지는 아니라고 하였다.

3. 판결의 의의

의료법은 의사, 한의사, 치과의사 등이 각자 면허를 받아서 면허된 것 이외의 의료행위를 할 수 없도록 규정하고 있다. 그러나 의료법은 의사, 한의사, 치과의사의 면허를 받은 범위의 내용을 구체적으로 정의하지 않고 있어 직역별로 갈등을 초래하고 있다.

하지만 헌법재판소는 해당 조항이 헌법에서 요구하는 명확성의 원칙에 배치되지 않는다고 보고 있고,[37] 의사와 한의사의 업무 범위에 대해서 다툼이 생길 때마다 종전의 대법원은 의사나 한의사의 구체적인 의료행위가 '면허된 것 이외의 의료행위'에 해당하는지에 대해 이원적 의료체계의 입법목적, 해당 의료행위에 관련된 법령의 규정 및 취지, 해당 의료행위의

---

37) 헌법재판소 2013. 2. 28.자 2011헌바398 결정.

기초가 되는 학문적 원리, 해당 의료행위의 경위·목적·태양, 의과대학 및 한의과대학의 교육과정이나 국가시험 등을 통해 해당 의료행위의 전문성을 확보할 수 있는지 여부 등을 종합적으로 고려하여 구체적 사례에 따라 사회통념에 비추어 합리적으로 판단하여왔다.

대상 판결은 종전의 판단기준을 그대로 채용하지 않고, 의사와 한의사의 면허범위에 대한 새로운 판단 기준을 제시하였다. 즉 진단용 의료기기가 한 의학적 의료행위 원리와 관련 없음이 명백한 경우가 아닌 한 형사처벌 대상에서 제외된다고 보며, 한의사의 행위가 의료법에 저촉되는지를 판단함에 있어 해당 판단이 국민의 건강을 보호하고 증진하는 데 기여해야 한다는 전제에서 의료소비자의 선택가능성을 합리적인 범위에서 열어두는 방향으로 관련 법령을 해석한 것이다.

다만 초음파기기를 사용하는 것은 환자의 질병을 진단하고 이에 대한 치료계획을 수립하기 위해서이다. 이번 대법원의 결정은 한의사가 초음파기기를 사용하는 것이 의료법의 '무면허의료행위'에 해당하지 않음을 확인한 것이지, 해당 기기를 사용하여 촬영된 영상을 해석하여 진단하고 이에 대한 치료계획을 수립하는 것에 아무런 문제가 없다고 결론을 내린 것은 아니다. 따라서 초음파진단기기를 통한 진단이 오진으로 판명되는 경우 이에 대한 민사상의 손해배상책임과 형사상의 업무상과실치사상죄의 책임은 여전히 남을 수 있을 것으로 예상된다. 그리고 한의사의 초음파기기 사용 아닌 다른 영상장치(CT, MRI)의 사용이 의료법상의 무면허의료행위를 구성하는지에 대해서는 앞으로도 계속해서 논란이 남을 것으로 보인다.38)

---

38) 전병주, "한의사의 초음파 진단기기 사용과 의료법 위반에 관한 판례 고찰", 『인문사회과학연구』 제31권 제1호, 2023, 402면.

074. 의사가 아닌 자의 문신시술을 금지하는 의료법 규정의 위헌 여부

- 헌법재판소 2022. 4. 1.자 2021헌마1213, 1385(병합) 결정

1. 사실관계

청구인들은 문신 바늘로 살갗을 찔러서 색소를 투입하여 피부에 흔적을 남기는 시술(이하 '문신시술')을 업으로 영위하려는 자들로 의료인이 아닌 자의 문신시술업을 금지하고 처벌하는 의료법 제27조 제1항 본문 전단, '보건범죄 단속에 관한 특별조치법'(이하 '보건범죄단속법'이라 한다) 제5조 제1호 중 의료법 제27조 제1항 본문 전단 부분이 죄형법정주의의 명확성 원칙에 반하고 청구인들의 직업선택의 자유를 침해하며, 나아가 청구인들이 문신시술업을 영위할 수 있도록 그 자격 및 요건을 법률로 정하지 않는 입법부작위가 헌법에 위반된다는 취지로 헌법소원심판을 청구하였다.

2. 헌법재판소의 결정

가. 다수의견

대상 결정의 다수의견은 의료인이 아닌 자의 문신시술업을 금지하고 처벌하는 의료법 제27조 제1항 본문 전단과 '보건범죄 단속에 관한 특별조치법' 제5조 제1호 중 의료법 제27조 제1항 본문 전단에 관한 부분이 의료인이 아닌 자의 직업선택의 자유를 침해하지 않는다고 보았다.

대상 결정의 다수의견은 의료인이 아닌 사람도 문신시술을 업으로 행할 수 있도록 그 자격 및 요건을 법률로 제정하도록 하는 내용의 명시적인 입법위임은 헌법에 존재하지 않으며, 문신시술을 위한 별도의 자격제도를 마련할지 여부는 여러 가지 사회적·경제적 사정을 참작하여 입법부가 결정할 사항으로, 그에 관한 입법의무가 헌법해석상 도출된다고 보기는 어렵기 때문에 입법부작위에 대한 심판청구는 입법자의 입법의무를 인정할 수 없다고 보았다. 그리고 '의료행위'는, 의학적 전문지식을 기초로 하는 경험과 기능으로 진찰, 검안, 처방, 투약 또는 외과적 시술을 시행하여 하는 질병의 예방 또는 치료행위 이외에도 의료인이 행하지 아니하면 보건위생상 위해가 생길 우려가 있는 행위로 분명하게 해석된다고 보아 의료행위의 개념에 대한 전통적인 견해를 유지했다.

구체적인 판단에 있어서 문신시술은, 바늘을 이용하여 피부의 완전성을 침해하는 방식으로 색소를 주입하는 것으로, 감염과 염료 주입으로 인한 부작용 등 위험을 수반하는데, 이러한 시술 방식으로 인한 잠재적 위험성은 피시술자뿐 아니라 공중위생에 영향을 미칠 우려가 있고, 문신시술을 이용한 반영구화장의 경우라고 하여 반드시 감소된다고 볼 수도 없다고 보았다. 문신시술 자격제도와 같은 대안은 문신시술인의 자격, 문신시술 환경 및 절차 등에 관한 규제와 관리를 내용으로 하는 완전히 새로운 제도의 형성과 운영을 전제로 하므로 상당한 사회적·경제적 비용을 발생시키므로 문신시술 자격제도와 같은 대안의 도입 여부는 입법재량의 영역에 해당하고, 입법부가 위와 같은 대안을 선택하지 않고 국민건강과 보건위생을 위하여 의료인만이 문신시술을 하도록 허용하였다고 하여 헌법에 위반된다고 볼 수 없다고 보았다.

나. 반대의견

대상 결정의 반대의견은, 문신시술은 치료목적 행위가 아닌 점에서 여타의 무면허의료행위와 구분되고, 최근 문신시술에 대한 사회적 인식의 변화로 그 수요가 증가하여, 선례와 달리 새로운 관점에서 판단할 필요가 있다고 보았다. 또한, 미국·프랑스·영국 등의 입법례와 같이, 문신시술자에 대하여 의료인 자격까지 요구하지 않고도, 안전한 문신시술에 필요한 범위로 한정된 시술자의 자격, 위생적인 문신시술 환경, 도구의 위생관리, 문신시술 절차 및 방법 등에 관한 규제와 염료 규제를 통하여도 안전한 문신시술을 보장할 수 있는데, 이는 문신시술을 업으로 영위하기 위하여 의사면허를 갖출 것을 요청하는 방법에 비하여 덜 침해적인 수단이면서, 국민의 신체나 공중위생에 대한 위해 방지라는 입법목적을 달성할 수 있는 실효성 있는 대안이라고 보았다. 그리고 문신시술을 수행하기 위해서는 안전한 시술을 위한 기술은 물론, 창의적이거나 아름다운 표현력도 필요한데, 오로지 안전성만을 강조하여 의료인에게만 문신시술을 허용한다면, 증가하는 문신시술 수요를 제대로 충족하지 못하여 오히려 불법적이고 위험한 시술을 조장할 우려가 있다고 보았다. 따라서 외국의 입법례와 같이 예술적 감각이 풍부한 비의료인도 위생적이고 안전한 방식으로 문신시술을 할 수 있도록 허용할 필요가 있다고 보았다. 그럼에도 의사자격을 취득하여야 문신시술업에 종사할 수 있도록 하는 것은 사실상 비의료인의 문신시술업을 금지하는 것으로, 청구인들의 직업선택의 자유를 침해한다. 따라서 심판대상조항 중 각 '의료행위' 가운데 문신시술에 관한 부분은 헌법에 위반된다고 보았다.

3. 결정의 의의

일본 최고재판소는 平成30年(あ)第1790号 의사법 위반 피고 사건에서 어떠한 행위가 의료행위에 해당하는가 아닌가에 관하여는, 당해 행위의 방법이나 작용뿐만 아니라, 그 목적, 행위자와 상대방과의 관계, 당해 행위가 행해질 때의 구체적인 상황, 실정이나 사회에서 어떻게 받아들여지고 있는

지 등도 고려하여 사회통념에 비추어 판단하는 것이 상당하다고 보았다. 그렇다면 피고인이 상대방의 의뢰에 기초하여 행한 문신 시술행위는 장식적 내지 상징적인 요소나 미술적인 의의가 있는 사회적 풍습으로 받아들여진 것으로서, 의료 및 보건지도에 속하는 행위라고는 생각되어 오지 않았던 것이라고 보았다. 또한, 문신 시술행위는 의학과는 이질적인 미술 등에 관계된 지식 및 기능을 요하는 행위로, 의사면허 취득과정 등에서 이러한 지식 및 기능을 습득하는 것은 예정되어 있지 않으며, 역사적으로도 오랫동안 의사면허를 가지지 않은 자들이 행해온 실정이 있어, 의사가 독점하여 행하는 것은 상정하기 어렵다고 보았다. 이러한 상황에서 피고인의 행위는 사회통념에 비추어 의료 및 보건지도에 속하는 행위라고는 인정하기 어렵고, 의료행위에 해당하지 않는다고 보아야 한다고 본 바 있다.

대상 결정에서도 4인의 재판관(이석태, 이영진, 김기영, 이미선)이 반대의견을 내놓기도 한바, 향후 동일한 사건이 문제되었을 때 대법원과 헌법재판소가 다른 결론에 이를지 추이를 주목할 필요가 있다.

제2절 의료기관 개설자격 위반
(소위 사무장병원 사건 등)

075. 비의료인이 의료인을 고용하여 의료기관을 개설하되,
운영 및 손익이 비의료인에게 귀속되는 것을
내용으로 한 약정의 유효성
- 대법원 2011. 1. 13. 선고 2010다67890 판결[39]

1. 사실관계

한의사인 원고와 의료인의 자격이 없는 소외인이 2007. 9.경 원고가 소외인에게 원고 명의로 A한방병원을 개설·운영할 수 있도록 명의를 대여해 줌과 아울러 진료업무를 담당하고, 그에 대한 대가로 소외인으로부터 월 950만 원의 급여를 지급받는 한편, 소외인은 행정원장이라는 직함으로 입원환자 관리, 직원 인사 및 급여, 병원 수입과 지출 관리 등의 제반업무를 책임지며, 병원의 손익 또한 소외인에게 귀속되도록 하는 내용의 약정 (이하 "제1차 약정"이라 한다)을 체결하였다. 이에 더하여 소외인과 그의 처인 피고가 연대하여 원고에게 A한방병원 운영과 관련하여 원고가 부담하고 있거나 부담하게 될 4대 보험료 등 각종 채무 상당의 금원을 지급하겠다는 내용의 각서(이하 "이 사건 각서"라 한다)를 작성하였고, 이 각서에 기하여 원고는 피고에게 약정금(근로소득세, 국민연금보험료, 국민건강보험료, 체불임금 등 금 1억 5천여만 원)을 청구하였다.

---

39) 제1심 서울동부지방법원 2009. 10. 29. 선고 2009가합9612 판결, 제2심 서울고등법원 2010. 7. 6. 선고 2009나114891 판결.

2. 법원의 판단

원심 판결은 "의료법 제33조 제2항은 의사, 치과의사, 한의사 등의 의료인이나 의료법인 등 비영리법인이 아닌 자의 의료기관 개설을 금지하고 있고 이는 강행규정으로서 의료기관의 개설자격 없는 자가 의료기관을 개설할 목적으로 체결하는 계약은 무효이다."라고 설시한 다음, "이 사건 각서의 내용은 의료법 제33조 제2항이 금지하고 있는 의료기관의 개설을 직접적인 혹은 간접적인 목적으로 하는 것이 아니라, 위 규정에 위배하여 의료기관을 이미 개설한 이후에 동업자인 원고와 소외인 및 피고 사이에 A한방병원의 운영과 관련하여 발생한 비용의 부담에 관한 약정이라 할 것이므로, 이 사건 각서가 강행 규정 위반의 무효인 약정이라고 볼 수 없다."는 이유로 원고의 청구 대부분을 인용하였다.

이에 대하여 대법원은 "제1차 약정이 강행 법규인 의료법 제33조 제2항에 위배되어 무효임은 명백한데, 이 사건 각서는, 소외인 및 그의 처인 피고가 연대하여 원고에게 A한방병원 운영과 관련하여 원고가 부담하고 있거나 부담하게 될 4대 보험료 등 각종 채무 상당의 금원을 지급하겠다는 내용으로, 이 사건 각서 작성으로 인해 체결된 약정 중 원고와 소외인 사이의 부분은, 새로운 약정의 형식을 통해 무효인 제1차 약정의 이행을 청구하는 것에 불과하여 무효이고, 그 부분이 무효인 이상, 이 사건 각서 작성으로 인해 발생한 소외인의 원고에 대한 채무를 연대하여 부담하겠다는 원고와 피고 사이의 부분 또한 무효라고 볼 수밖에 없다."는 이유로 원심 판결을 파기하였다.

3. 판결의 의의

대상 판결은 그간 대법원의 기존 입장과 같이 "의료인의 자격이 없는 일반인이 필요한 자금을 투자하여 시설을 갖추고 유자격 의료인을 고용하여 그 명의로 의료기관 개설신고를 하고, 의료기관의 운영 및 손익 등이 그 일반인에게 귀속되도록 하는 내용의 약정은 강행법규인 의료법 제33조 제2항에 위배되어 무효"라는 것을 다시 확인하였다. 그러면서도 "강행법규 위반으로 무효인 약정에 기하여 급부의 이행을 청구하는 것은 허용되지 않고, 이행을 구하는 급부의 내용을 새로운 약정의 형식을 통해 정리하거나 일부를 가감하였다 하더라도 무효인 약정이 유효함을 전제로 한 이상 그 급부의 이행 청구가 허용되지 않음은 마찬가지이다."라고 하면서, "이 사건 약정은 새로운 약정의 형식을 갖추었지만 실질적으로는 무효인 제1차 약정의 이행을 청구하는 것에 불과하므로 역시 무효"라고 판단하였다.

대상 판결은, 원고가 피고에게 청구한 것은 의료기관의 운영과 관계되는 필수적 비용인데 이러한 청구를 허용한다면 사실상 무효인 약정에 기한 급부의 이행을 허용하는 결과를 낳게 되고, 결과적으로 의료법 제33조 제2항에서 금지하는 비자영(非自營) 의료기관에 협력하는 결과가 되는 것을 고려한 것으로 판단된다.

076. 의료인을 고용한 비의료인의 민사책임
- 서울고등법원 2011. 6. 15. 선고 2010나96852

채무부존재확인[40]

: 사무장병원의 사무장에 대한 환수결정 통보의 법적 성격 문제, 비의료인(사무장)에게 민사상 책임을 인정한 최초의 판례

1. 사실관계

사단법인 대표자 A과 사단법인 의료사업단 단장 B는 사단법인 명의로 원고 손○○, 원고 황○○에게 의료기관을 개설해 주고, 치과 기공사인 원고 손○○는 2004. 11.부터 2005. 3.까지 서울에서 '사단법인 XX 치과의원'을 개설한 후 치과의사 이○○을 고용해 진료하게 하면서 월 평균 3,400여만 원 상당의 수입을 올렸다. 원고 황○○도 '사단법인 XX의원'을 개설한 후 의사 이○○ 등 직원 3명을 고용, 의원을 개설했고, 원고 장○○, 최○○ 역시 사단법인 명의의 의원을 개설한 뒤 의사를 채용해 진료하도록 했다. 원고 손○○은 2001. 3.경부터 2004. 11.경까지 치과의사를 고용하여 의료기관을 개설하기도 하였다.

위 원고들은 의료법 위반으로 기소되어 원고 손○○은 1심에서 징역 1년 3월에 집행유예 2년을 선고받고 항소하지 않아 판결이 확정되었고, 원고 손○○ 이외의 원고들은 항소심에서 벌금 5백만 원을 선고받았다.

국민건강보험공단(이하 "공단"이라 한다)은 원고들이 부당하게 요양급여 비용을 지급받았다는 이유로 민법 제741조 및 제750조에 근거하여 원고들에게 환수결정 통보를 하였다. 환수결정액은 원고 손○○가 금 16,577,370

---

40) 제1심 서울서부지방법원 2010. 9. 9. 선고 2010가합3612 판결.

원, 장○○가 금 67,044,800원, 최○○가 금 13,161,830원, 황○○가 금 54,174,890원이었다. 원고들은 이에 불복하여 공단을 상대로 채무부존재 확인의 소를 제기하였다.

2. 법원의 판단

제1심 판결은 "의료인이 아닌 원고들은 소외 A, 서○○과 공모하여 이 사건 사단법인 및 의사 명의를 빌려 병원을 개설하는 위법행위를 하였고, 위 병원에서 의사로 하여금 진료행위를 하게 한 뒤 피고에게 요양급여비용을 청구함으로써 피고는 지급의무 없는 요양급여비용을 지출하는 손해를 입었는바, 원고들은 피고에 대하여 위와 같은 불법행위로 인한 손해배상책임을 부담한다."고 판시하였고, "원고들의 위와 같은 행위로 인하여 피고는 지급의무 없는 요양급여비용을 지출하였는바, 이로써 법률상 원인 없이 피고에게 요양급여비용 상당의 손해를 가하고 원고들은 그로 인한 이익을 얻었으므로 원고들은 피고에게 요양급여비용 상당을 부당이득으로서 반환할 의무도 있다."고 판시하여 부당이득반환의무도 인정하였다.

이에 원고들이 항소하여 "자신들은 사단법인의 직원에 불과하고 보험급여도 사단법인으로 지급되었으므로 환수결정의 상대방은 사단법인이어야 한다."는 주장을 추가로 하였지만, 대상 판결은 "원고들에게 환수 통보한 내용은 국민건강보험법상의 요양급여 비용의 환수가 아니라 원고들이 의료인이 아님에도 불구하고 이 사건 사단법인과 공모하여 이 사건 사단법인 명의로 의료기관을 개설함으로써 피고로 하여금 지급 의무 없는 요양급여를 지급하게 하였음을 원인으로 한 민법상의 부당이득반환 내지는 손해배상 의무를 최고한 것이므로, 환수대상은 이 사건 사단법인이어야 한다는 취지의 주장은 이유 없다."고 판단하였다.

3. 판결의 의의

의사가 의료법에 위반하여 의료기관의 개설자가 될 수 없는 자에게 고용되어 의료행위를 실시하고 국민건강보험공단에 요양급여비용을 청구하여 지급받은 경우, 국민건강보험공단은 국민건강보험법 제57조 제1항에 따라 해당 요양기관이 속임수나 그 밖의 부당한 방법으로 보험급여를 받았다고 보아 해당 금액에 대해 환수처분을 하고 있다. 한편, 동법 동조 제2항 제1호는 의료법 제33조 제2항을 위반하여 의료기관을 개설할 수 없는 자가 의료인의 면허나 의료법인 등의 명의를 대여받아 개설 및 운영하는 의료기관의 경우, 해당 요양기관을 개설한 자(즉, 대상 판결의 원고들과 같은 자)에게도 동조 제1항의 환수처분을 연대하여 할 수 있도록 규정(이하 '연대환수조항')하고 있다. 그런데 이 연대환수조항은 2013년에 신설된 것으로, 대상 판결 선고 당시에는 의료인을 고용하여 의료기관을 개설하여 실질적으로 이득을 취한 비의료인들에 대하여 행정처분인 환수처분을 할 근거가 존재하지 않았다.

대상 판결 이전까지 국민건강보험공단은 의사에 대해서만 환수처분을 할 뿐, 비의료인에게 법적조치를 취하지 않았기에 비의료인은 개설된 의료기관에서 이익을 취하고서도 환수처분에서는 자유로워 형사처벌 외에는 아무런 제재를 받지 않게 되는 문제가 있었다. 이러한 사실은 속칭 사무장 병원이 더 활개를 치게 된 요인으로 작용하여 의사들이 반발하는 또 하나의 원인이 되었다. 결국 국민건강보험공단은 위 비의료인들에게 '환수결정 통보'라는 것을 하였으나, 당시 법률에 행정처분의 근거는 없었으므로 실무상 이 환수결정 통보에 대한 법적 성격은 민법 제741조 및 민법 제750조에 따른 부당이득의 반환청구 혹은 손해배상 청구로 해석되었으며, 원고들도 민사 법원에 채무부존재확인소송을 제기했던 것이다. 대상 판결은 의료인을 고용한 비의료인도 국민건강보험공단에 대하여 민법상의 부당이득반환 내지는 손해배상 의무가 있다는 것을 확인한 최초의 판결이었다. 다만, 2013년 이후에는 비의료인들에게도 연대환수조항이 적용되었는바, 위와 같은 논란은 종결되었다.

4. 참고 판결

서울고등법원 2014. 5. 22. 선고 2013나2017443 판결[41]은, 비의료인인 피고가 의사와 공모하여 의료기관을 개설한 다음(이른바 '사무장병원') 교통사고환자를 치료하고 자동차보험회사로부터 치료비를 지급받자, 치료비를 지급한 자동차보험회사가 피고의 행위는 강행규정인 의료법 제33조 제2항을 위반한 불법행위이고, 피고의 불법행위로 인해 지급할 의무가 없는 자동차보험진료수가를 지출하는 손해를 입었다는 이유로 피고 및 공모한 의사를 상대로 불법행위로 인한 손해배상청구소송을 제기한 사건에서, ① 의료법 제33조 제2항을 위반하여 이루어진 의원의 개설 및 공동운영에 관한 약정이 무효일 뿐 의사의 진료행위가 의료상 주의의무 위반행위가 아닌 이상 그 진료행위 자체가 불법행위를 구성한다고 할 수 없고, ② 설령 피해자들이 적법하게 개설된 의료기관에서 진료를 받았다 하더라도 보험회사는 진료비 상당액을 지급할 의무를 부담한다고 할 것이므로, 손해의 발생이나 불법행위와 손해와 사이에 상당인과관계를 인정하기 어려우며, ③ (자동차보험의 특성상) 진료비 상당액은 최종적으로 피보험자들이 부담하게 될 것이므로, 피해자들이 의료법을 위반하여 개설된 의료기관에서 진료받았다는 예측 불가능한 사정으로 인하여 피보험자들이 진료비 상당의 손해를 배상할 책임을 부담하는 반면 보험회사는 진료비 상당의 보험금 지급책임을 면제받게 된다면, 교통사고 발생에 대비한 자동차보험계약의 취지

---

41) 제1심 서울중앙지방법원 2013. 7. 25. 선고 2013가합509611 판결.

나 목적에 어긋날 뿐만 아니라, 보험계약 체결 당시 '교통사고 피해자들이 사무장병원에서 진료 받음으로써 발생한 자동차보험진료수가에 관하여는 보험금 지급 책임을 부담하지 아니한다'는 점을 보험회사에서 명시·설명하였다고 볼 만한 아무런 증거가 없고, ④ 국민건강보험법상 요양급여와 자배법상 자동차보험진료수가는 상당한 차이가 있으므로, 국민건강보험공단이 의사에게 지급한 요양급여가 국민건강보험법상 부당이득 징수의 대상이 된다고 하더라도 보험회사가 의사에게 자배법상 자동차보험진료수가로 지급한 진료비 상당액이 불법행위로 인하여 발생한 손해액이라고 단정하기는 어렵다는 이유로 원고의 청구를 기각하였다.

077. 의료인이 복수의 의료기관을 개설·운영한 경우
- 대법원 2018. 7. 12. 선고 2018도3672 판결[42]

1. 사실관계

치과의사인 피고인은 2012. 6.경부터 H치과의원을 자신의 명의로 개설하여 운영하였음에도, 2013. 6.경부터 서모씨 명의로 개설한 S치과의원을, 2014. 4.경부터 조모씨 명의로 개설한 L치과의원을 동시에 운영하였다. 피고인은 의료법 제33조 제8항에 따라 의료인은 어떠한 명목으로도 둘 이상의 의료기관을 개설·운영할 수 없음에도 위 3개의 치과의원을 운영하였다는 의료법위반 혐의 및 치과 인수 과정에서 투자금 및 대여금 명목으로 6억 5,000여만원을 편취한 사기죄 혐의로 구속 기소되었다.

2. 법원의 판단

제1심 판결은 사기죄 혐의에 대하여 모두 유죄 판단을 하며 피고인에게 징역 2월 6개월을 선고하였다. 그러나 의료법위반 혐의에 대해서는, S치과의원의 경우 개설명의자인 서모씨가 진료를 하되, 피고인은 회계와 마케팅을 담당하는 방식으로 공동으로 운영하기로 하였다가 계약대로 보수가 지급되지 않아 폐업을 하였다는 점을 들어, L치과의원의 경우 피고인이 30%정도의 지분을 가지고 있었으나, 이는 개설명의자 조모씨와 피고인 간 정산할 문제가 있어 일시적으로 동업의 형식을 띠었을 뿐, 2015. 1.경부터는

---

42) 제1심 서울중앙지방법원 2016. 12. 22. 선고 2016고단4214, 5153(병합), 7410(병합) 판결,
제2심 서울중앙지방법원 2018. 2. 6. 선고 2017노9 판결.

조모씨가 온전히 단독으로 운영하였다는 점을 들어 무죄를 선고하였다.

그러나 제2심 판결은 이미 자신의 명의로 의료기관을 개설 및 운영하던 피고인이 각 서모씨와 조모씨의 명의를 빌려 각 S치과의원과 L치과의원을 운영하였고, 이 과정에서 시설과 인력의 관리, 의료업의 시행, 필요한 자금의 조달, 그 운영성과의 귀속 등을 실질적으로 지배 및 관리하였다는 점을 인정하여 의료법위반의 점도 유죄로 인정하였다.

이에 대해 대법원은 의료기관의 중복 '개설'이란 '이미 자신의 명의로 의료기관을 개설한 의료인이 다른 의료인등의 명의로 개설한 의료기관에서 직접 의료행위를 하거나 자신의 주관 아래 무자격자로 하여금 의료행위를 하게 하는 경우'이고 의료기관의 중복 '운영'이란 '의료인이 둘 이상의 의료기관에 대하여 그 존폐·이전, 의료행위 시행 여부, 자금 조달, 인력·시설·장비의 충원과 관리, 운영성과의 귀속·배분 등의 경영사항에 관하여 의사결정 권한을 보유하면서 관련 업무를 처리하거나 처리하도록 하는 경우'라 하여 '개설'과 '운영'의 개념을 구분하였으며, 이 사건 피고인의 행위는 중복개설은 아니더라도 중복 '운영'에 해당한다고 판단하였다.

3. 판결의 의의

의료인의 의료기관 중복개설 및 운영을 금지한 의료법 제33조 제8항은 2012년에 개정되어 도입된 것이다. 개정 전에는 의료기관의 중복 '개설'만이 금지되었다. 그리고 개정 전 조항에 대해 대법원은 2003년 이래 A 의료기관을 개설한 의사가 다른 의사의 명의로 B 의료기관을 개설하여 직원을 채용하고 급료를 지급하며 영업에 관여하여 발생하는 이익을 취하는 등 경영에 직접 관여한 것은 의료법이 금지하는 중복 '개설'은 아니지만, B 의료기관에서 자신이 직접 의료행위를 하거나 무자격자를 고용하여 자신의 주관 하에 의료행위를 하게 하는 것은 의료법이 금지하는 중복 '개설'이라고 판시하여 왔다.43) 즉, '운영'과 '개설'을 분리한 대상 판결의 태도와 같은 전제에서 의료법에 따라 중복 '개설'만이 금지된다고 판단한 것이다. 그런데 2012년 법개정으로 인하여 중복 '운영'까지도 금지되었다.

입법 과정에서 보건복지부는 대법원이 유사 사안에서 여러 차례 의료기관의 중복 '경영참여'에 대해 복수개설이 아니라고 판단한 점, '운영'의 범위가 불명확한 점을 들어 입법 실익이 적다는 점을 지적하였고, 법제처 역시 '운영'을 금지한다 하더라도 사인 간 계약관계를 행정청이 파악하기 어려워 실효성을 기대하기 어렵다고 하였다. 공정거래위원회도 의료인의 다른 의료기관에 대한 투자 및 경영까지 금지하는 것은 국민의 건강을 보호·증진하는 의료법의 목적을 벗어난 과잉규제라고 지적하였다.44)

한편, 대상 판결은 2003년 대법원 판결에서 나타난 '운영'의 표지에 대하여 더욱 자세히 설시하고 있다. 둘 이상의 의료기관 개설과정, 개설명의자의 역할과 경영에 관여하고 있다고 지목된 다른 의료인과의 관계, 자금 조달 방식, 경영에 관한 의사 결정 구조, 실무자에 대한 지휘·감독권 행사 주체, 운영성과의 분배 형태, 다른 의료인이 운영하는 경영지원 업체가 있을 경우 그 경영지원 업체에 지출되는 비용 규모 및 거래 내용 등의 제반 사정을 고려하여야 한다는 것이다. 나아가 의사결정과 운영성과 귀속 등의 측면에서 특정 의료인에게 좌우되지 않고 각자 독자성을 유지하고 있거나, 특정 의료인이 단순히 협력관계를 맺거나 경영지원 혹은 투자를 하는 정도에 그친다면 '운영'에 해당하지 않을 가능성이 있음도 시사하고 있다. 그러나 '운영'의 의미에 대해 많은 설명이 필요하거나 예외 상황이 늘어날수록 해당 조항은 형벌부과의 기준이 되기 어려울 것으로 사료된다. 투자 후 경

---

43) 대법원 2003. 10. 23. 선고 2003도256 판결.
44) 김선욱·정혜승, "의료인의 의료기관 다중운영 금지 조항의 위헌성", 『의료법학』 제16권 제2호, 대한의료법학회, 2015, 300-301면.

영지원행위에 그치려고 의도하더라도 이익을 최대한 회수하기 위해 경영관여도가 높아지면 결국 '운영'에 이르게 되는 것인데 그 명확한 기준을 알기 어렵기 때문이다.

4. 참고 판결

○ 헌법재판소 2019. 8. 29.자 2014헌바212, 2014헌가15, 2015헌마561, 2016헌바21(병합) 결정은, 네트워크병원이었던 T병원의 개설자 A, B, C 3인이 위 조항 위반죄로 기소되었고 이들은 해당 1심 소송 진행 중 의료기관 중복운영 금지조항이 죄형법정주의의 명확성의 원칙, 과잉금지원칙, 신뢰보호원칙, 평등원칙에 반한다는 취지로 헌법재판소법 제68조 제2항에 따른 헌법소원심판청구를 한 사건에서,[45] '운영'의 사전적 의미와 이에 대한 법원의 해석, 의료법 개정의 취지 및 그 규정 형식 등을 종합하여 볼 때, 법률에서 금지하는 '의료기관 중복운영'이란 '의료인이 둘 이상의 의료기관에 대하여 그 존폐·이전, 의료행위 시행 여부, 자금 조달, 인력·시설·장비의 충원과 관리, 운영성과의 귀속·배분 등의 경영사항에 관하여 의사 결정 권한을 보유하면서 관련 업무를 처리하거나 처리하도록 하는 경우'를 의미하는 것으로 충분히 예측할 수 있고 그 구체적인 내용도 법관의 통상적인 해석과 적용에 의하여 보완될 수 있기 때문에 이 사건 법률조항은 죄형법정주의의 명확성원칙에 반하지 아니한다고 판단하였다. 또한, 의료행위의 질을 유지하고 지나친 영리추구로 인한 의료의 공공성 훼손 및 의료서비스 수급의 불균형을 방지하며, 소수의 의료인에 의한 의료시장의 독과점 및 의료시장 양극화를 방지하기 위한다는 입법목적을 달성하기에

---

45) 보다 구체적인 사실관계는 박태신 외 4인, "2016년 주요 의료판결 분석", 『의료법학』 제18권 제1호, 대한의료법학회, 2017, 323면 참조.

적합한 수단이며, 이 사건 법률조항으로 금지되는 유형은 1인의 특정 의료인이 주도적인 지위에서 여러 개의 의료기관을 모두 지배·관리하는 형태, 이른바 경영지배형에 제한되는데 이러한 경영지배형은 실제 의료행위를 하는 의료인이 경영주체에 종속되어 보건의료의 질이 저하되고 의료인이 외부 유입 자본에 종속될 수 있는 점, 의료는 공익적 특성을 지니고 있는데 1인의 의료인이 여러 개의 의료기관을 지배할 경우 각 의료기관에 영리추구를 종용하여 환자가 상업적 가치의 대상으로 취급될 가능성이 있는 점, 의료업에서 과도한 영리추구는 의료서비스 수급의 불균형, 의료질서의 왜곡으로 나타날 수 있는 점 등에 비추어 침해의 최소성 원칙에 위배되지 않는 조항이라고 판단하였다. 나아가 의료법인 등은 둘 이상의 의료기관을 운영할 수 있음에도 개인인 의료인에게만 금지한 것에 대하여 의료법인 등은 국가의 관리를 받고, 비영리법인의 특성상 재산의 분리 및 배당이 금지되므로 영리를 추구하는데 한계를 가지므로 이 두 주체를 달리 취급하는 것에는 합리적인 이유가 있어 평등원칙에도 위배되지 않는다고 판단하였다.

○ 대법원 2019. 5. 30. 선고 2016두56370 판결[46]은, 의료법상 의료기관 중복운영 금지조항, 즉 의료기관 개설기준에 위반하여 개설된 의료기관이 청구하여 수령한 요양급여비용 전부는 국민건강보험법 제57조 제1항의 '속임수나 그 밖의 부당한 방법'으로 받은 보험급여라는 이유로 이루어진 국민건강보험공단의 환수처분에 대한 취소소송에서, 의료법 제33조 제4항에 따른 허가를 받아 개설되었다면 일단 유효하게 설립된 의료기관이라고 보아야 하고, 그 허가가 당연무효가 아닌 한 해당 의료기관이 의료법 제33조 제8항에 위반하였다 하더라도 국민건강보험법 제42조 제1항 제1호 소

---

46) 제1심 서울행정법원 2014. 10. 30. 선고 2014구합11526 판결, 제2심 서울고등법원 2016. 9. 23. 선고 2014누69442 판결.

정의 '의료법에 따라 개설된 의료기관'에 해당한다고 판단함으로써 해당 의료기관이 청구한 요양급여비용은 '속임수나 그 밖의 부당한 방법'으로 받은 것이 아니라는 취지로 환수처분 취소 판결을 한 원심 판결에 대하여, 의료법과 국민건강보험법의 입법목적과 규율대상이 다르다는 전제에서, 국민건강보험법 제42조 제1항 제1호에 따라 요양기관으로 인정되는 '의료법에 따라 개설된 의료기관'의 범위는 이러한 두 법률의 차이를 염두에 두고 국민건강보험법에서 정한 요양급여를 실시하는 기관으로서 적합한지 여부를 고려하여 판단하여야 하고, 의료인이 둘 이상의 의료기관을 운영하거나 다른 의료인 명의로 의료기관을 개설·운영하였더라도, 의료법에 의하여 의료기관 개설이 허용되는 의료인에 의하여 개설·운영되고 진료행위가 이루어진다는 점에서 의료법 조항을 위반하지 아니한 의료기관과 차이가 없다고 판시하며 원심판결을 확정하였다.[47]

---

[47] 자세한 내용은 박태신 외 4인, "2016년 주요 의료판결 분석", 『의료법학』 제18권 제1호, 대한의료법학회, 2017, 324-327면, 문현호, "의료법상 의료기관 중복개설·운영 금지 규정에 위배하여 개설·운영된 의료기관은 국민건강보험법상 요양급여비용을 청구할 자격이 없는지 여부", 대법원판례해설(제119호), 594-603면 각 참조. 한편, 의료법 제33조 제8항 위반을 이유로 요양급여비용 환수처분을 당한 의사 A가 항고소송 제소기간을 도과한 이후 환수처분이 원인무효라는 취지로 무효확인의 소를 제기하자, 법원은 비록 제33조 제8항 위반을 이유로 요양급여비용을 환수처분 하는 것이 위법하기는 하나, 행정처분에 존재하는 하자가 중대하다 하더라도 외형상 객관적으로 명백하지 않다면 그 처분을 당연무효라고 할 수 없는바, 법리가 명백히 밝혀져 해석에 다툼의 여지가 없음에도 행정청이 그 규정을 적용하여 처분을 한 것이 아닌 이상, 행정처분의 하자가 명백한 것은 아니라는 전제에서 환수처분이 당연무효는 아니라고 판단하였고 (서울행정법원 2018. 5. 17. 선고 2017구합66039 판결), 2심 법원 역시 1심 판단을 유지하였으며(서울고등법원 2019. 1. 9. 선고 2018누54066 판결), 이에 대하여 원고가 상고하였으나 심리불속행으로 기각되어 확정되었다(대법원 2019. 5. 30. 선고 2019두 33316 판결).

078. 비의료인이 의료법인을 설립하여 의료기관을 개설·운영한 경우

— 대법원 2023. 7. 17. 선고 2017도1807 전원합의체 판결[48]

1. 사실관계

피고인은 비의료인으로서 의료기관 개설자격이 없음에도 형식적으로 의료법인의 설립허가를 받은 다음, 그 법인의 이사장으로 취임하여 의료법인 ○○의료재단 △△요양병원(이하 '이 사건 의료기관'이라고 한다)의 개설신고를 하고 의사 등을 직접 고용하여 그들로 하여금 다수의 환자들을 상대로 진료행위를 하게 함으로써, 적법한 의료기관 개설인 것처럼 가장한 채 의료기관 개설자격을 위반하여 이 사건 의료기관을 개설·운영하였다는 의료법 위반 혐의로 기소되었다. 이에 대해 제1심 판결과 원심판결은 위 공소사실을 유죄로 인정하였다.

2. 법원의 판단

가. 의료인 개인 명의 의료기관 개설자격 위반에 관한 판단기준 및 쟁점

대법원은 의료인 개인 명의로 개설된 의료기관이 실질적으로 비의료인에 의하여 개설·운영된 것인지에 대하여, 비의료인이 의료기관의 시설 및 인력의 충원·관리, 개설신고, 의료업의 시행, 필요한 자금의 조달, 운영성과의 귀속 등을 주도적인 입장에서 처리하였는지 여부를 기준으로 판단하

---

48) 제1심 대구지방법원 경주지원 2016. 7. 15. 선고 2015고합81 판결, 제2심 대구고등법원 2017. 1. 19. 선고 2016노451 판결.

면서, 비의료인이 필요한 자금을 투자하여 시설을 갖추고 유자격 의료인을 고용하여 그 명의로 의료기관을 개설한 행위는 형식적으로만 적법한 의료기관의 개설로 가장한 것일 뿐 실질적으로는 비의료인이 의료기관을 개설한 경우에 해당한다고 판단하여 왔다.[49] 또한 소비자생활협동조합법에 의하여 설립된 소비자생활협동조합 명의로 의료기관 개설신고가 된 경우에도 위와 같은 법리를 적용하여 왔다.[50]

한편, 의료법상 의료기관 개설자격이 있는 의료법인은 설립자의 재산출연에 의하여 설립되고 법인의 기관에 의하여 운영되어 재단법인의 성격을 갖는데, 의료법은 재산출연을 할 수 있는 사람이나 기관이 될 수 있는 사람, 즉 의료법인의 설립, 의료법인 명의 의료기관의 개설·운영을 주도적인 입장에서 처리할 수 있는 사람을 의료인으로 한정하지 않는다. 대상 판결에서는 따라서 비의료인이 의료법인 명의로 개설된 의료기관에 관여하는 경우 의료기관 개설자격 위반 여부에 관한 기준을 구체적으로 어떻게 설정할 것인지가 쟁점이 되었다.

나. 의료법인 명의 의료기관 개설자격 위반에 관한 판단기준

대상 판결의 다수의견은 다음과 같이 주도성의 법리에 추가기준을 요구하는 취지로 판시하면서 원심판결을 파기하고 사건을 원심법원에 환송하였다.[51][52]

---

49) 대법원 2011. 10. 27. 선고 2009도2629 판결 등.
50) 대법원 2014. 8. 20. 선고 2012도14360 판결 등.
51) 반면, 반대의견은 의료법인 명의 의료기관의 경우에도 의료인 개인 명의 의료기관이나 소비자생활협동조합 명의로 개설된 의료기관과 마찬가지로 주도성의 법리를 적용해야 한다고 하였다.
52) 다수의견에 찬성하는 견해로는 백경희, 장연화, "의료법인 명의 의료기관 개설·운영에 대한 의료법상 규제에 관한 고찰- 대법원 2023. 7. 17. 선고 2017도1807 전원합의체 판결을 중심으로-", 『원광법학』 제39권 제3호, 2023; 반대의견과 같은 견해로는 신은주, "비의료인의 불법개설 의료기관의 판단기준과 요양급여비용에 관한 고찰", 『원광

의료법인 명의로 개설된 의료기관의 경우, 비의료인의 주도적 출연 내지 주도적 관여는 의료법인의 본질적 특성에 기초한 것으로서 의료법에 근거하여 비의료인에게 허용된 행위이므로, 비의료인의 주도적 자금 출연 내지 주도적 관여 사정만을 근거로 비의료인이 실질적으로 의료기관을 개설·운영하였다고 판단하게 되면, 허용되는 행위와 허용되지 않는 행위의 구별이 불명확해져 죄형법정주의 원칙에 반할 수 있다. 따라서 의료법인 명의로 개설된 의료기관을 실질적으로 비의료인이 개설·운영하였다고 판단하려면, 비의료인이 의료법인 명의 의료기관의 개설·운영에 주도적으로 관여하였다는 점을 기본으로 하여, 비의료인이 외형상 형태만을 갖추고 있는 의료법인을 탈법적인 수단으로 악용하여 적법한 의료기관 개설·운영으로 가장하였다는 사정이 인정되어야 한다.

이러한 사정은 다음 두 가지 사항 중 어느 하나에 해당되면 인정될 수 있다. 첫째는 의료법인 중 '법인'에 관한 사항으로 비의료인이 실질적으로 재산출연이 이루어지지 않아 실체가 인정되지 아니하는 의료법인을 의료기관 개설·운영을 위한 수단으로 악용한 경우이고, 둘째는 의료법인 중 '의료'에 관한 사항으로 비의료인이 의료법인의 재산을 부당하게 유출하여 의료법인의 공공성, 비영리성을 일탈한 경우이다.

① 재산이 출연되지 않은 의료법인은 의료기관을 개설·운영할 시설과 자금이 없어 스스로 의료기관을 개설·운영할 수 없다. 재산이 출연되지 않아 시설과 자금이 없는 의료법인의 명의로 의료기관이 개설되었더라도 그 의료기관은 필연적으로 의료법인이 아닌 제3자가 실질적으로 개설·운영하였다고 평가될 수밖에 없다. 비의료인이 실질적인 재산출연 없이 주무관청인 시·도지사를 기망하여 의료법인 설립허가를 받은 경우라면 의료기관을 개설·운영할 시설과 자금이 없는 의료법인을 의료기관 개설의 외형만을

법학』 제38권 제3호, 2022.

갖추기 위하여 설립한 것으로 평가할 수 있다. 따라서 위와 같이 형식만을 갖춘 의료법인을 설립한 비의료인이 의료법인 명의 의료기관의 개설·운영을 주도하였다면 비의료인이 의료법인을 탈법적인 수단으로 악용하여 적법한 의료기관 개설·운영으로 가장한 채 실질적으로는 비의료인 자신이 의료기관을 개설·운영하였다고 보아야 한다.

② 의료법인은 의료기관 개설·운영 목적으로 의료법에 근거하여 설립되는 것으로, 의료법이 의료법인에 법인격을 부여하고 의료기관 개설·운영 자격을 인정한 전제인 공공성과 비영리성이 유지되어야 한다. 비의료인이 의료법인 명의로 의료기관을 개설·운영하면서 공공성, 비영리성을 일탈하였다면, 외형상으로 그 형태만을 갖추고 있는 의료법인을 탈법적인 수단으로 악용하여 적법한 의료기관 개설·운영으로 가장하였다고 보아야 한다. 형식적으로 의료법인 명의로 의료기관이 개설·운영되었더라도, 비의료인이 의료법인을 지배하면서 의료기관 운영수익 등을 상당한 기간 부당하게 유출하는 등 공공성, 비영리성을 일탈한 경우라면, 공공성, 비영리성을 전제로 의료기관 개설자격을 부여받은 의료법인의 규범적 본질이 유지되었다고 보기 어렵다.

③ 다만 의료법인 설립과정에 하자가 있었다는 사정이나 비의료인이 의료법인의 재산을 일시적으로 유출하였다는 정황만을 근거로 곧바로 비의료인이 의료기관 개설자격을 위반하여 의료기관을 개설·운영하였다고 평가할 수는 없고, 의료법인 설립과정의 하자가 의료법인 설립허가에 영향을 미치거나 의료기관 개설·운영이 실질적으로 불가능할 정도에 이르는 것인지나 의료법인의 재산이 유출된 정도, 기간, 경위 및 이사회 결의 등 정당한 절차나 적정한 회계처리 절차가 있었는지 등을 종합적으로 고려하여 의료법인의 규범적 본질이 부정될 정도에 이르러 의료기관 개설·운영을 위한 탈법적인 수단으로 악용되었다고 평가될 수 있는지를 판단해야 한다.

3. 판결의 의의

  대상 판결은 의료인 개인 명의 의료기관의 경우에는 비의료인이 병원 개설과 운영에 관여하거나 필요한 자금을 출연할 수 있는 방법이 의료법 상 마련되어 있지 않다는 점에서, 소비자생활협동조합 명의 의료기관의 경우에는 소비자생활협동조합은 조합원의 공동소유와 공동운영을 전제로 한 사단법인 성격의 비영리법인이라는 점에서 각 주도성의 법리로 의료법 제33조 제2항 위반 여부를 판단함이 타당하다고 판시한다. 그러나 이와 달리 재단법인의 일종인 의료법인 명의 의료기관의 경우에는 ① 누군가의 재산출연이 없으면 의료법인은 설립될 수 없는데, 비의료인이 의료기관의 개설·운영 등에 필요한 자금 전부 또는 대부분을 의료법인에 출연하는 것도 허용되고, 비의료인이 의료법인에 출연한 재산은 더이상 비의료인의 재산이 아닌 의료법인의 재산이라는 점, ② 의료법인이 의료기관을 개설·운영하기 위해서는 의료법인이 아닌 제3자가 이사 등 지위에서 의사결정과 업무집행을 할 것이 반드시 요구되는데, 비의료인이 의료법인의 이사 등 지위에서 의료기관의 개설·운영에 관한 의사결정 내지 업무집행에 관여한 것은 의료법인의 의사결정기관 내지 업무집행기관 지위에서 행한 정당한 직무집행으로 보아야 하는 점 등 의료법인의 본질적 특성에 비추어 보면, 위와 같은 주도성 법리만으로는 개설자격 위반 여부를 판단할 수 없다고 하면서 재산출연 및 부당한 재산유출 여부라는 추가적인 판단기준을 제시하고 있다.

  이와 같이 대상 판결은 의료인 개인이나 사단법인인 소비자생활협동조합 명의 의료기관과 달리 재단법인의 일종인 의료법인 명의 의료기관 개설자격 위반에 관한 판단기준을 구체화하여 법적 안정성과 예측가능성 제고를 도모한 데 의의가 있다.53) 다만, 반대의견은 다수의견이 제시한 기준으로는 피고인의 행위와 고의를 전체적, 통합적으로 파악하기 어렵고, 그 결과 의료법인 명의 의료기관의 경우 개설자격 위반의 인정 범위가 지나치게 축소되는 결과를 초래한다고 비판하고 있는바, 위와 같은 인정범위축소에 따른 부작용을 방지하기 위한 제도적 보완은 필요해 보인다.[54]

대상 판결 이후 대법원 2023. 9. 21. 선고 2022도16276 판결, 대법원 2023. 10. 26. 선고 2022도90 판결 등은 의료법인 설립허가 출연금 기준을 충족하는 재산을 출연하지 않은 것은 의료법인 설립허가에 영향을 미칠 정도에 이르는 의료법인 설립과정의 하자로 볼 수 있고, 장기간에 걸쳐 이 사건 의료법인의 재산 중 상당 부분을 부당하게 유출하였다는 이유로 개설자격 위반 의료기관 개설로 인한 의료법 위반죄의 성립을 인정한 원심판결에 대한 상고를 기각하였다.[55]

---

53) 김종헌, "비의료인이 개설자격을 위반하여 의료법인 명의 의료기관을 개설·운영하였는지 여부에 관한 판단 기준 : 대법원 2023. 7. 17. 선고 2017도1807 전원합의체 판결", 『사법』 제66호, 2023.

54) 다만, 의료법은 2019. 8. 27. 법률 제16555호 개정으로 제48조의2 제1항에서 의료법인에는 5명 이상 15명 이하의 이사와 2명의 감사를 두되, 보건복지부장관의 승인을 받아 그 수를 증감할 수 있다고 규정하고, 제3항에서 이사회의 구성에 있어서 각 이사 상호간에 「민법」 제777조에 규정된 친족관계에 있는 사람이 그 정수의 4분의 1을 초과해서는 아니 된다고 규정하고 있으며, 제5항에서 감사는 이사와 제3항에 따른 특별한 관계에 있는 사람이 아니어야 한다고 각 규정하고 있다. 또한 제51조의2, 제89조 제3호는 임원 선임과 관련하여 금품 등 수수를 금지하고, 그 위반행위에 대한 처벌하도록 각 규정하고 있다. 또한, 2020. 12. 29. 법률 제17787호 개정으로 제33조의3을 신설하여 보건복지부장관이 개설자격 없는 자의 의료기관 개설 실태를 조사하고 위법이 확정된 경우 그 결과를 공표하도록 하고 있다.

55) 반면, 대법원 2023. 8. 18. 선고 2020도6492 판결, 대법원 2023. 8. 31. 선고 2022도11404 판결, 대법원 2023. 9. 27. 선고 2021도2020 판결 등은 법리오해 및 심리미진 등을 이유로의료법 위반을 긍정한 원심판결을 파기환송하였다.

079. 의료인의 진료장소 제한(의료법 제33조 제1항): 의료기관 개설자가 다른 의료기관의 비전속 전문의로 근무한 사례
- 서울행정법원 2014. 4. 4. 선고 2013구합62886 판결[56]

1. 사실관계

원고는 S시에서 정형외과의원을 개설한 의사이다. 원고는 전산화단층촬영장치(이하 'CT'라 함)를 특수의료장비로 등록하면서 영상의학과 전문의이자 자신의 명의로 H의원을 개설하고 있는 L의사를 비전속으로 근무하도록 하고 이를 도지사에게 통보하였다. 한편, 특수의료장비의 설치 및 운영에 관한 규칙에 의하면 CT의 운용인력으로는 영상의학과 전문의와 방사선사를 두어야 하는데, 영상의학과 전문의는 전속 또는 비전속으로 1명 이상을 두어야 한다고 규정하고 있다.

피고 국민건강보험공단은 의료법 제33조 제1항에 따라 요양기관 개설자는 타 의료기관에 비전속으로 근무할 수 없음에도 불구하고, 자신의 이름으로 H의원을 개설한 L의사가 원고의 의료기관에서 진료를 하고 이에 대하여 요양급여비용을 청구한 것은 부당하다는 취지로 요양급여 환수처분을 하였다.

원고는 이에 대하여 특수의료장비의 설치 및 운영에 관한 규칙에 따르면 영상의학과 전문의를 비전속으로 두어야 한다고 규정하고 있을 뿐, 요

---

56) 대상 판결은 피고가 항소하였으나 기각되어 확정되었다(서울고등법원 2018. 1. 11. 선고 2017누62886 판결).

양기관 개설자가 아니어야 한다는 규정은 없으므로 이 사건 처분은 처분 사유가 존재하지 아니하여 위법하다는 등의 이유를 들어 환수처분의 취소를 구하는 행정소송을 제기하였다.

2. 법원의 판단

대상 판결은 ① 특수의료장비의 설치 및 운영에 관한 규칙의 [별표1]에 따르면 CT의 운용인력기준으로 "영상의학과 전문의 : 비전속 1명이상"으로 정하고 있을 뿐, 전문의가 비개업의여야 한다는 규정이 없는 점, ② 영상의학과 비개업의의 경우 일반적으로 타인이 개설한 의료기관에 고용된 의사들인데 이러한 피고용자 지위에 있는 전문의들을 비전속의로 등록하여 진료를 병행하기는 현실적으로 어려운 반면 개업의인 경우에는 진료시간을 조절할 수 있기 때문에 다른 의료기관의 진료를 병행하기가 상대적으로 용이한 점, ③ 원고는 환자 진료 후 CT촬영이 필요한 경우 방사선 기사에게 촬영지시를 내리고, 우선적으로 그 영상을 보고 진료방향을 설정하였으며 영상의학과 전문의는 일주일에 한 번씩 원고 의료기관에 방문하여 세부적 검토가 필요한 환자에 대한 영상판독만 하였을 뿐인 점, ④ 이 사건 처분은 L의사가 판독을 한 부분만 환수한 것이 아니라 원고가 직접 영상을 보고 진료한 부분까지 모두 포함하고 있는 점, ⑤ 의료법 제33조 제1항이 금지하는 내용은 의료기관 개설자가 타 의료기관에서 진료하는 행위이므로 제재의 상대방은 타인의 의료기관에서 진료행위를 한 L의사임에도 원고 의료기관의 요양급여비용 청구가 거짓 기타 부당한 방법에 의한 것이라고 보기 어려운 점, ⑥ L의사의 영상판독 행위는 주도적 위치에서 전반적인 진료행위를 함으로써 사실상 원고 의료기관에서 의료업을 하는 정도에 이르지는 않은 점을 들어 피고의 처분이 위법하여 취소하여야 한다고 판시하였다.

3. 판결의 의의

의료법 제33조 제1항은 의료인만이 의료기관을 개설할 수 있을 뿐만 아니라 의료인은 자신이 개설한 의료기관 내에서만 의료업을 행하여야 한다고 규정하고 의료법 제90조는 위 규정에 위반한 자는 300만원 이하의 벌금에 처하도록 하고 있다. 한편, 의료법 제39조 제2항은 의료기관의 장은 그 의료기관의 환자를 진료하는 데에 필요하면 해당 의료기관에 소속되지 아니한 의료인에게 진료하도록 할 수 있다고 규정하고 있다. 두 조항은 충돌될 여지가 있는바, 대상 판결은 원고가 L의사를 초빙하여 CT 영상 판독을 하였다 하더라도 원고가 우선적으로 CT 영상을 토대로 진료를 행하고 개별적·구체적으로 필요하다고 판단한 경우에 한하여 L의사에게 판독을 요청한 것으로, 비록 L의사가 원고 의료기관에 출근한 것이 정기적이었다 하더라도 의료법 제39조 제2항의 취지에 부합하는 행위라고 판단하여 의료법 제39조 제2항을 우선 적용함으로써 영상의학 전문의와 같이 수요에 비하여 의료인이 부족한 경우 의료기관 개설자이더라도 제한된 범위에서 자신이 개설한 의료기관 외에서의 진료가 가능하다고 해석한 점에 의의가 있다.

또한 L의사가 타 의료기관의 개설자라 하더라도, 규칙에 의거할 때 비전속 근무를 허용할 뿐, 타 의료기관'개설자'의 근무를 금지하고 있지는 아니하므로, 원고 의료기관의 요양급여비용 청구는 L의사의 진료행위가 의료법 제39조 제2항에 반하지는 않는 점, 의료법 제33조 제1항은 진료를 행한 L의사를 제재하는 규정인 점에 비추어 원고 의료기관의 요양급여비용 청구 행위의 기초가 되는 행위가 비록 의료법 제33조 제1항에 반한다고 판단될 소지가 있다 하더라도 그것이 곧바로 속임수나 그 밖의 부당한 방법으로 보험급여를 받은 때에는 해당하지 아니한다고 판시한 것은 의료기관 개설자의 제한된 범위에서 타의료기관에서의 진료 허용에서 나아가 개설자를 초빙한 의료기관의 요양급여 청구의 정당성을 인정함으로써 자칫 의료법 위반은 아니지만 건강보험을 청구할 수 없어 실질적 의미가 없는 판결이 될 수도 있는 제한적 허용의 실효성까지 고려한 판시라는 점에서 의미가 있다.

4. 참고 판결

서울행정법원 2014. 9. 26. 선고 2013구합63261 판결[57]은, M안과의원의 개설자인 원고가 백내장 수술이 예약되어 있는 날마다 H안과의원의 D의사를 초빙하여 수술을 하도록 하고 D의사의 진료공백을 메워주기 위하여 H안과의원에 가서 진료를 한 행위에 대하여 피고 보건복지부장관이 '원고가 주1회 의료기관 외에서 의료업을 하고 환자를 직접 진찰하지 아니하고 처방전을 교부하였다'는 이유로 의사면허 자격정지 4개월의 처분을 하자 이에 대하여 취소를 구한 사건에서, D의사가 원고의 M안과의원에서 수술을 하는 동안 D의사가 운영하는 H안과의원의 공백을 메우기 위하여 반복적이고 일률적으로 진료를 하여 준 것은 의료법 제39조 제1항에 의하여 허용되는 행위가 아니고, 원고가 M안과의원에서 진료하지 아니한 날에도 D의사가 원고의 명의로 처방전을 발행하여 온 것은 사실이므로 피고 보건복지부장관의 처분은 적법하다고 판시하였다. 이 판결에서는 원고가 검찰로부터 'D가 운영하는 의료기관에서 의료업을 하여 의료법을 위반하였다'는 혐의에 대하여 혐의없음(범죄인정안됨) 결정을 받았으므로 의사면허 자격정지처분은 위법하다고 주장하였으나, 법령의 적용에 대한 검사의 판단이 행정청과 법원을 구속한다고 볼 수 없다고 하여 원고의 청구를 기각한 점도 주목할 만하다.

---

57) 이 판결은 원고가 항소하였으나 소취하하여 확정되었다.

080. 전화진료 후 처방전 발행 허용 여부(의료법 제17조 제1항)

1. 초진 환자의 경우
- 대법원 2020. 5. 14. 선고 2014도9607 판결[58]

피고인은 ○○의원을 운영하는 의사로, 자신의 환자 A가 내원하여 '지인 B가 먼 거리에 있어 방문할 수가 없다'며 B의 약을 처방하여 달라는 부탁을 하자, A의 핸드폰을 통해 B와 통화하면서 B의 이름, 주민등록번호, 기존 질환 여부, 건강상태, 증상 등을 상세히 듣고 B에게 전문의약품인 플루틴캡슐[59] 등을 처방한 처방전을 작성하여 A에게 교부하였다.

이에 대하여, 검찰은 '직접 진찰한 의사가 아니면 처방전을 작성할 수 없다'고 정한 의료법 제17조 제1항[60]의 "직접 진찰"은 직접 대면하여 진찰하는 것을 의미한다고 해석하여, 전화진료 후 처방전을 발급한 피고인을 위 조항 위반으로 기소하였다(이하에서는 개정 전의 제17조 제1항을 다루고 있으며, 편의상 '이 사건 조항'이라고 한다).

대상 판결은 "'진찰'이란 환자의 용태를 듣고 관찰하여 병상 및 병명을

---

58) 제1심 서울서부지방법원 2013. 9. 26. 선고 2012고정745 판결, 제2심 서울서부지방법원 2014. 7. 11. 선고 2013노1180 판결, 파기환송심 서울서부지방법원 2020. 11. 9. 선고 2020노602, 2020초기1309 판결, 재상고심 대법원 2021. 3. 11. 선고 2020도16174 판결(상고기각).
59) 우울증 및 신경성 식욕과항진증 등에 효과가 있는 것으로 알려진 약으로, 피고인은 B에게 이를 비만치료약으로서 처방하였다.
60) 법률 제16555호, 2019. 8. 27., 일부개정 전 조항은 '의료업에 종사하고 직접 진찰하거나 검안한 의사, 치과의사, 한의사가 아니면 진단서·검안서·증명서 또는 처방전을 작성하여 환자 등에게 교부하거나 발송할 수 없다'고 규정하고 있었으며, 위 개정으로 제17조의 2가 신설되면서 현재는 처방전에 관한 내용이 분리되었다.

규명하고 판단하는 것으로서, "이러한 진찰의 개념 및 진찰이 치료에 선행하는 행위인 점, 진단서와 처방전 등의 객관성과 정확성을 담보하고자 하는 이 사건 조항의 목적 등을 고려하면, 현대 의학 측면에서 보아 신뢰할 만한 환자의 상태를 토대로 특정 진단이나 처방 등을 내릴 수 있을 정도의 행위가 있어야 '진찰'이 이루어졌다고 볼 수 있고, 그러한 행위가 전화 통화만으로 이루어지는 경우에는 최소한 그 이전에 의사가 환자를 대면하고 진찰하여 환자의 특성이나 상태 등에 대해 이미 알고 있다는 사정 등이 전제되어야 한다"고 판시하면서, 한 번도 대면하여 진찰한 적이 없는 초진 환자에 대하여 전화 통화만으로 약을 처방한 것은 "진찰"을 하였다고 할 수 없다고 판단하여 유죄 취지로 원심을 파기하였다.[61]

2. 재진 환자의 경우

- 대법원 2013. 4. 11. 선고 2010도1388 판결[62] 및
  헌법재판소 2012. 3. 29.자 2010헌바83 결정

비만 및 다이어트 관련 진료를 하던 산부인과 전문의 A는, 기존에 A의 의원을 1회 이상 방문하여 비만 및 다이어트 진료를 받았던 환자가 이사

---

61) 제1심 판결(서울서부지방법원 2013. 9. 26. 선고 2012고정745 판결)은 직접 진찰한 의사가 아니면 처방전을 작성하여 환자에게 교부하여서는 아니됨에도 피고인은 B를 직접 진찰하지 않고 처방전을 교부하였다는 공소사실을 그대로 인정하여 유죄를 선고하였다. 1심에서의 쟁점은 '직접 진찰'의 의미가 아니라 '대면진료를 하였는지 여부'였으며, 피고인은 전화통화 이전에 B를 대면진료한 사실이 있다고 주장하였으나 배척되었다. 제2심 판결(서울서부지방법원 2014. 7. 11. 선고 2013노1180 판결)은 대법원 2013. 4. 11. 선고 2010도1388 판결에서 전화로 진찰한 경우라도 '직접 진찰'을 한 경우에 해당한다는 취지로 판단한 후 내려진 것으로서, 피고인은 처방전을 작성하기 전에 전화 진찰하는 방법으로 직접 B를 진찰하였다는 이유로 무죄를 선고하였다.
62) 제1심 서울동부지방법원 2009. 5. 26. 선고2008고정1375 판결, 제2심 서울동부지방법원 2010. 1. 7. 선고 2009노757, 2009초기1413 판결.

등으로 거리가 멀어서 올 수 없거나, 바쁘거나 하는 등의 이유로 방문하여 진료하지 않고 처방전을 받을 수 있는지 전화로 문의하자 가능하다고 답한 뒤, 처방전을 발급하여 환자들의 요청에 따라 A의 의원과 같은 건물에 있는 약국으로 보내주었다. 약국을 운영하는 B는 환자들에게 약을 보내주면서 처방전 발급비용과 약조제비용을 한꺼번에 받아 A에게 처방전 발급비용을 보내주었다. 이에 대하여, A는 직접 진찰하지 않고 처방전을 발급하였다는 이유로 의료법 제17조 제1항 위반으로 기소되었다[63].

한편, A는 항소심에서 위헌법률심판 제청 신청을 하였다가 기각되자, '직접 진찰한 의사가 아니면 처방전을 작성할 수 없다'고 정한 의료법 제17조 제1항의 "직접 진찰"은 대면진료 의무를 규정하는 것으로 해석할 수도 있고, 처방전의 발급주체의 범위를 규정한 것으로 해석할 여지도 있어 죄형법정주의의 명확성원칙에 위배된다는 이유로 헌법소원을 제기하였다.

제1심과 제2심 판결은 연달아 유죄판결을 선고하였는데, 제2심 판결은 '진찰이라 함은, 환자의 용태를 듣고 관찰하여 병상 및 병명을 규명 판단하는 것으로서 그 진단방법으로는 문진, 시진, 청진, 타진 촉진 기타 각종의 과학적 방법을 써서 검사하는 등 여러 가지가 있고,[64] 의료인은 맡은 바 임무를 수행함으로써 국민보건의 향상을 도모하고 국민의 건강한 생활 확보에 기여함을 사명으로 하며,[65] 환자로부터 의료행위를 해달라는 요청을 받고 이를 수락하면 의료행위를 하여야 할 의무를 부담하는바, 의료행위를 하여야 할 의무 즉, 진료의무를 이행함에 있어서 신의성실의 원칙에 따라 최선을 다하여 환자가 치료될 수 있도록 노력하여야 하는데, 전화의 방법으로는 환자의 병상 및 병명을 규명하여 판단하는 진단방법 중 "문

---

63) D는 또한 E가 처방전 알선을 대가로 처방전 발급비용 및 결제의 편의 등 경제적 이익을 제공하였다는 이유로 E와 함께 약사법 제24조 제2항 위반으로도 기소되었다.
64) 대법원 1993. 8. 27. 선고 93도153 판결, 대법원 2005. 8. 19. 선고 2005도4102 판결 등.
65) 의료법 제2조 제2항.

진"만이 가능하고, 다른 진단방법을 사용할 수 없어 '신의성실의 원칙에 따라 최선을 다하여 환자가 치료될 수 있도록 노력하는 의사의 진료의무'가 소홀해질 우려가 매우 크므로, 의료법의 규정과 진찰의 의의, 의료인의 사명 및 진료의무의 내용 등에 비추어 보면 의료법 제17조 제1항의 "직접 진찰"에 "전화 또는 이와 유사한 정도의 통신매체"만에 의한 진찰은 포함될 수 없다고 봄이 타당하다고 판시하면서, 유죄를 선고하였다.

그러나 대법원은 "개정 전 조항에서 '자신이 진찰한 의사'만이 처방전 등을 발급할 수 있다고 한 것은 그 문언의 표현으로 볼 때 의사라 하더라도 당해 환자를 스스로 진찰한 바가 없이 진료기록만을 보거나 진찰내용을 전해 듣기만 한 것과 같은 경우에는 그 환자에 대한 처방전 등을 발급해서는 안 된다는 것, 즉 처방전 등의 발급주체를 제한한 규정이지 진찰방식의 한계나 범위를 규정한 것은 아님이 분명하다"고 하면서, 이 사건 조항은 진찰방식이 아니라 처방전 발급 주체에 관한 것이므로 전화 진찰을 하였다는 사실만으로 '직접 진찰'을 한 것이 아니라고 할 수 없다고 판시하였다. 또한 대법원은 사건 조항에서는 '직접 진찰'이라는 용어를 사용하고 있는데 반하여, 같은 의료법 제34조 제3항에서 '직접 대면하여 진료'라는 용어를 사용하고 있어 의료법 내에서도 '직접 진찰'과 '직접 대면 진찰'을 구별하여 사용하고 있고, 의료법 제33조, 제34조 등에서 원격의료가 허용되는 범위에 관하여 별도의 규정을 두고 있으므로, 전화로 진찰하는 행위가 의료법상 허용되는 원격의료에 해당하는지는 위 조항에서 규율하는 것이 의료법의 체계에 더 부합한다고 볼 수 있다'고 하여 전화진료를 포함한 원격의료의 허용 여부는 의료법 제33조 내지 제34조의 문제라는 의견을 밝혔다.[66]

---

66) 대상 판결의 취지에 따라 2020. 5. 14. 선고 2014도9607 판결 전까지 전화진료에 대하여 의료법 제17조 제1항 위반으로 기소된 사건들에 대하여 잇달아 무죄가 선고되었으며, 이후 전화진료는 의료법 제33조 제1항 위반으로 기소되었다.

한편, 헌법재판소는 "사전적인 의미로 '직접'은 '중간에 제3자나 매개물이 없이 바로 연결되는 관계' 또는 '중간에 아무것도 게재시키지 아니하고 바로'를 의미하는바, 이 사건 조항에서의 '직접 진찰한'은 '의료인과 환자 사이에 인적·물적 매개물이 없이 바로 연결되어 진찰한' 즉, '대면하여 진료한'을 의미"하므로 이 사건 조항은 대면진료가 아닌 형태의 진료를 금지하는 것을 분명히 한 것이라고 보았다. 또한, '직접 진찰한'은 '자신이 진찰한'을 전제로 하는 것이므로, 결국 이 사건 조항은 '대면진료 의무'와 '진단서 등의 발급주체'의 양자를 모두 규율하고 있으며, 통상적인 법감정과 직업의식을 지닌 의료인이라면 이 사건 조항의 내용이 대면진료하지 않으면 진단서 등을 발급할 수 없다는 것이라고 인식할 수 있으므로 명확성원칙에 위반되지 않는다고 해석하였다.[67]

3. 판결의 의의

위 판결들을 종합해 보면, 전화진료에 대한 현재 대법원의 판단은 ① 한번도 대면한 적 없는 초진 환자에 대하여 전화로 진료하는 것은 처방전 발급을 위한 적법한 '진찰'에 해당하지 않아 현 의료법 제17조의2(개정 전의 제17조 제1항) 위반에 해당하고, ② 기존에 대면하여 진료한 적이 있는 환자에 대하여 전화로 진료하고 처방전을 발급하는 행위는 의료법 제17조의2 위반에 해당하지 않으나, ③ 전화로 진료하는 행위 자체가 의료법 제33조 제1항 위반에 해당하여 위법하다는 것이다. 이에 따라, 의료법을 개정하여 의료인과 환자간의 원격의료를 허용하는 규정을 명시적으로 추가하지 않는 한 현행법 상(전화진료를 포함하여) 의료인과 환자간의 원격의료는 위법임이 확인된 셈이다.

---

67) 헌법재판소 2012. 3. 29.자 2010헌바83 결정.

'직접진찰'의 해석에 관하여, 대법원은 의료인이 전화 통화를 통해 환자와 증상에 관하여 대화하고 질문하는 방식으로 환자의 상태를 파악하는 것, 즉 '문진'의 진단방법을 사용하여 환자의 병상 및 병명을 규명하는 행위[68]를 하였다는 점에서 동일함에도 불구하고, '기존에 환자를 대면한 적이 있어 환자에 대하여 알고 있는 경우'와 '환자를 대면한 적이 없는 경우'를 구분하여 후자의 경우는 "진찰을 하였다고 할 수 없다"고 판시하였다.[69] 기존에 환자를 대면한 적이 있는 경우와 대면한 적이 없이 전화통화로 처음 접하는 경우 환자에 대한 이해에 차이가 있고, 진단의 정확성에도 차이가 있을 수 있어 후자의 경우 진찰이 충분하지 않았을 수 있는 점에서 결론의 차이가 발생한 것으로 보인다.

　대법원이 전화진료에 대하여 의료법 제33조 제1항을 적용한 것이 타당한지 여부에 대해서도 검토해볼 필요성이 있다. 의료법 제33조 제1항은 연혁적으로 '의료기관 개설의무'에 관한 조항으로 시작하여 '의료기관 내에서의 진료의무'로 확대되었으며,[70] '의료기관 내에서 의료업을 하여야 한다'는 본문 내용과 '환자가 있는 현장에서 진료를 해야 하는 부득이한 사유'라는 예외사유의 내용을 종합할 때, 의료인이 의료행위를 하는 '장소적 제한'에 관한 규정일 뿐 '진료의 방법'에 관한 규정이 아니다. 원격의료는 '진료방법'에 관한 것이지 '장소'에 관한 것이 아니므로,[71] 위 규정 때문에

---

68) 이는 대법원 판례에서 판시하고 있는 '진찰'의 정의에 해당한다.

69) 대법원 2020. 5. 14. 선고 2014도9607 판결.

70) 1973. 2. 16. 법률 제2533호 의료법(전문개정)에서 제30조(개설) 제1항 '의료인은 이 법에 의한 의료기관을 개설하지 아니하고는 의료업을 행할 수 없다'는 개설의무 규정이 신설되었고, 그 후 2000. 1. 12. 법률 제6157호 의료법(일부개정)에서 '의료인은 이 법에 의한 의료기관을 개설하지 아니하고는 의료업을 행할 수 없으며, 다음 각 호의 1에 해당하는 경우를 제외하고는 당해 의료기관 내에서 의료업을 행하여야 한다'는 내용으로 변경된 뒤, 유사한 내용으로 현재까지 이어지고 있다.

71) 대법원 2013. 4. 11. 선고 2010도1388 판결은 전화진료에 대하여 개정 전 의료법 제17조 제1항 위반으로 기소된 데 대해, 위 조항은 '처방전 발급주체'에 관한 조항이지 '진료방법'

원격의료가 금지된다고 해석하는 것이 다소 무리일 수 있다.[72]

대법원이 전화진료가 의료법 제33조 제1항에 위반된다고 판단한 근거는 동법 제34조[73]가 제33조 제1항의 예외로서 의료인 간의 원격의료가 허용된다고 하고 있으므로, 반대해석상 의료인과 환자 사이의 원격의료는 허용되지 않는다는 것이다. 그러나 동법 제33조 제1항이 그 연혁 및 문언해석상 의료행위의 장소적 제한을 정한 것임이 분명한 이상, 의료행위의 장소적 제한이 아니라 진료방법에 해당하는 원격의료의 허용 또는 처벌 여부가 "제33조 제1항에도 불구하고" 라는 문구로 결정되는 것은 논리적으로 타당하지 않다.[74]

에 관한 것이 아니라고 하여 전화진료는 '진료방법'에 해당함을 간접적으로 밝힌 바 있다.

72) 같은 취지로, 수원지방법원 2016노4586 판결은 '의료법 제33조 제1항은 그 규정의 전체적인 취지에 비추어 볼 때, 의료업을 할 수 있는 장소를 의료기관 내로 제한하는 규정일 뿐, 의료기관 내에서의 대면진료를 강제하는 규정이라거나 전화진료를 제한하는 내용으로 해석하기 어렵고, 전화진료를 '의료기관 내에서의 의료업' 이 아닌 '의료기관 외에서의 의료업'으로 본다 하더라도, 이는 환자 보호자의 요청에 따른 것이므로 의료법 제33조 제1항 제2호에 의해 허용되는 것으로 보아야 한다'고 하여 전화진료는 제33조 제1항 위반이 아니라고 판단한 바 있다[이는 예비적 공소사실에 대한 판단으로서, 상고심(2017도3487)에서는 이에 대한 특별한 판단 없이 상고기각되었다].

73) 제34조(원격의료)
① 의료인(의료업에 종사하는 의사·치과의사·한의사만 해당한다)은 제33조제1항에도 불구하고 컴퓨터·화상통신 등 정보통신기술을 활용하여 먼 곳에 있는 의료인에게 의료지식이나 기술을 지원하는 원격의료(이하 '원격의료'라 한다)를 할 수 있다.
② 원격의료를 행하거나 받으려는 자는 보건복지부령으로 정하는 시설과 장비를 갖추어야 한다.
③ 원격의료를 하는 자(이하 '원격지의사'라 한다)는 환자를 직접 대면하여 진료하는 경우와 같은 책임을 진다.
④ 원격지의사의 원격의료에 따라 의료행위를 한 의료인이 의사·치과의사 또는 한의사(이하 '현지의사'라 한다)인 경우에는 그 의료행위에 대하여 원격지의사의 과실을 인정할 만한 명백한 근거가 없으면 환자에 대한 책임은 제3항에도 불구하고 현지의사에게 있는 것으로 본다.

74) 한편, 보건복지부는 기존에 의료인과 환자 간 원격의료는 제33조 제1항에 위반된다는 입장을 취하고 있었음에도 불구하고, 2020. 3. 2.자 '전화 상담 또는 처방 및 대리처방 한시적 허용방안 관련 협조 요청'을 통해 코로나19의 지역사회 확산 방지를 위하여 전

4. 참고 판결

대법원 2020. 11. 5. 선고 2015도13830 판결75)은 한의사인 피고인이 A 와 전화로 상담한 후 한약을 처방·제조하여 택배로 보내준 행위에 대하여 의료인은 의료기관 내에서 의료업을 하여야 한다고 정한 의료법 제33조 제1항76) 위반죄로 기소된 사건에서, '의료인에 대하여 의료기관 내에서 의료업을 영위하도록 한 것은 그렇지 않을 경우 의료의 질 저하와 적정 진료를 받을 환자의 권리 침해 등으로 의료질서가 문란하게 되고 국민의 보건위생에 심각한 위험을 초래하게 되는 것을 사전에 방지하고자 하는 보건의료정책상의 필요성에 의한 것'이며, 의료법 제34조 제1항은 의료인이 원격지에서 행하는 의료행위를 의료법 제33조 제1항의 예외로 보는 한편, 이를 의료인 대 의료인의 행위로 제한적으로만 허용하고 있는 점, 전화 등을 통한 의료행위는 환자에 근접하여 행하는 일반적인 의료행위와 동일한

화상담 또는 처방을 한시적으로 허용하면서, 전화진료에 외래환자의 진찰료 수가를 적용함을 밝혔고, 2020. 5. 8.부터는 추가적으로 의원급 의료기관의 적극적인 참여를 위해 '전화상담 관리료'를 신설하기도 하였다(이는 의료기관이 내원하지 않는 환자의 본인부담금을 수납하기 어려운 점을 고려하여, 환자본인부담금을 면제하고 전화상담 관리료 수가를 신설한 것이다). 이는 그 후에 나온 대법원 판결에서 '원격의료는 의료법 제33조 제1항에 위반되는 행위'라고 한 것과 정면으로 배치되며, 감염병이 유행하고 있는 특수한 상황인 것을 감안하더라도, 법률상 금지된 행위를 보건복지부가 허용, 장려하는 것은 부적절할 뿐 아니라 적법하지도 않은 문제가 있다[이에 관하여는 현두륜, "원격의료의 허용 여부와 그 한계", 의료법학 21권 3호, 2020. 12. 제16면(각주 28번)에서도 '정부가 비대면진료를 한시적으로 허용한다는 것은 원래 원격진료가 금지되었음을 전제한 것이라고 해석할 수도 있으나, 의료법상 원격진료가 금지되어 있다고 하면서 정부가 이를 위반하여 원격진료를 (일시적으로나마) 허용할 권한이 있는지는 의문이다.'라고 지적하고 있다.

75) 제1심 의정부지방법원 고양지원 2014. 11. 13. 선고 2014고단1412 판결, 제2심 의정부지방법원 2015. 8. 28. 선고 2014노2790 판결.

76) "의료인은 이 법에 따른 의료기관을 개설하지 아니하고는 의료업을 할 수 없으며, 다음 각 호의 어느 하나에 해당하는 경우 외에는 그 의료기관 내에서 의료업을 하여야 한다."(의료법 제33조 제1항 본문)

수준의 의료서비스를 기대하기 어려운 점, 환자에 대한 정보 부족 및 시설이나 장비 활용의 제약 등으로 부적정한 의료행위가 이루어질 가능성이 높은 점 등으로 말미암아 국민의 보건위생에 심각한 위험을 초래할 수 있으므로, 의료인이 전화 등을 통해 원격지에 있는 환자에게 행하는 의료행위는 특별한 사정이 없는 한 제33조 제1항에 위반되는 행위로 보아야 하며, '환자나 환자 보호자의 요청에 따라 진료하는 경우'에도 마찬가지라고 판단하였다. 이 판결은 처방전이 발행된 경우가 아니어서 의료법 제33조 제1항을 적용한 것으로 판단된다.

081. 진단서 및 처방전 관련 사례

1. 진단서 등의 범위 관련, 해외환자 초청을 위하여 출입국사무소에 제출한 소견서는 의료법 제17조 제1항에서 정하는 진단서 등에 해당하지 아니한다고 판단한 사건
- 서울중앙지방법원 2013. 12. 5. 선고 2013고단3722 판결[77]

가. 사실관계

외국인환자 유치업체가 해외 환자를 초청, 장기 체류할 수 있는 비자를 발급하여 주기 위하여 환자가 진료 받은 소견서를 출입국관리소에 제출할 것이 요구되었다. 이에 따라 유치업체 관계자는 환자들의 사진과 환자의 인적사항만이 적힌 소견서 양식, 진료예약확인서 및 신원보증서를 의사들에게 교부하였으며, 의사들은 사진만 보고 병명 및 치료의견을 작성한 후 이를 다시 유치업체 관계자에게 전달하였다. 업체는 해외 환자의 사증발급인정서 신청을 함에 있어 위와 같은 소견서, 진료예약확인서 및 신원보증서를 출입국사무소에 제출하였다. 결국, 의사들은 직접 진찰하거나 검안하지 아니하고 소견서를 허위로 작성하여 환자에게 교부하거나 발송하였다는 공소사실로 기소되었다.

나. 법원의 판단

대상 판결은 위 출입국사무소에 제출한 소견서는 통상의 진단서와 같은 형식이 아니고, 전체적으로 환자의 건강상태를 증명하기보다는 향후 진료 예정일과 진료계획을 밝히는 진료예약확인서 내지 진료계획서 성격을 가지

---

77) 대상 판결은 의사인 피고인과 검사가 항소, 상고하였으나 모두 기각되어 확정되었다(서울중앙지방법원 2015. 1. 9. 선고 2013노4450 판결, 대법원 2015. 10. 29. 선고 2015도1525 판결).

고 있으므로 의료법 제17조 제1항의 진단서 등에는 해당하지 아니한다고 판시하였다. 또한 법원은, 의료법 제17조 제1항은 진단서 등을 환자나 일정 신분관계에 있는 자(가족 등)에게 교부, 발송할 것을 전제로 작성되는 것인데 반하여, 위 소견서는 사증발급인정서 신청 시 '의료목적 초청에 대한 입증서류' 내지 출입국관리사무소에 제출할 행정절차 관련 서류로서 통상의 진단서와는 작성목적이나 피교부자가 상이하므로 위 소견서는 사증발급인정서 신청에 필요한 첨부서류에 불과하다고도 보았다.

다. 판결의 의의

대법원은 형법 제233조의 허위진단서 작성죄에 있어서 진단서라 함은 의사가 진찰의 결과에 관한 판단을 표시하여 사람의 건강상태를 증명하기 위하여 작성하는 문서를 말하는 것이므로, 문서의 명칭과 관계없이 그 내용이 의사가 진찰한 결과 알게 된 병명이나 상처의 부위, 정도 또는 치료기간 등의 건강상태를 증명하기 위하여 작성된 것이라면 진단서에 해당한다고 판시한바 있다.[78] 그렇다면, 진단서 등 해당 여부는 서류의 제목, 내용, 작성목적 등을 종합적으로 고려하여 판단하여야 한다.[79]

대상 판결은 의료법 제17조 제1항의 진단서 등에 해당하는지 여부에 관한 검토 과정에서 서류가 담고 있는 내용뿐 아니라 '작성목적과 서류 교부의 상대방이 누구인지'도 진단서 등 해당 여부 판단 근거가 된다는 점을 판시한 점이 주목된다.

---

78) 대법원 1990. 3. 27. 선고 89도2083 판결.
79) 대법원 2013. 12. 12. 선고 2012도3173 판결.

2. 진단서 등의 작성명의자 관련, 직접 진찰한 의사라 하더라도 다른 사람의 이름으로 처방전을 작성하여 교부하는 것은 의료법 제17조 제1항 본문에 반한다고 판단한 사건
- 대법원 2013. 6. 14. 선고 2012다26091 판결[80]

가. 사실관계

의료기관을 개설한 의사가 매주 일정한 요일에 그 의료기관에 소속되지 아니한 다른 의사로 하여금 그 의료기관에 내원한 환자를 진료하게 하고, 개설자 본인의 이름으로 원외처방전을 발행하도록 하였다. 국민건강보험공단은 이러한 타인 명의 처방전 발행 행위가 구 국민건강보험법(2011. 12. 31. 법률 제11141호로 전부 개정되기 전의 것) 제85조 제1항 제1호에서 규정하는 '속임수나 그 밖의 부당한 방법으로 보험자, 가입자 및 피부양자에게 요양급여비용을 부담하게 한 때'에 해당한다고 판단하였다. 국민건강보험공단은 위 개설자가 관련 규정을 위반하여 원외처방전을 발급하여 결국 보험자인 국민건강보험공단이 다른 요양기관인 약국에 약제비 상당의 요양급여비용을 지급하도록 한 것은 민법 제750조의 불법행위에 해당한다는 이유로 위 개설자에 대하여 약국에 지급한 약제비 상당액에 해당하는 손해배상을 청구하였다.

나. 법원의 판단

대상 판결은 환자를 직접 진찰한 의사라 하더라도 다른 사람의 이름으로 처방전을 작성하여 교부하는 것은 의료법 제17조 제1항 본문에 위배된다고 판단, 위와 같이 원외처방전을 발행하는 행위는 국민건강보험법에서 금지하

---

80) 제1심 서울중앙지방법원 2011. 6. 7. 선고 2010가단473738 판결, 제2심 서울중앙지방법원 2012. 2. 10. 선고 2011나29214 판결, 파기환송심 서울중앙지방법원 2013. 10. 22. 선고 2013나29553 판결.

고 있으며, 위와 같은 처방전의 교부로 국민건강보험공단이 소외 약국에 약제비 상당액을 지급하게 한 것은 불법행위에 해당한다고 판시하였다.

다만, 원외처방전 자체가 의학적 타당성과 안전성을 갖추지 못한 것은 아니고, 이 사건 원외처방전의 발급대상자 중 상당수가 이 사건 원외처방전과 유사한 내용의 유효한 원외처방전을 발급받을 수 있었을 것으로 보이며, 그 경우 국민건강보험공단은 결국 동일한 약제비를 지급할 수밖에 없었을 것이므로, 의사가 자신의 불법행위로 직접적으로 취한 경제적 이익은 없는 것으로 보여 이로 인한 책임제한사유에 관하여 심리·판단하라는 취지로 파기, 환송하였다.

다. 판결의 의의

대법원은 2010년에도 위 대상 판결과 유사한 사실관계에 대하여 환자를 직접 진찰한 의사라고 하더라도 다른 사람의 이름으로 처방전을 작성하여 교부하는 것은 의료법 제17조 제1항에 위배된다는 전제에서 의료법에 위반하여 요양급여비용 등을 청구한 것이 국민건강보험법상 '속임수나 그 밖의 부당한 방법으로 보험자·가입자 및 피부양자에게 요양급여비용을 부담하게 한 때'에 해당한다는 이유로 요양기관에 대하여 업무정지처분을 한 것이 타당하다고 판시한바 있다.[81] 대상 판결은 의료법 제17조 제1항을 위반하여 처방전을 발행한 행위가 민법상 불법행위에 해당한다는 점을 기초로 의료기관의 손해배상책임까지 인정함으로써 진단서 등의 작성명의자를 분명히 할 것을 강조하였다는 점에서 의의가 있다.

---

81) 대법원 2010. 9. 30. 선고 2010두8959 판결.

3. 처방전 관련 의료법 제17조 제1항에 따라 직접 진찰하여야 할 상대방은 처방전에 환자로 기재된 사람이라고 판단한 사건

- 대법원 2013. 4. 11. 선고 2011도14690 판결[82]

가. 사실관계

의사인 피고인이 환자 A를 진료한 후 A로부터 3개월 동안 복용할 수 있는 약을 처방하여 달라는 부탁을 받았다. 피고인은 3개월분의 약을 처방하기 위하여 환자 A뿐 아니라 자신의 직원인 B, C의 명의로 3개의 처방전을 작성, 교부하였다.[83] 환자 A는 이렇게 교부된 처방전을 가지고 약국에서 3개월분의 의약품을 구입하였다. 피고인은 의료법 제17조 제1항에서 직접 진찰한 의사만이 환자에게 처방전을 교부하도록 되어 있음에도, 직접 진찰하지 아니한 자인 B, C에 대한 처방전을 교부하였다는 이유로 기소되었다.

나. 법원의 판단

대상 판결은 의약분업 제도하의 환자 치료행위는 의사에 의하여 진료를 받은 환자와 약사에 의한 의약품 조제와 복약지도의 상대방이 되는 환자의 동일성을 필수적 전제로 한다고 전제하며, 그 동일성은 의사 등이 최초로 작성한 처방전의 기재를 통하여 담보될 수밖에 없으므로 의사 등이 의료법 제18조에 따라 작성하는 처방전의 기재사항 중 의료법 시행규칙 제12조 제1항 제1호에서 정한 '환자의 성명 및 주민등록번호'는 치료행위의 대상을 특정하는 요소로 중요한 의미를 가진다고 보았다. 따라서 의사 등이 의료법 제17조 제1항에 따라 직접 진찰하여야 할 상대방은 처방전에

---

82) 제1심 서울중앙지방법원 2011. 6. 8. 선고 2010고정6050 판결, 제2심 서울중앙지방법원 2011. 10. 20. 선고 2011노2035 판결.
83) 판결문에는 처방약이 명시되어 있지 아니하나, 1인에 대한 1회 처방 한도가 1개월인 약품으로 추정된다.

환자로 기재된 사람을 가리키고, 만일 의사 등이 처방전에 환자로 기재한 사람이 아닌 제3자를 진찰하고도 환자의 성명 및 주민등록번호를 허위로 기재하여 처방전을 작성·교부하였다면 그러한 행위는 의료법 제17조 제1항에 위배된다고 판시하였다.

다. 판결의 의의

대상 판결은 행위자를 벌할 필요성이 있음을 전제로, 의료법 제17조 제1항의 '환자'의 범위를 '직접 진찰을 받은' 환자로 보아 진단서 등의 증명적 기능을 강조한 사례로 해석할 수 있다. 그러나 의료법 제17조 제1항의 문언을 '직접 진찰하거나 검안한 의사가 아니면 ~ 교부하거나 발송하지 못한다.'라는 방식으로 규정한 취지는 진찰의 '객체'보다는 '주체'에 대하여 중점적으로 규율하는 것으로 보이는데, 대상 판결은 행위자를 벌하기 위하여 '객체'에 초점을 맞추어 동 규정을 해석한 것으로 생각된다.

082. 부당한 경제적 이익이 의료기관에 귀속된 경우 의료기관 종사자를 처벌할 수 있는지 여부

- 대법원 2014. 5. 29. 선고 2013도4566 판결[84)]

1. 사실관계

의료기기회사 甲은 의료기기 도매상으로부터 보험상한가보다 저렴하게 의료기기를 납품받아 의료기관 乙에게 공급하였고, 甲으로부터 의료기기를 공급받은 乙은 국민건강보험공단으로부터 보험상한가로 급여를 지급받은 다음, 甲이 보험상한가와 실제 납품가격의 차액 일부를 '정보이용료' 명목으로 乙의 종사자에게 계좌이체하는 방법으로 나누어 가졌다. 이에 검사는 甲과 甲의 대표이사, 乙의 행정부원장, 원장, 경영기획실장, 행정지원실장, 구매부장 등의 직함으로 업무를 처리한 종사자들을 각 의료법 제23조의 2 부당한 경제적 이익 등(일명 '리베이트') 취득 금지 규정 위반으로 기소하였다.[85)]

2. 법원의 판단

제1심 판결은 대학병원의 원장, 행정업무를 담당한 피고인들이 의료기관 종사자에 해당되는 사실을 인정함에 큰 무리가 없고, 이 사건 조항들이 의료기관 자체가 경제적 이익을 제공받은 경우는 규율하고 있지 않아 해석에

---

84) 제1심 서울중앙지방법원 2012. 12. 27. 선고 2012고단3639 판결, 제2심 서울중앙지방법원 2013. 4. 2. 선고 2013노386 판결.
85) 甲은 2개의 의료기기회사였고, 乙은 9개 대학병원이었다.

의하여 이러한 경우를 처벌할 수 있는가라는 문제가 발생한다고 지적한 다음, 의료기기 판매업자로부터 경제적 이익을 수령한 자는 의료기관 종사자가 아닌 그들이 소속하거나 관련된 의료기관이고, 의료기기 판매업자가 경제적 이익을 제공한 상대방은 의료기관 종사자가 아닌 의료기관이라는 이유로, 의료기관 자체가 경제적 이익을 제공받은 경우를 처벌하는 것은 형벌법규 엄격해석의 원칙 내지 확장해석금지의 원칙에 비추어 허용되지 않는다고 판단하였다. 특히 1심 법원은 정치자금법 제45조 1항에서 정당이 위법한 기부를 받았을 경우 직접 그 행위를 한 구성원을 처벌한다는 명문의 규정을 둔 것과 달리 이 사건 조항은 그와 같은 규정을 두지 않고 있고, 행위자를 처벌하는 내용의 법률개정안이 2012. 11. 1.경 국회에 제출되어 논의가 진행되는 점을 들어 이 사건 조항들만으로 경제적 이익 등이 의료기관에 귀속되는 경우까지 그 종사자를 처벌할 수 없다고 하였다.

제1심 판결에 대하여 검사는 불법 리베이트 사건에서 비록 경제적 이익 등이 의료기관에 귀속되더라도, 의료기관 종사자인 피고인들에게 간접적으로 이익이 귀속되어 경제적 이익 등을 받았다고 볼 수 있어 죄형법정주의에 반하지 않고, 의료법 등이 그 종사자를 처벌대상으로 규정한 것은 의료기관 종사자를 통하여 의료기관에 이익이 귀속되는 경우까지 처벌하기 위한 것이고, 의료법 개정안이 제출된 이유는 의료기관에 행정처분을 부과하기 위한 것이지 의료기관에 대한 처벌의 흠결을 보완하기 위한 것이 아니라는 등의 이유로 항소하였다.

이에 대하여 제2심 판결은 피고인들이 의료기관의 실무담당자로 계약체결에 관여하거나 의료기관의 수입지출 등 업무를 담당하기는 하였으나 의료기기 판매업자로부터 경제적 이익 등을 받은 사실이 전혀 없고, 따라서 경제적 이익 등의 귀속 주체는 의료기관 종사자가 아닌 그들이 소속되거나 관련된 의료기관으로 보아야 할 뿐만 아니라 의료기관의 실무담당자가 의료기관의 불법 리베이트 수령행위에 대한 형사상 책임을 질 만한 지위에 있다고 보기 어려운 점 등을 이유로 검사의 항소를 기각하였다.

대법원은 ① 이 사건 공소사실에 대한 적용법조인 의료법 제23조의2 제2항, 구 의료기기법(2011. 4. 7. 법률 제10564호로 개정되기 전의 것) 제17조 제2항 등은 의료인, 의료기관 개설자, 의료기관 종사자가 의료기기 판매업 자 등으로부터 의료기기 채택·사용유도 등 판매촉진을 목적으로 제공되는 경제적 이익 등을 받거나, 위 판매업자 등이 이를 의료인 등에게 제공했을 경우만을 처벌하는 것으로 규정하고 있어 '의료기관'이 경제적 이익 등을 받은 경우에는 이 사건 조항들에 해당한다고 해석하기 어려운 점, ② 피고 회사가 사건 금원을 지급한 대상은 피고인들이 속한 의료기관인 점, ③ 피고인들은 위 의료기관들의 실무담당자로 계약 체결에 관여하거나 의료기관의 수입·지출 등의 업무를 담당하기는 하였어도 그들이 피고회사로부터 직접적으로 경제적 이익 등을 받지는 아니한 점 등을 이유로 검사의 공소사실은 범죄의 증거가 없다 하여 상고를 기각하였다.

3. 판결의 의의

이른바 '리베이트'를 처벌하는 개정 의료법이 시행된 후 의료현장에서 부당한 경제적 이익 제공을 통한 영업이 금지되었다. 그러나 위 의료법 제 23조의 2는 의료인 등에게 부당한 경제적 이익을 제공하는 것을 금지하였을 뿐 경제적 이익을 제공받는 자에 의료기관을 포함시키지 아니하였고, 그 결과 의료인이 아닌 의료기관에게 부당한 경제적 이익이 제공되었더라도 죄형법정주의의 원칙상 부당한 이익을 제공한 자와 이를 받은 의료기관 종사자를 처벌하기는 어렵다.

대상 판결은 이와 같은 법리를 확인한 것이나, 의료기관의 행위는 기관 종사자의 행위에 의할 수밖에 없으므로 의료기관에 부당한 경제적 이익이 제공되었음에도 그와 관련한 행위자를 처벌하지 않는 것은 불법리베이트를 근절하기 위한 입법취지에 부합하지 않는 점, 부당한 이익의 수수라는 측면에서 의료인이 부당한 이익을 받는 것과 의료기관이 부당한 이익을 받는 것의 본질적인 차이를 인정하기 어렵다는 점에서 입법의 개선이 이루어져야 할 것으로 생각된다.

제4절 환자유인 및 의료광고

083. 인터넷 포털사이트 회원들에게 전자메일로 의료광고 발생이 환자유인 아니라고 한 사건
- 대법원 2012. 9. 13. 선고 2010도1763 판결[86]

1. 사실관계

안과의원 원장인 甲은 乙이 운영하는 丙주식회사의 A 인터넷 포털사이트 홈페이지의 행사·이벤트 창에 이벤트에 당첨되면 강남 유명 안과에서 90만 원에 시력교정술을 받을 수 있다는 내용의 광고를 하고, 위 인터넷 포털사이트의 30만 회원들에게 "A와 함께하는 라식/라섹 90만 원 체험단 모집"이라는 제목으로 "응모만 해도 강남 유명 안과에서 라식/라섹 수술이 양안 90만원 OK, 응모하신 분 중 단 1명에게는 무조건 라식/라섹 체험의 기회를 드립니다."라는 내용의 이벤트광고를 이메일로 2회 발송하여 그 응모신청자 300여 명 중 20명이 이벤트 광고내용대로 90만 원에 라식·라섹 수술 등을 받도록 하였다. 이에 대하여 검사는 甲·乙·丙이 영리를 목적으로 환자를 소개·알선·유인하는 행위를 하였다는 의료법 위반 혐의로 기소하였다.

---

86) 제1심 서울중앙지방법원 2009. 7. 22. 선고 2009고단1757 판결, 제2심 서울중앙지방법원 2010. 1. 20. 선고 2009노2495 판결.

2. 법원의 판단

가. 제1심 판결
제1심 판결은, 甲과 乙이 광고계약을 체결하여 이벤트 광고를 게시하고 이메일을 발송하여 광고한 행위는 구 의료법 제27조 제3항이 정하는 영리를 목적으로 환자를 소개·알선·유인하는 행위 및 이를 사주하는 행위에 해당하고, 丙주식회사는 영리를 목적으로 환자를 의료기관이나 의료인에게 소개·알선·유인하는 행위를 하였다고 인정하여 각 벌금형을 선고하였고, 이에 대하여 피고인들이 항소하였다.

나. 제2심 판결
제2심 판결은, 인터넷 포털사이트 홈페이지에 광고를 게시한 행위는 ① 시력교정술은 비급여대상이기 때문에 90만 원에 시력교정술을 실시하여 주겠다고 한 것이 의료법 제27조 제3항의 본인부담금 할인 내지 면제에 해당한다고 할 수 없는 점, ② 광고계약에 따른 대금 지불을 위 조항의 금품 제공에 해당한다고 할 수 없는 점, ③ 당해 홈페이지 광고에는 병원의 이름이나 약도 등이 직접 게재되어 있지 아니하고 문언상 90만 원에 시력교정술을 받을 수 있는 기회를 준다고만 되어 있을 뿐 통상의 가격보다 할인된 금원인지 및 부당할 정도로 염가에 해당하는지를 문언 자체로 확인할 수 없는 상태인 점, ④ 甲은 병원을 운영하면서 해당 보건소에 시력교정술에 대한 진료비를 90만 원으로 신고하여 그 정도의 진료비를 받아왔는바, 위 이벤트 광고의 내용에 어떠한 허위나 기망이 있다고 보기 어려운 점, ⑤ 시술에 사용되는 기기의 가격, 유지보수비 등을 고려해 보더라도 90만 원이 비합리적인 가격으로서 불필요한 가격경쟁을 불러와 시력교정술에 관한 의료수준의 저하를 불러올 정도에 해당한다고 보기는 어려운 점, ⑥ 이벤트 광고를 특정 사이트에 게재하기만 한 경우에는 이에 관심이 있는 사람들이 인터넷 검색 등을 통하여 여러 가지 정보를 확인하고 스스로의 판단 하에 접근하게 될 수밖에 없는바, 그 유인성이 과당경쟁을 발생시킬 정도로 크다고 할 수 없는 점 등을 종합하여 갑의 행위가 의료시장의 질서를 근본적으로 해하는 것으로 볼 수 없다며 무죄를 선고하였다.

그러나 인터넷 포털사이트 회원들에 대한 전자메일 발송행위에 대하여는, 특정 사이트에 환자를 유인하는 광고를 한 경우와 달리 ① 그 방법이 진료를 원하는 사람들이 스스로 정보를 검색하여 접근하도록 하는 소극적인 유인이 아니라 일방적으로 잠재적 환자들에게 정보를 제공하여 적극적으로 환자를 유인하는 것이며, 전자메일은 특정 개인들에 대한 서신과 동일한 수단으로서 그 직접성이나 대면성이 매우 크다고 할 것이고, 그러한 유인수단은 전자메일 수신자들이 진료 및 수술 선택에 대한 의사결정에 있어 훨씬 강한 영향을 줄 수 있으므로 그 유인력이 인터넷 포털사이트의 홈페이지 광고보다 훨씬 강하다고 할 것인 점, ② 광고의 내용이 결국 환자들이 찾는 가장 중요한 정보인 진료비와 시술의 안정성을 암시하는 '강남 유명 안과'라는 문구를 포함하고 있고, 응모자를 모집하는 이벤트 광고이기는 하지만 사실상 응모자 전원에게 동일가격의 수술을 보장하려는 의도를 가지고 다만 위 전자메일 발송만을 수신대상자의 정보를 보유하고 있는 丙주식회사가 담당하도록 하였으며, 丙주식회사도 응모자들 중 아무런 자격이나 조건에 대한 심사절차 없이 甲이 운영하는 안과를 소개해 주었는바, 위와 같은 전자메일의 내용, 중개매체의 역할과 소개의 직접성 등을 종합하면, 위와 같은 방식의 유인수단을 그대로 방치할 경우 같은 업종에 종사하는 의료인들로서도 동일한 방법으로 환자유치를 할 것이라는 점을 충분히 예상할 수 있으며, 또한 그에 따른 가격, 수술방식, 효과 등 환자들이 쉽게 판단할 수 없는 내용을 내세워 환자유치 경쟁 역시 심해질 수밖에 없다고 할 것이고, ③ 과도한 방식과 내용, 매체 이용방법 등을 이용한 과당경쟁을 방치할 경우 단순한 저가 마케팅에 의하여 적절한 의료수준을 보장하지 못하게 되어 잘못된 치료에 따른 불필요한 국민 총 의료비의 증가만 불러온 다고 할 것인 점 등을 종합하여 약 30만 명에게 전자메일을 발송하여 이벤트 광고를 한 것은 의료시장의 질서를 근본적으로 해할 위험과 우려가 있다고 할 것이므로 구 의료법 제27조 제3항이 정하는 유인에 해당한다 하여 피고인들에게 벌금형을 선고하였다.

다. 대상 판결

대법원은 "의료광고는 그 성질상 기본적으로 환자를 유인하는 성격을 지니는데, 이를 구 의료법 제27조 제3항에서 금지하는 환자유인행위에 해당한다고 하면, 이는 의료인의 직업수행의 자유 및 표현의 자유는 물론이고 의료소비자의 '알 권리'를 지나치게 제약하고, 나아가 새로운 의료인이 의료시장에 진입하는 것을 제한함으로써 의료인 사이의 경쟁을 통한 건전한 발전을 저해할 우려가 적지 아니하므로, 의료광고에 대한 관계에서는 위 법규정에서 금지하는 환자유인행위를 제한적으로 해석할 필요가 있다고 전제한 다음, 환자유인행위에 관한 조항의 입법취지와 관련 법익, 의료광고에 관해서는 의료법에서 별도의 규정을 두어 규율하고 있는 점 등을 고려하면, 의료광고행위는 그것이 구 의료법 제27조 제3항 본문에서 명문으로 금지하는 개별적 행위유형에 준하는 것으로 평가될 수 있거나 또는 의료시장의 질서를 현저하게 해치는 것인 등의 특별한 사정이 없는 한 구 의료법 제27조 제3항에서 정하는 환자의 '유인'에 해당하지 아니하고, 그러한 광고행위가 의료인의 직원 또는 의료인의 부탁을 받은 제3자를 통하여 행하여졌다고 하더라도 이를 환자의 '소개·알선' 또는 그 '사주'에 해당하지 아니한다고 봄이 상당하다"고 판시하고, "甲이 인터넷 포털사이트 회원들에 대한 전자메일을 발송한 행위는 불특정 다수인을 상대로 한 의료광고에 해당하므로 특별한 사정이 없는 한 구 의료법 제27조 제3항의 환자의 '유인'이라고 볼 수 없고, 위와 같은 광고 등 행위가 甲의 부탁을 받은 丙주식회사 등을 통하여 이루어졌더라도 환자의 '소개·알선' 또는 그 '사주'에 해당하지 아니 한다"고 판단하였다.

3. 판결의 의의

대상 판결은 전자메일 발송행위를 의료광고행위로 인정하고, 의료광고행위는 그것이 구 의료법 제27조 제3항 본문에서 명문으로 금지하는 개별적 행위유형에 준하는 것으로 평가될 수 있거나 또는 의료시장의 질서를 현저하게 해치는 것인 경우 등 특별한 사정이 없는 한 구 의료법 제27조 제3항에서 정하는 환자의 '유인'에 해당하지 아니한다는 점을 확인한 데 의의가 있다.

한편, 의료광고가 환자의 유인에 해당되는지 여부를 판단함에 있어, 제1심 판결은 인터넷 포털사이트 홈페이지광고와 전자메일 발송행위를 모두 금지되는 환자유인행위로 판단함에 반하여, 제2심 판결은 인터넷 포털사이트 홈페이지광고는 의료시장의 질서를 현저하게 해치는 것으로 보기 어렵다며 전자메일 발송행위만 환자의 유인으로 인정하였고, 대법원은 두 가지 행위 모두 환자의 유인에 해당하지 않는다고 판단하여 상급심으로 갈수록 '유인'의 범위를 좁게 해석하고 있는바, 이는 의료인의 직업수행의 자유 및 표현의 자유, 의료소비자의 알권리, 의료인 사이의 경쟁을 통한 건전한 발전을 위해 의료광고에 대한 관계에서는 의료법에서 금지하는 환자유인행위를 제한적으로 해석할 필요가 있다는 점, 의료법상 의료광고에 관한 별도의 규율이 이루어지고 있는 점, 금지되지 아니하는 광고에 대하여 별도로 유인행위 등의 명목으로 처벌하는 입법례를 찾아보기 어렵다는 점에서 비롯된 것으로 이해된다. 그러나 이 사건에서 문제된 홈페이지 광고와 전자메일로 발송된 광고는 모두 의료서비스의 가격에 관한 내용이 포함된 광고였고, 가격 광고는 태생적으로 의료시장의 질서를 현저하게 해치는 환자의 유인에 해당될 소지가 있으므로 가격 광고의 환자유인성 여부에 대한 판단이 함께 이루어졌으면 하는 아쉬움이 있다.[87]

4. 참고 판결

서울행정법원 2012. 6. 8. 선고 2011구합41458 판결은, 의사인 원고가 의료기관 홈페이지의 고객체험기란에 환자의 치료경험담을 게재하고 불특정 다수인이 로그인 없이 검색할 수 있게 하여 소비자를 현혹할 우려가 있는 내용의 의료광고를 하였다는 이유로 받은 의사면허자격정지처분에 대한 취소를 구한 사건에서, "의료법 시행령 제23조 제1항 제2호에서는 환자의 치료경험담을 일률적으로 금지하고 있으나, 이는 모법인 의료법 제56조 제2항 제2호의 위임범위를 일탈한 것으로 헌법에 위반되는바, 소비자를 현혹할 우려가 있는 환자의 치료경험담 광고만이 의료법에서 금지하는 의료광고에 해당한다"고 제한해석 하면서도, 당해 사건의 치료경험담 대부분이 원고 병원의 치료과정·수준·효과가 우수하다는 것이고, 불특정 다수인이 제한 없이 검색을 할 수 있도록 하였으며, 게재된 치료경험담이 치료효과에 관하여 오인할 수 있는 정도인 점, 원고가 우수체험기를 선정하고 주를 삽입한 점 등에 비추어 소비자를 현혹할 우려가 있다고 인정하였다.

---

87) 이 사건의 원심판결은 전자메일을 발송한 이벤트 광고행위에 대하여 대법원이 제시한 판단기준에 따라 그 광고의 내용이 의료시장의 질서를 근본적으로 해할 위험과 우려가 있다고 판단하여 '유인'에 해당한다고 하였다. 그러나 대상 판결은 원심에서 환자유인성 여부에 관해 상세하게 판단하였음에도 불구하고 마치 원심이 이에 대한 판단을 누락한 것처럼 판시하고 원심 판결을 파기하였다.

084. 사전에 심의받지 않은 의료광고 시행 금지 및 처벌규정 위헌결정

— 헌법재판소 2015. 12. 23.자 2015헌바75 결정

1. 사실관계

의사인 청구인1과 광고업과 의료기기 판매업을 영위하는 청구인2는 청구인 1이 운영하는 의원 건물 앞 벽면에 "최신 요실금 수술법, IOT, 간편시술, 비용저렴, 부작용無" 등의 문구가 적힌 현수막을 설치한 데 대하여 보건복지부장관의 심의를 받지 아니하고 의료광고를 하였다는 범죄사실로 약식명령이 내려지자 정식재판을 청구한 다음, 의료법 제56조 제1항 및 제2항 제9호에 대하여 위헌법률심판제청신청을 하였으나 유죄판결 선고와 함께 위헌법률심판제청신청이 기각되자 헌법소원심판을 청구하였다.[88]

2. 헌법재판소의 판단

가. 의료광고에 대한 사전검열 금지원칙 적용 여부

대상 결정은 헌법 제21조 제2항에서 금지하는 검열은 명칭이나 형식과 관계없이 실질적으로 행정권이 주체가 되어 사상이나 의견 등에 관하여 허가받지 아니하면 발표를 금지하는 것으로 법률에 의하더라도 불가능하다고 선언하고, 사전검열의 요건으로 ① 일반적으로 허가를 받기 위한 표

---

88) 헌법재판소는 의료법 제56조 제2항 제9호 중 '제57조에 따른 심의를 받지 아니한 광고' 부분과 의료법 제89조 가운데 제56조 제2항 제9호 중 '제57조에 따른 심의를 받지 아니한 광고' 부분으로 심판대상을 한정하여 판단하였다.

현물의 제출의무가 존재할 것, ② 행정권이 주체가 된 사전심사절차가 존재할 것, ③ 허가를 받지 아니한 의사표현을 금지할 것, ④ 심사절차를 관철할 수 있는 강제수단이 존재할 것이라고 전제한 후,[89] 이 사건 의료광고는 헌법 제21조 제1항의 표현의 자유의 보호 대상이 되고, 사전검열도 금지된다고 전제하였다.

나. 의료광고사전심의가 사전검열에 해당하는지 여부

대상 결정은 ① 의료법 제57조 제1항은 의료인 등이 일정한 매체를 이용하여 의료광고를 하려는 경우 해당 의료광고 내용을 첨부하여 위탁받은 기관에 제출하여 미리 심의를 받도록 하고 있어 표현물의 제출의무를 부과한 것에 해당하고, ② 심의를 받지 아니한 의료광고를 하지 못한다는 부분은 허가받지 않은 의사 표현을 금지하는 것에 해당하며, ③ 처벌규정은 사전심의절차를 관철하기 위한 강제수단에 해당하므로, 사전검열에 해당하는 3가지 요건이 충족된다고 보았다.

또한 의료광고 심의기관이 행정기관인가 여부와 관련하여, 이는 기관의 형식보다는 그 실질에 따라 판단되어야 하고, 민간심의기구가 심의를 담당하더라도 행정기관에 의해 개입할 가능성이 있다면 민간심의기구는 업무에 영향을 받을 수밖에 없어 검열로 판단될 수 있다고 한 다음, ① 의료법상 보건복지부장관이 위탁을 철회하고 직접 심의업무를 담당할 수 있고, ② 의료법 시행령이 심의위원회의 구성에 관하여 직접 규율하고 있는 것은 위원회 구성에 행정권이 개입할 수 있음을 의미하는 것이며, ③ 광고심의에 대한 결과를 장관에게 보고하도록 하고 있고, ④ 재정적 지원 여부를 통해 영향을 미칠 가능성이 존재하고, ⑤ 각 의사협회의 의료광고 심의기준은 시행령 규정을 거의 그대로 전재하고 있어, 의료광고 심의위원회가

---

89) 헌법재판소 1996. 10. 31.자 94헌가6 결정, 헌법재판소 2008. 6. 26.자 2005헌마506 결정 각 참조.

보건복지부장관 등 행정권의 영향력에서 완전히 벗어나 독립적이고 자율적으로 사전심의를 하고 있다고 보기 어렵다고 함으로써 심의를 받지 않은 의료광고를 금지하는 의료법 제56조 제2항 제9호 중 '제57조에 따른 심의를 받지 아니한 광고'부분 및 그 위반 시 처벌하는 의료법 제89조는 청구인들의 표현의 자유를 침해하여 헌법에 위반된다고 판시하였다.[90)]

3. 결정의 의의

의료광고 사전심의제도에 관한 대상 결정은, 법리적인 측면에서는 그 동안 헌법재판소 결정에서 계속 설시되었던 내용이 반복된 것이어서, 특별히 새롭다고 보기는 어렵다. 다만, 이 사건 법률규정들은 헌법재판소가 2005. 10. 27.자 2003헌가3 결정에서 의료광고를 원칙적으로 금지하고 위반시 처벌을 하도록 한 구 의료법규정에 대하여 위헌결정을 한 후, 2007년 의료법 개정 당시 원칙적 허용·예외적 금지로 의료광고에 대한 규제의 틀을 바꾸면서 의료광고의 난립을 방지하고자 둔 규정으로 당시의 사회적 합의에 따른 규정이라고 볼 수 있는데, 대상 결정에서는 사회적 합의 보다는 검열로 인한 표현의 자유를 더욱 중시한 것으로 보인다. 또한 헌법재판소는 2010. 7. 29.자 2006헌바75 결정에서 건강기능식품 광고의 사전심의

---

90) 이에 대하여 조용호 재판관은, (i) 의사협회 등이 의료광고 사전 심의 업무를 수행하지만 보건복지부장관의 구체적인 관리·감독을 받는 것이 아니고, (ii) 심의기구 구성에 있어 자율성이 보장되고 있으며 보건복지부장관의 관여는 완전히 배제되어 있으며, (iii) 심의업무 수행에 있어 독립성 및 자율성이 확보되어 있고, (iv) 의료광고 심의위원회는 정부의 보조금이 아니라 수수료를 주된 재원으로 하여 독립적으로 운영되고 심의결과의 보고는 단순히 심의 및 재심의 결과에 관한 것으로, 보건복지부장관은 심의내용에 관해 구체적인 업무지시를 하고 있지 아니한 사실 등을 고려할 때, 의료광고의 사전심의절차는 헌법 제21조에서 금지하는 사전검열에 해당하지 아니하고, 헌법 제37조 제2항에서 금하는 과잉금지원칙에도 위배되지 않는다는 반대의견을 제시하였다.

제도에 대하여 합헌결정을 하였는바, 대상 결정은 건강기능식품에 비하여 국민의 건강과 보건에 더욱 중요한 영향을 미치는 의료광고에 관하여 특별한 이유의 설시 없이 다른 판단을 한 것으로 비판의 여지가 있다.

이와 관련하여 ① 이 사건 각 규정에 따른 의료광고심의기관의 행정주체성을 인정하기 어려워 사전 검열에 해당하지 않고, ② 의료법상 사전심의제도에 의하여 달성하려는 공익은 유해한 의료광고를 사전에 차단하여 국민의 생명과 건강을 지키기 위한 것으로 그 중요성이 제한되는 사익에 비하여 크므로 법익 균형성에 반하지 않는다는 조용호 재판관의 반대의견을 경청할 필요가 있다. 또한 의료광고 사전심의가 자율적으로 변경됨에 따라 무분별한 의료광고를 어떻게 걸러내고, 그로 인한 폐해를 최소화할 것인지에 관한 사회적 논의가 필요하게 되었다.

085. 회사가 인터넷에서 미용성형시술 할인쿠폰을 판매하고 의원이 시술당 수수료를 지급한 사례

- 대법원 2019. 4. 25. 선고 2018도20928 판결[91]

1. 사실관계

인터넷 성형쇼핑몰 형태의 통신판매 사이트를 운영하는 피고인 A주식회사의 공동대표이사인 피고인 B, C가 의사인 피고인 D 등 여러 의사들과 약정을 맺고, 위 사이트를 통하여 환자들에게 피고인 D가 운영하는 E 의원 등에서 시행하는 시술상품 쿠폰을 구매하게 하는 방식으로 E 의원 등에 환자들을 소개·알선·유인하고 그에 대한 대가로 시술쿠폰을 이용하여 시술받은 환자가 지급한 진료비 중 15~20%를 수수료로 E 의원 등으로부터 받아 영리를 목적으로 환자를 병원에 소개·알선·유인하는 행위를 하였고, 피고인 D는 피고인 B, C가 위와 같이 영리를 목적으로 환자를 의원에 소개·알선·유인하는 행위를 사주하였다고 하여 의료법 위반으로 기소되었다.

이에 대하여 피고인 D는 A주식회사와 광고계약을 체결하여 A주식회사가 개설한 인터넷 사이트를 통하여 E 의원 광고를 한 것이고, A주식회사가 개설한 인터넷 사이트에는 E 의원뿐 아니라 많은 의원들의 미용시술상품 할인쿠폰을 판매하고 있으므로 환자들이 그 중 하나의 상품을 선택하는 것이어서 특정 의료기관으로 알선·소개된 것이 아니며, 실제 시술을 받은 환자 1명당 수수료는 광고비 대가로 지급한 것이고, 광고계약 체결 당시 피고인 B, C가 적극적으로 광고할 것을 홍보하여 E 의원에 대한 광

---

91) 제1심 의정부지방법원 2018. 1. 30. 선고 2017고단2485 판결, 제2심 의정부지방법원 2018. 12. 6. 선고 2018노512 판결.

고계약을 체결한 것이므로 의료법 위반행위를 피고인 D가 사주한 것이 아니라고 주장하였다.

2. 법원의 판단

대상 판결은 의료법 제27조 제3항 본문에서 "누구든지 영리를 목적으로 환자를 의료기관이나 의료인에게 소개·알선·유인하는 행위 및 이를 사주하는 행위를 하여서는 아니 된다"고 규정하고 있는데, "여기서 '소개·알선'은 환자와 특정 의료기관 또는 의료인 사이에서 치료위임계약의 성립을 중개하거나 편의를 도모하는 행위를 말하고, '유인'은 기망 또는 유혹을 수단으로 환자로 하여금 특정 의료기관 또는 의료인과 치료위임계약을 체결하도록 유도하는 행위를 말한다."고 전제한 다음, "피고인 B, C가 환자와 의료인 사이의 진료계약 체결의 중개행위를 하고 그 대가로 수수료를 지급받는 등 단순히 의료행위, 의료기관 및 의료인 등에 대한 정보를 소비자에게 나타내거나 알리는 의료법 제56조에서 정한 의료광고의 범위를 넘어 의료법 제27조 제3항 본문의 영리를 목적으로 환자를 의료기관 또는 의료인에게 소개·알선하는 행위를 하였다고 보아 공소사실을 유죄로 인정한 원심 판단이 정당하다고 판결하였다.

3. 판결의 의의

현행 의료법 제27조 제3항에서는 누구든지 본인부담금을 면제하거나 할인하는 행위, 금품 등을 제공하거나 불특정 다수인에게 교통편의를 제공하는 등 영리를 목적으로 환자를 의료기관이나 의료인에게 소개·알선·유인하는 행위 및 이를 사주하는 행위를 금지하고 있다. 그런데 광고는 그 성질상 필연적으로 소비자를 유인하는 성격을 갖고 있고 의료광고도 마찬가지다. 따라서 의료법 제27조 제3항에서 금지하는 환자 소개·알선·유인과 의료광고의 방법을 통해 허용되는 소개·알선·유인 사이에 조화로운 해석이 필요한데, 그 경계가 매우 모호하여 의료현장에서는 물론 법조인조차도 판단이 엇갈리고 정확한 기준을 제시하기도 어렵다.

대법원이나 헌법재판소는 의료법 제27조 제3항에서 나열한 구체적 금지행위에 준하는 것으로 해석되거나 의료시장의 질서를 현저히 해친 것에 해당하는지 여부를 의료법 위반 여부의 판단기준으로 삼고 있다.[92] 대상 판결의 경우 의료기관의 수준이나 전문성 등과 무관하게 의료상품의 낮은 가격에 초점을 맞추어 영업하였고 의료상품의 가격결정을 광고회사가 주도함으로써 결국 의료기관 사이의 가격경쟁으로 의료서비스의 질 저하를 초래할 위험이 있다고 보아 의료시장 질서를 해치는 것으로 판단한 사건이다.

4. 참고 판결

의정부지방법원 2019. 11. 28. 선고 2017고단2483 판결은 대상 판결과 거의 동일한 사실관계로 시술쿠폰을 판매하고 의료기관으로부터 그 대가를 받아 기소된 사례인데, 참고 판결에서는 '특정' 의료기관에 소개·알선·유인한다는 것은 반드시 환자와 의료기관이 일대일로 짝지어 이루어질 것을 요하지 않고 A주식회사와 제휴된 의료기관이 일대다(一對多) 또는 다대다(多對多) 형태로 짝지어지더라도 달리 볼 것은 아니라고 판시하였으며, 의

---

92) 대법원 2012. 10. 25. 선고 2010도6527 판결, 대법원 2012. 9. 13. 선고 2010도1763 판결 등.

사가 A 주식회사를 통해 발생된 건별 매출의 일정 비율을 수수료 명목으로 지급한 것은 광고 또는 홍보의 대가가 아니라 환자를 유치한 성과에 대한 대가라고 보는 것이 타당하다고 판시하였다. 아울러 의사인 피고인이 의료 상품 판매대금의 15%에 해당하는 수수료를 지급하는 행위는 장차 수수료를 취득하기 위해 환자를 소개·알선·유인할 것을 결의하기에 충분하므로 '사주행위'에 해당한다고 판단하였다.

086. 라식 소비자단체 홈페이지에 인증병원 광고를 하고 광고를 통해 내원한 환자 수에 비례한 광고비를 지급한 사례

- 헌법재판소 2019. 9. 26.자 2017헌마327, 2017헌마328 결정, 헌법재판소 2019. 11. 28.자 2017헌마427 결정

1. 사실관계

A는 B가 설립한 비영리 소비자단체로 라식 수술 소비자의 권리보호를 표방하며 전국 안과에 A가 인증하는 인증병원 홍보물을 보낸 뒤 연락해 온 병원들을 상대로 현장실사를 한 다음 그 결과를 토대로 'A 인증병원'을 지정하여 A의 홈페이지에 인증병원 리스트 항목에 인증병원의 상호, 전화번호를 게시하였다. A는 인증병원이 되기 위해서는 매월 A의 심사평가단의 정밀 검사를 통과해야 하고, 해당 의료진은 사소한 불편 사항도 해결해야 하며 평생 동안 해당 의료진으로부터 꾸준하고 체계적인 관리를 약속받는다는 내용, A의 심사평가단이 수술결과, 장비점검 등 안전관리활동을 하여 인증병원 공정성 등을 감시하고 의료진의 책임 있는 사후처리를 감시하는 등 공정하게 운영될 수 있도록 하고 있다는 내용을 게시하고, A에게 가입된 회원이 인증병원에서 라식 수술을 받으면서 '라식 보증서'를 신청하면 A는 회원에게 보증서를 송부하고 인증병원에서 해당 보증서에 서명하도록 하는 등 라식환자의 권리를 보장한다는 내용으로 홍보하였다.

한편 B는 A와 별도의 광고계약을 체결한 인증병원의 경우 B가 별도로 운영하는 회사를 통하여 'A 인증병원' 등을 라식 등과 관련된 키워드 검색 등에 노출되게끔 광고를 하였고, 광고계약을 체결한 10곳의 인증병원으로

부터 광고비 명목으로 약 3년 동안 517회에 걸쳐 합계 32억4천여만 원 상당의 돈을 지급받았다.

이와 관련하여 검찰이 A와 광고계약을 체결하고 B에게 돈을 지급한 의사들에 대하여 영리목적 환자 알선·소개·유인하는 행위를 사주한 것으로 판단하여 의료법위반죄로 기소유예처분을 하자, 해당 의사들은 평등권과 행복추구권을 침해하였다고 하며 헌법재판소에 헌법소원을 제기하였다

2. 헌법재판소의 판단

대상 결정은 ① B가 의사들로부터 받은 금액을 특정할 때 인증병원별로 보증서 발급의 수, 병원 규모 등을 고려하여 인증병원 중 일부 병원과 광고계약을 체결하고 광고계약을 체결한 인증병원별로 매월 A를 통해 내원하여 수술한 환자 수를 토대로 하되 병원 규모나 의료진의 수를 감안하여 각 병원별로 비율을 정하고, 매월 산출되는 광고비용을 해당 비율로 나누어 각 병원별로 분담할 광고비를 책정한 점, ② 이 과정에 B는 환자들이 해당 병원에 지급한 진료비의 일정비율을 고려하지 않았고 수술환자의 수 또는 수술 건수당 일정 금액으로 계산하지 않은 점, ③ B는 모든 인증병원으로부터 돈을 받은 것이 아니라 광고계약을 체결한 인증병원으로부터 그 광고계약에 따라 돈을 지급받은 점, ④ 실제로 B는 받은 광고비로 별도의 회사 인터넷을 통해 키워드 검색 등이 노출되게 하여 광고를 하였던 점, ⑤ B는 홈페이지를 방문한 환자들에게 진료비 할인 등 직접적인 이익이나 금품 등을 제공하는 방법으로 A 또는 인증병원을 광고하지 않은 점, ⑥ 인증병원 중 구체적인 개별 병원과 환자들을 연계하지도 않은 점, ⑦ 환자들은 A 홈페이지 등에 게시된 광고 등을 참고하여 자신이 임의로 결정한 인증 병원과 수술계약을 체결한 점 등을 언급한 다음, 이와 같은 사정 등을

종합할 때, ⓐ B는 A에 대한 광고를 통하여 의사들이 운영하는 병원을 포함한 A의 인증병원에 대해서도 간접적으로 광고를 한 것이고, 의사들이 B에게 지급한 광고비는 광고계약에 따른 대금일 뿐 환자 소개 등의 대가라고 볼 수 없고, ⓑ A에서 광고한 A 보증서나 A의 인증병원이 유명무실하거나 라식 소비자들에게 아무런 도움이 되지 않았다고 볼 수 없고, ⓒ B가 A의 보증서나 인증병원 등을 내세우며 라식 소비자들의 권리를 증진하는 것처럼 포장하거나 허위광고를 하여 소비자들을 기망하는 등 A의 인증병원과 그렇지 않은 병원들 간의 비합리적인 경쟁을 유발하였거나 의료수준의 저하를 불러올 정도의 경쟁을 야기하여 의료시장의 질서를 근본적으로 해하였다고 볼 수 없다고 판단하고, 검사의 기소유예 처분은 중대한 수사미진 또는 증거판단의 잘못이 있고 의사들의 평등권과 행복추구권이 침해되었다고 하여 검사의 기소유예처분을 취소하는 결정을 하였다.

3. 결정의 의의

대상 결정은 의료기관이 라식 소비자단체 홈페이지에 인증병원 광고를 하고 광고를 통해 내원한 환자 수에 비례한 광고비를 지급하였으나, 매월 광고를 통해 내원하여 수술을 받은 환자 수를 토대로 하되, 실제 지급된 진료비나 수술 건수당 일정 금액으로 계산하지 않고 병원 규모나 의료인 수 등을 근거로 미리 책정된 일정 금액을 광고비 명목으로 받았고, 소비자단체가 환자와 의료기관 사이의 계약이 성사되도록 직·간접적으로 연결을 시켜주는 역할을 하였을 뿐 구체적으로 의료계약의 가격에 관여하지 않았으며, 오히려 의료서비스 질 향상을 위해 다양한 방법으로 노력을 하였다는 점에서 의료시장 질서를 해친 것이 아니라고 판단한 결정이다.

4. 참고 판결

서울행정법원 2019. 1. 24. 선고 2018구합70653 판결[93]은, 산부인과 병원을 운영하는 원고가 2015. 6.경부터 2016. 1.경까지 3차에 걸쳐 온라인 광고회사인 A회사가 운영 중인 B홈페이지를 통해 체험단을 모집하고 이 사건 병원에서 무료로 제공하는 산모를 위한 요가, 출산 정보 제공 프로그램을 체험 후 각자의 블로그에 홍보글을 올린 체험자에게 B홈페이지 활동 포인트를 지급하는 방식으로 이 사건 병원을 홍보하고 원고가 그 대가로 A회사에게 240만원을 지급하는 계약을 체결하고, 이후 A회사는 무료 프로그램에 참가한 1차 체험단 10명에게 3만 포인트, 2차 체험단 2명 및 3차 체험단 3명에게 각 10만 포인트를 지급하고 위 포인트 지급비용을 원고로부터 '체험단에게 지급하는 교통비, 식대 등'의 명목으로 별도로 지급받았는데, 이에 대하여 원고가 영리를 목적으로 환자를 유인하는 행위를 하였다는 범죄사실로 100만원의 약식명령을 받아 그대로 확정되어 피고 (보건복지부 장관)가 원고에게 2개월의 의사면허 자격정지 처분을 하자, 원고가 블로그 광고를 한 대가로 광고비를 지급하였을 뿐 환자를 유치하는 과정에 금품 등을 제공한 바 없고, 블로그 내용도 갑 산부인과의원의 체험 후기라는 점에서 의료시장 질서를 해친다고 볼 수 없다고 주장한 사건에서, 광고회사인 A를 통해 체험단을 공모하여 체험자로 하여금 이 사건 의원에서 제공하는 무료 프로그램을 체험하고 체험 홍보글을 자신들의 블로그에 게시하도록 한 것은 불특정 다수인을 상대로 한 의료광고에 해당한다고 전제하고, 원고가 A회사에게 지급한 광고대가와 별도로 체험 후기를 블로그에 게시한 체험자에게 B홈페이지에서 사용할 수 있는 3만 내지 10만 포인트를 지급하였고 위 포인트는 일정 금액 이상 적립되면 현금으로

---

93) 이 사건에 대하여 보건복지부장관이 항소하였으나, 항소가 기각되어 확정되었다(서울 고등법원 2019. 11. 27. 선고 2019누37372 판결).

출금이 가능하므로 금품 등이 제공된 경우로 볼 수 있다고 판단하였다. 그러나 법원은 "체험단으로 참여하여 후기를 작성하고 포인트를 지급받을 수 있는 것은 1회성에 그치고, 체험자가 작성한 블로그 게시글 내용이 체험자의 이 사건 병원에서의 체험담을 불특정 다수인에게 알리는 것을 넘어, 블로그 게시글을 보고 방문한 환자에 대하여 진료비를 할인하는 등 체험담 게시자로 하여금 환자가 이 사건 병원과 치료위임계약을 체결하도록 유도하였다거나, 블로그 게시글을 보고 방문한 환자에 대하여 진료비를 할인하는 등 체험담 게시자로 하여금 환자가 이 사건 병원과 치료위임계약을 체결하도록 유도하도록 하였다거나, 블로그 게시글을 보고 방문한 환자가 있는 경우 후기 작성자에게 환자 유치 대가를 별도로 지급하기로 약정하였다고 볼 만한 사정이 없다. 그리고 체험자가 후기를 작성할 때 특정 정보를 포함해야 한다거나 이 사건 병원에 유리하게 작성하도록 원고나 A 회사가 개입하였다고 볼 만한 사정이 없다."고 판시하고, "위와 같은 사실 관계에 비추어 체험단의 블로그 게시 내용이 의료법 제27조 제3항 본문에서 명문으로 금지하는 개별적 행위유형에 준하는 것으로 평가될 수 있다거나 또는 의료시장의 질서를 현저히 해하는 것이라 볼 수 없고, 체험단으로 하여금 영리를 목적으로 환자를 이 사건 병원으로 유인할 것을 결의하도록 유혹한 것으로 보기 어렵다"고 판시하면서 피고의 처분을 취소하였다. 아울러 비록 원고가 관련 형사사건에서 벌금 100만원의 약식명령이 확정되기는 하였으나 행정처분과 형벌은 그 권력적 기초, 대상, 목적을 달리하고 있으므로 원고에게 약식명령이 확정되었다고 하여 행정처분 사유의 존재여부를 달리 판단할 수 없는 것은 아니라고 하였다.

제 7 장

국민건강보험법
위반 사건

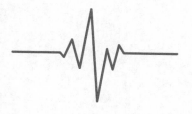

의료분야 판례백선

제1절 들어가며

대한민국은 일부 예외를 제외하고는 거의 모든 국민이 국민건강보험제도의 가입자 등으로서 건강보험급여 수급권이 있고, 의료법에 따라 개설된 의료기관 및 약사법에 따라 개설된 약국 등은 당연히 국민건강보험법상 요양기관에 해당한다(당연지정제). 따라서 대한민국에서 행해지는 의료는 일부 비급여대상을 제외하고는 거의 모두가 국민건강보험제도의 틀 내에서 이루어진다고 볼 수 있다.

제7장에서는 국민건강보험제도와 관련하여 임의비급여, 원외처방약제비, 국민건강보험법에 따른 요양기관 업무정지처분의 법적 성격 및 대상, 신의료기술평가대상인 PRP 치료에 대한 비용징수 적법 여부, 요양병원 적정성 평가가 당연무효인지 여부, 의료인이 다중으로 의료기관을 운영한 경우 이에 대하여 국민건강보험법상 환수처분을 할 수 있는지 여부, 과징금 부과처분의 재량권 일탈남용 인정 사례, 비의료인 개설 의료기관 관련 전액환수처분 취소 사례, 시설·인력 등 공동이용 사전신고의무 위반 관련 사례 등을 살펴본다.

제2절 구체적 사례

087. 임의비급여 허용 여부

- 대법원 2012. 6. 18. 선고 2010두27639, 27646 전원합의체 판결[1]

1. 사실관계

원고 병원은 6개월 동안 백혈병 등 혈액질환 환자 등에 대한 진료과정에서 ① 식품의약품안전청장[2]의 허가사항(효능, 효과, 용법, 용량 등) 등 요양급여기준을 위반[3]하여 네오플라틴, 부설펙스, 벨케이드, 카디옥산 등의

---

1) 제1심 서울행정법원 2009. 10. 29. 선고 2008구합9522, 2008구합14807(병합) 판결, 제2심 서울고등법원 2010. 11. 11. 선고 2009누38239, 2009누38246 판결, 파기환송심 서울고등법원 2017. 4. 19. 선고 2012누21385 판결.

2) 현 식품의약품안전처장.

3) 네오플라틴주(150㎎ 또는 450㎎)은 허가사항이 진행성 상피성 난소암, 소세포폐암으로 정해져 있으나, 원고 병원은 비호지킨림프종에 2차 이상으로 사용 하거나 골수이식 전 처치요법에 사용하고 그 비용을 본인 부담으로 처리하고, 부설펙스주 60㎎/10㎖/A는 허가사항에 급성 백혈병 등에 대하여 Cy와 병용하여 조혈모세포 이식시 전 처치요법으로 사용하되, 병용요법으로 사용한다고 정하고, 급여기준고시에는 3제 병용요법을 정하고 있는데, 원고 병원은 3제 병용요법이 아닌 2제 병용요법으로 사용하고 그 비용을 본인 부담으로 처리하고, 벨케이드주 3.5㎎은 허가사항이 한 가지 이상의 치료를 받은 다발성 골수종으로 정해져 있는데, 원고 병원은 이를 2차 치료제가 아닌 1차 치료제로 사용하고 그 비용을 본인 부담으로 처리하고, 카디옥산주 500㎎은 허가사항이 진행성 유방암 환자의 안트리사이클린 치료시 독소루비신이나 에피루비신으로 인한 심장독성 방지로 정해져 있는데, 원고 병원은 이를 급성 백혈병 항암치료를 위한 항암제 투여시 또는 조혈모 세포이식 전 고용량 항암제 투여시에 심장독성을 예방하기 위해 사용하고 그 비용을 본인 부담으로 처리하였다.

항암 의약품을 사용하고 환자들로부터 그 비용으로 합계 624,654,440원을 지급받고, ② 요양급여비용 산정기준에 따르면 골수천자검사, 중심정맥관 삽입수술 등을 시술할 때 사용한 치료재료의 비용 등은 위 요양급여행위의 급여비용에 포함되어 이를 별도 산정할 수 없음에도 이를 별도로 산정하여 환자들로부터 합계 76,501,780원을 지급받았으며, ③ 환자들로부터 주진료과에 관해서만 선택진료를 신청받고, 그 외 진료지원과에 관하여는 주진료과의 선택의사에게 포괄위임을 하도록 한 다음, 주진료과 뿐만 아니라 진료지원과에 대해서도 선택진료비용 합계 622,096,256원을 본인부담금으로 징수하고, ④ 요양급여사항으로 요양급여비용 청구대상임에도 종전 진료비 심사과정에서의 삭감사례를 토대로 진료비 심사과정에서 삭감될 것을 우려하여 피고 국민건강보험공단(이하 피고 공단이라 함)에는 요양급여비용을 전혀 청구하지 아니하고, 환자들로부터 피고 국민건강보험공단에 청구하여야 할 요양비용을 포함한 요양급여비용 합계 614,848,913원을 지급받았다.4) 위와 같이 원고 병원이 환자들로부터 요양급여비용으로 지급받은 것은 모두 사위 기타 부당한 방법으로 요양급여비용을 받은 것에 해당한다고 보아 피고 보건복지부장관은 원고 병원에 대하여 업무정지처분 및 과징금부과의 기준에 따라 80일의 요양기관 업무정지처분에 갈음하는 과징금 9,690,443,950원을 부과하는 처분을 하였고, 피고 공단은 국민건강보험법 제52조(현행 국민건강보험법 제57조)에 따라 부당징수액으로 판단한 1,938,088,790원의 요양급여비용에 대해 부당이득 환수처분을 하였다.

---

4) ③번 사례의 경우 법원은 환자가 주진료과 의사에게 진료지원과에서의 선택진료비용에 관하여 포괄위임 한 것은 신속하고 효율적인 진료를 위한 현실적 필요성이 있다는 등의 사정을 들어 1심부터 3심까지 일관되게 사위 기타 부당한 방법으로 요양급여비용을 받은 것이 아니라는 취지의 판결을 하였으며 임의비급여와 논점이 다르고, ④번 사례의 경우 1, 2심 모두 그 부당성(즉, 공단 삭감처분의 정당성)을 인정하였고 피고들만 상고함으로써 상고심의 판단 대상이 되지 아니하였으므로 이하에서 별도로 언급하지 않는다.

2. 법원의 판단

가. 제1심 및 제2심 판결

제1심 판결은 환자의 생명을 구하기 위한 치료를 위하여 필요한 경우에 한하여 투약이 이루어졌고, 급여기준이나 허가사항이 위 병원이 치료방법으로 택한 범위대로 변경되는 등 의학적으로 타당성이 인정된다는 등의 이유로 예외적으로 국민건강보험법 제52조 제4항 및 제85조 제1항 제1호에 정한 부당징수에 해당하지 않아 피고들의 처분이 위법하다고 판단하였으며, 제2심 판결 역시 의료인이 환자의 상태 등과 당시의 의료수준 그리고 자기의 전문적 지식경험에 따라 적절하다고 판단되는 의료행위·약제·치료재료를 택하였고, 그와 같은 의료행위·약제·치료재료를 택하는 경우 요양급여 사항 및 비급여 사항 어디에도 해당하지 아니하여 환자가 이를 부담하여야 한다는 사정을 환자 및 보호자에게 충분히 설명하고, 그들로부터 이에 대한 동의를 받았다면, 환자로부터 그에 따른 비용을 받았다 하여 국민건강보험법 제52조 제1항의 '사위 기타 부당한 방법으로 보험급여비용을 받은 경우'에 해당한다고 볼 수는 없다고 판시하면서 피고들의 항소를 기각하였다.

나. 대상 판결

대법원은 요양기관이 국민건강보험의 틀 밖에서 임의로 비급여 진료행위를 하고 비용을 가입자 등으로부터 지급받은 경우라도 ① 진료행위 당시 시행되는 관계 법령상 이를 국민건강보험 틀 내의 요양급여대상 또는 비급여대상으로 편입시키거나 관련 요양급여비용을 합리적으로 조정할 수 있는 등의 절차가 마련되어 있지 않은 상황에서, 또는 그 절차가 마련되어 있다고 하더라도 비급여 진료행위의 내용 및 시급성과 함께 절차의 내용과 이에 소요되는 기간, 절차의 진행 과정 등 구체적 사정을 고려해 볼 때 이를 회피하였다고 보기 어려운 상황에서, ② 진료행위가 의학적 안전성과 유효성뿐 아니라 요양급여 인정기준 등을 벗어나 진료해야 할 의학적 필요성을 갖추었고, ③ 가입자 등에게 미리 내용과 비용을 충분히 설명하여 본인 부담으로 진료받는 데 대하여 동의를 받았다면, 이러한 경우까지 '사위 기타 부당한 방법으로 가입자 등으로부터 요양급여비용을 받거나 가입자 등에게 이를 부담하게 한 때'에 해당한다고 볼 수는 없고, 다만 요양기관이 임의로 비급여 진료행위를 하고 비용을 가입자 등으로부터 지급받더라도 그것을 부당하다고 볼 수 없는 사정은 이를 주장하는 측인 요양기관이 증명해야 한다고 판시하였다.

다. 파기환송심 판결

파기환송심 판결은 ① 신의료기술 등의 결정 절차 및 상대가치점수 등의 조정절차는 이 사건에서 이용할 수 있는 사전절차가 아니고, 약제에 관한 특별절차 및 중증환자의 약제를 위한 특별절차는 백혈병 등 혈액질환 및 조혈모세포 이식 전 처치요법에 관한 고시가 각 2007. 3. 28., 2007. 8. 30. 발령되어 2006년경 시행된 이 사건 진료행위에 대해서는 국민건강보험 내의 틀 내의 요양급여대상 또는 비급여대상으로 편입시키는 등의 사전절차가 존재하지 않았으며, 진료행위 중 일부가 사전절차의 적용대상이 된다고 할지라도 진료행위의 긴급성에 비추어 사전절차를 회피했다고 보기 어려운 점, ② 진료행위의 의학적 안전성 및 유효성, 요양급여기준을 벗어나 진료해야 할 의학적 필요성이 인정되는 점, ③ 아래에서 보는 대법원 2016. 3. 10. 선고 2013두16371 판결이 판시한 내용을 설시하면서 충분한 설명 및 이에 기초한 동의가 있었다고 인정하였다.

3. 판결의 의의

가. 논의의 배경

국민건강보험법령에는 건강보험이 적용되는 요양급여대상 진료행위와 건강보험이 적용되지 않아 요양기관이 임의로 비용을 받을 수 있도록 허용한 비급여 진료행위(이른바 법정 비급여)를 규정하고 있다. 그런데 의학이 발전하면서 새로운 의료기술이나 의약품이 속속 개발되는 것에 반해 그러한 새로운 진료방법이나 의약품 등이 국민건강보험법령상의 건강보험 급여대상, 비급여대상으로 등재되는 것은 의학 발전의 현실을 따라가지 못함으로써 건강보험 요양급여대상은 물론 비급여대상으로 분류되지 않은 의학기술이나 의약품 등에 대해서는 해당 환자나 요양기관이 어떠한 방법으로 이를 적용하고 그 비용을 부담할 것인지에 대하여 그동안 계속 논란이 되어왔다.5) 환자 입장에서는 어떠한 비용을 감수하더라도 암과 같은 난치병을 극복하는 새로운 치료방법의 적용을 원하고 의료인으로서도 환자를 위해 최선의 치료를 제공하기를 원하지만, 이를 허용하면 국민건강보험의 급여, 비급여 규정을 잠탈하는 새로운 비정상적인 의료비용의 증가로 국민건강보험제도 자체의 근간이 위태로우므로 이를 금지해야 한다는 원칙론이 맞서왔다.

현행 국민건강보험법령은 요양기관으로 하여금 법정 비급여를 벗어나는 비급여 진료행위를 하고 그 비용을 환자로부터 지급받는 것(임의비급여)을 명시적으로 금지하는 규정을 두고 있지 않다. 따라서 현행 국민건강보

---

5) 이 부분이 이른바 임의비급여 영역으로, 구체적으로는 ① 가입자 등에게 요양급여기준을 벗어난 진료행위를 하고 그 진료비를 가입자 등으로부터 받는 경우, ② 요양급여 진료행위를 하고 해당 요양급여비용 산정기준을 벗어나 치료재료 비용을 가입자 등으로부터 받는 경우, ③ 신의료기술 등의 결정 절차를 거치지 아니하고 새로운 진료행위를 하거나 약제, 치료재료 등을 사용하고 그 비용을 가입자 등으로부터 지급받는 경우 등이 있다.

험법령의 해석상 임의비급여가 허용될 수 있을 것인지 여부에 관하여 논란이 있어 왔고, 그동안 대법원은 국민건강보험법 상 명시적인 법 규정이 없더라도 국민건강보험법의 법체계 해석상 임의비급여는 사위 기타 부당한 방법으로 보험급여를 받은 것으로 판단하여왔다.

나. 임의비급여의 예외적 허용

이 사건에서 대법원은 전원합의체판결로 종전의 태도를 변경하여 임의비급여 진료행위는 원칙적으로 위법하다는 것을 전제하면서도 임의비급여 진료행위라도 엄격히 제한된 기준 아래 요양기관 측이 그 증명을 다한 경우에는 예외적으로 부당하지 아니하다고 볼 수 있음을 인정하였다. 이로써 현행 국민건강보험법령의 허점을 해석으로 보완하여 예외적으로 임의비급여가 인정될 수 있는 새로운 기준을 마련하여 국민건강권 보장의 사각지대에 놓인 절박한 상황에 있는 환자들의 건강권이 보호받을 수 있는 길을 열었다는 데 의의가 있다.

다. 소수의견의 검토

하지만 이러한 논란은 결국 국민건강보험법령 자체의 문제에서 비롯된 바가 크고, 대상 판결이 예외적인 임의비급여를 허용함으로써 국민건강보험제도의 근간이 흔들릴 위험이 발생할 것이라는 우려의 목소리가 있는 반면, 임의비급여를 금지하고 이에 대하여 환수처분 및 업무정지처분까지의 침익적 행정처분을 할 수 있는 근거 법 규정이 분명히 존재하지 않음에도 불구하고 현행 건강보험제도의 근간 유지를 위해 소극적이고 엄격한 법령해석에 안주하면서 행정처분에 대한 쟁송에서 피처분자에게 증명책임까지 부담시킨 것이라는 비판도 제기되고 있다.

이와 관련하여 전수안 대법관의 "환자가 요양급여로 제공되는 기본진료를 넘어선 최선의 진료를 받기 원하는 경우에 그 진료가 보험재정의 한계를 이유로 국민건강보험에서 제공할 수 없는 것이라면, 국민건강보험의 틀 밖에서라도 요양기관과 환자 사이의 진료계약에 의하여 원하는 진료를 받을 수 있도록 하는 것이 옳고, 이와 달리 환자에게 이러한 진료를 받을 기회를 제한하는 것은 오히려 국민건강보험법의 취지에 반한다. 구 요양급여기준규칙 제9조 [별표 2]는 비급여 사항을 열거하고 있는데, 이를 한정적으로 열거한 것으로 해석한다면 환자가 사적 진료계약을 통하여 최선의 진료를 받는 것을 제한하는 규정이 되어 모법의 위임 범위를 벗어나게 된다. 구 국민건강보험법 제52조 제1항, 제4항, 제85조 제1항 제1호는 '요양기관이 사위 기타 부당한 방법으로 가입자 등으로부터 요양급여비용을 받거나 가입자 등에게 이를 부담하게 한 때' 부당이득으로 환수하거나 업무정지를 명할 수 있다고 규정하고 있으나, 여기서 요양급여비용이란 국민건강보험에 의하여 요양급여가 행하여진 경우 그 급여에 대한 대가로서 국민건강보험공단 이사장과 의약계를 대표하는 자의 계약에 따라 정해진 비용을 말하는 것이지, 사적 진료계약에 따른 진료비와는 다른 개념이다. 따라서 법정외 비급여 진료비는 위 각 법조문의 적용대상이 아니며, '요양급여비용'에 법정외 비급여 진료비가 포함된다고 해석하는 것은 법령의 근거 없이 국민의 권리를 제한하는 것과 다름없는 것이어서 허용될 수 없다."는 소수의견이 요양급여와 비급여를 구분하는 현행 국민건강보험법령의 해석에 부합하는 것으로 볼 여지가 있다.

또한 "의료인은 질병의 치료를 위하여 모든 의료지식과 의료기술을 동원하여 환자를 진찰하고 치료할 의무를 부담하고, 의료인은 환자의 건강상태 등의 사정과 당시의 의료수준 그리고 자기의 지식경험에 따라 적절하다고 판단되는 진료방법을 선택할 수 있는 상당한 재량을 가진다. 그럼에도 불구하고 의료적으로 환자에게 이루어져야 함이 상당한 최선의 진료행위가 요양급여 또는 법정 비급여 진료행위로 정하여지지 아니하였다는 이유만으로 진료행위의 정당성을 부정하고 이익의 환수뿐 아니라 업무정지나 과징금의 제재까지 가한다면 이는 오히려 국민보건을 향상시키려는 구 국민건강보험법의 취지에 반하게 될 것이므로, 이와 같은 사정을 고려하여 과연 문제된 법정외 진료행위가 사위 기타 부당한 방법에 의한 진료행위 인지 여부를 판단하여야 할 것이다. 따라서 의료인으로서는 자신이 한 법 정외 진료행위의 정당성이 증명될 수 있는 자료를 제출하여야 할 것이지 만, 이는 이른바 증명의 필요를 의미하며, 이를 두고 의료인이 '사위 기타 부당한 방법'에 해당하지 아니함에 대한 증명책임을 부담한다고 할 수 없 음은 일반적인 요양급여의 경우와 마찬가지이다. 다수의견은 항고소송에 서의 적법성에 상반되는 예외적인 사정에 대한 주장과 증명은 상대방에게 그 책임이 돌아간다고 봄이 상당하다는 대법원판결들을 들고 있으나, 그 대법원판결들은 적법성에 대한 증명책임이 처분청에게 있음을 전제로 하 여 예외적인 사정에 대한 주장 및 증명의 필요성을 밝힌 것으로 볼 수 있 을 뿐 이를 넘어서서 처분청의 적법성에 대한 증명책임이 부정된다고 판 시한 것으로 보이지는 아니하므로, 위와 같은 해석에 저촉되지 아니한다. 오히려 처분청으로서는 문제가 된 법정외 진료행위가 요양급여 인정기준 및 법정 비급여 진료행위에서 배제된 사유 및 경위를 살펴보고, 이와 아울 러 의료인이 제출한 자료들에 의하여 인정되는 진료행위의 의학적 안정성, 유효성, 필요성과 관련 절차 준수 및 가입자 등의 동의 등 사정에 의하여 인정될 수 있는 진료행위의 정당성의 정도 등을 고려하여 볼 때에 '사위 기타 부당한 방법으로 요양급여비용을 받거나 이를 부담하게 한 때'의 요 건에 해당하는지에 대하여 규범적인 평가를 하여야 한다. 결국 처분청이 위 요건에 대한 증명책임을 부담하며, 이와 같은 규범적인 평가의 결과 '사위 기타 부당한 방법'에 이른다고 보기 부족한 경우에는 위 요건을 제 대로 갖추지 못한 것으로 보아 부당이득 징수처분이나 업무정지 또는 이 에 갈음하는 과징금 부과처분을 할 수 없다고 봄이 상당하다"고 판시한 부분도 설득력이 있어 보인다.

결국 현행 국민건강보험제도의 근간 유지를 위해 최선의 진료를 받을 개인의 권리를 제한할 것인지에 대한 국민적 합의를 통하여 국민건강보험 법령의 허점이 입법으로써 해결되어야 할 필요가 있다.[6]

대상 판결이 선고된 이후에도 대법원에서 임의비급여 관련 판결들이 수차례 선고되었으나 이후의 판결들은 기본적으로 위 대법원 판결의 취지를 따르되, 위 판결에서 언급한 예외에 해당하는지 여부가 하급심에서 심리되지 않은 점을 고려하여 파기 환송하는 경우가 대부분이었다.[7]

---

6) 위 판결이 선고된 이후 법원의료법연구회와 대한의료법학회의 공동 학술대회가 대법원에서 개최대회 당시 재판연구관이 사건 판결의 배경 등에 대하여 설명한 바 있고, 한국의료법학회에서도 위 판결과 임의비급여의 해결방안에 대한 논의가 다루어진 바 있으며, 대한변호사협회에서도 2012. 11. 22. 건강보험제도의 문제점 및 개선방향이라는 주제로 임의비급여제도에 대한 발표와 평가가 이루어졌는바, 대부분의 법률 실무가나 법학자들은 현행 법령이 임의비급여 현상을 규율하기에 부족하고 입법에 의하여 해결되어야 한다는 의견이었으나, 건강보험공단이나 건강보험심사평가원에서는 현행 판례가 타당하다는 입장을 제시하였다.
7) 대법원 2012. 9. 27. 선고 2011두11068, 2011두25708 판결 참조.

088. 예외적 임의비급여 요건 충족을 인정한 판결

- 대법원 2016. 3. 10. 선고 2013두16371 판결8)

1. 사실관계

원고 병원 소속 주치의들은 백혈병 환자에 대한 조혈모세포 이식을 하기에 앞서 수진자들의 보호자들과 면담하면서 비급여 약제 사용 필요성 및 그 비용은 전액 수진자 측에서 부담해야 한다고 설명한 다음, 환자측의 동의를 받아 임의 비급여 진료행위를 하였다. 그 후 수진자들은 피고(국민건강보험공단)에게 위 각 본인부담금이 관계 법령에 따른 요양급여대상에서 제외되는 것인지에 대한 확인을 요청하였고, 피고는 심사결과 요양급여기준을 위반하여 수진자들로부터 검사·처치·약제 또는 치료재료 등에 대한 비용을 지급받았다는 이유로, 수진자별로 과다본인부담금 액수를 확인함과 동시에 각 그 해당 금액을 수진자들에게 환불하라는 처분을 하였다. 이에 원고는 피고를 상대로 과다본인부담금확인처분 등 취소의 소를 제기하였다.

2. 법원의 판단

원심 판결은 과다본인부담금 부당징수 유형을 급여정산 부분(A형 부당징수), 별도산정 불가 부분(B형 부당징수), 허가사항 외 투약 부분(C형 부당징수), 선택진료비 부분으로 구분한 다음, B형 및 C형 부당징수의 대상이

---

8) 제1심 서울행정법원 2011. 9. 16. 선고 2011구합10096 판결, 제2심 서울고등법원 2013. 7. 11. 선고 2011누34063 판결.

된 진료행위를 '이 사건 임의 비급여 진료행위'라 하여 판단하였다. 원심 판결은 어떠한 임의 비급여 진료행위가 '사위 기타 부당한 방법으로 가입자 등으로부터 요양급여비용을 받거나 가입자 등에게 이를 부담하게 한 때'에 해당하지 않는다고 인정되기 위해서는, ① 사전 조정절차 등을 회피하였다고 보기 어려운 상황에서, ② 의학적 안정성, 유효성 및 그 필요성이 인정되어야 하고, ③ 나아가 가입자 등에게 미리 그 내용과 비용을 충분히 설명하여 본인 부담으로 진료받는 데 대하여 동의를 받아야 한다는 법리를 확인한 다음, 원고 병원이 사전 조정절차 등을 거치지 않고 이 사건 수진자들에 대하여 이 사건 임의 비급여 진료행위를 하였다고 하여 그 절차를 회피한 것이라고 보기는 어렵고, 이 사건 임의 비급여 진료행위는 의학적 안전성과 유효성뿐 아니라 요양급여 인정기준 등을 벗어나 진료하여야 할 의학적 필요성까지 갖추었다고 볼 수 있다고 인정하여 위 ①, ② 요건이 충족되었다고 판단하였다.

원심 판결은 ③ 요건, 즉 '가입자 등의 동의'를 얻기 위한 전제인 요양기관의 '충분한 설명'과 관련하여, 그 '설명의 대상'은 가입자 등으로 하여금 자신의 수급권을 행사할 것인지 아니면 포기할 것인지 여부를 진지하게 고민하고 선택하게 할 수 있을 정도의 정보라 할 것이므로, 당해 진료행위가 요양급여 대상이 아니라는 점, 그럼에도 위 진료행위를 해야 하는 이유(여기에는 의학적 안정성과 유효성 및 그 필요성, 국민건강보험 틀 내에서 다른 대체적인 진료수단이 있는지, 있다면 그럼에도 비급여 진료행위를 해야 할 필요성 등이 포함될 것이다) 및 그 진료행위에 따른 비용은 전액 가입자 등이 부담하여야 한다는 점 등이고, '설명의 정도'는 해당 가입자 등에게 국민건강보험 수급권 행사에 대한 선택의 기회를 실질적으로 보장하였는지 여부에 따라 '상세한 설명'을 하였는지 여부가 결정된다고 판시한 다음, 이 사건 임의 비급여 진료행위 중 '조혈모세포이식신청서 제출 무렵'부터 시행된 부분이 '충분한 설명과 동의' 요건을 충족하였다고 판단하였다.

이에 대해 대법원은, 임의 비급여 진료행위에 대한 요양기관의 설명은 일반적으로 의사가 하여야 하는 진료행위의 의학적 안정성과 유효성을 포함한 위와 같은 설명 외에 해당 진료행위가 요양급여의 대상이 아니라는 사정, 요양급여 인정기준 등을 벗어나 진료하여야 할 의학적 필요성 및 가입자 등이 부담하여야 할 대략적인 비용 등의 사항들에 관하여 이루어져야 하며, 그에 관하여 충분히 설명하여 동의가 이루어졌는지 여부는 위와 같은 사항들의 내용과 진료행위의 긴급성 및 설명의 정도 등을 비롯하여 변론에 나타난 제반 사정을 고려하여 가입자 등의 수급권과 임의 비급여 진료행위에 대한 선택권이 실질적으로 보장되었다고 볼 수 있는지 여부에 따라 판단되어야 하고, 이러한 법리는 특별한 질병 또는 치료행위와 관련하여 장래 여러 비급여 진료행위가 반복적으로 예상되는 경우에 요양기관이 한꺼번에 가입자 등에게 여러 진료행위에 관하여 위와 같은 사항들을 설명하고 동의를 받는 경우에도 마찬가지로 적용될 수 있다고 봄이 타당하다고 판시한 다음, 조혈모세포 이식신청서 제출 무렵에는 이 사건 수진자 등에게 그들의 국민건강보험 수급권 보장을 위한 핵심적인 사항에 관하여 충분히 설명하고 임의 비급여 진료행위에 관한 동의를 받았다고 볼 수 있으나, 그 이전의 진료행위에 대하여는 그러한 충분한 설명 및 그에 기초한 동의가 있었다고 인정할 수 없다고 판단한 원심 판결이 정당하다 하여 상고를 기각하였다.

3. 판결의 의의

대상 판결은 대법원 2012. 6. 18. 선고 2010두27639, 2010두27646 전원합의체 판결의 법리에 따라 예외적 임의비급여 요건으로서 충분한 설명과 동의가 있었는지 여부에 대한 판단기준을 명시한 데 의의가 있다.

예외적 임의비급여 요건으로서 충분한 설명과 동의가 있었는지 여부는 수급권과 임의비급여 진료행위에 대한 가입자 등의 선택권이 실질적으로 보장되었다고 볼 수 있는지 여부에 따라 판단하여야 하는데, 이때 설명의 내용(해당 진료행위의 내용 및 요양급여대상이 아니라는 점, 진료행위의 의학적 안전성 및 유효성, 요양급여기준을 벗어나 진료해야 할 의학적 필요성, 가입자 등이 부담해야 할 대략적 비용 등)과 진료행위의 긴급성, 설명의 정도 등을 고려해야 한다고 하면서, 이와 같은 법리는 특정한 질병 또는 치료행위와 관련하여 장래 여러 비급여 진료행위가 반복될 것으로 예상되는 경우에 요양기관이 한꺼번에 가입자 등에게 여러 진료행위에 관하여 위와 같은 내용들을 설명하고 동의를 받는 경우에도 마찬가지라고 함으로써 실제 임상의 현실을 반영하여 판단하였다.

대상 판결이 조혈모세포 이식신청서제출 무렵에는 충분한 설명 및 이에 기초한 동의를 받았다고 본 근거는 ① 주치의들이 조혈모세포이식 전에 환자들의 보호자들과 '최종이식 전 가족면담'에서 향후 단계별로 급여대상이 아닌 주요 비급여 약제를 사용할 필요성 및 비급여 약제를 사용할 경우 그 비용은 전액 환자 측에서 부담해야 한다는 것을 설명한 점, ② 보호자들은 '건강보험 요양급여기준에서 인정하지 않는 급여제한 부분이 발생할 수 있다는 사항에 관하여 충분한 설명을 들었으며, 그 부분을 전액 환자 부담으로 하겠다'는 내용이 포함된 조혈모세포 이식신청서를 작성한 다음 일부 보호자는 공증까지 받아 제출한 점, ③ 조혈모세포 이식술은 각각의 단계마다 합병증이나 감염 등이 발생하면 즉각적인 처치가 필수적이어서 미리 모든 비급여 약제나 치료재료 등에 대하여 개별적으로 구체적인 설명을 하고 각각의 진료행위마다 사전 동의를 받는 것은 사실상 불가능한 것으로 보이는 점, ④ 조혈모세포 이식술을 받은 환자들에 대하여 행해진 수십 회의 비급여 진료행위 별로 개별적인 사전 동의를 받아야 한다고 보는 것은 당시의 급박한 상황을 도외시한 것으로 합리적이라고 보기 어려운 점, ⑤ 반면 환자 등은 백혈병 치료에 있어서는 상당 정도의 비급여 진료행위가 이루어지고 그로 인해 수진자 측에서 부담하여야 할 비용이 많다는 점을 잘 알고 있었을 것으로 보이는 점 등인바, 이와 같은 판단은 유사 사건의 판단 기준이 되었다.

4. 참고 판결

○ 대법원 2016. 5. 27. 선고 2013두901 판결[9]은, C병원에서 급성골수구성백혈병으로 진료받은 수진자가 건강보험심사평가원에 입원진료비 본인부담금 확인 및 환불요청을 하자 C병원으로 하여금 수진자에 대하여 1,800여만 원의 진료비를 환불하는 것으로 결정한 건강보험심사평가원의 처분에 대하여 C병원이 불복하여 진행된 소송에서, 원심 판결이 C병원이 백혈병 진료 당시 건강보험수가에 포함되어 별도 산정이 불가함에도 환자에게 별도로 비용을 부담하게 하고(골수천자바늘 비용 등), 식품의약품안전청의 허가사항 기준을 위반하여 환자에게 항암제 등의 의약품을 사용한 후 그 진료비를 받은 것 등 위 대법원 전원합의체판결과 거의 유사한 내용의 임의비급여를 받은 것에 대하여 위 대법원 전원합의체판결에서 제시한 임의비급여 허용기준을 그대로 적용하면서, C병원이 요양급여대상 또는 비급여대상으로 편입시키거나 요양급여비용을 합리적으로 조정할 수 있는 절차를 회피한 것이 아니고, 임의비급여의 의학적 안정성, 유효성, 필요성이 모두 인정된다고 하면서도, 환자로부터 사전동의서를 받긴 하였으나 임의비급여에 해당하는 개별 진료행위의 내역, 그 진료행위의 불가피

---

9) 제1심 서울행정법원 2009. 7. 23. 선고 2007구합19614 판결, 제2심 서울고등법원 2012. 11. 29. 선고 2009누24919 판결, 파기환송심 서울고등법원 2017. 1. 13. 선고 2016누553 판결.

성, 의학적 우월성, 소요비용 등에 관하여 충분한 설명을 하고 환자로부터 동의를 얻어야 하는 과정이 있어야 함에도 그러한 동의절차를 거쳤다는 점이 부족하였다는 것을 이유로 C병원의 주장을 배척한 데 대하여, 대법원 2016. 3. 10. 선고 2013두16371 판결[10]이 판시한 내용을 전제하면서, ① 조혈모세포이식은 치료기간이 장기간이고 각각의 단계마다 합병증이나 감염이 발생하면 즉각적인 처치가 필수적이어서 미리 모든 비급여 약제나 치료재료 등에 대하여 개별적으로 구체적인 설명을 하고 각각의 진료행위마다 사전동의를 받은 것은 사실상 불가능해 보이는 점, ② 환자의 보호자가 "입원치료 중 긴급수술이나 검사가 필요한 경우, 귀 병원에서 보호자의 사전동의 없이 시행한 진료행위(국민건강보험요양급여대상에서 제외되고 진료상의 진단 및 치료에 필요한 비급여 항목 포함)에 대해 이의를 제기하지 않는다"고 기재된 입원약정서를 작성하여 제출하고, 그 후 "조혈모세포이식 승인이 되었더라도 건강보험 요양급여기준에서 인정하지 않는 급여제한 부분이 발생할 수 있다는 사항 등에 대하여 충분한 설명을 들었으며, 급여제한 부분은 전액 피보험자(환자) 부담으로 이에 대해 이의를 제기하지 않고, 공증에 동의한다"는 내용이 포함된 동종조혈모세포이식신청서를 작성하여 제출한 점 등을 종합해 보면, 입원약정서 및 조혈모세포이식신청서가 작성된 경위 등에 관한 심리결과를 토대로 충분한 설명과 동의가 있었는지를 판단해야 한다고 하면서 심리미진을 이유로 이 서울고등법원 판결을 파기환송하였다. 이에 파기환송심은 주치의들이 환자 가족들과 '최종 이식 전 가족면담'에서 향후 단계별로 급여대상이 아닌 주요 비급여 약제를 사용할 필요성이 있다는 점을 급여대상 약제와 비교하는 방법 등으로 설명하고, 비급여약제를 사용할 경우 그 비용은 전액 환자 측에서 부담해야 한다는 점까지 설명한 다음 "급여제한 부분에 관한 충분한 설명이 있었다"는

---

10) 이 책 087번 판결 참조.

내용의 이식신청서가 작성된 점 등을 근거로 조혈모세포이식신청서가 제출 시점을 기준으로 그 전에 시행된 임의비급여 진료행위에 대해서는 충분한 설명과 동의가 없고, 그 이후부터 시행된 임의비급여 진료행위에 대해서는 충분한 설명과 동의가 있었다고 판시하였다.

○ 산전 비자극 검사(NST)가 문제된 사안에서 서울고등법원은 의학적 필요성이 인정되지 않거나[11] 비자극검사를 국민건강보험 틀 내의 요양급여 또는 비급여 대상으로 편입시키거나 관련 요양급여비용을 합리적으로 조정할 수 있는 절차를 마련해 두고 있었고, 수진자들에게 사전에 비자극 검사에 대해 충분히 설명한 후 동의를 받아 검사하였다고 인정할 증거가 없어[12] 위 대법원 판결의 예외 인정 사유에 해당하지 않는다는 취지로 선고하였다.

---

11) 서울고등법원 2013. 2. 8. 선고 2011누20620 판결, 이 판결은 심리불속행 기각되어 확정되었다(대법원 2013. 5. 23. 2013두6466 판결).

12) 서울고등법원 2013. 11. 13. 선고 2011누30280 판결. 이 판결은 심리불속행 기각되어 확정되었다(대법원 2014. 3. 27. 2013두26774 판결).

089. 원외처방 약제비 반환청구 사건
- 대법원 2013. 3. 28. 선고 2009다78214 판결[13]

1. 사실관계

의약분업이 실시되기 이전에는 의료기관이 진료·처방·조제까지 실시하였고, 국민의료보험관리공단(현 국민건강보험공단, 이하 공단이라 약칭함)에 약제비에 관한 요양급여지급청구를 하여 공단이 위 청구가 법령에 위반된다고 판단되는 경우 구 국민의료보험법 제44조 제1항[14]에 의하여 약제비 상당의 요양급여비용을 의료기관으로부터 징수하였다.

그러나 의약분업이 2000. 7.부터 실시되어 요양급여 실시가 의료기관의 진료와 약국의 조제로 구분된 결과, 약제비에 해당하는 요양급여비용을 지급받은 요양기관은 당해 의료기관이 아니라 약국이 되었으나, 공단은 여전히 의약분업 이전과 같이 의료기관의 처방전 발급이 요양급여기준에 위반된다고 통보받은 경우 구 국민건강보험법 제52조 제1항[15]에 근거하여 약국이 지급받은 약제비 상당의 요양급여비용을 그 처방전을 발급한 의료기관으로부터 징수하여왔다.

그런데 공단의 위와 같은 약제비 징수 조치에 대하여 의료기관들이 그 징수처분을 다투는 소를 제기하여 공단이 의료기관에게 약제비 징수처분을 하는 것은 위법하여 취소되어야 한다는 취지의 판결[16] 및 당연무효라

---

13) 제1심 서울서부지방법원 2008. 8. 28. 선고 2007가합8006 판결, 제2심 서울고등법원 2009. 8. 27. 선고 2008나89189 판결, 파기환송심 서울고등법원 2014. 1. 17. 선고 2013나26038 판결. 파기환송심 판결은 피고가 상고하였으나 심리불속행 기각으로 확정되었다(대법원 2014. 5. 16. 선고 2014다14085 판결).
14) 현행법 제57조 제1항과 내용이 유사하다.
15) 부당이득의 징수, 현행법 제57조 제1항과 내용이 유사하다.

는 판결[17]이 선고되어 공단의 약제비 환수조치에 제동이 걸렸다.

한편 의료기관인 원고는 의약분업 실시 이후인 2001. 6.경부터 2007. 5.경까지 건강보험 가입자 및 피부양자들에 대하여 처방전을 발급하고 건강보험심사평가원(이하 심사평가원이라 약칭함)에 심사청구를 하였는데, 심사평가원은 원고 소속 의사들이 원외처방전을 발급함에 있어 요양급여기준에 위반하여 식품의약품안전청장으로부터 허가받은 범위를 초과하는 등의 처방을 한 부분을 삭감하여야 한다는 심사결과를 피고에게 통보하였고, 그에 따라 공단은 2001. 11. 13.경 원고에게 차기 요양급여비용 지급시 심사평가원으로부터 삭감통보를 받은 약제비용을 차감함으로써 이를 징수하겠다는 취지의 통보를 하고 징수처분을 한 이후, 계속하여 2007. 7.경까지 원고에게 지급할 요양급여비용에서 위 약제비용을 징수, 차감한 나머지 금원만을 지급하여 왔고, 공단이 2001. 6.경부터 2007. 5.경까지의 요양급여비용 중 징수처분에 의하여 지급을 차감·거절한 액수는 합계 금 4,044,586,658원에 이르는데, 원고는 피고의 징수처분이 당연무효라는 판결에 힘입어 공단을 상대로 부당이득반환을 주장하면서 삭감된 약제비의 지급을 청구하였다.

2. 법원의 판단

가. 제1심 및 항소심 법원의 판단

제1심 판결은 피고가 삭감한 약제비는 원고가 수령한 금원이 아니므로 이를 원고로부터 환수할 수 없다는 이유로 원고 승소 판결을 내렸다. 이에 대하여 피고가 항소하였고, 제2심 판결은 ① 공단이 국민건강보험법 제52조 제1항 등에 기초하여 원고로부터 약제비용에 상당하는 금액을 징수한

---

16) 대법원 2005. 9. 29. 선고 2005두7037 판결.
17) 대법원 2006. 12. 8. 선고 2006두6642 판결.

처분은 법률상 근거가 없을 뿐만 아니라 하자가 중대하고 명백하여 당연 무효라고 판단하면서도, ② 요양기관이 요양급여기준에 정한 바에 따르지 아니하고 임의로 이에 어긋나는 원외처방을 하는 것은, 그것이 환자에 대한 최선의 진료를 위하여 의학적 근거와 임상적 경험에 바탕을 둔 것으로서 정당행위에 해당한다는 등의 특별한 사정이 없는 한 일응 위법성이 인정된다고 전제하고, 원고가 내원환자들에게 요양급여 기준에 어긋나는 원외처방전을 발행하여 공단으로 하여금 약제비를 지불하게 한 것은 불법행위에 해당하므로 원고는 공단에게 손해배상금액으로서 약제비 상당 금액을 지급해야 할 의무가 있다고 판시하며 피고의 상계주장을 받아들여 제1심 판결을 취소하였다. 이에 대하여 당사자 쌍방이 상고하였다.

나. 대법원의 판단

대법원은 ① 원심판단 중 '요양급여기준을 위반한 원외처방전의 발급행위가 원칙적으로 위법하다는 부분'은 정당하지만, '원심판시 5건의 원외처방이 정당한 행위에 해당하여 위법성이 조각된다는 부분'은 비록 그 5건의 원외 처방이 환자에 대한 최선의 진료를 다하기 위한 적정한 의료행위에 해당하더라도 요양급여기준을 벗어나 요양급여대상이 될 수 없으므로 이를 요양급여대상으로 삼아 처방전을 발행한 행위 역시 위법하다고 보아야 함에도 이와 달리 판단한 것은 위법하고, ② 원고의 행위로 인한 손해액은 피고 공단이 약국에 지급한 요양급여비용 상당액인데, 손해배상의 범위를 정함에 있어서는 의료기관이 그 행위에 이른 경위나 동기, 국민건강보험공단의 손해 발생에 관여된 객관적인 사정, 의료기관이 그 행위로 취한 이익의 유무 등 제반 사정을 참작하여 손해분담의 공평이라는 손해배상제도의 이념에 비추어 그 손해배상액을 제한할 수 있고, 배상의무자가 이러한 책임감경사유에 관하여 주장을 하지 아니한 경우에도 소송자료에 의하여 그 사유가 인정되는 경우에는 법원이 이를 직권으로 심리·판단하여야 함에도 불구하고, 원심에서 이러한 점에 대하여 심리를 진행하지 아니하고 손해액 전부를 원고가 부담해야 하는 것으로 판단한 것은 원외 처방전 발급행위로 인한 손해의 범위에 관한 법리를 오해하고, 손해배상제도에 있어서 책임 감경사유에 대한 법리를 오해한 위법이 있다며 사건을 원심 법원으로 파기환송하였다.

다. 파기환송심의 판단

대상 판결에 따라 파기환송심 판결은 ① 원고의 요양급여기준을 벗어난 원외처방이 의학적 안전성과 유효성 및 요양급여기준을 벗어나 진료하여야 할 필요성을 갖춘 경우가 있어 보이고, 의사의 환자에 대한 최선의 조치를 취하여할 할 주의의무는 그 조치가 건강보험 급여대상이 아니라고 할지라도 면제되는 것이 아니므로 의사가 처한 이와 같은 상황을 참작해야 하는 점, ② 이 사건에서 문제된 원외처방은 대법원이 예외적으로 허용되는 임의비급여에 관한 법리가 제시되기 전의 것일뿐만 아니라 대상 판결의 취지에 따르더라도 어떠한 기준과 절차에 따라 요양급여기준을 벗어난 원외처방을 할 수 있는지에 관한 명확한 행위준칙이 정립되었다고 보기 어려운 점, ③ 원고가 요양급여기준을 벗어난 원외 처방으로 직접적으로 취하는 경제적 이익은 없는 것으로 보이는 점, ④ 의약분업 실시 후 발생한 이와 같은 문제는 의약분업 등 국가의 정책 및 정책시행에 따른 후속조치들을 제대로 마련하지 아니한 국가의 잘못에서 비롯된 측면도 있어 보이므로 국가 또는 그 사무를 위임받은 공공기관이 그로 인한 위험 내지 손해를 일부 부담함이 타당한 점 등을 고려하면 원고의 피고에 대한 손해배상책임 비율을 60%로 제한함이 타당하다고 하면서, 원고가 청구한 금액의 60%에 해당하는 금액에 대해서 피고의 상계항변을 받아들였다.

3. 판결의 의의

약제비 사건에 대한 대법원의 판단은 의료계의 가장 큰 이슈였던 임의비급여에 대한 2012년 전원합의체 판결 후 남은 과제를 해소한다는 의미가 있었고, 임의비급여의 병원 외 사안이라고 할 수 있는 약제비 사건을 임의비급여와 같은 틀로 판단하여 일관성을 유지하였다고 볼 수 있는 측면이 있었다. 그러나 (i) 의사가 요양급여기준을 벗어난 원외처방전을 발급한 행위 중 환자를 진료하면서 최선의 조치를 할 주의의무를 준수하기 위해 부득이 적정한 의료행위로서 한 행위까지도 위법하다고 한 것은 - 비록 그것이 국민건강보험공단에 대한 불법행위라는 측면을 고려한 것이고 손해배상액의 산정과 관련하여 그 사정을 책임제한사유의 하나로 참작한다고 할지라도 - 국민건강보험제도가 궁극적으로는 국민의 건강보장을 위한 것이라는 점에서 적정한 판시였는지 의문이 있고, (ii) 요양급여기준은 보건복지부가 그 보험재정을 고려한 국민건강보험제도의 지속가능성 확보라는 행정목적을 달성하기 위하여 정한 기준의 성격이 강하다고 볼 수 있으므로, 의사의 처방전 발급과 이에 따라 약국에서 조제 및 약제비를 수령한 일련의 행위에 대한 위법성 판단은 행정영역에서 문제되는 것이라 할 수 있을 것인데, 공법영역과 사법영역의 교차에 관한 구체적 심리 및 판시가 이루어지지 않은 채 민법 제750조의 불법행위 성립 여부에 관한 판단만을 설시한 것은 아쉬움이 남는다.

4. 참고 판결

대법원 2014. 2. 27. 선고 2013다77355 판결[18]은, 병원의 책임 유무나 책임제한비율과 관련하여, 손해배상사건에서 과실상계나 손해분담의 공평을 기하기 위한 책임제한에 관한 사실인정이나 그 비율을 정하는 것이 사실심의 전권사항에 속한다 하더라도 그것이 형평의 원칙에 비추어 현저하게 불합리하여서는 아니 된다고 하면서, 건강보험심사평가원은 수차례에 걸쳐 공문으로 대한의사협회, 대한병원협회 등을 통해 각 의료기관에 요양급여기준을 벗어난 원외 처방전 발급행위에 관하여 요양급여비용을 조정하겠다고 고지한 사실, 요양급여기준을 벗어난 원외처방전 발급행위가 장기간 반복적으로 이루어진 사실, 의료기관의 요양급여기준을 벗어난 원외처방전 발급행위와 관련하여서는 의료기관의 국민건강보험공단에 대한 손해배상책임 및 그 책임제한 비율 등이 쟁점인 유사 사건이 전국적으로 다수 분포되어 있는 등 특수한 사정이 있으므로, 각 의료기관의 책임제한 비율을 정함에 있어서는 유사 사건 의료기관 간의 형평도 중요하게 고려되어야 하는데, 이미 유사한 사건이 다수 확정된 바 있음에도, 의료기관의 책임비율을 그와 상당히 다르게 정할 만한 원외처방전 발급의 구체적인 경위 및 내용 등에 관하여 충분히 심리하지 아니한 채 의료기관의 책임비율을 50%로 제한한 것은 위법하다고 판시하였다.

---

18) 이 사건의 원심판결은 병원 책임을 50%로 인정하였고(서울고등법원 2013. 9. 6. 선고 2011나58673 판결), 파기환송심에서 2014. 7. 24. 화해권고결정이 확정되어 종결되었다(서울고등법원 2014나17000 사건). 이외에도 책임감경 사유와 관련하여 병원 측에 배상책임을 인정하는 것은 부당하다거나(서울고등법원 2013. 10. 2. 선고 2013나6614 진료비 사건 판결, 이 사건은 대법원 2014. 2. 27. 선고 2013다81125 판결로 파기환송된 후 서울고등법원 2014나15646 파기환송심에서 2014. 7. 19. 화해권고결정이 확정되어 종결되었다) 병원 책임을 80% 인정한 경우(서울고등법원 2013. 7. 26. 선고 2011나61303 판결) 등 병원의 책임 유무나 책임제한비율과 관련하여 판결들의 결론이 일치하지 않았다.

090. 국민건강보험법에 따른 요양기관 업무정지처분의 법적 성격(=대물적 처분) 및 대상(=요양기관의 업무 자체)

- 대법원 2022. 1. 27. 선고 2020두39365 판결[19]

1. 사실관계

원고는 2010. 7.경부터 서울 용산구에서 다른 의사 A와 공동으로 의료기관(이하 '甲'의료기관)을 개설하여 운영하였고 2011. 1.경부터는 원고와 B 의사로 개설자 명의가 변경되었다. 이들은 2014. 5. 경 '甲'의료기관을 폐업하였고, 원고는 2014. 7.경 세종특별자치시에서 새로운 의료기관을 개설하였다(이하 '乙'의료기관). 한편, 피고 보건복지부장관은 원고와 B가 '甲'의료기관을 개설하여 운영 중이던 2011. 5.부터 2011. 9.까지 의료법에 따라 개설된 '甲'의료기관이 아닌 제3의 의료기관에서 수진자들을 진료한 다음 그 진찰료를 요양급여비용으로 청구하고 이 진료에 관한 원외처방전을 요양급여대상으로 발급하여 약국 약제비를 청구하도록 함으로써 국민건강보험공단에 합계 2,570,180원의 요양급여비용을 부담하게 하였다는 이유로 2017. 5. 29. 구 국민건강보험법(2011. 12. 31. 법률 제11141호로 전부 개정되기 전의 것, 이하 '구 국민건강보험법') 제85조 제1항 제1호[20]에 근거하여 원고가 세종시에 새로이 개설한 '乙'의료기관의 업무를 10일간 정지하는 처분(이하 '이 사건 처분')을 하였다. 즉, 폐업한 '甲' 요양기관에서 발생한 위반행위를 이유로 그 요양기관의 개설자가 새로 개설한 요양기관 '乙'에 대하

---

19) 제1심 서울행정법원 2018. 4. 19. 선고 2017구합75958 판결, 제2심 서울고등법원 2020. 5. 14. 선고 2018누46805 판결.

20) 현행 국민건강보험법 제98조 제1항 제1호.

여 업무정지처분을 한 것이다. 이에 대해 원고는 원고와 B가 과거 개설·운영하였던 '甲'의료기관의 부당청구 등을 처분사유로 하여서는 '甲'의료기관에 대하여 업무정지를 명할 수 있을 뿐이므로, 다른 요양기관인 '乙'의료기관의 업무정지를 명하는 이 사건 처분은 법적 근거가 없으므로 위법하다고 주장하면서 그 취소를 구하는 소를 제기하였다.

2. 법원의 판단

대상 판결은 먼저 ① 구 국민건강보험법 제85조 제1항 제1호는 "보건복지부장관은 요양기관이 속임수나 그 밖의 부당한 방법으로 보험자에게 요양급여비용을 부담하게 한 때에는 1년의 범위 안에서 기간을 정하여 요양기관의 업무정지를 명할 수 있다."라고 규정하여 법문상 업무정지처분의 대상을 '요양기관'으로 정하고 있고, 이후 2011. 12. 31. 전부 개정된 국민건강보험법 제98조 제1항 제1호는 "그 요양기관에 대하여 업무정지를 명할 수 있다."라고 규정하여 처분대상이 위반행위 당시의 요양기관임을 명확히 정하고 있으며, ② 구 국민건강보험법 제40조 제1항제1호는 '의료법에 의하여 개설된 의료기관'을 요양기관으로 규정하고 있고, 의료법 제33조 제3항, 제36조에 의하면 의원 등을 개설하려는 '의사'등은 각종 기준을 준수하여 시장, 군수, 구청장에게 신고하도록 정하고 있어 요양기관과 요양기관 개설자는 구별되는 개념이고 요양기관인 의료기관 등의 개설 신고는 의료기관 등의 시설·운영 등에 관한 사항 등을 준수하여야 하는 대물적 성격을 가지고 있다고 하였다.

그리고 다음으로 ① 구 국민건강보험법 제85조 제3항은 요양기관이 양수 또는 합병된 경우 양수인 등에 대한 제재사유의 승계를 인정하고 있고, ② 구 국민건강보험법 제40조 제1항 및 그 위임에 따른 구 국민건강보험법 시행령(2012. 8. 31. 대통령령 제24077호로 전부 개정되기 전의 것) 제21조 제1항 제4호는 위 업무정지처분의 절차가 진행 중이거나 업무정지처분을 받은 요양기관의 개설자가 개설한 의료기관에 대해서는 해당 업무정지처분 기간이 끝나기 전까지 요양기관에서 제외할 수 있도록 규정하고 있으며, ③ 구 국민건강보험법 제85조의2 제1항, 「업무정지처분에 갈음한 과징금 적용기준」(2008. 11. 26. 보건복지가족부고시 제2008-153호) 제2조 제2호 (다)목은 '요양기관이 행정처분 절차 중에 폐업하는 등으로 인하여 업무정지처분이 제재수단으로서 실효성이 없어 과징금 처분이 타당하다고 판단되는 경우'에 그 업무정지처분에 갈음하여 과징금을 부과·징수할 수 있다고 규정하고 있을 뿐이므로, 관련 법령에는 업무정지처분의 절차가 진행되기 이전에 이미 폐업한 요양기관에서 발생한 위반행위를 이유로 그 요양기관의 개설자가 새로 개설한 요양기관에 대하여 업무정지처분을 할 수 있는 명시적 규정이 없다고 하였다.

이어서 위와 같은 규정들을 종합하여 보면 요양기관이 속임수나 그 밖의 부당한 방법으로 보험자에게 요양급여비용을 부담하게 한 때에 받게 되는 요양기관 업무정지처분은 의료인 개인의 자격에 대한 제재가 아니라 요양기관의 업무 자체에 대한 것으로서 대물적 처분의 성격을 갖는다고 판시하며, 제재의 대상이 된 요양기관이 폐업한 때에는 해당 요양기관이 업무를 할 수 없는 상태일 뿐 아니라 처분대상도 없어졌으므로 그 요양기관 및 폐업 후 그 요양기관의 개설자가 새로 개설한 요양기관에 대하여 업무정지처분을 할 수는 없다고 판단하였다.[21] 그리고 이와 같은 해석은

---

[21] 대법원 2022. 4. 28. 선고 2022두30546 판결은 "이러한 법리는 보건복지부 소속 공무원의 검사 또는 질문을 거부·방해 또는 기피한 경우에 국민건강보험법 제98조 제1항 제2호에 의해 받게 되는 요양기관 업무정지처분 및 의료급여법 제28조 제1항 제3호에 의해 받게 되는 의료급여기관 업무정지처분의 경우에도 마찬가지로 적용된다."고 판시하여 요양급여비용 부당청구를 이유로 하는 경우뿐만 아니라 보건복지부의 현지조사에 응하지 않음을 이유로 하는 요양기관 업무정지처분 및 의료급여기관 업무정지처분

침익적 행정행위의 근거법규의 엄격해석법리 및 법령해석은 문언의 통상적 범위를 벗어나서는 안 된다는 법리에 부합할 뿐만 아니라 구 의료법 제66조 제1항 제7호는 진료비 거짓청구의 경우 면허자격정지처분이라는 의료인 개인에 대한 대한 별도의 제재수단이 있으므로, '제재의 실효성 확보'를 이유로 '요양기관'을 확장해석할 필요도 없다고 판시하였다.

3. 판결의 의의

과거에도 요양기관의 업무정지 처분을 회피하는 수단으로 폐업이나 양수도를 선택하는 경우가 있었고 구 국민건강보험법(2009. 5. 21. 법률 제9690호로 일부개정되기 전의 것)은 제85조 제3항을 신설하여 업무정지처분의 효과가 요양기관의 양수인에게도 승계될 수 있는 규정을 마련한 바 있다. 한편, 과거 법원은 폐업했던 요양기관에서 한 차례 업무정지처분을 받은 일이 있는 개설자가 새로이 개설한 기관에서 또다시 업무정지처분을 받게 되어 보건복지부가 과거 업무정지처분을 사유로 가중처분을 한 사례에서 요양기관에 대한 업무정지처분은 대물적 처분임과 동시에 대인적 처분으로서의 성질을 아울러 갖는다고 판단한 사례도 있었다.[22] 그러나 국민건강보험법에서 처분의 상대방으로 규정한 것은 명백히 '기관'이지 개설자가 아니었기에 처분의 성격에 대한 다툼이 이어졌는데, 대상 판결은 요양기관 업문정지처분의 대물적 성격을 명확히 한 것이다.

국어사전에서 '기관'의 의미를 찾아보면 '사회생활의 영역에서 일정한

에도 같은 법리를 적용하였다.

[22] 서울행정법원 2014. 5. 23. 선고 2012구합3057 판결, 서울고등법원 2015. 6. 19. 선고 2014누4919 판결. 원·피고 모두 대법원에 상고하지 아니하여 확정됨. 이하 자세한 평석은 2014년 주요 의료판결 분석, 정혜승 외 3, 『의료법학』 제16권 제1호, 2015, 175면 이하.

역할과 목적을 위하여 설치한 기구나 조직'에 불과할 뿐이어서 기관 자체를 법률행위를 할 수 있는 법인격을 가진 주체로 보기는 어렵다. 그래서 의료법은 의사 등 자연인인 의료인, 의료법인 등 일정한 범위의 법인격을 가진 단체들로 하여금 의료기관을 개설할 수 있도록 하고 있다. 그런데 요양기관의 업무정지처분을 규정하는 구 국민건강보험법 제85조 제1항은(현행 국민건강보험법 제98조 제1항) 업무정지를 명할 수 있는 상대방이 '요양기관'임을 명시하고 있기에 '기관'과 해당 기관을 개설한 자연인 또는 법인을 구별하여 법문언을 명확히 해석하였다는 점에서는 대상 판결의 판단이 타당하다.

그런데 요양기관이란 부동산이나 자동차 등과 같이 고정되거나 한정된 물적 자산만을 의미하는 것은 아니다. 법인격을 가진 개설자가 소유하거나 임차한 장소에서 개설자 및 개설자가 고용한 인력을 통해 개설자가 구입하거나 대여한 장비를 사용하여 국민건강보험공단을 대신하여 요양급여를 실시하는 기구나 조직이 요양기관 그 자체이기 때문이다. 또한, 그 기관을 개설하여 요양급여비용을 받아 운영에 필요한 비용을 지출하고 향유하는 주체는 기관을 개설한 자연인 또는 법인인데, 대상 판결에 따른다면 개설자가 업무정지처분을 받은 요양기관을 폐업해 버리기만 하면 그 개설자가 다시 동일한 장소에서 새로운 요양기관을 개설하더라도 개설자에게 동일한 책임을 묻기 어려운 결과가 된다. 한편, 업무정지처분을 받은 요양기관을 폐업하지 아니하고 다른 개설자에게 양도하는 경우, 양수한 자에게 업무정지처분의 효과가 승계된다는 구 국민건강보험법 제85조 제3항 규정에 따라 업무정지처분의 원인이 된 개설자는 새로이 의료기관을 개설하여 요양기관으로 지정되더라도 기존 처분에서 자유로워지고 양수인만 처분의 효과를 받는 이상한 결과도 초래된다. 혹자는 이때 국민건강보험법 제99조와 보건복지부 고시 제2022-165호 「업무정지처분에 갈음한 과징금 적용기준」제2조 제2호 다.목에 따라 '업무정지처분이 제재수단으로서 실효성이 없어 과징금 처분이 타당하다고 판단되는 경우'로 보아 개설자에게 과징금의 부과처분을 하는 방안이 있다고 제시할 수도 있다. 그러나 국민건강보험법 제99조 제1항의 법문언도 구 국민건강보험법 제85조 제1항과 동일하게 '요양기관'에 부과할 업무정지처분을 갈음하여 과징금을 부과할 수 있도록 되어 있어 이번 대법원의 태도라면 과징금의 부과처분 또한 '대물적 처분'의 성격을 가진다고 판단할 가능성이 높아 과징금 부과 처분 역시 실효성이 없을 것이다.[23]

그러나 이러한 불합리한 결과는 근본적으로는 대상 판결 때문이 아니라 '기관'과 기관을 개설한 '(법)인격을 가진 자'를 혼동하여 규정하고 있는 국민건강보험법 때문에 발생하는 것으로 보인다. 구 국민건강보험법 제85조 제1항은 '요양기관'에게 업무정지를 명할 수 있다고 규정하면서도 동조 제2항은 "제1항에 따라 업무정지처분을 받은 자는 해당 업무정지기간 중에는 요양급여를 행하지 못한다."고 규정하여 요양기관에서 실제 요양급여를 실시하는 주체에게 '者'라는 표현을 사용함으로써 처분의 효과가 기관 그 자체가 아닌 자연인 혹은 법인에게 미치칠 것을 예상하고 있다. 또한, 구 국민건강보험법 제40조 제1항 단서는 '요양기관으로 적합하지 아니하다고 인정되는 의료기관 등으로서 대통령령이 정하는 의료기관 등은 요양기관에서 제외할 수 있다'라고, 구 국민건강보험법 시행령은 제21조 제1항 제4호에서 '법 제40조 제1항 후단에서 "대통령령이 정하는 의료기관 등"이란 법 제85조의 규정에 의한 업무정지 (중략) 처분을 받은 요양

---

23) 과거 하급심(서울행정법원 2014. 10. 23. 선고 2014구합4900 판결)에서 요양기관 업무정지처분에 갈음하는 과징금부과처분을 대인적 처분으로 보고 업무정지처분이나 과징금부과처분 절차가 진행 중일 때 요양기관을 양수한 양수인에 대해서는 과징금부과처분을 할 수 있으나, 처분절차가 진행되기 전이나 처분이 이루어진 이후에 요양기관을 양수한 양수인에게는 과징금부과처분을 할 수 없다고 하면서 처분절차가 개시되기 전에 요양기관을 양수한(사례에서는 요양기관의 공동개설자가 됨) 양수인에 대한 과징금부과처분을 취소한 예가 있으나, 위와 같이 요양기관 업무정지처분을 대물적 처분이라고 한 대상 판결 이후에도 그와 같이 판시하지는 않을 것으로 보인다.

기관의 개설자가 개설한 의료기관 또는 약국을 말한다'라고 각 규정하여 업무정지 처분이 해당 요양기관 개설자가 새로 개설한 의료기관에 효력이 미치는 취지로 규정하고 있다. 즉, 국민건강보험법령을 제정한 입법자의 의도는 업무정지처분의 원인이 된 행위를 한 개설자에게 처분의 효력이 미치도록 하려는 것이었을 것으로 해석되는 것이다. 그렇다면 처분의 상대 방을 '요양기관'으로만 규정함에 그칠 것이 아니라 해당 요양기관으로 지정된 의료기관을 개설한 자에게도 처분의 효력이 미치도록 명확하게 규정하였어야 함에도 물적 대상 자체인 '기관'과 기관의 운영 주체인 개설자를 혼동하는 입법을 하여 요양기관을 폐업한 경우에는 결국 제재의 실효성을 확보하지 못하게 된 셈이다.24) 요양기관에 대한 업무정지 또는 과징금의 부과처분을 하는 취지를 살펴 법문언의 개정을 검토할 필요성이 있어 보 인다.

---

24) 개설자가 법인인 경우에는 의료법에 따른 면허자격정지와 같은 별도의 제재수단이 없으므로, 제재의 실효성이 확보되지 않는다고 할 수 있다.

091. 신의료기술평가대상인 PRP 치료에 대한 비용징수 적법 여부

- 서울고등법원 2015. 9. 18. 선고 2014누41147 판결[25]

1. 사실관계

원고는 2006. 12.경부터 정형외과의원을 개설·운영하는 의사로, 수진자들에게 증식치료[26] 및 자가혈소판 풍부혈장치료술을[27] 실시하고 수진자들로부터 비용을 받았다. 수진자들은 피고인 건강보험심사평가원에게 자신들이 원고에게 지급한 위 비용이 요양급여대상에서 제외되는 비용인지 여부를 확인해 달라는 신청을 하였고, 피고는 '피알피치료 등은 신의료기술신청이 반려되거나 연구단계시술 또는 평가가 진행 중인 경우여서 해당 시술비용을 환자에게 부담시킬 수 없다'는 이유로 원고에 대하여 이 사건 금액을 과다본인부담금으로 확인하면서 위 수진자들에게 각 비용을 반환하라고 통보 하였다.

원고는 ① 이 사건 시술은 의학적 안전성과 유효성을 갖추었으므로 신의료기술평가대상이라고 볼 수 없고, ② 법정비급여로 인정된 증식치료에 해당하므로 이 사건 처분이 위법하다고 주장하면서 취소를 구하였다.[28]

---

25) 제1심 서울행정법원 2013. 12. 19. 선고 2013구합56454 판결. 위 판결은 원고가 상고하였으나 심리불속행 기각으로 확정되었다(대법원 2016. 1. 18. 선고 2015두52210 판결).
26) Prolotherapy.
27) Autologus Platelet Rich Plasma Applicaion, 이하 '피알피치료'라 하고, 자가 혈소판 풍부혈장은 '피알피'라 한다.
28) 그 외에도 예외적인 임의비급여에 해당하고, 이 사건 처분은 신뢰보호의 원칙에 위배된다는 주장도 하였다. 그러나 법원은 이 사건 시술이 의학적 안전성, 유효성을 갖추지 못하였을 뿐만 아니라 국민건강보험의 틀 내로 편입시킬 수 있는 절차를 거칠 수 없거나 거치는 것이 현저히 곤란한 경우에 해당하지 않고, 원고의 신뢰보호를 이유로

2. 법원의 판단

가. 이 사건 시술이 법정비급여에 해당하는지 여부

대상 판결은 증식치료의 자극용액으로 피알피를 사용할 수 있고 이러한 방법이 세계적으로 시행되고 있다고 하더라도, 보건복지부 고시가 법정비급여로 규정한 '증식치료'의 자극용액은 덱스트로스용액으로 특정되어 있으므로, 피알피를 이용한 경우에는 위 증식치료에 포함된다고 볼 수 없는 점, 대한정형외과학회 역시 법정비급여로 인정되는 증식치료는 포도당주사액(덱스트로스용액)을 사용한 방법뿐이라는 의견을 제시한 점, 신의료기술평가에 관한 규칙 제2조 제2호는 신의료기술로 평가받은 의료기술의 사용목적, 사용대상 및 시술방법 등을 변경한 경우로서 보건복지부장관이 평가가 필요하다고 인정한 의료기술도 신의료기술평가대상임을 명시하고 있는 점 등을 근거로 이 사건 시술은 법정비급여인 증식치료에 해당하지 않는다고 판시하였다.

나. 이 사건 시술이 신의료기술 평가대상인지 여부

대상 판결은 신의료기술평가는 평가결과에 명백한 법령 위반 또는 사실오인이 있는 경우가 아닌 한 평가위원회의 판단이 최대한 존중되어야 하는데, 신의료기술평가위원회는 2009. 10. 피알피치료를 신의료기술평가대상이라 판단하고, 그 안전성 및 유효성에 대한 근거가 부족하다고 평가하였으며, 2011. 10.경에는 증식치료와 함께 실시하는 피알피치료 역시 신의료기술평가대상이라고 판단한 점, 학회 대부분이 현재까지 임상적 효용성에 대한 근거가 부족하기 때문에 유효성과 관련하여 확실한 근거를 기다려야 한다는 의견을 제시한 점 등을 근거로 이 사건 시술은 신의료기술

이 사건 처분을 할 수 없다면 수진자들의 정당한 이익을 침해한다는 이유로 위 각 주장을 배척하였다.

평가대상이라고 판시하였다.

3. 판결의 의의

대상 판결은 의료행위인 이 사건 시술이 법정비급여에 해당하는지 여부와 관련하여 요양급여 또는 법정비급여의 범위가 이론적인 가능성이나 실제 실시 여부 등에 따라 결정되는 것이 아니라 의학적 안전성, 유효성을 인정받은 후 요양급여 또는 비급여대상으로의 편입절차를 거쳐야 함을 분명히 하고, 국민의 건강보호 및 의료기술의 발전을 도모하는 신의료기술평가제도의 규범력을 강화시켰다는 점에서 의미가 있다.

만일 요양기관 등이 신의료기술평가대상에 해당하는지 여부에 관하여 의문이 있는 진료행위를 신의료기술평가절차 등을 거치지 않고 시행한 후 비용을 지급받았으나 추후 보건당국이 신의료기술평가대상이라고 판단할 경우, 가사 해당 진료행위가 평가결과 의학적 안전성, 유효성이 인정되어 신의료기술로 고시된다 할지라도 요양기관이 지급받은 비용은 국민건강보험법령 상 지급받을 수 없는 비용이어서 업무정지처분 등을 받을 수 있다.29)30)

---

29) 이 사건 시술에 관한 쟁송은 1심에서 확정된 사건도 있고, 서울행정법원 및 서울고등법원에 계속 중인 사건도 여럿 있다. 광주지방법원 2013. 5. 9. 선고 2012구합3361 판결이 확정되었고, 2016. 2. 현재 서울행정법원에 8건, 서울고등법원에 11건이 진행 중이다. 그런데 이 사건 판결이 상고심에서 심리불속행 기각되어 확정되었으므로 각 법원에 계속 중인 다른 사건도 모두 기각될 가능성이 매우 높다고 볼 수 있다. 이 사건 외에도 원고의 항소를 기각한 서울고등법원 2015. 11. 17. 선고 2015누33778 판결이 대법원 2016. 3. 10. 2015두58508 판결로 심리불속행 기각되었다.

30) 한편 신의료기술평가대상이 되는 치료재료의 경우에는 의료법 제53조에 따른 신의료기술평가, 약사법 또는 의료기기법에 따른 품목허가 또는 품목신고 대상인 치료재료의 경우에는 식품의약품안전처장의 품목허가 또는 품목신고, 약제의 경우에는 약사법에 따른 품목허가 및 품목신고 등을 거쳐 의학적 안전성, 유효성을 인정받은 후 국민건강보험 요양급여기준 규칙 제10조 이하에서 규정하고 있는 요양급여대상 여부 결정

092. 요양병원 적정성 평가가 당연무효인지 여부

- 서울고등법원 2015. 8. 27. 선고 2014누57715 판결[31]

1. 사실관계

원고는 요양병원 개설운영자이고, 피고 건강보험심사평가원은 요양병원의 2009. 10.~2009. 12.까지의 진료에 대한 적정성평가를 실시하여 2011. 9. 28. 이 사건 요양병원이 평가영역인 구조부문과 진료부문에서 모두 782개 평가대상 요양병원 중 하위 20%이하에 해당하므로 2011년 4분기부터 2012년 1분기까지의 의사인력 및 간호인력 확보수준에 따른 입원료 가산과 필요인력 확보에 따른 별도보상 적용대상에서 제외한다는 내용의 이 사건 처분을 하였다.

이에 원고는 이 사건 요양병원은 평가대상이 아니라거나 조사방식, 절차 등이 위법하다는 등의 이유로 이 사건 처분이 당연무효라고 주장하면서 그 확인을 구하고, 피고 건강보험심사평가원과 국민건강보험공단을 상대로 이 사건 처분으로 원고가 입은 손해를 배상하거나 부당이득으로 반환하라는 내용의 행정소송을 제기하였다.

2. 법원의 판단

대상 판결은 원고의 이 사건 요양병원이 평가대상이 아니라거나 웹조

절차에 따라 요양급여 또는 비급여대상으로의 편입이 이루어진다.

31) 제1심 서울행정법원 2014. 6. 26. 선고 2013구합27005 판결. 위 판결은 원고가 상고하지 아니하여 확정되었다.

사표 기재내용이 사실과 다르고, 상대평가방식이 위법하다는 등의 주장은 모두 배척하였다.

그러나 조사방식과 관련하여 웹조사표상 구조부문 실태는 상당 부분 허위일 가능성이 적지 않음에도 전체 요양병원 중 일부는 요양병원 스스로 작성한 웹조사표에 근거하여 평가한 점수를, 다른 일부는 피고의 현장 방문 조사에 근거한 점수를 산출하여 이를 한데 모아 놓고 상대평가 하는 것은 평가의 기초자료 자체가 달라 그 평가의 신뢰성을 담보할 수 없는 점, 실제로는 시설과 장비, 인력 등을 비교적 제대로 잘 갖추고 있어 하위 20%에 해당하지 않을 요양병원이라고 하더라도 다른 요양병원들이 웹조사표를 허위로 작성함으로 말미암아 별도 보상 대상에서 제외되는 불합리한 경우가 충분히 있을 수 있는 점 등을 근거로, 피고 평가원이 요양병원에 대한 평가점수를 산정한 방식은 개별 요양병원들의 구조부문 실태를 개연성 있게 반영하고 있지 못하여 국민건강보험법 및 상대가치점수 고시의 입법목적에 부합하지 않는 것으로서 위법하다고 판시하였다.

또한 절차적 위법과 관련하여 이 사건 처분은 원고의 권익을 제한하는 처분이므로, 피고는 원고에게 행정절차법 제21조에 따라 사전통지를 하고 같은 법 제22조에 따라 의견제출기회를 부여하여야 함에도 피고 평가원은 원고에게 사전통지를 하지 않았고 의견제출 기회를 부여하지 않았으므로 위법하다고 판시하였다.

그러나 관련법령에서 그 조사방식을 구체적으로 규정하고 있지 않은 점, 이 사건 병원의 직원으로서 이 사건 평가업무를 담당한 ○○○은 피고 평가원이 개최한 평가설명회에 참석하여 이 사건 평가의 목적, 평가방법, 평가의 결과 등에 대하여 충분히 인식하고 있었을 것으로 보이는 점, 원고가 제출한 웹조사표의 기재내용은 이 사건 병원의 현황에 부합하는 것으로 보이고, 개별 요양기관이 작성하여 제출한 웹조사표의 내용을 수정할 기회가 충분히 있었으며, 실제 원고 역시 일부 내용을 수정함로써 자신의 권리와 이익을 보호받을 충분한 기회가 있었음에도 원고는 ○○○이 작성하여 제출한 내용을 수정하지 아니한 점, 원고가 ○○○이 제출한 웹조사표 기재 중 이 사건에서 주장하고 있는 부분에 대하여 특별한 이의를 제기하지 아니한 점(원고가 이의를 제기한 부분은 반영되었다), 피고 평가원이 위와 같이 위법한 기준을 적용하기는 하였으나 그 위법을 알면서도 적용하였다고 보기는 어려운 점 등에 비추어 보면 이 사건 처분에 존재하는 위와 같은 하자가 객관적으로 명백하다고 보기 어려우므로 이 사건 처분은 위법하기는 하나 무효라고 볼 수는 없다고 판단하였다.

또한 이 사건 처분이 당연무효가 아니므로 피고 평가원과 피고 공단은 부당이득반환의무가 없고, 피고 평가원이 고의 과실로 원고에게 불이익을 주었다고 볼 수 없으며 피고 공단 역시 피고 평가원의 평가결과에 따라 요양급여비용을 지급할 뿐이므로 손해배상책임이 없다고 판시하였다.

3. 판결의 의의

구조부문의 조사방식이나 절차상의 위법은 이미 대법원 2014. 6. 12. 선고 2013두21267 판결,[32] 대법원 2013. 11. 14. 선고 2013두13631 판결[33]

---

32) 대법원 2014. 6. 12. 선고 2013두21267 판결은 "피고가 산정한 요양병원별 평가점수는 그 자체로 요양기관들의 구조부문 실태를 개연성 있게 반영하고 있지 못하므로 이를 기준으로 상대평가하여 전체 하위 20%에 해당하는 요양병원을 가려내는 것은 신뢰성과 공정성이 확보될 수 있는 객관적이고 합리적인 평가방법이라고 볼 수 없어 국민건강보험법 및 상대가치점수 고시의 입법목적에 부합하지 않음은 물론, 원고와 같이 표본조사 대상으로 선발된 요양병원을 그렇지 않은 요양병원에 비하여 합리적 이유 없이 차별하는 것이어서 이 사건 처분은 위법"하다는 원심은 판단이 정당하다고 판시하였다.
33) 대법원 2013. 11. 14. 선고 2013두13631 판결은 "피고가 평가자료 등에 관한 의견진술의 기회를 주었다거나 평가설명회 등을 통해 원고들에게 평가결과에 따라 이 사건 처분이 있을 수 있음을 사전에 설명하였다는 등의 사정만으로는 이 사건 처분에 관한 의견제출의 기회를 주었다고 볼 수 없다"고 하면서 "이 사건 처분은 적법한 사전통지 및

등에서 판시한 내용으로 새로운 것은 아니다. 다만 대상 판결은 위와 같은 위법사유의 정도가 당연무효에까지는 이르지 않았다고 판시한 점에서 의미가 있다.

또한, 대상 판결은 원고의 청구 및 행정소송법 제38조 제1항, 제10조 제2항에 따라 행정처분의 무효 등 확인소송에서 민사상 불법행위에 따른 손해배상청구와 부당이득반환청구 부분까지 판단하였다. 위법한 처분 등으로 인해 요양급여비용을 지급받지 못하는 등의 손해가 있을 경우 처분 등의 취소나 무효확인을 구하는 소를 제기하면서 손해배상청구 소송 등을 취소소송에 병합하여 제기한다면 분쟁의 1회적 해결을 도모하는데 도움이 될 것으로 보인다.

아울러 대상 판결은 대법원 2013. 11. 14. 선고 2013두13631 판결 등에서 판시한 바와 같이 이 사건 처분이 당연히 당사자에게 의무를 부과하거나 권익을 제한하는 처분이라는 전제에서 의견제출기회 등을 부여해야 한다고 판시하였다. 그러나 이는 평가가 심사와 달리 요양기관 등에게 주어진 요양급여비용청구권을 제한한다거나 어떠한 의무를 부과하는 것이 아니라는 점에서 "건강보험심사평가원이 요양기관의 청구비용 중 법령상 기준에 어긋나는 부분이 있다고 하여 일부에 대해서만 적정한 요양급여비용으로 인정하는 처분을 하였다고 하더라도 이는 요양기관이 이미 가지고 있는 급여비용청구권을 제한하거나 삭감하는 처분이 아니라 적정한 요양급여비용의 범위를 확인하는 의미를 가지는 것일 뿐이다"라고 판시한 대법원 2012. 11. 29. 선고 2008두21669 판결과 배치되는 것이 아닌가 하는 의문이 있다.[34]

의견청취 절차를 결여한 것으로 위법하다"는 원심의 판단이 정당하다고 판시하였다.
34) 대법원 2012. 11. 29. 선고 2008두21669 판결과 같은 취지의 판결인 서울행정법원 2014. 4. 4. 선고 2013구합51145 판결은 "요양기관의 시술행위에 대해 요양기관이 언제나 요양급여비용 지급청구권을 갖는다고 볼 수 없고, 오히려 요양급여비용의 지급청구권은 이 사건 심사기준과 같은 법규 및 이를 해석·적용하는 피고의 처분에 의해 비로소 그 구체적인 내

093. 의료인이 다중으로 의료기관을 운영한 경우 이에 대하여 국민건강보험법상 환수처분을 할 수 있는지 여부

- 대법원 2019. 5. 30. 선고 2016두56370 판결[35]

1. 사실관계

P는 2008년경부터 안산에서 '○○병원'(이하 '이 사건 병원'이라 한다)을 개설 및 운영하였는데, 2012. 8. 24.경 이 사건 병원의 개설명의자가 P의 후배인 H명의로 변경되었다. 그런데 이 사건 병원의 개설명의가 H명의로 변경된 후에도 실제로는 P가 이 사건 병원을 운영하였고, H는 P에게 고용된 의사일 뿐이었다. 한편, P는 2012. 8. 31. 서울 강동구에 '○○병원'이라는 명칭의 병원을 개설하였다. P는 H를 고용하여 이 사건 병원을 H명의로 개설하고, 실제로는 자신이 직접 병원을 운영하였다는 등의 의료법 위반 범죄사실로 유죄 확정 판결을 받았다.

국민건강보험공단은 2014. 4. 1. H에게 'P가 H의 명의로 이 사건 병원을 개설하고 둘 이상의 의료기관을 개설함으로써 의료법 제33조 제8항,[36][37]

용이 형성되는 것이다. 따라서 피고가 특정 시술행위가 요양급여대상이 아니라고 결정한다 하여 당사자들의 성립되어 있지도 않은 요양급여비용 지급청구권이 침해되는 것이 아니므로 그와 같은 결정을 침익적 행정행위라 볼 수 없다"고 판시하였다.

35) 제1심 서울행정법원 2014. 10. 30. 선고 2014구합11526 판결, 제2심 서울고등법원 2016. 9. 23. 선고 2014누69442 판결.

36) 의료법 제33조(개설 등)
② 다음 각 호의 어느 하나에 해당하는 자가 아니면 의료기관을 개설할 수 없다. 이 경우 의사는 종합병원·병원·요양병원·정신병원 또는 의원을, 치과의사는 치과병원 또는 치과의원을, 한의사는 한방병원·요양병원 또는 한의원을, 조산사는 조산원만을 개설할 수 있다. <개정 2009. 1. 30., 2020. 3. 4.>

제4조 제2항[38])을 위반하였다'는 이유로 '2012. 8. 24.부터 2013. 12. 10.까지 이 사건 병원에 지급된 요양급여비용'을 국민건강보험법 제57조에 근거하여 부당이득금으로 환수하기로 결정하는 처분(이하 '이 사건 처분'이라 한다)을 하였다. 이에 H(이하 '원고'라 한다)는 국민건강보험공단(이하 '피고 공단'이라 한다)을 상대로 이 사건 처분의 취소를 구하는 소를 제기하였다.

2. 법원의 판단

가. 제1심 및 항소심 법원의 판단

제1심에서 원고는 국민건강보험법 제57조 제1항의 '속임수나 그 밖의 부당한 방법으로 보험급여비용을 받은 요양기관'에 해당하기 위해서는 개별 의료행위에 관하여 속임수나 그 밖의 부당한 방법을 사용하여야 하는 바, 이 사건 병원이 의료법에 위반하는 상태가 되었다고 하여 위 규정에 해당한다고 볼 수 없다는 점, 이 사건 병원은 의료법 제33조 내지 제47조에서 요구하는 사항을 모두 충족하여 신고 및 허가절차를 거쳐 개설되었

---

1. 의사, 치과의사, 한의사 또는 조산사

⑧ 제2항제1호의 의료인은 어떠한 명목으로도 둘 이상의 의료기관을 개설·운영할 수 없다. 다만, 2 이상의 의료인 면허를 소지한 자가 의원급 의료기관을 개설하려는 경우에는 하나의 장소에 한하여 면허 종별에 따른 의료기관을 함께 개설할 수 있다. <신설 2009. 1. 30., 2012. 2. 1.>

37) 헌법재판소 2019. 8. 29.자 2014헌바212, 2014헌가15, 2015헌마561, 2016헌바21(병합) 결정은 구 의료법(2012. 2. 1. 법률 제11252호로 개정된 것) 제33조 제8항 본문 중 '운영' 부분 및 이를 위반한 자는 5년 이하의 징역이나 2천만 원 이하의 벌금에 처한다고 규정한 구 의료법(2012. 2. 1. 법률 제11252호로 개정되고, 2015. 12. 29. 법률 제13658호로 개정되기 전의 것) 제87조 제1항 제2호 중 제33조 제8항 본문 가운데 '운영' 부분이 죄형법정주의의 명확성 원칙, 과잉금지원칙, 신뢰보호원칙, 평등원칙에 반하지 않는다고 하였다.

38) 의료법 제4조(의료인과 의료기관의 장의 의무) ② 의료인은 다른 의료인 또는 의료법인 등의 명의로 의료기관을 개설하거나 운영할 수 없다. <신설 2012. 2. 1., 2019. 8. 27.>

으므로 이 사건 병원 자체가 의료법에 따라 개설된 의료기관이 아니라고 할 수 없는 점, 2012년 이후 P가 서울 강동구에 '○○병원'을 개설하며 P가 강동과 안산 두 개의 의료기관을 운영하게 되었다고 하더라도 의료법에 위반되어 운영된 병원이 서울 강동구의 '○○병원'이라고 볼 수도 있으므로 이 사건 병원에 대한 처분은 부당하다는 점 등을 들어 피고 공단의 처분이 위법하다고 주장하였다.

이에 제1심 판결은 이 사건 병원이 원고 명의로 개설되었으나 실상은 P가 운영에 관여하였다는 사실을 인정한 후, 피고 공단의 처분은 적법하다고 판단하였다. 법원의 판단 근거는 국민건강보험법 제57조 제1항의 '속임수나 그 밖의 부당한 방법'이란 관련 법령에 의하여 요양급여비용으로 지급받을 수 없는 비용임에도 불구하고 이를 청구하여 지급받는 행위를 모두 포함한다는 점, 국민건강보험법 제42조 제1항 제1호, 제47조 제1항에 따르면 요양급여는 의료법에 따라 개설된 의료기관 등의 요양기관에서 실시하는 점, 여기서 '의료법에 따라 개설된 의료기관'이란 '의료법에 따라 적법하게 개설된 의료기관'을 의미한다는 점, 따라서 의료법 제33조 제8항, 제4조 제2항에 위반한 의료기관인 경우 부당이득징수처분의 대상이 된다는 것이었다.

그러나 제1심 판결과 달리 제2심 판결은 이 사건 병원이 의료법 제33조 제4항에 따른 허가를 받아 개설되었다면 일단 유효하게 설립된 의료기관이라고 보아야 하고, 그 허가가 당연무효가 아닌 한 국민건강보험법 제42조 제1항 제1호 소정의 '의료법에 따라 개설된 의료기관'이라고 판단하였다. 그 이유로는 국민건강보험법은 당연요양기관지정제를 채택하고 있는 점, 만약 피고 공단의 주장대로 의료법에 따라 적법하게 설립된 의료기관만을 '의료법에 따라 개설된 의료기관'이라고 해석한다면 의료법 제36조에 정한 시설기준 중 경미한 위반행위가 있음을 간과하고 행정청이 의료기관 개설허가를 한 경우까지 모두 무효라고 보게 됨으로써 요양기관의 범위가 지나치게 축소되고, 그러한 하자를 모르고 요양기관이 요양급여를 한 경우까지 요양급여비용을 받을 수 없는 결과가 되어 지나치게 가혹한 점, 이 사건 병원은 2008. 경기도지사의 위임을 받은 안산시장에 의하여 적법하게 의료기관 개설허가가 났고, 그 후 원고 등의 명의로 적법하게 명의인 변경허가가 이루어졌으며, 이 사건 병원이 의료법 제33조 제4항, 제7항에 따른 시설기준을 갖추고 있음은 피고 공단도 특별히 다투고 있지 않으므로 이 허가에 당연무효의 사유도 없다는 점을 들었다. 또한, 이 사건 처분에는 공정력이 인정되므로 제3자인 피고 공단이 이 사건 병원 개설의 효력을 다투는 것은 처분의 공정력에 반하여 허용될 수 없다고 판시하였다. 게다가 의료법 제4조 제2항을 위반하여 다른 의료인의 명의를 대여하여 개설 및 운영한 의료기관에 해당한다 하더라도 그 자체로 이 사건 병원에 대한 기존 허가가 무효로 된다거나 '의료법에 따라 개설된 의료기관'에서 제외되는 것도 아니라고 판단하였다. 동조 위반에 대한 처벌규정도 없고, 이를 의료법 제64조의 개설허가취소사유로 삼지도 않았기 때문이다. 결국, 항소심 법원은 피고 공단의 처분은 위법하다고 판시하였다.

나. 대법원의 판단[39]

대법원은 먼저 ① 국민건강보험법에 의하여 요양기관으로 인정되는 '의료법에 따라 개설된 의료기관'의 범위는 그 입법 목적과 규율대상에 있어서 국민건강보험법과 의료법의 차이를 염두에 두고 국민건강보험법에서 정

---

39) 대법원 2019. 5. 30. 선고 2015두36485 판결도 동일한 내용을 판시하면서, '이 사건 병원은 의료법 제33조 제8항에 위반되어, 의료법에 따라 개설된 의료기관에 해당하지 아니하므로, 요양급여비용을 청구할 자격이 없다'는 이유로 요양급여비용에 대한 지급을 거부한 피고 공단의 처분이 적법하다고 판시한 항소심 판결(서울고등법원 2014. 12. 23. 선고 2014누57449 판결)을 파기환송하였다. 그 외 대법원 2019. 6. 27. 선고 2016두41750 판결도 피고 공단이 처분이 적법하다고 본 항소심 판결(서울고등법원 2016. 5. 31. 선고 2015누63816 판결)을 파기환송하였다.

한 요양급여를 실시하는 기관으로서 적합한지 여부를 고려하여 판단하여야 하고, ② 비록 의료법 제33조 제8항 본문, 제4조 제2항(이하 '이 사건 각 의료법 조항'이라 함)을 위반하여 개설·운영되는 의료기관도 의료기관 개설이 허용되는 의료인에 의하여 개설되었다는 점에서는 본질적인 차이가 있다고 할 수 없고, 또한 그 의료기관의 개설 명의자인 의료인이 한 진료행위도 국민건강보험법에서 정한 요양급여의 기준에 미달하거나 그 기준을 초과하는 등의 다른 사정이 없는 한 정상적인 의료기관의 개설자로서 하는 진료행위와 비교하여 질병의 치료 등을 위한 요양급여로서 질적인 차이가 있다고 단정하기 어려우며, ③ 의료법이 이 사건 각 의료법 조항을 위반하여 의료기관을 개설·운영하는 의료인에게 고용되어 의료행위를 한 자에 대하여 처벌규정을 두지 아니한 것도 이를 고려한 것으로 보인다고 판시하였다.

그리고 이어 위와 같은 사정들을 종합하면 보면, "의료인으로서 자격과 면허를 보유한 사람이 의료법에 따라 의료기관을 개설하여 건강보험의 가입자 또는 피부양자에게 국민건강보험법에서 정한 요양급여를 실시하였다면, 설령 이미 다른 의료기관을 개설·운영하고 있는 의료인이 위 의료기관을 실질적으로 개설·운영하였거나, 의료인이 다른 의료인의 명의로 위 의료기관을 개설·운영한 것이어서 의료법을 위반한 경우라 할지라도, 그 사정만을 가지고 위 의료기관이 국민건강보험법에 의한 요양급여를 실시할 수 있는 요양기관인 '의료법에 따라 개설된 의료기관'에 해당하지 아니한다는 이유로 그 요양급여에 대한 비용 지급을 거부하거나, 위 의료기관이 요양급여비용을 수령하는 행위가 '속임수나 그 밖의 부당한 방법에 의하여 요양급여비용을 받는 행위'에 해당된다는 이유로 요양급여비용 상당액을 환수할 수는 없다고 보아야 한다"고 판시하였다.

3. 판결의 의의

2012. 2. 1. 법률 제11252호로 의료법 제33조 제8항 및 제87조 제1항 제2호가 개정(이하 '개정 의료법 조항'이라 함)되어, 의료인은 어떠한 명목으로도 둘 이상의 의료기관을 개설·운영할 수 없을 뿐 아니라 이에 위반하는 경우 5년 이하의 징역이나 2천만 원 이하의 벌금에 처할 수 있게 되었다. 또한, 제4조 제2항이 신설되어 의료인은 다른 의료인의 명의로 의료기관을 개설하거나 운영할 수 없다는 조항이 명문화되었으나 이에 대한 처벌규정은 두지 않았다. 위 개정 이후 상당 기간 개정 의료법 조항 및 의료법 제4조 제2항을 적용한 사례는 나타나지 않았다. 대상 판결은 위 조항들이 적용된 최초의 사례이다.

이 사건에서 핵심 쟁점은 의료인이 자신이 개설한 의료기관 외 다른 의료기관도 운영한 경우(의료법 제33조 제8항) 및 의료인이 다른 의료인의 명의를 빌려 의료기관을 개설·운영하는 경우(의료법 제4조 제2항), 이들 의료기관이 국민건강보험법상 '의료법에 따라 개설된 의료기관'에 해당하는지 여부이다.

국민건강보험법은 제57조 제1항에서 속임수 기타 부당한 방법으로 보험급여비용을 받은 요양기관에 대하여 그 보험급여비용에 상당하는 금액을 부당이득으로 징수하도록 하고 있다. 대법원은 비의료인이 의료법 제33조 제2항을 위반하여 의료기관을 설립한 경우인 이른바 '사무장병원'은 적법하게 개설되지 아니하였기 때문에 국민건강보험법상 '의료법에 따라 개설된 의료기관'이 아니어서 요양급여비용을 청구할 수 없으므로, 사무장병원에 대한 요양급여비용의 전액 환수 처분은 적법하다고 판시하여 왔다.[40] 이 사건에서 피고의 처분은 다중 개설 의료기관과 사무장병원을 동

---

40) 대법원 2012. 1. 27. 선고 2011두21669 판결 등.

일하게 바라보는 관점에서 비롯된 것이다.

이에 대해 원심 판결은 '이 사건 각 의료법 조항'을 위반하여 개설·운영되는 의료기관과 '사무장병원'과 비교하여 양자 사이에는 본질적 차이가 있다는 논증구조를 취하였다.

원심판결과 같이 의료법상 기술적 허가사항(제33조 제4항, 제7항) 등을 충족하여 행정청이 개설허가를 한 이상, 일단은 의료기관 자체가 의료법에 따라 개설된 적법한 의료기관이라고 판단하는 경우 '사무장병원' 역시 기술적 허가사항을 갖추어 행정청의 허가를 얻어 설립된 적법한 의료기관으로 볼 여지도 있다. 그러나 원심 판결은 "의료법을 준거법으로 하여 개설되었다 하더라도 그것이 선량한 풍속 기타 사회질서에 반하거나 그 개설 과정의 하자가 중대하고 명백하여 당연무효에 해당하는 경우라면 요양기관에서 배제함이 상당"하다고 언급하여 '사무장병원'의 경우 선량한 풍속 기타 사회질서에 반하여 요양기관에서 배제할 수 있음을 열어 두고 있다.

또한, 피고 공단이 '사무장병원'이든 의료인의 다중 개설 의료기관이든 형식적으로 명의를 대여한 의료인에 의하여 의료가 이루어진다는 점에서 질적인 차이가 없다고 주장한 것에 대하여, 국민건강보험법의 규정 상 법률 자체가 양자의 불법성을 달리 평가하고 있으며, 병원의 개설과 운영이 '의료인'에 의하여 이루어지는지 여부에 있어 '사무장병원'과 다중 개설 의료기관은 본질적 차이가 있다고 보아 피고 공단의 주장을 배척하였다.

반면 대상 판결은 '이 사건 각 의료법 조항'을 위반하여 개설·운영되는 의료기관과 그렇지 않은 의료기관과의 사이에 의료기관 개설에 있어 본질적인 차이가 있는지 및 그 의료기관에서 행해진 진료행위가 요양급여로서 질적인 차이가 있는지에 대해 이를 부정하면서 이 사건 각 의료법 조항을 위반하여 개설·운영되는 의료기관도 국민건강보험법상 '의료법에 따라 개설된 의료기관'에 해당한다고 판시함으로써 이미 국민건강보험법 상 '의료법에 따라 개설된 의료기관'이 아니라고 판시해 온 '사무장병원'과 비교하는 것이 아니라 이 사건 각 의료법 조항을 위반하지 않고 개설·운영되는 의료기관과 비교하는 방식의 논증구조를 취하였다. 국민건강보험법에 따라 요양급여비용을 지급받을 수 있는 요양기관은 '의료기관에 따라 개설된 의료기관'이므로 개별사건에서 문제된 의료기관이 이에 해당하는지 여부가 쟁점이라는 점에서 타당한 논증구조라고 보인다. 또한 원심판결과 달리 대법원이 반복하여 국민건강보험법 상 '의료기관에 따라 개설된 의료기관'에 해당하지 않는다고 판시해 온 '사무장병원'과 본질적인 차이가 있는지 여부에 대해서는 명시적으로 판시하지는 않았으나, 이 사건 각 의료법 조항을 위반하여 의료기관을 개설·운영하는 의료인에게 고용되어 의료행위를 한 자에 대하여 처벌규정을 두지 아니한 것도 이를 고려한 것으로 보인다고 판시함으로써 '이 사건 각 의료법 조항'을 위반하여 개설·운영되는 의료기관과 '사무장병원'은 의료인에 의해 개설되었는지 여부가 본질적인 차이라고 본 것이라는 점을 시사하고 있다. 다만, '이 사건 각 의료법 조항'을 위반하여 개설·운영되는 의료기관의 개설 명의자인 의료인이 한 진료행위와 '사무장병원'의 개설 명의자인 의료인이 한 진료행위가 요양급여로서 질적인 차이가 있다고 본 것인지에 대해서는 알기 어렵다.

한편, 대상 판결이 있기 전에는 개별 행정법규 위반은 국민건강보험법 제57조제1항 및 제98조제1항제1호의 '속임수나 그 밖의 부당한 방법'에 해당한다고 보았는데, 대상 판결은 의료법과 국민건강보험법이 입법목적과 규율대상에서 차이가 있으므로 이러한 점을 염두에 두고 국민건강보험법 상 요건을 해석해야 한다고 함으로써 개별 행정법규 위반 사실만으로 국민건강보험법상 처분의 요건을 충족했다고 보아서는 안 된다는 취지로 판시한 판결의 효시로서의 의미를 갖게 되었다.[41]

'사무장병원'은 비의료인의 의료기관 개설이 엄격하게 금지되어 있음에

---

41) 대법원 2019. 11. 28. 선고 2017두59284 판결, 대법원 2020. 3. 12. 선고 2019두40079 판결 등.

도 이를 잠탈하여 개설되었다는 점, 비의료인이 진료행위에 관여함에 따라 불법진료, 과잉진료 행위들이 실제 발생하고 있어 국민건강에 위해를 가져올 우려가 크다는 점 등에 비추어 그 존재 자체의 불법성을 인정할 여지가 크다. 반면, 의료인이 여러 의료기관 운영에 관여할 수 있는지에 대해서 대법원이 2003년 "자신의 명의로 의료기관을 개설하고 있는 의사가 다른 의사의 명의로 또 다른 의료기관을 개설하여 그 소속의 직원들을 직접 채용하여 급료를 지급하고 그 영업에 따라 발생하는 이익을 취하는 등 새로 개설한 의료기관의 경영에 직접 관여한 점만으로는 다른 의사의 면허증을 대여 받아 실질적으로 별도의 의료기관을 개설한 것이라고 볼 수 없다"고 판시한 이래[42] 의료기관 간 네트워크 구축이 늘어났으며, 정부도 서비스산업의 경쟁력 강화를 위하여 의료기관 간 네트워크화를 장려한바 있는 등, 의료기관의 개설 및 운영 자체의 불법성을 인정하기는 어려웠다. 또한 개정 의료법 조항에 대하여 당초 보건복지부, 법제처, 공정거래위원회 등은 개정 반대 의견을 개진하였으며 특히 보건복지부는 '운영'의 범위가 불명확하여 입법으로 인한 실익을 기대하기 어려운 점, 현실적으로 다른 의료인으로부터 자본을 투자받아 운영의 일부를 함께하는 것까지 규제하는 것은 어려움이 있다는 의견도 제시한바 있다.[43] 그리고 위 개정 의료법 조항의 입법취지가 '불법 의료행위를 방지하여 의료의 공공성을 제고함'인바, 다중 운영 의료기관이 다른 의료기관에 비하여 불법한 의료행위를 한다는 점에 대한 실질적 근거가 없고, 해외에서도 의료인의 다중 운영을 금지하는 법제는 찾아보기 힘들며, 불법 의료행위 방지를 위한 다른 방법이 있음에도 운영 자체를 원칙적으로 금지하는 것은 헌법상 과잉금지의 원칙에 반한다는 비판도 있었다.[44]

---

42) 대법원 2003. 10. 23. 선고 2003도256 판결.

43) 국회 보건복지위원회 의료법 일부개정법률안 심사보고서(의안번호 1813477)

44) 김선욱, 정혜승, "의료인의 의료기관 다중운영 금지 조항의 위헌성", 『의료법학』 제16권

대상 판결은 위와 같은 의료계의 현실이 일정 정도 반영된 결과로 이해할 수도 있을 것으로 보인다. 참고로 2020. 12. 29. 법률 제17772호로 일부개정된 국민건강보험법은 요양기관을 개설한 자에게 그 요양기관과 연대하여 부당이득 징수금을 납부하게 할 수 있는 사유로 '「의료법」 제4조 제2항 또는 제33조제8항을 위반하여 개설·운영하는 의료기관'(제57조제2항제3호)을 추가하였고, 2023. 7. 11. 법률 제19527호로 일부개정된 국민건강보험법은 위 사유를 '「의료법」 제4조제2항 또는 제33조제8항·제10항을 위반하여 개설·운영하는 의료기관'으로 개정하여 의료법 제33조제10항[45] 위반을 추가하였다.[46]

4. 참고 판결

대상 판결 이후 대법원이 의료기관의 개설, 운영에 관한 개별법과 국민건강보험법의 입법 목적과 규율대상을 비교하여 목적과 규율대상이 상이하다면 개별법을 위반하여 의료기관을 개설, 운영하였더라도 요양기관이 요양급여비용을 수령하는 행위가 국민건강보험법 제57조 제1항의 '속임수나

제2호, 대한의료법학회, 2015, 301, 302, 321-323면.

45) 의료법 제33조(개설 등) ⑩ 의료기관을 개설·운영하는 의료법인등은 다른 자에게 그 법인의 명의를 빌려주어서는 아니 된다. <신설 2015. 12. 29.>

46) 국민건강보험법 제57조(부당이득의 징수) ① 공단은 속임수나 그 밖의 부당한 방법으로 보험급여를 받은 사람·준요양기관 및 보조기기 판매업자나 보험급여 비용을 받은 요양기관에 대하여 그 보험급여나 보험급여 비용에 상당하는 금액을 징수한다. <개정 2020. 12. 29., 2023. 5. 19.> ② 공단은 제1항에 따라 속임수나 그 밖의 부당한 방법으로 보험급여 비용을 받은 요양기관이 다음 각 호의 어느 하나에 해당하는 경우에는 해당 요양기관을 개설한 자에게 그 요양기관과 연대하여 같은 항에 따른 징수금을 납부하게 할 수 있다. <신설 2013. 5. 22., 2020. 12. 29., 2023. 7. 11.>

  3. 「의료법」 제4조제2항 또는 제33조제8항·제10항을 위반하여 개설·운영하는 의료기관

그 밖의 부당한 방법에 의하여 요양급여비용을 받는 행위'에 해당된다고 볼 수는 없다고 본 경우가 있다. 그와 같은 전제에서 판단한 법원의 판결례를 살펴보면 다음과 같다.

① 요양기관이 건강보험의 가입자 또는 피부양자에게 식품위생법상의 인력, 시설기준을 갖추어 환자 식사를 제공하였다면, 비록 집단급식소 설치 신고를 하지 않은 상태에서 식사가 제공되었다고 하더라도 위 요양기관이 식대 관련 요양급여비용을 수령하는 행위가 '속임수나 그 밖의 부당한 방법에 의하여 요양급여비용을 받는 행위'에 해당된다고 볼 수는 없다고 보았고(대법원 2019. 11. 28. 선고 2017두59284 판결), ② 구 정신보건법령상 정신과의원의 입원실 수를 초과한 상태에서 요양급여가 제공되었다는 사정만으로는 해당 요양급여비용을 수령하는 행위가 '속임수나 그 밖의 부당한 방법에 의하여 요양급여비용을 받는 행위'에 해당된다고 볼 수 없다고 보았다(대법원 2020. 3. 12. 선고 2019두40079 판결).

반면 ③ 대법원은 의료법 제33조 제2항을 위반하여 의료기관을 개설할 수 없는 자가 개설한 의료기관(이른바 '사무장 병원')은 국민건강보험법상 요양기관이 될 수 없지만, 이러한 의료기관이라 하더라도 요양기관으로서 요양급여를 실시하고 그 급여비용을 청구한 이상 구 국민건강보험법 제52조 제1항에서 정한 부당이득징수 처분의 상대방인 요양기관에 해당하고, 이러한 의료기관이 요양급여비용을 청구하는 것은 '사위 기타 부당한 방법'에 해당한다고 보았다(대법원 2020. 6. 4. 선고 2015두39996 판결47)).

---

47) 다만 법 규정의 내용, 체재와 입법 취지, 부당이득징수의 법적 성질 등을 고려할 때, 구 국민건강보험법 제52조 제1항이 정한 부당이득징수는 재량행위에 해당하고, 요양기관이 실시한 요양급여 내용과 요양급여비용의 액수, 의료기관 개설·운영 과정에서의 개설명의인의 역할과 불법성의 정도, 의료기관 운영성과의 귀속 여부와 개설명의인이 얻은 이익의 정도, 그 밖에 조사에 대한 협조 여부 등의 사정을 고려하지 않고 의료기관의 개설명의인을 상대로 요양급여비용 전액을 징수하는 것은 다른 특별한 사정이 없는 한 비례의 원칙에 위배된 것으로 재량권을 일탈·남용한 것이라고 보아 전액을 환수하는 관행에 제동을 걸고 있다.

094. 과징금부과처분의 재량권 일탈남용 인정 사례
- 서울행정법원 2018. 2. 8. 선고 2013구합64431 판결[48)]

1. 사실관계

피고는 대학병원인 원고 병원에 대해 2012. 5.경 현지조사를 실시하여 2011. 6.경부터 11.경까지 약 6개월 간 진찰료산정기준위반, 본인부담금과 다징수 등 요양급여기준 등을 위반하여 요양급여비용 487,610,680원, 의료급여비용 40,870,940원을 부당하게 지급받은 사실을 확인하고, 요양급여와 관련한 1,907,089,880원 및 의료급여와 관련한 119,314,320원의 각 과징금부과처분을 하였다. 이에 원고는 요양급여기준을 위반하지 않았고, 예외적으로 허용되는 임의비급여의 요건을 갖추었으며,[49)] 재량권을 일탈·남용하였다고 주장하면서 위 각 처분의 취소를 구하는 소를 제기하였다.

2. 법원의 판단

대상 판결은 요양급여기준 준수 주장은 배척하고, 임의비급여의 예외적 허용요건 충족은 요양급여와 관련된 5명의 수진자에 대해 인정하였다. 다음으로 재량권 일탈·남용 주장과 관련하여 국민건강보험법 시행령이나 의료급여법 시행규칙이 정하는 업무정지기간이나 과징금 금액은 최고한도라고 하면서(대법원 2006. 2. 9. 선고 2005두11982 판결 등 참조), 위 시행령이

---

48) 항소심 서울고등법원 2018. 11. 30. 선고 2018누39548 판결.
49) 원고는 임의비급여 예외적 허용요건 충족을 주장하면서 약 30명의 수진자의 진료기록 등에 대해 대한의사협회에 사실조회 등을 통하여 증명을 시도하였다.

나 시행규칙이 '위반행위의 동기·목적·정도 및 위반횟수 등을 고려하여 업무정지기간 또는 과징금 금액의 2분의 1 범위에서 감경할 수 있다'라고 정한 감경기준은 임의적 감경기준이므로 감경사유가 존재하는 경우 이를 고려하고서도 감경하지 않은 처분을 하는 것은 위법하다고 할 수 없으나 감경사유가 없다고 오인하거나 감경사유를 전혀 고려하지 않은 채 처분을 한 것은 위법하다고 하였다(대법원 2010. 7. 15. 선고 2010두7031 판결 등 참조). 위와 같은 전제에서 요양급여와 관련된 5명의 수진자는 임의비급여의 예외적 허용요건을 충족하므로 처분사유로 삼을 수 없고, 다른 수진자들에 대한 부분도 의학적 요건을 충족한 부분이 상당하며, 원고의 행위가 모두 속임수 그 밖의 부당한 방법으로 가입자 등에게 요양급여비용 등을 부담하게 한 행위에 해당한다고 하더라도 의료인에게는 진료방법선택에 관한 상당범위의 재량이 인정되는데 의료적으로 환자 등에게 최선인 진료행위가 요양급여로 정해지지 않았다는 사유로 부당이득환수뿐 아니라 업무정지나 부당이득의 3~4배에 해당하는 과징금부과까지 한다면 국민건강보험법이나 의료급여법의 취지에 반하는 점, 원고 병원의 행위는 환자의 생명을 구하기 위해 필요하다는 판단 하에 이루어진 반면 그로 인해 별도의 이익을 얻은 것은 없는 점, 의학적 타당성을 인정할 수 있는 행위에까지 예외 없이 3~4배의 과징금을 부과하는 것은 통상적인 치료방법만을 할 수밖에 없어 환자의 생명에 관한 권리를 침해하고 최선진료의 주의의무를 부담하는 의사의 진료행위를 과도하게 규제하여 헌법에 위반될 소지가 큰 점 등을 고려하면 재량권을 일탈·남용하였다고 판단하였다.

3. 판결의 의의

대상 판결은 재량권 일탈·남용과 관련하여 임의비급여의 예외적 허용

요건 중 사전 동의 등 요건을 충족하지 못하여 예외적으로 허용되는 임의비급여로는 인정받지 못하더라도 처분의 감경사유로는 볼 수 있고, 요양급여기준을 벗어난 진료행위로 인해 별도의 이익을 취득하지 않은 점이 해당 진료행위가 환자의 생명을 구하기 위해 시행되었다는 점과 결합하여 재량권 일탈·남용 여부의 판단요소로 고려될 수 있음을 판시했다는 점에서 요양급여나 의료급여비용의 부당금액과 관련한 처분의 위법성을 판단하는 기준을 구체화한 판결로서 의미가 있다고 본다.

또한 현행 요양급여기준이 환자에게 최선인 진료행위를 포괄하지 못하고 있는 현실에서 이를 일률적이고 획일적인 처분으로 규제하는 것은 국민건강보험법이나 의료급여법의 취지나 목적에 어긋나 부당하다고 판시한 점은 요양급여기준과 의료법이 규정한 의료인의 최선진료의무의 긴장관계를 고려했다는 점에서 의미가 있다고 본다.

095. 비의료인 개설 의료기관 관련 전액환수처분 취소 사례
- 대법원 2020. 9. 3. 선고 2019두60899 판결[50]

1. 사실관계

원고는 치과의사로서 치과의원을 운영 중이었는데 치과병원으로 변경 승인을 받은 후 한방내과를 개설하려 하였으나 건물의 용도변경 문제로 한방내과에 대한 개설허가가 이루어지지 않았다. 그러자 원고는 일단 한방 내과를 개설하고자 했던 장소에 한의원을 개설하여 운영하려고 마음먹고 구인광고 사이트에 '봉직의를 구한다'는 취지의 구인광고를 냈고, 광고를 보고 찾아온 한의사에게 용도변경이 이루어져 한방내과가 개설될 때까지 한의사 명의로 한의원을 개설하되, 인력과 시설은 모두 원고가 제공하고 매월 600만원의 월급을 지급해주겠다고 제안한 후, 해당 한의사 명의의 한의원을 개설하여 실질적으로 운영하였다. 원고는 한의사가 아님에도 한의사를 고용하여 의료기관을 개설한 혐의의 의료법위반죄, 의료법에 위반하여 개설된 한의원을 통해 국민건강보험공단을 기망하여 요양급여를 수령하였다는 특정경제범죄가중처벌등에관한법률위반(사기)죄로 기소되어 징역 1년 집행유예 2년의 판결을 받아 확정되었다. 피고 국민건강보험공단은 원고에게 국민건강보험법 제57조 제2항 제1호[51]를 근거로 환수처분을

---

50) 제1심 서울행정법원 2019. 5. 2. 선고 2018구합73041 판결, 제2심 서울고등법원 2019. 11. 14. 선고 2019누44387 판결, 파기환송심 서울고등법원 2021. 5. 28. 선고 2020누5 5093 판결, 파기환송심 판결은 피고가 다시 상고하였으나 심리불속행기각으로 확정되었다(대법원 2021. 9. 30. 선고 2021두43958 판결).

51) 국민건강보험법 제57조(부당이득의 징수) ② 공단은 제1항에 따라 속임수나 그 밖의 부당한 방법으로 보험급여 비용을 받은 요양기관이 다음 각 호의 어느 하나에 해당하는 경우에는 해당 요양기관을 개설한 자에게 그 요양기관과 연대하여 같은 항에 따른

하였고 원고는 이에 대한 취소소송을 제기하였다.

2. 법원의 판단

제1심과 제2심 판결은 모두 원고의 청구를 기각하였다. 그러나 대법원은 다음과 같은 이유로 원심판결을 파기하고 사건을 환송하였다. 대상 판결은 국민건강보험법 제40조 제1항 제1호에 따르면 요양급여는 '의료법에 따라 개설된 의료기관'에서 행하여야 하는데, 의료법 제33조 제2항에 의하면 의료기관 개설자격은 의사 등으로 한정되고, 의료기관 개설자격이 없는 자가 의료기관을 개설하는 것은 엄격히 금지되므로, 이러한 의료기관이 개설한 의료기관이 요양급여를 실시하고 그 급여비용을 청구하는 것은 국민건강보험법 제57조에 의한 부당이득징수처분의 대상이 된다고 판단하였고, 의료기관을 실제 개설한 비의료인에 대해서도 연대하여 부당이득 징수가 가능하다고 판단하였다. 다만, 처분의 근거 법령이 행정청에 처분의 요건과 효과 판단에 일정한 재량권을 부여하였는데도 행정청이 공익과 불이익을 전혀 비교형량하지 않은 채 처분을 하였다면 이는 재량권 불행사로서 그 자체로 재량권 일탈·남용으로 위법사유가 된다고 지적하며, 국민건강보험법 제57조 제1항은 "금액의 전부 또는 일부를 징수한다."라고 규정하여 문언상 일부 징수가 가능함을 명시하고 있는 점, 이 조항은 요양기관이 부당한 방법으로 급여비용 지급 청구를 하는 것을 방지함으로써 건강보험 재정 건전성을 확보하는 데 입법취지가 있지만 요양기관으로서는 이 조항에 의하여 이미 실시한 요양급여에 대하여 그 비용을 상환받지 못하

징수금을 납부하게 할 수 있다. <신설 2013. 5. 22., 2020. 12. 29., 2023. 7. 11.>
1. 「의료법」 제33조제2항을 위반하여 의료기관을 개설할 수 없는 자가 의료인의 면허나 의료법인 등의 명의를 대여받아 개설·운영하는 의료기관

게 되는 결과가 되므로 침익적 성격이 큰 점, 2013. 5. 22. 국민건강보험법이 개정되기 전에는 보험급여 비용을 받은 요양기관(개설명의자)에게만 부당이득을 징수할 수 있도록 규정하였다가 동법의 개정으로 실제 개설자(비의료인)에게 요양기관과 연대하여 징수금을 납부하게 하는 규정을 두게 된 점 등을 종합할 때 국민건강보험법 제57조 제1항, 제2항이 정한 부당이득 징수는 재량행위라고 판단하였다. 나아가 의료기관이 실시한 요양급여 내용과 요양급여비용의 액수, 의료기관의 개설과 운영 과정에서 비의료인 개설자와 개설명의자 역할과 불법성의 정도, 의료기관 운영성과의 귀속 여부, 비의료인 개설자와 개설명의자가 얻은 이익의 정도, 그 밖에 조사에 대한 협조 여부 등의 사정을 고려하지 않고 의료기관의 개설명의자나 비의료인 개설자를 상대로 요양급여비용 전액을 징수하는 것은 비례의 원칙에 위배되어 재량권을 일탈·남용한 것이라고 판시하였다.

이에 파기환송심 판결은 피고가 원고에게 환수예정통보 및 환수결정 통보를 할 때에는 관련법령에 따라 요양급여비용 전액을 환수한다는 내용만 기재했을 뿐, 환수금액을 산정함에 있어 고려할 사항을 고려하였는지에 대한 별다른 기재가 없는 점, 피고 스스로 제출한 서면에 따르면 국민건강보험법 제57조 제1항의 규정 문언과 그 취지를 고려하면 부당이득 환수처분이 기속행위라고 주장하는 등 환수금을 산정함에 있어 고려할 사항을 고려하지 않은 것으로 보이는 점 등에 비추어 보면 피고의 처분은 재량권을 일탈·남용한 것으로 위법이 있으므로 피고의 처분을 취소한다는 판결을 하였고, 피고가 이에 다시 상고하였으나 대법원은 심리불속행 기각하였다.

3. 판결의 의의

국민건강보험제도의 구조는 보험자인 국민건강보험공단이 직접 요양급여를 실시할 수 없으므로 이를 요양기관이 실시하도록 하고, 요양기관이 보험가입자나 피부양자에게 실시한 요양급여에 대한 비용을 요양기관의 청구 및 그에 관한 건강보험심사평가원의 심사에 따라 국민건강보험공단이 각 요양기관에 지급하도록 하는 것이다. 그런데 아무리 의료법에 위반하여 개설된 의료기관이라 하더라도 비의료인이 환자를 진료하는 등의 개별 불법행위를 하지 않는 이상, 적법하게 면허를 취득한 의료인이 환자를 진료하고 환자가 치유 받는다면 사실 국민건강보험제도가 추구하는 목적은 달성된 셈이라고 볼 수 있다. 환자는 그 의료기관이 아니더라도 다른 의료기관에 방문하여 진료를 받을 수도 있고 국민건강보험공단은 이에 대한 요양급여비용을 지급해야만 하기 때문에 실질적으로 국민건강보험공단에게 미치는 손해가 있는지도 불분명하다. 그렇다면 실제 국민건강보험공단이 지급했어야 하는 요양급여비용 등은 부당이득 징수 범위를 정함에 있어 고려되어야 할 것이다.

한편, 비의료인에게 고용되어 개설명의자가 된 의사가 헌법재판소에 위 부당이득 징수조항에 대해 헌법소원을 제기하기도 하였으나, 헌법재판소는 이 조항은 부당하게 지출된 급여비용을 원상회복함으로써 건강보험 재정의 건전성을 확보하기 위한 장치이며 해당 조항은 금액의 '전부 또는 일부'를 부당이득금으로 징수하도록 하고 있어 구체적 사안에 따라 금액의 일부만 징수할 수 있어 의료인의 피해를 최소화하고 있는 점 등을 고려할 때 과잉금지의 원칙에 반하지 않는다는 결정을 하기도 하였다.[52] 즉, 헌법재판소도 국민건강보험법상 부당이득의 징수가 '재량행위'라는 점을 일찍

---

52) 헌법재판소 2015. 7. 30.자 2014헌바298 결정.

이 인정한 셈이다. 그럼에도 불구하고 국민건강보험공단은 부당이득의 징수가 마치 기속행위인 것처럼 요양급여비용 전액 환수를 계속해 왔다. 그러나 대법원은 2020. 6. 4. 비의료인에게 고용된 개설명의 의사에게 요양급여비용 전액의 환수처분을 한 것은 위법하다고 판시[53]하여 국민건강보험공단의 부당이득금 전액환수 관행에 제동을 걸었다. 개설명의인은 개설자에게 자신의 명의를 제공할 뿐, 의료기관의 개설과 운영에 관여하지 않으며, 그에게 고용되어 근로 제공의 대가를 받을 뿐 의료기관의 운영에 따른 손익이 그대로 귀속되지 않다는 점이 중요한 판단 이유였다. 나아가 대법원은 비의료인 개설자는 개설명의자 의사와 달리 의료기관의 운영에 따른 성과를 상당 부분 향유하는 것이 일반적임에도 대상 판결과 같이 비의료인 개설자에 대한 환수처분 역시 재량행위이며, 여러 가지 사항을 고려하여 징수금액을 정해야 한다고 판시하였다.

국민건강보험공단은 2021. 1. 「불법개설요양기관 환수결정액」감액·조정 업무처리지침(재량준칙)을 마련하였는데, 그 내용으로는 요양기관 개설·운영과정에서의 비의료인과 개설명의자의 역할과 불법성의 정도, 요양급여비용 관련 불법운영 기간, 요양급여비용 액수, 요양기관 운영성과의 귀속 및 이익의 여부, 요양급여 내용(비의료인 시행여부·과잉진료 해당여부), 그 밖에 조사에 대한 협조 여부 등의 감액·조정 항목을 규정하고, 최대 40% 범위 내에서 감액·조정이 가능하도록 하여 이를 적용하기 시작하였다. 다만, 위 재량준칙에서도 감액·조정 대상은 개설명의자 의료인·약사 및 법인에만 한정하고, 실운영자(비의료인 개설자)는 환수결정액 감액·조정대상이 아니라고 명시하고 있어 대상 판결의 취지와는 다소 배치된다. 실운영자인 비의료인과 개설명의자인 의사 간 불법의 정도가 다르게 평가될 수는 있으나, 국민건강보험공단의 부당이득징수처분의 재량행위로서의 성질이 그

---

53) 대법원 2020. 6. 4. 선고 2015두39996 판결.

처분상대방에 따라 달라지는 것이 아니라는 점과 대법원이 비의료인에 대한 환수처분 시에도 재량권을 행사하여야 한다는 점을 다시 한번 확인한 판시를 한 점 등을 고려하면, 국민건강보험공단의 재량준칙도 그에 맞춰 개정이 필요해 보인다.

096. 시설·인력 등 공동이용 사전신고의무 위반 관련 사례

- 대법원 2021. 1. 14. 선고 2020두38171 판결[54]

1. 사실관계

원고는 2006. 5. 1.부터 2016. 3. 12.까지 서울 서초구 B빌딩(이하 '이 사건 건물'이라 한다) 1층 일부, 2층 내지 4층에서 요양기관인 C재활의학과의원(이하 '이 사건 의원'이라 한다)을 개설·운영한 의사이고, D는 같은 기간 동안 이 사건 건물의 1층 일부, 5층, 6층에서 다른 요양기관인 내과의원(이하 'D내과의원'이라 한다)을 개설·운영한 의사이다. 그런데 D내과의원에 입원했던 일부 환자들이 이 사건 의원에서 재활치료를 받게 되었음에도 이 사건 의원으로 병실을 이전하지 않은 채 D내과의원 병실에 머물렀던 사정이 현지조사로 드러나게 되었다.

이에 피고 국민건강보험공단은 2018. 2. 12. 원고에게 이 사건 의원이 청구한 요양급여비용과 관련하여 '물리치료 산정기준 위반 부당청구 및 개설기관 외 입원진료 후 요양급여비용 부당청구가 확인되었다'는 이유로 국민건강보험법 제57조 제1항에 따라 요양급여비용 996,616,970원(공단부담금 748,328,520원, 본인부담금 208,005,840원, 본인상한액 40,282,610원)을 환수한다는 결정을 통보하였다(이하 '이 사건 처분'이라 한다).

---

54) 제1심 서울행정법원 2019. 8. 22. 선고 2018구합64566 판결, 제2심 서울고등법원 2020. 4. 29. 선고 2019누57024 판결.

2. 법원의 판단

원고는 피고의 이 사건 처분이 부당하다며 소송을 제기했으나, 원심 판결은 피고의 이 사건 처분이 정당하다며 원고의 주장을 받아들이지 않았다. 원고는 대법원에 상고했고, 단순 고시 위반(공동이용 미신고)으로 요양급여비용 전액을 환수하는 것은 문제가 있다고 거듭 주장했다.

이에 대해서 대법원은 보건복지부장관의 고시인 「요양급여의 적용기준 및 방법에 관한 세부사항」(이하 '이 사건 고시'라 한다)은 상위법령의 위임에 따라서 제정된 '요양급여의 세부적인 적용기준'의 일부로 상위법령과 결합하여 대외적으로 구속력이 있는 '법령보충적 행정규칙'에 해당하므로, 요양기관이 이 사건 고시에서 규정한 절차와 요건을 준수하여 요양급여를 실시하여야만 요양급여비용을 지급받을 수 있다고 보았다. 만약 이 사건 고시에서 정한 요양기관의 시설·인력 및 장비의 공동이용에 관한 절차와 요건을 준수하지 않고 요양급여를 실시한 다음 그에 대한 요양급여비용을 국민건강보험공단에 청구하여 받았다면 이는 요양급여비용으로 받을 수 없는 비용인데 이를 청구하여 받은 것으로, 국민건강보험법상 제57조 제1항의 '속임수나 그 밖의 부당한 방법에 의하여 요양급여를 지급받은 것'에 해당한다고 보았다.

따라서 원고가 공동이용기관임을 확인할 수 있는 서류를 미리 제출하지 않은 채 같은 건물에 다른 의사가 개설한 D내과의 입원실을 이용하고, 해당 내과의 물리치료사에게 자신의 환자 물리치료도 실시하도록 하였음에도 그에 대한 요양급여비용을 자신이 피고에게 청구하여 받은 것은 국민건강보험법상의 '속임수나 그 밖의 부당한 방법'에 의하여 요양급여를 받은 것으로, 환수 대상이 된다고 보았다.

다만, 대법원은 피고가 환수를 할 수 있다 하더라도 원고가 지금까지 피고에게 청구한 요양급여비용을 세분화하여, 피고가 환수를 할 수 있는 대상과 환수를 할 수 없는 대상을 명확하게 구분하였다. 즉, D내과의원의 물리치료사에게 자신의 환자에 대한 물리치료를 시행하도록 하고 피고에게 청구한 물리치료 관련 요양급여비용의 경우, 물리치료에 관해서는 타 요양기관과 시설·장비 및 인력을 공동이용할 수 없음이 이 사건 고시상 명백함에도 불구하고 이를 청구했으므로 이는 명백하게 환수의 대상이라고 보았다. 하지만 원고가 이 사건 고시를 위반하여 공동이용한 부분은 D내과의원의 입원실이므로, 내과의원의 입원실에 입원시킨 환자들에 대한 요양급여비용 중 입원료만 부당이득 징수의 대상이고, 그 외 진찰·검사, 약제의 지급, 처치, 간호 등과 관련된 요양급여비용은 별도의 요양급여기준 위반을 이유로 한 경우가 아닌 한 부당이득 징수의 대상이 아니라고 보았다. 그럼에도 원고가 D내과의원 입원실에 입원시킨 환자들의 일체의 요양급여비용이 환수의 대상이라고 보아 전액을 환수한 피고의 이 사건 처분 중 입원실 미신고 공동이용 관련 요양급여비용 954,789,700원 징수처분 부분을 파기하고, 이 부분 사건을 환송하였다.

해당 사건의 파기환송심[55] 역시 대법원의 파기환송 취지에 따라 ① 원고가 D내과의원의 물리치료사에게 자신의 환자들의 물리치료를 하여 물리치료사를 공동으로 이용하고 피고 국민건강보험공단에 청구한 요양급여비용, ② 공동사용한 D내과의원의 입원실에서 발생한 입원료(세부항목을 불문하고 입원료 전체[56])를 전제로 하여 피고 국민건강보험공단에 청구한

---

55) 서울고등법원 2021. 8. 19. 선고 2021누31438 판결.
56) 원고는 파기환송심에서는 D내과의원의 입원실에서 발생한 입원료를 세분화하여, 보건복지부장관의 고시인 「요양급여의 적용기준 및 방법에 관한 세부사항」을 위반하여 입원실을 공동이용하여 받은 요양급여비용으로서 부당이득 환수의 대상이 되는 요양급여는 '입원환자 병원관리료'에 국한되어야 하고, '입원환자 의학관리료', '입원환자 간호관리료'는 그 환수의 대상이 되어서는 안 된다고 주장하였다(참고로 보건복지부장관의 고시인 「요양급여의 적용기준 및 방법에 관한 세부사항」에 의하면 입원료는 '입원환자 의학관리료', '입원환자 간호관리료', '입원환자 병원관리료'로 세분화된다). 하지만 법원은 원고의 주장을 받아들이지 않고, 입원료 전체에 대해서 피고 국민건강보

요양급여비용은 '속임수나 그 밖의 부당한 방법'에 의하여 청구한 요양급여로서 부당이득징수의 대상이 되므로 이에 대한 피고의 환수처분은 정당하고, ③ 공동이용하지 않은 나머지 시설과 인력에 대하여 원고가 피고에게 청구한 요양급여비용은 부당이득징수의 대상이 되지 않음에도 이를 환수한 피고의 처분은 부당하다고 판단했다.

3. 판결의 의의

대상 판결은 국민건강보험법 제57조제1항의 '속임수나 그 밖의 부당한 방법'이란 국민건강보험법령과 그 하위 규정들에 따르면 요양급여비용으로 지급받을 수 없는 비용임에도 불구하고 이를 청구하여 지급받는 행위를 모두 포함한다고 하면서, 상위법령인 국민건강보험법의 위임에 근거한 이 사건 고시 규정이 정하는 절차와 요건을 갖추지 않고 다른 의료기관의 시설·인력을 공동이용하여 요양급여를 제공한 후 그 비용을 청구하여 지급받은 것은 '속임수나 그 밖의 부당한 방법'으로 요양급여비용을 받은 것이라고 보았다. 그리고 대법원 2019. 5. 30. 선고 2015두36485 판결이 판시한 국민건강보험법과 의료법은 입법 목적과 규율대상이 다르다는 내용을 원용하면서, "특정 의료행위 내지 진료방법이 의료법상 허용되는 의료행위에 포함되는지 여부와 국민건강보험법상 요양급여대상에 해당하는지 여부는 별개의 문제"라고 하고 있다. 이는 의료법 위반이 곧 국민건강보험법 제57조제1항의 '속임수 그 밖의 부당한 방법'에 해당하지 않기도 하지만, 의료법 위반이 없다는 사정이 곧 위 '속임수 그 밖의 부당한 방법'에

험공단이 환수할 수 있다고 보았다. 그 이유로 입원실에서 발생한 입원료의 경우 입원실에서 이루어지는 입원환자에 대한 회진, 질병치료상담, 투약, 주사 등의 간호 등의 진료행위가 불가분의 관계에 있다고 보는 것이 자연스럽기 때문이라고 보았다.

해당하지 않음을 의미하는 것은 아니라는 점을 시사하고 있다고 볼 수 있다. 즉, 대상 판결은 국민건강보험법 제57조제1항의 '속임수 그 밖의 부당한 방법'에 해당하는지 여부는 국민건강보험법령을 종합적으로 해석하여 판단해야 한다는 점을 다시 한번 확인한 의미가 있다고 보인다.

또한 대상 판결은 이에 대한 국민건강보험공단의 요양급여비용의 환수 자체는 적법하더라도 요양기관이 어떠한 청구를 하였는지를 구체적으로 살펴, 환수의 대상과 그 범위를 구체화하여 명확히 할 것을 주문하였다는 점에서 의의를 찾을 수 있다. 즉, 대상 판결은 병실 공동이용 신고를 하지 않고 다른 의료기관의 시설, 인력을 이용하였다는 것만으로 그 입원환자에 대한 요양급여비용을 포괄적으로 환수를 할 것이 아니라, 그 중에서 환수의 대상이 되는 비용인지 여부를 세분화하여 판단하도록 한 것으로서, 침익적 행정처분인 국민건강보험공단의 환수처분의 적법여부에 대한 법원의 판단기준이 보다 정교해지고 있음을 보여주고 있다.

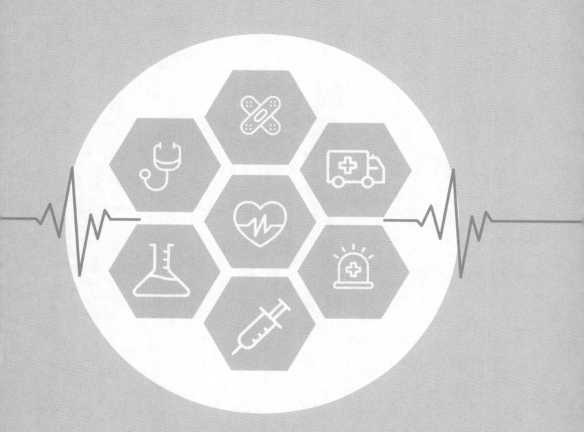

기타 사건

제 8 장

감염병에 대한 국가책임

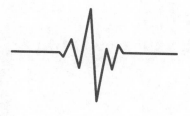

097. 중동호흡기증후군(MERS, Middle East Respiratory Syndrome) 감염병에 대한 국가의 손해배상책임

1. 책임을 인정한 사건

- 서울중앙지방법원 2018. 2. 9. 선고 2017나9229 판결1)

가. 사실관계

원고(30번 환자)는 2015. 5. 22. A병원에 내원하여 입원 중 2015. 5. 30. 아침부터 기침, 가래, 콧물, 열감, 인후통, 재채기 등의 증상이 발현되었고, 2015. 6. 2. 중동호흡기증후군(MERS-Middle East Respiratory Syndrome,이하 '메르스'라고 함) 확진되었는데, 2015. 5. 31. 확진된 16번 환자가 원고와 같은 날 같은 병실에 입원함으로써 16번 환자(1번 환자와 B병원 같은 층 병실에 입원하여 감염)를 통해 감염되었던 것으로 파악되고 있다(원고는 2015. 7. 5. 메르스 완치로 판정되었다).

원고는 대한민국을 상대로, 공무원들의 메르스 관리에 관한 과실로 인하여 원고가 메르스에 감염되었으므로 이로 인하여 원고가 입은 고통에 대하여 위자료를 지급할 의무가 있다고 주장하면서 손해배상을 구하는 소를 제기하였다.

---

1) 제1심 서울중앙지방법원 2017. 1. 19. 선고 2015가소6672747 판결. 대상 판결은 피고가 상고하였으나 상고 기각으로 확정되었다(대법원 2019. 3. 14. 선고 2018다223825 판결). 대상 판결과 유사한 판결로, 서울중앙지방법원 2019. 8. 22. 선고 2015가단5313072 사건(서울중앙지방법원 2019나57611 항소심 사건 진행 중 2020. 5. 2. 화해권고결정이 확정되어 종결됨)은 2015. 5. 28. 16번 환자와 같은 날, 같은 병실에 입원한 망인이 2015. 6. 2. 메르스 확진을 받고 2015. 6. 12. 사망하였고, 망인을 간병하던 배우자 원고1 역시 메르스 확진 후 치료를 받고 퇴원하였던 사건인데, 대상 판결(서울중앙 2017나9229 판결)과 비슷한 이유로 국가의 진단지연 및 역학조사상 과실과 메르스 감염 사이의 인과관계를 인정하였다.

나. 법원의 판단

대상 판결은 대한민국 및 그 산하 질병관리본부의 감염병에 관한 방역 등에 관한 행정권한 행사는 관계 법률의 규정 형식상 그 재량에 맡겨져 있다고 할 것이므로, 메르스 방역 등에 관한 대한민국과 그 산하 질병관리본부의 판단을 위법하다고 평가하기 위하여는 관련 법령의 취지와 목적에 비추어 볼 때 구체적인 사정에 따라 '대한민국 또는 그 산하 질병관리본부가 그 권한을 행사하여 필요한 조치를 취하지 아니한 것이 현저하게 불합리하다고 인정되거나 경험칙이나 논리칙상 도저히 합리성을 긍정할 수 없는 정도에 이르렀다고 인정되어야 한다'는 과실판단기준을 제시한 뒤, 의심환자 신고에 따른 진단검사 및 역학조사 등 조치를 지연한 국가의 과실을 긍정하였다.

대상 판결은 구체적인 진단검사 지연의 내용으로, ① C병원 의료진이 1번 환자가 바레인을 다녀온 사실을 확인하고 2015. 5. 18. 10:00경 강남구 보건소에 메르스 의심환자로 신고하고, 강남구 보건소는 곧바로 질병관리본부에 메르스 의심환자 발생신고 및 진단검사 요청을 하였음에도, 질병관리본부는 바레인이 메르스 발생 국가가 아니라는 이유로 검사 요청을 거부하였던 사실, ② C병원이 직접 재차 질병관리본부에 진단검사를 요청하였음에도 '다른 호흡기 바이러스 검사결과가 모두 음성이 나오면 검사를 실시하겠다'고 하여 결국 1번 환자의 인플루엔자 검사결과가 음성임이 밝혀지자 2015. 5. 19. 19:00가 되어서야 검체를 채취한 사실(2015. 5. 20. 06:00경 1번 환자의 메르스 감염이 확진됨), ③ 감염병 관리 사업 지침(2015. 1. 질병관리본부 매뉴얼)과 질병관리본부의 매뉴얼은 메르스 의심환자가 신고되면 지체 없이 역학조사반을 현장에 파견하여 환자 및 보호자를 면담하는 방법 등으로 위험요인을 파악하고 감염경로를 추정하며, 접촉자 및 접촉범위를 확인하여 유행 발생 또는 전파 가능성을 확인하도록 되어 있고, 의료기관의 신고에 대하여도 의심환자의 중동지역 방문 내력이 있으면

신고를 하도록 규정하고 있을 뿐, 방문 내력 해당 국가를 중동지역의 메르스 발병국으로만 한정하고 있지 않았던 사실 등을 언급한 뒤, 바레인은 메르스 발병국인 사우디아라비아와 국경을 맞대고 있는 인접국가로서 생활권을 같이 할 가능성이 높은 나라이므로, 이러한 관련 지침과 매뉴얼 등에 따라 의심환자 발생 신고 즉시 진단검사가 이루어지도록 조치하고, 역학조사반을 파견하여 위험요인을 파악할 의무가 있었음에도 질병관리본부의 검사 거절과 지연으로 의심환자 신고 후 약 33시간이 경과한 뒤에야 검체를 채취하였으므로, 이는 현저히 불합리하게 진단 검사를 지연한 과실에 해당한다고 판단하였다.

대상 판결은 역학조사에 관하여도 과실을 인정하였는데, B병원은 1번 환자가 2박 3일간 입원하였던 곳이므로 엄격하게 역학조사가 이루어졌어야 함에도 불구하고, B병원 역학조사관들은 1번 환자가 병실 내에만 머물렀다는 가정으로 같은 병실 환자 및 보호자와 의료진만을 밀접접촉자로 설정하고 일상적 접촉자에 대하여 아무런 조사를 하지 않았고,[2] 법원은 이에 대하여 현저히 불합리하다고 판단하였다.[3]

과실과 감염결과 사이의 인과관계에 관하여는, 메르스 대응지침에는 '환자와 2m 이내 공간에 함께 머문 자'를 밀접접촉자로 정하고, '환자의 분비물이 오염된 환경과 접촉할 가능성이 있는 사람(예; 결혼식, 장례식, 교회, 학교에서의 같은 반 등)'을 일상적 접촉자로 파악하도록 하였으므로, 1번 환자가 계속해서 채혈, 검사 등을 위해 엘리베이터를 이용하고 간호사 스

---

[2] 질병관리본부는 2015. 5. 28. 05:50경 B병원에서 1번 환자와 다른 병실에 입원했던 6번 환자가 메르스 확진 판정을 받자, 그제야 1번 환자와 동일 병동에 입원한 환자 및 보호자로 조사범위를 확대하였고, 16번 환자는 2015. 5. 30. 18:40경 추적되고, 같은 날 검체를 채취하여 2015. 5. 31. 메르스 확진되었다.

[3] 실제로 병원 CCTV 영상에 의하면, 1번 환자는 검사실 등에서 대기할 때 다수의 환자와 근접하게 앉아있거나 접촉하였고, 간호사 스테이션에서 1번 환자 옆에 머물거나 지나간 사람들, 엘리베이터를 같이 탄 사람들이 다수 있었으며, 이들 중 많은 수가 메르스에 감염되었다.

테이션에 머무는 등 병실 밖에서 돌아다녔다는 점을 고려하여 같은 층 병동에 입원한 환자들을 모두 일상적 접촉자로 파악하였다면 16번 환자도 빨리 추적될 수 있었다는 점, 역학조사 시점인 2015. 5. 20.과 5. 21.에 이미 8층 병동의 입원환자나 보호자 중 발열 등 증세를 나타낸 사람들이 다수 발생하였다는 점을 파악하였다면 16번 환자도 접촉자로 분류될 수 있었고, 원고가 감염되었을 것으로 추정되는 2015. 5. 25. 아침 전에는 이미 16번 환자가 추적될 수 있었으므로 16번 환자와 원고의 접촉이 차단될 수 있었다는 이유로 인과관계를 긍정하였다.[4]

2. 책임을 부정한 사건
- 서울고등법원 2018. 6. 14. 선고 2018나2010317 판결[5]

가. 사실관계

망인은 2015. 5. 14.부터 A병원에 입원하여 치료를 받던 중, 16번 환자가 2015. 5. 22. 밤 망인과 같은 병실에 입원하였고, 망인은 2015. 5. 26.부터 발열 등 증상이 나타났다. 2015. 5. 31. 같은 병실의 16번 환자가 메르스 확진 판정을 받자 2015. 6. 1. 02:30경 망인의 검체를 채취하였고, 2015. 6. 3. 메르스 감염이 확진되었으며, 2015. 6. 6. 메르스 감염증에 의한 폐렴이 발생하였고, 2015. 6. 15. 폐렴 및 급성 호흡부전으로 사망하였다. 이에 망인의 자녀들은 대한민국, A병원의 운영자, A병원이 소재한 지방자치단체를 상대로 손해배상 소송을 제기하였다.[6]

---

4) 대상 판결은 피고가 원고에게 위자료 1천만 원과 이에 대한 지연손해금을 지급하라고 판시하였다.
5) 제1심 서울중앙지방법원 2018. 1. 23. 선고 2015가합558082 판결, 대상 판결은 원고들이 상고하였으나, 상고기각으로 확정되었다(대법원 2019. 3. 14. 선고 2018다249667 판결).
6) 원고들은 병원 운영자에 대하여, 망인의 증상 발현 및 메르스 양성 판정에 따른 전원

나. 법원의 판단

제1심 및 대상 판결은 질병관리본부가 1번 환자에 대한 진단검사를 거절, 지연한 것은 재량의 범위를 일탈하여 현저히 부당하고, B병원의 역학조사 과정에서 1번 환자와 같은 병실을 사용한 사람 외에 다른 밀접접촉자나 일상적 접촉자를 파악하기 위한 조사를 하지 않은 것은 현저하게 불합리하다고 판단되지만, 국가의 이러한 과실과 환자의 감염 사이에 인과관계가 부정되므로 국가의 배상책임이 없다고 보았다.

법원은 그 이유로, 역학조사를 부실하게 한 과실로 감염되었다고 판단하기 위해서는 그러한 과실이 존재하지 않았다면 2015. 5. 22. 16번 환자가 망인과 같은 병실에 입원하기 이전에 16번 환자의 메르스 감염을 의심하고 추적하여 격리조치 할 수 있었다고 인정되어야 하나,[7] ① 당시 알려진 것보다 전파력이 강하다는 점이 새롭게 밝혀진 이후에나 16번 환자가 추적된 점을 볼 때, 당시까지 알려진 메르스 바이러스의 전파력, 전파양식 등에 비추어 메르스 환자와 같은 공간을 공유한 자에 한하여 메르스 감염을 의심할 수 있었을 것으로 보이는 점, ② (1번 환자의 진단 지연이 발생하지 않았다면 1번 환자가 진단되었을) 2015. 5. 19.경에는 16번 환자에게 메르스 증상이 현저하게 나타나기 전이고 의료기관에 입원해 있는 상태도 아니었으므로 16번 환자를 추적하는데 시간이 걸렸을 것으로 보이는 점, ③ 1번 환자와 같은 병실도 아니고 같은 층 엘리베이터를 사이에 두고 반대편에 위치하여 접촉자 판단이 어려웠던 16번 환자를 2015. 5. 22. 이전에

조치와 보건소 신고 등 조치를 지연하여 망인이 조기에 치료를 받지 못하였다고 주장하였고, 지방자치단체에 대하여, 관내 보건소가 의료기관에 메르스 예방 및 관리지침 등을 전달하지 않아 병원 의료진이 망인을 메르스로 조기 의심하지 못하여 진단 및 치료가 지연되었다고 주장하였으나 모두 기각되었다. 이하에서는 가.항 서술내용과의 비교를 위하여 대한민국에 대한 청구만 자세히 다룬다.

7) 망인은 5. 26.부터 증상이 발현되었는데, 판결은 잠복기를 고려하면 망인은 5. 22. 밤 16번 환자가 망인과 같은 병실에 입원한 직후 감염된 것으로 추정하였다.

추적, 격리할 수 있었다고 보기는 어렵다는 점을 들었다.

3. 판결의 의의

위 사건들은 모두 동일하게 16번 환자로부터 감염된 사건에 대하여 국가에 손해배상을 청구하였고, 같은 날 대법원에서 각 상고기각 되어 확정된 사건인데, 그 결과는 완전히 상반된다.

우선 위 사건들은 감염병에 걸린 개개인이 국가의 감염병관리책임을 물어 손해배상을 구하는 사건으로, 일반적으로 인용 가능성을 높게 예상하기 어려운 사건에 해당한다. 국가배상사건에서는 국가의 재량권 행사가 위법한지 여부를 가리는 기준이 매우 엄격하고, 국가의 의무 위반이 있더라도 문제가 되는 국가의 특정 의무가 국민 개개인의 안전과 이익을 보호하기 위한 것일 경우 국가가 배상책임을 부담하지만, 직접 국민 개개인을 위한 것이 아니라 전체적으로 공공 일반의 이익을 도모하기 위한 것이라면 그 의무에 위반하여 국민에게 손해를 가하여도 국가 또는 지방자치단체가 배상책임을 부담하지 않는 것이 국가배상에 관한 확립된 법리이기 때문이다.[8]

게다가 위 사건들은 감염병을 다루는 사건의 특성상 증상 발현일을 기준으로 대략적인 발병일을 정하고, 그때까지 감염원이 추적되어 격리됨으로써 감염을 피할 수 있었을 것인지를 판단하게 되는데, 여러 단계의 가정적 판단을 거쳐야 하는 역학적 인과관계의 판단이 매우 어렵기 때문에 인과관계가 인정되기가 매우 어려운 성질을 가지고 있다.

그럼에도 불구하고 위 사건들은 당시 메르스 대응 관련 지침을 기준으로 진단 지연 및 역학조사 부실에 관하여 국가의 재량권 행사에 있어서

---

8) 대법원 2001. 10. 23. 선고 99다36280 판결, 대법원 2015. 5. 28. 선고 2013다41431 판결 등 다수.

현저한 과실이 있음을 인정하고, 이로 인한 국민 개개인의 감염에 대하여 (인과관계가 인정된다면) 국가가 배상책임을 져야 한다는 점을 인정함으로써, 감염병 관리에 있어서 국가의 국민에 대한 구체적 보호의무의 존재를 인정하였다는 의미가 있다. 이는 변화된 사회현실, 국민 인식 변화 등을 반영한 국가의 기본권 보호의무 확대과정을 보여주는 것으로서 매우 긍정적이고 고무적인 사례이다.

다만, 위 사건들은 공통적으로 국가의 과실을 인정하면서도 인과관계의 판단에서 상반된 견해를 보임으로써 결과에 차이가 발생하게 되었는데, 역학전문가나 감염병 관리 전문가, 관련 학회 등 전문가의 의견 청취를 통해 좀 더 충실한 심리 위에서 구체적인 기준을 마련하여 그에 따라 판단을 하였다면 더 좋았을 것이라는 아쉬움이 남는다. 또한, 국가의 과실과 환자의 메르스 감염 사이의 인과관계를 부정한 판결에서는 명확한 기준이 아닌 다양한 추정을 이유로 막연히 16번 환자를 추적, 격리하기 어려웠을 것이라는 이유로 인과관계를 부정하였는데, 이는 명확한 기준에 따른 것이 아니어서 비판의 여지가 있다.

알려진 정보가 많지 않아 과실 유무나 인과관계 판단이 어려운 상황에서는 결국 그 당시까지 알려진 지식과 그에 기반하여 만들어진 대응지침 등을 잘 준수하였는지를 기준으로 과실과 인과관계를 판단하는 것이 가장 합리적인데, 메르스 관리지침에서는 일상적 접촉자에 관하여 시간적 기준 없이 '의사환자와 접촉한 사람 혹은 환자의 분비물이 오염된 환경과 접촉할 가능성이 있는 사람'으로 정하고 있으므로, B병원의 CCTV상 1번 환자가 검사 등을 위하여 병동 내에서 엘리베이터를 타거나 대기공간에 머무르는 모습 및 다수의 병동 내 환자들과 같은 공간에서 밀접하게 접촉해 있었던 모습을 확인한 역학조사관들은 적어도 1번 환자와 접촉이 확인된 환자, 넓게 보아서는 같은 시기에 같은 병동 같은 층에 입원하였던 환자들을 모두 일상적 접촉자로 분류하였어야 하고, 그렇다면 1번 환자가 확진된

2015. 5. 20. 새벽(또는 진단 지연이 있지 않았다면 1번 환자가 확진되었을 2015. 5. 19.)부터 16번 환자가 망인과 같은 병실에 입원한 2015. 5. 22. 밤까지 약 50시간에서 70시간 정도의 시간 동안 16번 환자를 추적하는 것이 충분히 가능하였을 것으로 보이기 때문이다.9)

4. 참고 판결

서울행정법원 2022. 8. 19. 선고 2022구합55477 판결10)은 30대 초반 남성인 원고가 2021. 4. 29. 17:00경 코로나19에 대한 예방접종으로 아스트라제네카(이하 '이 사건 백신'이라 한다)를 투여받은 다음 날인 2021. 4. 30. 17:00경 발열 증상이, 그 다음 날인 2021. 5. 1. 17:00경부터 양다리저림 및 부어오름, 차가움과 뜨거움이 반복되는 감각이상, 어지럼증 증상이 발생하였고, 2021. 5. 2. 07:00 응급실에 내원하여 영상 검사를 받은 결과 좌측 전뇌부위 소량의 출혈성 병변이 확인되었으며, 추가검사 결과 2021. 5. 8. 상세불명의 뇌내출혈, 대뇌해면기형을 진단받았고, 다리저림에 대하여는 2021. 5. 20. 상세불명의 단발 신경병증 진단을 받자 2021. 5. 28. 피고에게 감염병의 예방 및 관리에 관한 법률 제71조,11) 같은 법 시행령 제

---

9) 실제로 이미 5. 20.경에는 B병원에서 1번 환자와 같은 층 다른 병실에 입원하였던 환자들 중 메르스 증상이 발현한 환자들이 있었으므로(5. 20. 기준 3명), 이들의 검사도 훨씬 빨라 16번 환자의 추적도 빠르게 이루어졌을 것이다(16번 환자와 같은 병실에 입원하였던 9번 환자도 이미 5. 20. 증상이 발현되었고, 그 전후로 16번 환자도 감염된 것으로 보인다).

10) 이 사건은 피고가 항소하였으나, 항소 취하로 종결되었다.

11) 감염병의 예방 및 관리에 관한 법률 제71조(예방접종 등에 따른 피해의 국가보상) ① 국가는 제24조 및 제25조에 따라 예방접종을 받은 사람 또는 제40조제2항에 따라 생산된 예방·치료 의약품을 투여받은 사람이 그 예방접종 또는 예방·치료 의약품으로 인하여 질병에 걸리거나 장애인이 되거나 사망하였을 때에는 대통령령으로 정하는 기준과 절차에 따라 다음 각 호의 구분에 따른 보상을 하여야 한다.

31조 제1항 및 같은 법 시행규칙 제47조 제1항에 따라 원고의 진료비 3,371,510원, 간병비 250,000원의 피해보상신청을 하였으나 피고 질병관리청장이 예방접종과 인과성이 인정되기 어려운 경우에 해당하여 보상이 되지 않는 것으로 결정하자(이하 '이 사건 처분'이라 한다) 이 사건 처분에 대한 취소소송을 제기한 사건에서, 감염병예방법 제71조에 의한 예방접종 피해에 대한 국가의 보상책임은 무과실책임이지만, 질병, 장애 또는 사망이 그 예방접종으로 인하여 발생하였다는 점은 인정되어야 하며, 예방접종과 장애 등 사이의 인과관계가 반드시 의학적·자연과학적으로 명백히 증명되어야 하는 것은 아니고, 간접적 사실관계 등 제반 사정을 고려할 때 인과관계가 있다고 추단되는 경우에는 그 증명이 있다고 보아야 한다고 하면서, 그 인과관계를 추단하기 위해서는 특별한 사정이 없는 한 예방접종과 장애 등의 발생 사이에 시간적 밀접성이 있고, 피해자가 입은 장애 등이 그 예방접종으로부터 발생하였다고 추론하는 것이 의학 이론이나 경험칙상 불가능하지 않으며, 장애 등이 원인불명이거나 예방접종이 아닌 다른 원인에 의해 발생한 것이 아니라는 정도의 증명이 있으면 족하다고 전제한 다음(대법원 2014. 5. 16. 선고 2014두274 판결 등 참조), ① 이 사건 백신 투여 후 이상증상 발생 시기는 다리저림 증상에 대한 진단을 받은 2021. 5. 20.이 아닌 발열, 두통 및 다리저림이 나타난 시기, 즉 이 사건 예방접종 후 불과 1~2일 뒤인 점, ② 원고는 이 사건 예방접종 이전에는 매우 건강하였고 신경학적 증상이나 병력도 전혀 없었는데, 이 사건 예방접종 바로 다음날부터 두통, 발열 등의 증상이 발생하였고, 두통, 발열 등은 피고가 이 사건 백신의 이상반응으로 언급한 증상이기도 한 점, ③ 이후 뇌 MRI 결과 원고에게 해면상 혈관기형이 존재한다는 사실이 확인되

---

1. 질병으로 진료를 받은 사람: 진료비 전액 및 정액 간병비
2. 장애인이 된 사람: 일시보상금
3. 사망한 사람: 대통령령으로 정하는 유족에 대한 일시보상금 및 장제비

기는 하였으나, 정확히 위 혈관기형이 언제 발생하였는지는 알 수 없고, 이 사건 예방접종 전에는 그와 관련된 어떠한 증상이 발현된 바도 없었는 바, 이 사건 증상이나 질병이 이 사건 예방접종과 전혀 무관하게 발생하였다고 단정하기 어려운 점, ④ 이 사건 백신은 국내에서는 2021. 2. 26.경부터 접종이 시작되어, 실제로 사용된 것은 불과 2년도 되지 않은 상태로, 이 사건 백신 접종 후 어떠한 피해가 발생할 가능성이 있는지, 구체적인 피해발생 확률은 어떠한지 등은 현재까지도 명확히 밝혀지지 않은 점, ⑤ 이에 피고 역시 이러한 전제에서, 새로운 백신으로 인한 예기치 못한 이상반응 등을 인지·조사하거나 알려지지 않은 이상반응에 대한 정보를 제공받기 위한 목적으로 「코로나바이러스감염증-19 예방접종 후 이상반응 관리지침」을 마련하여 코로나19 백신 접종자들을 대상으로 예방접종 후 이상반응을 모니터링하고 있기도 한 점 등에 비추어 이 사건 백신 접종 후 비로소 이상증상이 발현되었다면, 다른 원인에 의하여 이것이 발현되었다는 점에 대한 상당한 정도의 증명이 없는 한 만연히 해당 증상 및 질병과 이 사건 백신 사이에 역학적 연관성이 없다고 쉽게 단정할 수 없으므로, 이 사건 증상 및 질병과 이 사건 예방접종 사이에는 인과관계가 있다고 봄이 타당하다 하여 원고의 청구를 인용하였다.

제 9 장

보험사건

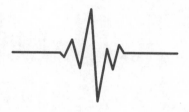

098. 태아보험 사건

- 서울고등법원 2017. 6. 22. 선고 2016나2009085 판결[1]

1. 사실관계

원고 신생아(이하 '원고1'라 한다)의 출생 전 원고1의 부모(이하에서는 이 중 원고의 모친을 '원고2'라 한다)는 2009. 12. 14. 피고 회사와 사이에 태아 상태인 원고1과 임부인 원고2를 피보험자로 하여 보험계약[2] (이하 '이 사건 보험계약'이라 한다)을 체결하였는데, 보험청약서와 보험약관 중 주요기재내용은 다음과 같다.

---

1) 제1심 서울중앙지방병원 2016. 1. 13. 선고 2014가합514108 판결, 이 사건에 대하여 원고와 피고 일부가 상고하였으나, 상고가 모두 기각되어 확정되었다(대법원 2019. 5. 16. 선고 2017다250592 판결).
2) 구체적인 보장내용과 보상하는 손해의 범위와 관련한 보험약관 조항은 아래와 같다.

피보험자	가입약관	가입금액	사망 시 수익자	기타 수익자
원고	일반상해후유장해추가담보 특별약관	100,000,000원	법정 상속인	원고
	일반상해소득보상자금담보 특별약관	100,000,000원		
	조혈모세포이식급여금Ⅰ담보 특별약관	20,000,000원		

제14조(보상하는 손해) ① 회사는 피보험자가 보험기간 중에 급격하고도 우연한 외래의 사고로 신체에 상해를 입었을 때에는 그 상해로 인하여 생긴 손해를 이 약관에 따라 보상하여 드립니다.

제15조(보상하지 아니하는 손해) ① 회사는 아래의 사유를 원인으로 하여 생긴 손해는 보상하여 드리지 아니합니다.

7. 피보험자(보험대상자)의 임신, 출산(제왕절개 포함), 유산 또는 외과적 수술, 그 밖의 의료처치. 그러나 회사가 부담하는 상해로 인한 경우에는 보상하여 드립니다.

제17조(고도후유장해보험금) ① 회사는 피보험자가 제14조에서 정한 사고로 상해를 입고 그 상해가 치유된 후 직접결과로써 사고일부터 2년 이내에 신체의 일부를 잃었거나 또는 그 기능이 영구히 상실되어 [별표1] 장해분류표에서 정한 지급률이 80% 이상에 해당하는 후유장해가 남았을 경우에는 보험증권에 기재된 보험가입금액을 고도후유장해보험금으로 수익자에게 지급합니다.

○ **보험청약서의 주요 기재내용**
　- 보험기간 : 2009. 12. 14. - 2023. 12. 14.(20년 납 / 27세 만기)
　- 피보험자 : 태아
　- 피보험자가 태아인 경우, 태아의 출생 시 계약자가 그 제반사실을 회사
　　에 통보하여야 한다.

○ **보험약관 중 주요 내용**
　- 상품요약서
　　• 제10면: 태아(출생 전 자녀)는 출생 시 피보험자(보험대상자)가 되며, 가
　　　입 후 신생아 출생 시에는 반드시 회사에 이 사실을 통지하여야 한다.
　　• 제18면 : 피고 회사는 계약의 청약을 승낙하고, 제1회 보험료를 받은
　　　때부터 이 약관이 정한 바에 따라 보장한다.
　　• 제27면 : '피보험자'는 보험사고 발생의 대상이 되는 사람으로 정의
　　　하고, '보험기간'은 보험계약에 따라 보장을 받는 기간, 보장개시일은
　　　보험회사의 보험금 지급의무가 시작되는 날로 정의한다.
　- 보통약관
　　• 제9조제1항 : 회사는 계약의 청약을 승낙하고 제1회 보험료를 받은
　　　때로부터 이 약관이 정하는 바에 따라 보장을 한다. 제1회 보험료를
　　　받고 청약을 승낙한 경우에는 제1회 보험료를 받은 때[제1회 보험료
　　　를 받은 날을 보장개시일(책임개시일)이라 하고, 보장개시일을 계약
　　　일로 본다]부터 약관이 정하는 바에 따라 보장을 한다.
　- 제1, 2, 3 특별약관
　　• 제1조 : 피보험자가 보험증권에 기재된 특별약관의 보험기간 중에 보
　　　통약관 14조에서 정한 사고로 상해를 입었을 때에 그 상해로 인하여
　　　생긴 손해를 보상한다.
　　• 제5조(제2, 3특약의 경우 제4조) : 이 특약에 정하지 아니한 사항은
　　　보통약관에 따른다.
　- 출생 전 자녀 가입 특별약관
　　• 제1조 제2, 3항 : 이 특약은 이 사건 보험 보통약관의 피보험자(보험

대상자)로 될 자가 계약 체결 시 출생 전 자녀(이하 "태아"라 합니다)인 계약에 대하여 적용하고, 태아는 출생 시에 피보험자(보험대상자)로 된다.

- 제3조 제1, 3항 : 태아가 유산 또는 사산 등에 의하여 출생하지 못한 경우에는 계약(일부 특약 제외)을 무효로 하고, 이 경우 이미 납입한 보험료를 돌려준다.
- 제7조 제1, 2항 : 피고 회사가 출생 통지를 받은 경우 피보험자(보험대상자)의 출생일이 계약일부터 6개월을 초과한 때에는 회사는 계약일을 피보험자(보험대상자)의 출생일의 반년 전의 해당일로 변경하며, 이로 인하여 부양자의 보험나이가 바뀌어질 경우에는 이것을 변경하고, 변경 후의 보험나이에 따라서 보험료를 변경한다.

원고2는 피고 병원에서 산전 진찰을 받다가 39주 2일째 되는 날인 2010. 4. 17. 01:30경 양막이 파열되어 같은 날 02:15경 피고 병원에 입원하였고, 당일 08:25경 태반조기박리로 인하여 태아의 심박수가 70~80회/분으로 저하되고 패드 한 장이 흠뻑 젖을 정도의 질 출혈과 함께 가로 2cm, 세로 3cm 가량의 혈병(clot) 덩어리가 원고2의 질외로 배출된 것이 확인되자 제왕절개술을 통하여 2.9kg의 여아인 원고1이 태어났다.

분만 후 원고1의 호흡상태가 좋지 않아 피고 병원 의료진은 원고1을 인근 A대학병원으로 전원하여 산소 공급과 초음파 검사 등을 실시하였는데, 분만과정에서의 저산소성 뇌손상으로 인한 뇌 기능 감소 등이 확인되고 재활치료 종결 후에도 보행장애, 동작수행장애, 언어장애 등의 후유증이 남게 될 것으로 예상되자, 원고1은 피고 병원 의료진의 과실을 주장하여 손해배상을 청구하는 동시에 이 사건 보험의 피보험자 및 보험수익자로서, 이 사건 보험계약에서 정한 보험기간 내인 2010. 4. 17. 출생 과정에서 발생한 태반조기박리에 의한 뇌손상이라는 보험사고가 발생하였음을 이유로 보험금 지급을 청구하였다.

피고 회사는 ① 보통약관 등에 의할 때 원고1이 피보험자 지위를 취득하기 전인 출생 전 태아 상태에서 발생한 것이고, ② 원고1을 피보험자로 인정하더라도, 이 사건 사고는 분만 과정에서 의료과실이 개입되지 않는 순수한 의료행위에 기하여 발생한 것이고, 태반조기박리는 단순한 질병에 해당하며, 원고1의 뇌손상 원인이 제대난막부착이라면 이는 원고1의 질병 내지는 체질적 소인에 기인한 것이므로 '급격하고도 우연한 외래의 사고'라고 할 수 없으며, ③ 이 사건 사고는 '피보험자의 출산' 내지 '외과적 수술, 그 밖의 의료처치'에 의하여 발생한 것이어서 피고 회사의 보험금 지급의무가 면책되는 경우에 해당한다고 주장하였다.

2. 법원의 판단

제1심 판결 및 대상 판결은 피고 병원을 상대로 한 손해배상청구는 과실이 인정되지 않는다면서 배척하였다. 그러나 피고 보험회사(이하 '피고 회사'라 한다)를 상대로 한 청구에 대하여는 아래와 같이 보험금 지급책임을 인정하였다.

가. 원고가 피보험자인지 여부

대상 판결은 ① 이 사건 보험계약 체결을 위한 청약서와 보험증권에는 원 피보험자를 태아로 명시하고 있고, 피고 회사의 보장개시일을 의미하는 보험기간도 원고1의 출생일 전인 이 사건 보험 계약의 '체결일부터'로 기재되어 있을 뿐, 원고1의 '출생일부터'로 기재되어 있지 아니하며, 원고1의 출생 이후에도 위 보험기간의 개시일은 변경되지 않은 점, ② 보험약관에 태아의 경우 출생시에 피보험자가 된다고 규정하고 있기는 하나, 피고 회사는 보험계약 체결 직후 제1회 보험료를 수령하였는데 이 사건 보험 보통약관 제9조 제1항은 제1회 보험료를 받은 때부터 보험기간이 개시된다고만 규정할 뿐 제1회 보험료 납부 후 태아의 출생 시 보험기간의 변경에 관하여는 별도의 규정을 두고 있지 않고 실제로도 보험증권상보험기간의 변경도 이루어지지 않았으므로, 보험약관상 피보험자 지위 취득시점에 관한 규정을 문언대로만 해석하면, 피고 회사의 보험기간 개시 시점과 불일치가 발생하므로 문언대로 해석할 수 없는 점, ③ 보험약관 중 출생 전 자녀 가입 특별약관 제7조는 '태아의 출생일이 계약일로부터 6개월을 초과하는 경우에는 계약일을 출생일의 반년 전의 해당일'로 변경한다고 규정하는데, 계약일을 보상개시일로 본다는 보통약관 제9조 제1항과 함께 고찰해 보면, 특별약관상으로도 태아로 있는 기간이 피고 회사의 보장기간 (보험기간) 내에 포함됨을 전제로 하고 있는 점, ④ 출생 전 자녀 가입 특별약관에서는 태아가 출생 시에 피보험자가 된다는 규정과 별도로 유산 또는 사산 등에 의하여 태아가 출생하지 못하는 경우 특별약관 등을 무효로 한다고 규정하고 있는데, 이 부분은 태아가 출생하여야만 이 사건 보험상의 피보험자가 된다면 굳이 별도로 둘 필요가 없는 조항으로서, 태아가 생존하여 태어나는 경우에는 태아로 있은 기간도 보험기간에 포함되어 태아 시의 사고도 보장한다는 의미로 보아야 하는 점, ⑤ 태아는 모체로부터 전부 노출된 때 권리·의무의 주체가 되지만, 인보험의 피보험자는 보험의 대상이 되는 자에 불과할 뿐 반드시 권리나 의무의 주체가 되는 자이어야 할 필요는 없는 점 등을 근거로 태아 상태인 원고1이 피보험자의 지위를 보유한다고 해석하는 것이 계약 당사자의 의사에도 부합한다고 판시하였다. 이어서 태아가 피보험자의 지위를 갖는지 불분명한 경우 이는 약관 작성자인 회사에 불리하게 해석되어야 하고, 설령 피고 회사의 주장과 같이 원고1이 태아인 상태에서는 이 사건 보험약관상 피보험자에 해당하지 아니한다고 하더라도, 이는 피보험자의 지위를 정하는 것으로서 보험 계약의 중요한 부분에 해당하여 명시·설명의무의 대상이 되는데, 피고회사가 태아에게 피보험자의 지위가 인정되지 않는다는 점에 대한 설명을 하였다고 볼 증거가 없으므로, 태아가 출생하여야 피보험자가 된다는 약관의 내용을 이 사건 보험계약의 내용으로 주장할 수 없다고 판시하였다.

나. 보험사고 발생 여부

대상 판결은 원고2의 질 출혈이 발견된 이후 시행된 원고들에 대한 초음파 검사를 토대로 태반조기박리가 진단되었고, 진료기록감정 교수도 그러한 진단이 합리적이라는 의견을 제시한 점을 고려할 때 원고1의 뇌손상 원인은 태반조기박리라고 보았다. 이어 이 사건 보험계약의 보험금 지급요건으로서 '우연성'과 '외래성'에 관하여 다음과 같이 판단하였다. ① 원고1에 대한 산전진찰에서 아무런 이상 소견이 없었고, 피고 병원 의료진은 원고2의 질 출혈이 있고 나서야 태반조기박리를 진단하였던 점, ② 태반조기박리 및 그에 따른 저산소성뇌손상이 분만과정에서 통상 일어날 수 있는 현상으로 발생 빈도가 낮지 않다고 하여 우연한 사고가 아니라고 할 수 없고, 이러한 현상이 원고들의 지배영역에서 예견되는 것도 아닌 점, ③ 원고1에 대한 분만 과정에서 항상 태반조기박리 및 이에 따른 뇌손상이라는 이 사건 사고가 예견되는 것도 아닐 뿐만 아니라, 원고2가 이를 예견하고서 피고 병원의 의료행위를 받아들였다고 할 수도 없는 점 등을 종합하면, 이 사건 사고는 원고2의 분만 과정에서 발생한 태반조기박리라는 예측할 수 없는 원인에 의하여 발생하여 통상적인 과정으로는 기대할 수 없는 결과를 가져오는 보험사고에 해당하고, ④ 보험약관의 '외래의 사고'라 함은 그 원인이 피보험자의 신체의 외부로부터 작용하는 사고를 의미하는데, 원고1의 입장에서 이 사건 사고는 원고1의 선천적, 유전적 질환에 의한 것이 아니라 위 원고1의 신체 외부로부터 작용한 분만 과정에서 태반조기박리라는 외부적인 원인에 의하여 발생한 것이어서 외래성 요건이 충족된다.

또한 대상 판결은 ① 피보험자가 태아인 상태에서 이 사건 보험 계약이 체결되었다는 사정만으로 면책사유로 정한 '피보험자의 출산'이 '곧 피보험자인 태아의 출생'까지도 포함한다고 볼 것은 아니고, 약관의 뜻이 명백하지 아니한 경우에는 고객에게 유리하게 해석하여야 하므로 '피보험자의 출산'이라는 면책사유의 의미를 피보험자가 '출산의 주체'가 되는 경우뿐만 아니라 '출산의 대상'이 되는 경우까지 포함하는 것으로 고객에게 불리하게 확대해석할 수 없고, ② 원고1의 출생 또는 그 과정에서 발생한 태반조기박리가 또 다른 면책사유로 정한 '어떠한 질병 등을 치료하기 위하여 외과적 수술, 그 밖의 의료처치'를 받아 발생한 위험이라거나 특정질병 등을 치료하기 위한 외과적 수술 등으로 인하여 증가된 위험이 현실화된 결과 상해가 발생한 경우라고 할 수 없으므로 면책사유가 없다고 하였다.

3. 판결의 의의

대상 판결은 임신초기부터 태아에 대한 최대한의 보호를 위한 조치로 보험에 가입하는 태아의 부모들로부터 보험료만 수령하고 막상 사고가 발생한 경우 보험금을 지급하지 않는 경향이 있는 보험사들의 태도에 경종을 울리는 판결이다. 판결이유에서 나타나는 바와 같이, 보험가입기간이 보험계약 체결 직후 제1회 보험료 납입시부터임에도 불구하고 태아는 출생이후부터만 보호된다는 보험사의 태도는 정작 도움이 필요할 때 외면하는 것과 같은 태도이지만, 보험가입자인 소비자들로서는 뚜렷한 대항수단이 없는 상황이었다. 그런데 대상 판결은 비록 태아가 사람으로서 권리의무의 주체가 되지는 못하더라도 피보험자가 될 수는 있다는 논리와 수십 년 동안 보험분야와 약관분야에서 축적된 명시설명의무에 관한 법리(약관에 관한 계약편입통제)와 불분명할 때는 작성자에게 불리하게 해석하여야 한다는(작성자 불리해석의 원칙으로서 약관에 관한 해석통제) 원칙을 적용하여 태아와 임산부 보호에 충실한 해석을 하였다는 점에서 의미가 있다.

다만, 태아는 출생 이후부터 피보험자가 된다는 명시적 약관조항은 여전히 태아의 피보험자 지위에 관한 분쟁이 발생할 여지를 남기고 있을 뿐만 아니라 대상 판결 법리를 잘 알지 못하는 보험계약자 등은 권리를 행사하지 못할 가능성이 있으므로, 태아보험의 경우 태아는 보험가입시점부터 피보험자가 된다는 내용으로 보험사의 보험약관을 변경할 필요가 있다.

099. 보험사가 실손보험상품 가입자들을 대위하여 의료기관에 대해 부당이득반환을 청구한 사례 (채권자대위소송에서 보전의 필요성 관련)
- 대법원 2022. 8. 25. 선고 2019다229202 전원합의체 판결[3]

1. 사실관계

다수의 보험계약자들과 실손의료보험계약을 체결한 보험자인 원고는, 피고가 운영하는 병원에서 트리암시놀른 주사 치료(이하 '이 사건 진료행위'라고 한다)를 받고 진료계약에 따라 피고에게 진료비를 지급한 위 실손의료보험계약의 피보험자들에게 진료비 전액 또는 일부에 해당하는 금액을 보험금으로 지급하였다. 원고는 이 사건 진료행위가 이른바 임의비급여 진료행위로서 무효이므로 피보험자들은 원고에게 보험금 상당의 부당이득반환채무가 있다고 주장하면서, 이를 피보전채권으로 하여 피보험자들을 대위하여 피고를 상대로 진료비 상당의 부당이득의 반환을 구하는 채권자대위소송을 제기하였다. 이에 원심판결은 채권자대위권 행사 요건을 갖추었다고 판단하면서 원고의 청구를 일부 인용하였다.

2. 법원의 판단

대상 판결은 먼저 채권자가 채무자를 대위하여 채무자의 권리를 행사

---

[3] 제1심 대전지방법원 2018. 5. 17. 선고 2015가단210771 판결, 제2심 대전지방법원 2019. 4. 4. 선고 2018나107877 판결.

하기 위해서는 보전의 필요성이 필요하다고 하면서, "보전의 필요성이 인정되기 위하여는 우선 적극적 요건으로서 채권자가 채권자대위권을 행사하지 않으면 피보전채권의 완전한 만족을 얻을 수 없게 될 위험의 존재가 인정되어야 하고, 나아가 채권자대위권을 행사하는 것이 그러한 위험을 제거하여 피보전채권의 현실적 이행을 유효·적절하게 확보하여 주어야 하며, 다음으로 소극적 요건으로서 채권자대위권의 행사가 채무자의 자유로운 재산관리행위에 대한 부당한 간섭이 된다는 사정이 없어야 한다. 이러한 적극적 요건과 소극적 요건은 채권자가 보전하려는 권리의 내용, 보전하려는 권리가 금전채권인 경우 채무자의 자력 유무, 피보전채권과 채권자가 대위행사하는 채무자의 권리와의 관련성 등을 종합적으로 고려하여 인정 여부를 판단하여야 한다"고 판시하여 기존 판결에서 제시했던 채권자대위소송의 '보전의 필요성'의 인정기준을 정리하여 설시하였다.

그리고 이 사건에서 보전의 필요성을 인정할 수 있는지 관하여 대상 판결의 다수의견은 아래와 같이 적극적 요건과 소극적 요건을 갖추지 못하였다고 하면서 "채권자인 보험자가 금전채권인 부당이득반환채권을 보전하기 위하여 채무자인 피보험자를 대위하여 제3채무자인 요양기관을 상대로 진료비 상당의 부당이득반환채권을 행사하는 형태의 채권자대위소송에서 채무자가 자력이 있는 때에는 보전의 필요성이 인정된다고 볼 수 없다"고 판시하였다.

가. 적극적 요건 미충족

① 피보전채권이 금전채권인 경우 '채권자가 채무자의 권리를 대위하여 행사하지 않으면 자기 채권의 완전한 만족을 얻을 수 없게 될 위험'은 채권자가 민사집행법이 정한 강제집행의 방법으로는 구제받을 수 없거나 구제받지 못할 위험이 있을 때를 의미한다. 요양기관의 임의 비급여 진료행위가 무효인 경우에 보험자가 피보험자에 대한 부당이득반환채권인 금전

채권을 피보전채권으로 하여 피보험자의 요양기관에 대한 부당이득반환채권인 금전채권을 대위행사하는 이 사건에서 보험자는 피보험자에 대하여 직접 보험금의 반환을 청구하여 변제받는 데 아무런 법률상 장애가 없고, 자신의 피보험자에 대한 부당이득반환채권을 집행채권으로 하여 피보험자의 요양기관에 대한 진료비 상당의 부당이득반환채권을 압류하여 추심·전부명령을 받는 등으로 채무자인 피보험자의 일반재산에 대한 강제집행을 통하여 채권의 만족을 얻을 수 있다. 이 경우 보험자가 피보험자의 권리를 대위하여 행사하는 것은 피보험자에 대한 집행권원을 확보하는 절차와 피보험자의 책임재산에 대해 집행을 개시하는 절차를 생략할 수 있게 함으로써 보험자의 채권회수의 편의성과 실효성이 높아진다는 것에 불과할 뿐이어서 피보험자의 권리를 대위하여 행사하지 않으면 자기 채권의 완전한 만족을 얻을 수 없게 될 위험이 있다고 보기 어렵다.

② 금전채권을 피보전채권으로 하는 경우 채무자의 자력 유무에 관계없이 금전채권인 피보전채권과 대위채권 사이의 관련성 등을 이유로 보전의 필요성을 인정하려면 채권의 상대효 원칙에도 불구하고 일반채권자로 하여금 채무자의 금전채권을 행사하도록 허용하는 것을 정당화할 수 있는 정도의 밀접한 관련성이 요구된다. 이러한 밀접한 관련성을 인정하기 위해서는 권리의 내용이나 특성상 보전하려는 권리의 실현 또는 만족을 위하여 대위하려는 권리의 행사가 긴밀하게 필요하다는 등의 사정이 있어야 하고 단순히 두 권리 사이에 사실상의 관련성이 있다는 사정만으로는 부족하다.

채권자가 보전하려는 채권과 대위하여 행사하려는 권리의 종류, 발생원인, 목적 등에 동일성 또는 유사성이 있다는 사정은 사실상의 관련성일 뿐이므로, 이 사건에서 보험자의 피보험자에 대한 부당이득반환채권과 피보험자의 요양기관에 대한 부당이득반환채권이 모두 위법한 임의 비급여 진료행위의 효력 유무를 매개로 발생하였다는 점에서 발생원인이 되는 사실관계에 일부 동일성이 인정된다는 사정은 사실상의 관련성에 불과하다.

③ 피보험자의 자력 유무와 무관하게 보험자에게 요양기관에 대한 피보험자의 권리를 대위행사하는 것을 허용하게 되면, 보험자는 피보험자를 채무자로 하는 집행절차를 생략한 채 곧바로 요양기관에 대하여 금전지급을 명하는 판결을 받고 이를 집행권원으로 궁극적으로는 국민건강보험 제도 등을 이용하여 요양기관의 요양급여채권을 추심하는 등의 방법으로 자신의 과실로 발생한 영업상 손실을 위험부담 없이 안정적으로 전보받을 수 있게 된다. 이는 손해보험의 일종인 실손의료보험계약의 보험자에게 피보험자의 일반채권자에 우선하는 사실상의 담보권을 부여하는 것이어서 부당하다.

④ 보험자가 금전채권인 부당이득반환채권을 보전하기 위하여 자력이 있는 채무자인 피보험자를 대위하여 제3채무자인 요양기관을 상대로 진료비 상당의 부당이득반환을 청구하는 것을 허용하는 것은, 명시적인 법률의 규정 없이 보험자가 피보전채권의 만족을 위하여 제3채무자인 요양기관에 대하여 직접 이행을 구할 수 있는 직접청구권을 인정하는 결과를 초래하여 채권의 상대효 원칙에 반할 우려가 있다.

⑤ 채무자의 자력이 있음에도 사실상의 관련성을 이유로 금전채권을 보전하기 위하여 금전채권을 대위행사할 수 있는 범위를 확장하게 되면, 결과적으로 채권집행제도로서 이용되거나 채권자에게 사실상 우선변제권능을 부여하게 되는 채권자대위권 제도의 사실상의 기능과 결합하여 민사집행법상 채권집행절차가 취하고 있는 채권자평등주의 원칙을 무력화하고, 부동산, 동산 등에 대한 집행절차와 달리 채권집행 영역에서만 사실상 우선주의가 적용되는 불균형한 결과를 발생시킴으로써 민사집행 제도 전반의 균형과 안정을 깨뜨리는 위험을 야기할 수 있다.

나. 소극적 요건 미충족

채권자대위권의 행사가 채무자의 자유로운 재산관리행위에 대한 부당한 간섭이 되는지 여부는 피보전채권에 발생한 위험을 제거하여 자기 채권을 실현하려는 채권자의 이익과 고유의 재산관리권 행사를 간섭받지 않을 채무자의 이익을 비교형량하여 판단해야 한다.

진료계약은 개인의 신체 및 정신의 질병 등에 대한 진단과 치료 등을 목적으로 하는 위임계약으로서 극히 사적이고 민감한 개인정보의 수집과 생산이 필수적으로 동반되므로, 특별한 사정이 없는 한 당사자의 동의 없이 진료계약과 관련한 개인정보가 공개되거나 타인의 소송자료로 사용되어서는 아니 된다. 따라서 수진자인 피보험자가 실제로 요양기관을 상대로 진료계약이 무효임을 이유로 부당이득반환채권을 행사할 것인지 여부는 피보험자와 요양기관과의 관계, 진료의 목적이나 경위 및 결과 등 개인별 사정에 따라 달라질 수 있는 것이어서 피보험자가 당연히 요양기관에 대해 부당이득반환채권을 행사할 것이라고 단정할 수 없다. 그럼에도 보험자의 채권 행사 의사와 피보험자의 채권 행사 의사를 동일하게 보아 금전채권자일 뿐인 보험자로 하여금 자력이 있는 피보험자의 진료계약과 관련된 권리를 대위하여 행사하는 것을 허용한다면 이는 피보험자의 자유로운 재산관리행위에 대한 부당한 간섭에 해당할 여지가 있다.

3. 판결의 의의

대상 판결은 채권자대위소송의 '보전의 필요성'에 관한 기존의 판결들에서 제시한 기준을 다시 한번 정리하면서, 이를 적극적 요건과 소극적 요건으로 분설하여 좀 더 명확하게 제시하였다.4) 그리고 위와 같은 법리를

---

4) 위 대상 판결 이전에 대법원이 판시한 '보전의 필요성'의 인정기준에 관하여 위와 같

토대로 적극적 요건과 관련하여, 채권자인 보험자의 채권회수의 편의성과 실효성을 높이기 위해 채권자대위권을 행사하는 경우에는 피보험자의 권리를 대위하여 행사하지 않으면 자기 채권의 완전한 만족을 얻을 수 없게 될 위험이 있다고 보기 어렵고, 피보전채권과 피대위권리의 종류, 발생원인, 목적 등에 동일성 또는 유사성이 있다는 사정은 사실상의 관련성일 뿐 피보전채권과 피대위권리 사이의 두 권리의 내용이나 특성상 채권자가 보전하려는 권리의 만족이 대위하여 행사하려는 권리의 실현 여부에 달려 있는 경우와 같은 밀접한 관련성은 인정될 수 없다고 판시하여, '자기 채권의 완전한 만족을 얻을 수 없게 될 위험' 및 피보전채권과 피대위권리 사이의 '밀접한 관련성'과 '사실상의 관련성'에 관한 일응의 판단기준을 제시한 데 의미가 있다고 할 것이다. 또한, 소극적 요건과 관련하여, 그 판단의 핵심은 피보전채권의 실현이라는 채권자의 이익과 고유의 재산관리권 행사라는 채무자의 이익을 비교형량하는 것이라고 전제하면서, 민감정보의 수집과 생산을 동반하는 진료계약의 특수성을 고려하여 피대위권리의 행사로 인해 예상되는 사정이 각 이익형량요소로 기능할 수 있음을 제시한 데에도 의미가 있다고 할 수 있다.

한편, 실손보험의 손해율이 높아지고 있는 상황에서 실손보험회사인 보험자가 집행절차를 거치거나 피보험자의 자력 유무를 조사하지 않고 피보험자의 요양기관에 대한 부당이득반환채권을 대위행사함으로써 채권회수의 편의성과 실효성을 높이려는 시도가 대상 판결로 인해 제동이 걸렸다고 볼 수 있다. 즉, 대상 판결로 인해 보험자들인 실손보험회사들이 국민건강보험제도를 보충하는 기능을 하게 된 실손의료보험의 손해율 상승이나 일부 요양기관들의 임의비급여 행위에 대한 억제수단으로 채권자대위

은 관점에서 분석한 견해로는 박태신, '채권자대위권에 관한 이해의 변화 모색 - 보전의 필요성 및 채무자의 무자력과 관련하여 -', 저스티스 통권 제186호, 한국법학원, 2021. 10, 130면, 각주 33) 참고.

권을 전용할 수 없음이 분명해졌다고 볼 수 있다.

4. 참고 판결

대법원 2023. 2. 23. 선고 2021다304045 판결[5]은, 실손의료보험계약의 보험자인 원고가 요양기관이 피보험자들에게 행한 진료행위가 임의 비급여 진료행위로서 무효라고 주장하면서 피보험자들에 대한 보험금 상당의 부당이득반환채권을 피보전채권으로 피보험자들을 대위하여 요양기관인 피고를 상대로 진료비 상당의 부당이득반환을 구하는 채권자대위소송을 제기하였는데, 그 후 원고가 피보험자 중 1인으로부터 위 진료행위에 따른 위 피보험자 중 1인의 피고에 대한 부당이득반환채권을 양도받은 후 위 피보험자 1인을 채무자로 하는 채권자대위소송 부분을 양수금 청구로 교환적으로 변경한 사건에서, 피보험자 중 1인이 원고에 피고에 대한 부당이득반환채권을 양도한 것은 소송행위를 하게 하는 것을 주된 목적으로 이루어진 것으로서 소송신탁에 해당하여 무효라고 보았다.

---

5) 제1심 서울중앙지방법원 2020. 5. 14. 선고 2019가단5125488 판결, 제2심 서울중앙지방법원 2021. 11. 26. 선고 2020나32793 판결.

제 10 장

정신질환자
보호입원 사건

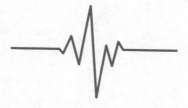

의료분야 판례백선

100. 정신질환자 보호입원에 관한 헌법불합치결정

- 헌법재판소 2016. 9. 29.자 2014헌가9 결정

1. 사실관계

제청신청인은 2013. 11. 4. 그 보호의무자인 자녀 2인의 동의와 정신건강의학과전문의의 입원진단에 의하여 정신의료기관인 ○○병원에 입원되었다. 제청신청인은 자신이 입원 당시 갱년기 우울증을 앓고 있었을 뿐 정신의료기관에서 입원치료를 받을 정도의 정신질환에 걸려 있거나, 자신의 건강·안전이나 타인의 안전을 해할 염려가 없었음에도 강제로 입원되었다고 주장하면서 서울중앙지방법원에 인신보호법에 따른 구제청구를 하였다 (서울중앙지방법원 2014인1).

제청신청인은 위 구제청구 사건 계속 중인 2014. 2. 3. 보호의무자 2인의 동의와 정신건강의학과전문의 1인의 진단에 의하여 정신질환자를 입원시킬 수 있도록 한 정신보건법 제24조가 제청신청인의 신체의 자유 등을 침해한다고 주장하면서 위헌법률심판제청을 신청하였고, 당해 사건 법원인 서울중앙지방법원은 2014. 5. 14. 위 신청을 받아들여 정신보건법 제24조 제1항, 제2항1)(이하 '심판대상조항'이라 한다)에 대하여 이 사건 위헌법률심판

---

1) 정신보건법(2011. 8. 4. 법률 제11005호로 개정된 것) 제24조(보호의무자에 의한 입원) ① 정신의료기관등의 장은 정신질환자의 보호의무자 2인의 동의(보호의무자가 1인인 경우에는 1인의 동의로 한다)가 있고 정신건강의학과전문의가 입원등이 필요하다고 판단한 경우에 한하여 당해 정신질환자를 입원등을 시킬 수 있으며, 입원등을 할 때 당해 보호의무자로부터 보건복지부령으로 정하는 입원등의 동의서 및 보호의무자임을 확인할 수 있는 서류를 받아야 한다. ② 정신건강의학과전문의는 정신질환자가 입원등이 필요하다고 진단한 때에는 제1항에 따른 입원등의 동의서에 당해 정신질환자가 다음 각 호의 어느 하나에 정한 경우에 해당된다고 판단한다는 의견을 기재한 입원등의 권고서를 첨부하여야 한다.

을 제청하였다(서울중앙지방법원 2014초기408).[2]

2. 헌법재판소의 판단

대상 결정은 심판대상조항에 대하여 정신질환자를 신속·적정하게 치료하고, 정신질환자 본인과 사회의 안전을 지키기 위한 것으로 목적의 정당성을 인정하였고, 보호의무자 2인의 동의 및 정신건강의학과전문의(이하 '정신과전문의'라 한다) 1인의 진단을 요건으로 정신질환자를 정신의료기관에 보호입원시켜 치료를 받도록 하는 것은 입법목적을 달성하는 데 어느 정도 기여할 수 있다는 점에서 수단의 적절성도 인정하였다. 그러나 침해의 최소성과 법익의 균형성 요건에 대해서는 판단을 달리하였다.

대상 결정은 '보호의무자에 의한 입원'(이하 '보호입원'이라 한다) 정신질환자의 신체의 자유를 인신구속에 버금가는 수준으로 제한하므로, 그 과정에서 신체의 자유 침해를 최소화하고 악용·남용가능성을 방지하며 정신질환자를 사회로부터 일방적으로 격리하거나 배제하는 수단으로 이용되지 않도록 해야 함에도 불구하고, 현행 보호입원 제도가 입원치료·요양을 받을 정도의 정신질환이 어떤 것인지에 대해서는 구체적인 기준을 제시하지 않고 있는 점, 보호의무자 2인의 동의를 보호입원의 요건으로 하면서 보호의무자와 정신질환자 사이의 이해충돌을 적절히 예방하지 못하고 있는 점, 입원의

---

1. 환자가 정신의료기관등에서 입원등 치료 또는 요양을 받을 만한 정도 또는 성질의 정신질환에 걸려 있는 경우
2. 환자 자신의 건강 또는 안전이나 타인의 안전을 위하여 입원등을 할 필요가 있는 경우
2) 심판대상조항의 위헌성은 종래 논란이 계속되었고 강제입원을 당한 당사자가 헌법소원을 수차례 제기하였으나, 헌법소원절차 진행 중 퇴원으로 자기관련성 요건이 충족되지 아니하여 번번이 각하되었다. 이에 인신보호법에 따른 구제청구 후 위헌법률심판제청신청을 함으로써 심판대상 조항의 위헌성에 관한 실체 판단이 이루어지게 되었다.

필요성이 인정되는지 여부에 대한 판단권한을 정신과전문의 1인에게 전적으로 부여함으로써 그의 자의적 판단 또는 권한의 남용 가능성을 배제하지 못하고 있는 점, 보호의무자 2인이 정신과전문의와 공모하거나 그로부터 방조·용인을 받는 경우 보호입원 제도가 남용될 위험성은 더욱 커지는 점, 보호입원 제도로 말미암아 사설 응급이송단에 의한 정신질환자의 불법적 이송·감금 또는 폭행과 같은 문제도 빈번하게 발생하고 있는 점, 보호입원 기간도 최초부터 6개월이라는 장기로 정해져 있고 이 또한 계속적인 연장이 가능하여 보호입원이 치료의 목적보다는 격리의 목적으로 이용될 우려도 큰 점, 보호입원 절차에서 정신질환자의 권리를 보호할 수 있는 절차들을 마련하고 있지 않은 점, 기초정신보건심의회의 심사나 인신보호법상 구제청구만으로는 위법·부당한 보호입원에 대한 충분한 보호가 이루어지고 있다고 보기 어려운 점 등에 비추어 심판대상조항이 침해의 최소성 원칙에 위배되고, 정신질환자의 신체의 자유 침해를 최소화할 수 있는 적절한 방안을 마련하지 아니함으로써 지나치게 기본권을 제한하고 있어 법익의 균형성 요건도 충족하지 못하였으므로, 심판대상조항이 과잉금지원칙을 위반하여 신체의 자유를 침해한다고 판단하였다. 다만, 대상결정은 심판대상조항에 대하여 단순위헌결정을 하면 보호입원의 법률적 근거가 사라져 정신질환자에 대한 보호입원의 필요성이 인정되는 경우에도 보호입원을 시킬 수 없는 법적 공백 상태가 발생하므로, 심판대상조항에 대하여 헌법불합치결정을 선고하고, 입법자의 개선입법이 있을 때까지 계속 적용되도록 하였다.

3. 결정의 의의

심판대상조항은 정신질환자에 대한 강제입원 중 보호의무자 2인이 동의하고 정신과전문의가 입원의 필요성을 인정하면 당해 정신질환자의 의사에 반해 강제입원을 시킬 수 있는 보호입원을 규정하고 있다. 동 조항이 규정하고 있는 강제입원의 사유는 '치료의 필요성' 또는 '자·타해 위험성' 이다. 치료가 환자 본인을 위한 목적이라면, 위험방지는 사회의 보호, 즉 치안을 목적으로 한다.[3] 강제입원에는 이 두 가지 목적요소가 혼화되어 있어 치료가 곧 치안이 되는 특성이 있다.[4] 이와 같이 정신질환자에 대한 치료 및 사회방위의 목적을 위한 강제입원제도는 정신질환자라고 의심되는 자를 포함한 대상자의 의사에 반하여 정신의료기관 등에 입원시키는 것으로, 영장 없이 개인의 신체의 자유를 침해하는 결과가 발생한다. 대상자의 신체의 자유를 제한할 만한 의학적인 근거 내지 사회방위적 근거가 있으면 모르되, 그와 같은 근거가 없는 경우에도 보호입원 제도는 부양의무의 면탈이나 정신질환자의 재산탈취와 같은 목적의 강제입원을 합법화하는 도구 내지 가족에 의한 사적 감금수단으로 악용되는 등 사회문제가되었다. 이에 더하여 입원환자에 대한 건강보험급여 시행으로 정신의료기관이 폭발적으로 증가하면서, 입원환자 유치를 위한 정신의료기관의 이해가 보호입원제도를 악용하고자 하는 보호의무자의 이해와 일치하면서, 정신과전문의가 입원의 필요성을 부정하는 것은 사실상 기대하기 어려워 국내 정신의료기관 강제입원비율 및 입원기간의 장기화는 전 세계적으로도 유래가 없을 정도가 되었다.[5]

---

3) 신권철, 정신보건법의 이념과 현실을 통해 본 이데올로기, 21면, 전수영, 거버넌스 관점에서 정신보건법상 비자의입원의 문제점분석을 통한 개선방안 모색, 『홍익법학』 제15권 제4호, 2014, 582-583면.

4) 신권철, 정신보건법의 이념과 현실을 통해 본 이데올로기, 21면.

5) 대상 결정문이 밝힌 바와 같이 2013년 정신보건통계현황에 따르면, 2013년에 정신의료기관에 입원 중인 환자의 수 80,462명 중 정신질환자 본인의 의사에 반하는 입원이 59,168명으로 73.5%를 차지하고, 그 중 심판대상조항에 따라 보호입원된 환자의 수는 51,132명으로 본인의 의사에 반하여 입원된 환자 중 86.4%를 차지하여 본인의 의사에 반하는 입원 중에서도 심판대상조항에 의한 보호입원이 대다수를 차지하고 있었다. 또한 우리나라 정신보건입원(입소)일수는 중앙값으로 2013년 기준 262일(정신요양시설은 3,539일)로, 독일 25일, 영국 52일, 프랑스 35.7일, 이태리 13.4일에 비해 5~18배 이

대상 결정은 이와 같이 보호입원제도가 악용되고 있는 현실에서 심판대상 조항이 목적의 정당성과 수단의 적절성은 인정되나, 강제입원이 필요한 정신질환이나 자·타해 위험에 관한 구체적 기준이 마련되어 있지 않고, 강제입원 동의권자인 보호의무자를 규정하면서 대상자와 이해상충여부를 고려하지 않음으로써 '정신질환자의 이익을 저해하는 보호입원'을 방지할 수 있는 제도를 충분히 마련하고 있지 아니한 점, 입원 여부에 관한 판단권한을 정신과전문의 1인에게 전적으로 부여하여 그 진단권한 남용이 문제되는 점, 지나치게 장기인 입원기간 및 정신질환자의 의사나 이익에 반하는 장기입원이 얼마든지 가능한 점 등을 들어 침해의 최소성에 반하고, 피보호입원자가 정신의료기관으로부터 치료의 필요성이라는 이유로 통신·면회의 제유를 제한받을 수 있고, 격리나 결박을 당할 수 있으며, 입원이 장기화될 경우 인간으로서 가져야 할 최소한의 존엄성마저 침해당할 수 있어 법익의 균형성에 반한다는 이유로 심판대상조항이 과잉금지원칙에 반하여 신체의 자유를 침해한다고 판단하였고, 이는 정신보건법 해당 조문 악용에 대한 매우 시의적절한 결정이라 판단된다.

대상 결정의 헌법불합치결정 및 보호입원제도에 대한 계속적인 문제제기에 따라 심판대상조항을 포함한 정신보건법은 2016. 5. 29. 법률 제14424호로 이미 전부 개정되어 2017. 5. 30. 시행되었다. 법명칭도 '정신건강증진 및 정신질환자 복지서비스 지원에 관한 법률'로 개정하였는데, 심판대상조항과 관련하여 보호의무자에 의한 입원 시 입원 요건과 절차를 강화하여 진단입원 제도를 도입하고, 계속 입원 진단 전문의 수 및 소속을 서로 다른 정신의료기관에 소속된 정신과 전문의 2명 이상(그 중 국공립 정신의료기관 또는 보건복지부장관이 지정하는 정신의료기관에 소속된 정신과 전문의가 1명 이상 포함되도록 함)으로 하며, 계속입원 심사 주기를 단축하여(제

상(정신요양시설은 68~264배 이상) 높다.

43조) 기존 법의 보호입원제도의 문제를 개선하였다.

　그러나 개정법에 따르더라도 보호의무자와 정신과 전문의가 입원 및 퇴원의 결정과 심사 등을 담당한다는 점에서 근본적인 문제는 여전히 남아있다고 판단되며, 장기적으로는 입원 및 퇴원 결정과 심사 등을 모두 판사가 담당함으로써 국가가 보호입원에 관한 결정권을 가족으로부터 회수하여 그 부담과 의무를 책임지는 방향으로 개선되는 것이 바람직하다고 생각된다.6)

---

6) 같은 취지로 신권철, 정신보건법의 이념과 현실을 통해 본 이데올로기, 28면; 독일의 경우는 입원 및 퇴원의 결정과 심사 등을 모두 판사가 담당하고, 환자가 입원과정에서 지원받을 수 있는 절차보좌인을 국가가 선임해주는 제도를 취하고 있다고 한다(박귀천, 독일의 정신보건법제와 정신질환자 강제입원제도, 이화여자대학교 『법학논집』 제19권 제2호, 2014, 12, 358면 참조).

집필진 약력

박노민
- 서울대학교 법과대학 졸업
- 서울대학교 법과대학 대학원 석사(민사법) 수료
- 제52회 사법시험 합격
- 법무법인 김장리 파트너변호사
- 한국의료변호사협회 학술위원회 부위원장

박태신
- 고려대학교 법과대학 졸업
- 제46회 사법시험 합격
- 건강보험심사평가원 변호사
- 전북대학교 법학전문대학원 교수

유현정
- 연세대 간호학과, 법학과 졸업, 간호사 면허 취득
- 고려대학교 법학과 박사과정 수료
- 제44회 사법시험 합격
- 나음법률사무소 대표변호사
- 의료문제를 생각하는 변호사모임 제7대 대표
- 한국의료변호사협회 초대 회장
- 이화여자대학교 법학전문대학원 겸임교수
- 대한의사협회 의료광고심의위원회 위원
- 보건복지부 행정처분심의위원회 위원
- 산업재해보상보험 재심사위원회 위원
- 공무원 재해보상심의회 위원
- 서울성모병원 임상연구 윤리위원회 위원
- 대한의료법학회 이사

이동필
- 부산대학교 의과대학 졸업, 의사면허, 내과 전문의자격 취득
- 제44회 사법시험 합격
- 법무법인 의성 대표변호사
- 이화여자대학교 법학전문대학원 겸임교수

- 서울중앙지방법원 조정위원
- 산업재해보상보험 재심사위원회 위원
- 한국소비자원 소비자분쟁조정위원회 위원
- 대한상사중재원 중재인
- 국립중앙의료원 공용윤리위원회 위원
- 대한내과학회 및 대한소화기학회 윤리위원회 위원 등

이정선
- 서울대학교 경제학과 졸업
- 고려대학교 법학과 박사학위 취득
- 제43회 사법시험 합격
- 법률사무소 건우 대표변호사
- 대한변호사협회 의료인권 소위원회 위원
- 의료문제를 생각하는 변호사모임 학술이사
- 한국소비자원 의료 및 법률 자문위원
- 대한의료법학회 학술이사
- 서울중앙지방법원 개인파산관재인, 법인파산관재인
- 한국의료분쟁조정 중재원 비상임 감정위원
- 사단법인 대한임상검사정도관리협회, 정형외과학회, 비뇨기과 의사회, 진단검사의학재단
  등 자문변호사

정혜승
- 한양대학교 법학과 졸업
- 한양대학교 법학과 석사과정(헌법) 수료
- 제50회 사법시험 합격
- 법무법인 반우 대표변호사
- 한국의료변호사협회 학술위원회 위원장
- 한국의료분쟁조정중재원 비상임조정위원
- 대한한의사협회 의료광고심의위원회 심사위원
- 서울대학교병원 의료윤리위원회 위원

의료분야 판례백선

초판발행	2025년 2월 3일
지은이	한국의료변호사협회
펴낸이	안종만·안상준
편 집	윤혜경
기획/마케팅	김한유
표지디자인	BEN STORY
제 작	고철민·김원표
펴낸곳	(주) 박영사
	서울특별시 금천구 가산디지털2로 53, 210호(가산동, 한라시그마밸리)
	등록 1959. 3. 11. 제300-1959-1호(倫)
전 화	02)733-6771
f a x	02)736-4818
e-mail	pys@pybook.co.kr
homepage	www.pybook.co.kr
ISBN	979-11-303-4915-2 93360

정 가   35,000원